A^{t}V

DAVID ELLIS hat Jura studiert und arbeitet in Chicago in einer großen Kanzlei. »Die Schuldigen«, ein Thriller, der nicht nur in den USA sehr gelobt wurde, ist der erste Roman von ihm, der auf deutsch erschienen ist.

Jon Soliday organisiert den Wahlkampf seines Freundes Grant Tully, der sich um den Posten des Gouverneurs bewirbt. Man wähnt sich auf der Siegerstraße – bis Soliday in eine Falle tappt. Von einem Sicherheitsmann wird er neben der Leiche eines Anwalts gesehen. Für die Polizei gibt es keinen Zweifel, daß Soliday der Mörder ist. Nicht zuletzt, weil er schon einmal in Verdacht stand, ein junges Mädchen getötet zu haben. Er selbst versucht verzweifelt seine Unschuld zu beweisen, doch dafür muß er herausfinden, wer ihn ans Messer liefern will und warum.

»Ein Muß! Ellis schreibt zweifellos so gut wie John Grisham, sein Plot ist sogar noch ausgefeilter.« *Chicago Tribune*

David Ellis

Die
Schuldigen

Thriller

Aus dem Amerikanischen
von Uwe Anton

Aufbau Taschenbuch Verlag

Titel der Originalausgabe
Life Sentence

ISBN 3-7466-2209-3

1. Auflage 2005
Aufbau Taschenbuch Verlag GmbH, Berlin
© Rütten & Loening Berlin GmbH, 2004
© 2003 by David Ellis
Published by arrangement with G. P. Putnam's Sons, a member
of Penguin Putnam Inc.
Umschlaggestaltung Preuße & Hülpüsch Grafik-Design
unter Verwendung eines Fotos von getty images/George Chan
Druck und Binden Clausen & Bosse, Leck
Printed in Germany

www.aufbau-taschenbuch.de

Für meine Mutter Judy Ellis mit all meiner Liebe

Prolog

Die Dämonen kommen immer bei Nacht. Wenn die letzten Farbtupfer auf der Innenseite seiner Augenlider verblassen. Wenn sich die Sicherheit des Tageslichts verflüchtigt und durch Schatten und düstere Stimmungen ersetzt wird. Wenn die wachsende Angst sich fast bis zur Panik steigert und einen derart lauten stummen Klang erzeugt, daß er das Klirren von zerschellendem Glas im ersten Stock kaum hören kann.

Es ist gedämpft, aber hoch. Zuerst ein einzelner Schlag, wahrscheinlich gegen das untere der beiden rautenförmigen Fenster in der Tür, nämlich das, das dem Knauf am nächsten ist. Dann ein kratzendes Geräusch, als das Instrument, das dafür benutzt wird, die scharfkantigen Glasscherben aus dem Rahmen entfernt. Vier kurze Kratzer für jede Seite der Raute, gekonnt ausgeführt, mit maximalem Tempo und minimalem Lärm.

Eine kurze Pause, zweifellos, während eine Hand durch die Öffnung ins Haus und nach dem Sicherungsriegel greift. Das Klicken des geöffneten Schlosses erfolgt sehr schnell. Die Tür öffnet sich mit einem leisen Knarren und einem plötzlichen Abbau von Druck, der das Haus regelrecht aufstöhnen läßt.

Bennett Carey schlägt die Augen auf und starrt in die pechschwarze Dunkelheit seines Schlafzimmers im dritten Stock. Sein Blick wandert zur Uhr auf dem Nachttisch. Dort steht in rechteckigen roten Ziffern »1:58«.

Bennett schaut dann auf die Konsole der Alarmanlage neben der Schlafzimmertür. Ein rotes Licht zeigt eine Sicherheitsstörung in Zone 1 an, der Haustür. Aber der Alarm wurde nicht ausgelöst, daher wird das Eindringen nicht von einem schrillen Ton begleitet, und keine Nachricht gelangt zum Wachdienst oder zur Polizei.

Schritte auf den Fliesen im Parterre, schnell und laut. Aber nur ein Paar Füße. Ein Eindringling. Es scheint, als gebe er sich keine Mühe, leise zu sein. Das ist logisch. Die einzige Unruhe ist das Zerschlagen der Glasscheibe, das von draußen erfolgte. Einmal drinnen, besteht keine Notwendigkeit mehr, sich leise zu verhalten. Vor allem, wenn man annimmt, daß niemand zu Hause ist.

Bennett wägt schnell ab. Es ist früher Sonntagmorgen. Er hat den ganzen Samstag im Bett verbracht, bis auf einen kurzen Abstecher in die Küche im ersten Stock, um ein wenig Suppe zu essen. Jeder, der das Haus beobachtet, weiß, daß Bennett allein lebt und viel reist. Jeder, der das Haus heute in Augenschein nimmt, würde durch das Garagenfenster blicken und sehen, daß der Wagen nicht da ist, denn er steht in der Werkstatt. Da niemand das Haus verlassen oder betreten hat, sich im Innern nichts rührt, kein Wagen in der Garage steht, der Bewohner einen Arbeitsrhythmus hat, der ihn im allgemeinen zwei Tage pro Woche verreisen läßt, muß die plausibelste Schlußfolgerung ergeben, daß Bennett nicht zu Hause ist.

Die Schritte auf der mit Teppichboden belegten Treppe werden durch das Tappen von Schuhen auf dem Holzfußboden im ersten Stock abgelöst. Dort ist vieles, das man mitnehmen kann. Allein der DVD-Player würde um die Tausend einbringen, selbst bei einem Hehler. Der Laptop im Büro ist nagelneu und klein genug, um eingesackt zu werden. Der Videorecorder läßt sich ebenso leicht und schnell mitnehmen. Er könnte auch den Mikrowellenherd aus der Küche stehlen.

Bennett liegt völlig still da, abgesehen von einem Arm, den er zum Nachttisch ausstreckt. Er öffnet behutsam die Schublade, sorgfältig darauf bedacht, kein Geräusch zu machen. Warum sollte er seinen einzigen Vorteil preisgeben?

Schlurfende Füße auf dem Holzfußboden im ersten Stock. Unschlüssigkeit. Nach links ins Wohnzimmer? Oder nach rechts zum Büro und in die Küche?

Oder geradeaus zur Treppe ins oberste Stockwerk.

Der letzte Treppenabsatz ächzt unter dem Gewicht des Eindringlings. Sein Atmen ist zu hören, seine Bewegungen sind nicht weniger vorsichtig als auf dem vorherigen Treppenstück. Bennett hört, wie der Eindringling an der Wand entlangscharrt und zurückstolpert. Wahrscheinlich hat er nicht bemerkt, daß das letzte Stück Treppe gewunden ist. Ein armseliger Versuch, europäische Architektur unterzubringen, hatte Bennett gedacht, als er das Haus kaufte, doch jetzt dient die Bauweise dazu, den Schwung des Eindringlings zu bremsen.

Bennett richtet sich im Bett auf, wobei er sich auf seine Bauchmuskeln verläßt, anstatt sich vom Sprungfederrahmen hochzustemmen, auch dies, um seine Anwesenheit zu verheimlichen. Er wischt sich den Schweiß aus den Augen, Augen, die er gleich brauchen wird. Lediglich ein matter Lichtschein von der Straßenlaterne draußen ein Stück entfernt trotzt ein wenig der Dunkelheit. Ein Lichtschein, der Bennett nicht erreicht und ihn letztendlich sogar noch besser verbirgt.

Mit ausgestreckten Armen bringt Bennett die Waffe in Anschlag. Ein 38er Special, genau genommen ein Smith & Wesson Revolver Modell 337PD mit fünf Patronen im Magazin. Bennett spannt den Hammer und zielt mit der Waffe auf die Türöffnung. Er wird den Eindringling erst sehen, wenn er das Ende der Treppe und damit den zweiten Stock erreicht hat.

Ein Lichtstrahl trifft auf die Treppenwand, ein kleiner Lichtkreis, der zitternd umherwandert. Eine Taschenlampe, die etwas sucht. Die Schritte erklingen wieder, als der Eindringling sich orientiert hat, entschlossener als zuvor.

Bennett versucht, die Schritte zu zählen, schafft es aber nicht. In der Dunkelheit sieht er die Umrisse des Einbrechers, riecht eine Mischung aus Tabak, einem frischen Lufthauch und Schweiß.

Der Lichtstrahl wandert nach links – vom Eindringling aus gesehen nach rechts – ins Schlafzimmer, huscht über den Fußboden, trifft auf die Füße des Bettes, verfehlt Bennett jedoch. Eine Hand klopft gegen den Türrahmen. Der Eindringling macht zwei Schritte und verharrt erschrocken. Die Taschenlampe schwingt zu Bennett herum und leuchtet ihm ins Gesicht.

Bennett betätigt den Abzug ein einziges Mal. Ein roter Blitz, Pulvergestank, das widerliche Geräusch des Eindringens der Kugel in Fleisch. Der Einbrecher fliegt nach hinten gegen den Türrahmen und schreit auf. Als der Mann stolpert, feuert Bennett abermals. Die Kugel reißt Holzsplitter aus dem Türrahmen. Der Eindringling ist bereits auf der Flucht, stolpert und schwankt die Stufen zum ersten Stock hinunter.

Bennett zieht seine Füße unter der Decke hoch. Er sitzt zusammengekauert auf dem Bett, die Schüsse hallen in seinen Ohren wider, sein Pulsschlag bringt seinen gesamten Körper zum Vibrieren, Schweiß rinnt ihm in die Augen. Der Revolver ist noch immer auf die Türöffnung gerichtet, während die Stolperlaute des Eindringlings mittlerweile aus dem ersten Stock kommen.

Bennett setzt einen Fuß nach dem anderen auf den Schlafzimmerteppich. Er hält die Waffe mit beiden Händen vom Körper weg. Dann geht er in Richtung Treppe.

Laute aus dem ersten Stock. Etwas prallt gegen eine Wand. Ein Stöhnen. Unsichere Schritte auf Parkett.

Bennett steigt über die Taschenlampe des Eindringlings hinweg, die nutzlos auf dem obersten Treppenabsatz liegt. Er tastet sich mit dem linken Arm an der Wand die Treppe hinunter. Seine rechte Hand hält den Revolver mit dem Lauf nach oben, nur seine Fußballen berühren den Teppich auf den Stufen. Sein Kopf ist aufmerksam vorgereckt, er lauscht nach dem Eindringling, der noch nicht die Treppe zum Parterre erreicht hat. Bennett hört sein Atmen, sein Husten. Er hat keine Ahnung, wohin die Kugel getroffen hat.

Schlurfende Füße auf Holz, erneut ein Körper in Bewegung. Ein Schritt auf den Teppich der Treppe, dann ein dumpfes Geräusch, eine verletzte Masse, die die Treppe zu den Fliesen im Parterre hinunterstolpert und stürzt.

Mit Augen, die sich mittlerweile an die Dunkelheit gewöhnt haben, folgt Bennett schnell der Biegung der gewundenen Treppe und erreicht den ersten Stock. Er lugt um die Ecke, entdeckt die Gestalt auf dem Parterrefußboden, die gerade wieder auf die Beine kommt. Bennett kalkuliert seine Möglichkeiten. Dann beschließt er, gar nicht mehr zu denken.

Er überwindet das letzte Treppenstück springend, immer zwei Stufen auf einmal. Er stolpert auf der untersten Stufe, prallt gegen die Wand der Diele im Parterre. Während er sich umdreht, wird die Dunkelheit durch drei Blitze erhellt. Das ohrenbetäubende Knallen von eins, zwei, drei Schüssen hallt durch den Flur.

August 2000

1

Als ich kurz nach vier die Augen öffne, greife ich instinktiv auf die rechte Seite meines Bettes. Meine Hand berührt ein kaltes Kissen, es dauert wohl einen Sekundenbruchteil, ehe ich begreife, daß es auch so sein soll. Meine Bewegung weckt die beiden Hunde, meine Möpse, die auf dem Bett schlafen. Die Deckenbeleuchtung leuchtet auf, und einer von ihnen – Jake, der ältere, pechschwarze Mops – hockt sich auf die Hinterbeine und sieht mich erwartungsvoll an.

»Nein«, sage ich und kläre ihn darüber auf, daß es so früh keinen Spaziergang und kein Fressen geben wird.

Daraufhin wird Maggie, das Jungtier, wach. Sie ist ein Weibchen, braun wie Milchkaffee. Sie will zu Jake und läuft über ein Dokument, das auf meinem Bett liegt. Ich beobachte sie durch den Nebel aus Schlaf, wobei das helle Licht im Zimmer und die Worte des Fernsehkommentators einen scharfen Kontrast zu der stillen Dunkelheit jenseits der Fenster bilden.

»Nein«, wiederhole ich und greife nach dem Papier. Es ist das Memorandum, das ich seit seiner Ankunft auf meinem Schreibtisch vor vierzehn Tagen ein Dutzend Mal durchgelesen habe. Aufgeschlagen ist die letzte Seite, die Schlußfolgerung der juristischen Analyse, die meine Auffassung bestätigt hat.

Insgesamt schließe ich mich der Bewertung Jon Solidays an. So, wie ich die staatlichen Gesetze interpretiere, sind die Nominierungsunterlagen des Justizministers John Trotter ungültig. Er ist daher nicht berechtigt, sich um das Gouverneursamt zu bewerben. Eine formgerecht eingereichte Anfechtungsklage dürfte ihn von der Wahl ausschließen.

Langsam atme ich aus. Unser Gegner bei der Gouverneurswahl ist also nicht berechtigt, sich zur Wahl zu stellen.

Mein Gott, ich erinnere mich noch immer an den Anruf, den ich von der hiesigen Abteilung des Staatlichen Wahlausschusses erhielt. Ich hatte dort angerufen, weil ich einen Blick auf Trotters Antragsdokumente werfen wollte. Sie enthielten die mehr als zehntausend Unterschriften, die er beibringen mußte, um an den Vorwahlen der Republikaner für den Posten des Gouverneurs teilnehmen zu können. Wir wollten nichts anderes als die Anträge durchgehen und nach falschen Unterschriften, Verstorbenen oder Personen suchen, die bereit wären zu beschwören, daß sie die Anträge niemals unterschrieben hatten. Wir suchten lediglich nach negativer Publicity über Trotter. Verdammt, der Bursche stellte sich ohne Gegenkandidat den republikanischen Vorwahlen, und wenigstens *einer* mußte seine Antragsunterlagen durchgehen.

»Sie sollten lieber persönlich herkommen«, sagte der zuständige Sachbearbeiter im Wahlausschuß zu mir. Er war einer von unseren Leuten, ein Demokrat.

»Ich brauche nur eine Kopie«, sagte ich.

»Sie sollten es sich lieber selbst ansehen«, wiederholte er.

Also ging ich rüber, ziemlich verärgert, wie ich zugeben muß. Der Angestellte packte mir den ersten Band der Anträge auf den Schreibtisch und lächelte. Ich schlug die erste Seite auf, wollte weiterblättern und hielt inne. »Das ist eine Kopie«, stellte ich fest. »Kann ich mal das Original sehen?«

»Das ist das Original«, sagte er.

»Nein, das ist es nicht.« Ich winkte ihn zu mir herüber und deutete auf die erste Seite von Trotters Nominierungsunterlagen, seiner Erklärung, als Kandidat bereitzustehen. Es ist das Dokument, in dem der Kandidat offiziell die Aufforderung der Unterzeichner, sich um das Amt zu bewerben, »annimmt«. In Wirklichkeit ist es nicht mehr als juristische Spiegelfechterei – es war Trotter, der die Petitionen seiner Anhänger initiiert hatte, niemand brauchte ihn »aufzufordern«. Aber die Theorie besagt, daß all diese Leute ihn darum bitten, sich zur Wahl zu stellen, und er sein Okay gibt. Das bestätigt er durch eine Unterschrift unter seine Erklärung, sich als Kandidat bereitzuhalten.

»Sehen Sie«, sagte ich. »Diese Erklärung ist nicht mit echter Tinte geschrieben. Dies ist eine Fotokopie.«

»Ja«, sagte der Angestellte, und sein Gesicht verzog sich zu einem strahlenden Lächeln. »Genau.«

Ich blätterte weiter zu der Seite mit den Petitionen der Leute, die unterschrieben hatten, um Lang Trotter die Kandidatur zu ermöglichen. Sie waren mit echter Tinte geschrieben. Es waren die Originale. Ich blätterte zur ersten Seite zurück und strich mit der Hand darüber.

Ich zählte zwei und zwei zusammen und sprang aus meinem Sessel hoch.

Lang Trotter hatte nicht die Originale seiner Bewerbung eingereicht. Er hatte nur eine Fotokopie vorgelegt. Die Vorlage der Kandidaturerklärung ist vorgeschrieben, eine Vorbedingung, um sich um das Amt des Gouverneurs oder irgendein anderes öffentliches Amt zu bewerben. Und da es bis dahin keine gerichtliche Entscheidung gab – und das müßte ich besser wissen als jeder andere –, habe ich auch heute nicht den geringsten Zweifel, daß eine Kopie der Bewerbung nicht ausreichend ist. Ich weiß es, und das Memorandum auf meinem Schoß bestätigt es.

Die Nominierungsunterlagen von Justizminister Langdon Trotter sind ungültig. Er ist daher nicht berechtigt, sich um das Amt des Gouverneurs zu bewerben.

Wie ich dieses Memo in der Hand halte, könnte man meinen, es wäre das Original der Unabhängigkeitserklärung. Ich habe es sogar in dem dicken Polsterumschlag verstaut, in dem es mir, von einem Boten, vor zwei Wochen ins Büro geliefert wurde. Das Päckchen liegt vor meinen Füßen. Es ist an einer Seite aufgerissen, und der Aufkleber mit der Absenderadresse, »Dale Garrison & Associates«, befindet sich auf einer Ecke. Dale Garrison ist der Anwalt, an den wir uns gewandt hatten, um meine ursprüngliche Einschätzung bestätigen zu lassen – daß aufgrund dieses Fehlers in seinen Nominierungsunterlagen der unbesiegbar erscheinende Favorit der bevorstehenden Gouverneurswahl, Langdon Henry Trotter, Geschichte ist.

Jake, der kurz davor ist, wieder einzuschlafen, mustert mich aus verhangenen Augen. Ich strecke die Hand aus, um seine zerknautschte Schnauze zu streicheln, doch er springt auf, als das Telefon klingelt. Ich erschrecke selbst. Wir starren einander einen Moment lang an, wobei wir drei uns fragen, wer zum Teufel um vier Uhr morgens anrufen mag.

Meine Stimme ist noch nicht bereit für eine normale Konversation. Ich bringe nur ein undeutliches »Hallo« zustande.

Bennett Carey redet sofort los und beginnt damit, sich für den Anruf zu entschuldigen. Ich schneide ihm fast das Wort mit einer sarkastischen Bemerkung ab, doch dann dringen seine Worte in mein Bewußtsein. Ich bitte ihn, sie zu wiederholen. Dann lege ich auf und begebe mich zum Kleiderschrank.

Ich kleide mich dem Anlaß entsprechend, was bedeutet, daß ich mich für eine der nächtlichen Stunde halbwegs angemessene Förmlichkeit entscheide. Ein Anzughemd mit offenem Kragen, eine Anzughose. Ich feuchte mir im Badezimmer die Haare an und gehe zur Tür.

Als ich das Haus verlasse, peitscht mir der nasse Stadtwind ins Gesicht. Ich fühle mich, als hätte mich jemand gegen meinen Willen unter eine warme Dusche geschoben. Ich finde schnell ein Taxi und erkläre dem Fahrer den Weg quer durch die Stadt. Ebenso wie ich weiß der Chauffeur nicht genau, wo die Vine Street ist. Ich bitte ihn, auf der Allegheny nach Westen zu fahren und nach Polizeifahrzeugen mit rotierendem Blaulicht und eingeschalteten Sirenen Ausschau zu halten.

Wir finden es. Die Streifenwagen sind in üblicher Weise vorgefahren, parken kreuz und quer auf der Straße. Ihre roten und blauen Warnlichter rotieren noch immer, obgleich der Notfall längst keiner mehr ist.

Ich erkenne Bennetts Haus. Ein Klinkerbau aus den achtziger Jahren, gut sechshundert Quadratmeter auf drei Etagen verteilt, um soviel freie Grundstücksfläche wie möglich während der Yuppie-Invasion zu erhalten.

An der Tür hält mich ein Beamter auf. Ich zeige ihm meine Ausweispapiere, eine Visitenkarte meiner Anwaltsfirma und die Bestätigung, die das Oberste Bundesgericht jedem Anwalt aushändigt, der vor Gericht zugelassen ist. Der Beamte akzeptiert meine Papiere, führt mich aber von der Haustür weg. Wir müssen den anderen Weg ins Haus nehmen, sagt er, durch die gläserne Schiebetür. Während er mich auf den Patio zurückschiebt, werfe ich über seine Schulter einen Blick auf die Leiche auf dem schwarzweißen Fliesenboden.

Als wir durch die andere Tür eintreten, kann ich mehr erkennen. Das Parterre von Bennetts Wohnung verfügt über einen großen Raum, den er offensichtlich als Trainingszentrum benutzt. Ausgestattet mit einem dünnen, cremefarbenen Teppichboden und glatten weißen Wänden, enthält er mehrere Eisenhanteln, eine Drückbank mit einer imponierenden Anzahl von Gewichtscheiben an jedem Ende der Stahlstange und eine Konstruktion, die für Klimmzüge und andere gymnastische Übungen vorgesehen ist. Auf der gegenüberliegenden Seite des mit Fliesen ausgelegten Flurs befinden sich eine Tür zur Garage und eine Tür zur Waschküche. Ansonsten kann man nur über die Treppe in den ersten Stock hinaufsteigen.

Doch zuerst will ich noch einen Blick auf die Leiche werfen. Ich bewege mich selbstsicher auf Zehenspitzen, ein Anwalt, der kraft seines Amtes den Tatort in Augenschein nimmt. Der Beamte hält mich zurück, jemand, der die Leiche fotografiert, funkelt mich böse an. Ich gehe nicht weiter, bestehe aber darauf, daß ich mich umschauen muß. Ich erkläre ihnen, daß ich das Recht habe, die Leiche in ihrer ursprünglichen Haltung betrachten zu dürfen. Das kann stimmen, kann aber auch nicht stimmen. Ich habe auf diesem Gebiet keinerlei Erfahrung. Tatsache ist schlicht und einfach, daß ich noch nie eine Leiche direkt am Tatort habe liegen sehen.

Der Tote liegt auf dem Bauch, das Gesicht zur Seite gedreht. Ein Weißer. Auf den ersten Blick Ende Dreißig. Die Bartstoppeln höchstens einen Tag alt. Das Gesicht ist verzerrt, ein Mittelding zwischen Schmerz und Schrei. Die Arme sind ausgebreitet und ragen nach oben wie die Torstangen auf einem Footballfeld, die Handflächen nach unten. Das rechte Bein ist angezogen und leicht gebeugt. Fürs ungeübte Auge vermittelt die Haltung den Eindruck, er wäre auf der Flucht gewesen – ein Eindruck, den ich schnell verdränge. Er trägt eine Wollmütze und eine schwarze Lederjacke, mit drei großen Löchern im Rücken, umrahmt von getrocknetem Blut. Während ich mich umschaue, sehe ich überall Blut. Spritzer an der Wand und eine große Pfütze unter dem Körper.

Ein Mann mittleren Alters kommt die Treppe herunter gepoltert. Er trägt einen fleckigen Mantel, an dessen Kragen ein Schild festgeklemmt ist. Er sieht erst mich und dann den Beamten hinter mir an. »Wer zum Teufel ist *das*?« fragte er mit einem Nicken in meine Richtung.

Ich zeige wieder meine Ausweispapiere.

»Nein. *Hm-mm.* Draußen.« Er droht mir mit dem Zeigefinger. Ich nehme einen Hauch seines Aftershaves wahr.

»Es ist sein Haus«, sage ich.

»Es ist *unser* Haus«, korrigiert mich der Mann. »Der Tatort.«

Ein beängstigender Gedanke, aber er hat irgendwie recht. Wir einigen uns angesichts des Regens draußen auf die Garage. Der Beamte öffnet die Tür, und ich trete ein.

Kein Wagen zu sehen, obgleich ich mich erinnern kann, daß Bennett etwas Silbernes und Ausländisches fährt. Das einzige Anzeichen dafür ist ein Ölfleck auf dem Zementboden. Die orangefarbene Zugkette, welche die Fernbedienung des Garagentors stillegt, hängt leblos von der Decke, direkt neben einer einzelnen Glühbirne. An zwei Wänden befinden sich dicke Kiefernbalken mit Haken für verschiedene Gartengeräte und Schneeschaufeln. Auch mit all den Werkzeugen und den alten Fliegenfenstern, die neben einigen Farbeimern an einer Wand lehnen, erscheint die Garage ohne ein Auto völlig leer.

Im Garagentor befindet sich ein kleines quadratisches Fenster. Durch die Scheibe sehe ich ein paar Nachbarn, die sich draußen zusammendrängen. Ich empfinde Mitleid mit Bennett.

Die Tür geht auf. Ein Mann in Hemdsärmeln, ohne Krawatte, kommt herein. »Detective Eric Paley«, stellt er sich vor.

Ich reiche ihm die Hand. »Jon Soliday.«

Detective Paley hat ein längliches, Vertrauen einflößendes Gesicht mit markanten Linien und ausdrucksvollen Augen. Er sieht richtig väterlich aus. »Ich bin ein wenig neugierig, weshalb Mr. Carey einen Anwalt angerufen hat.«

»Er hat einen Freund benachrichtigt«, sage ich. »Wir sind Arbeitskollegen.«

Paley hebt eine Hand und gestattet sich ein spöttisches Lächeln. »Okay, ein Freund. Aber ein Freund hat nicht das Recht, in diesem Moment mit ihm zu sprechen.«

»Dann bin ich sein Anwalt. Und ich möchte sofort mit ihm sprechen.«

Der Detective schürzt die Lippen und deutet mit einem geistesabwesenden Kopfnicken zur Garagendecke. »Sie dürfen zu ihm«, sagt er, als sei er besonders großzügig. Er verläßt die Garage, ohne von mir ein Zeichen der Dankbarkeit erhalten zu haben.

Bennett kommt kurz darauf in die Garage. Er ist nackt bis

auf seine Boxershorts und eine Decke um seine Schultern. Ein stattlicher Mann, über eins achtzig groß, mit einem dicken Hals, breiten Schultern und einer athletischen Aura. Ich sehe ihn zum ersten Mal ohne Hemd. Er hat einen Körperbau, um den ihn jeder Mann mittleren Alters beneiden würde, flacher Waschbrettbauch, harte und ausgeprägte Muskeln, die aussehen, als würden sie jeden Moment aus der Haut springen. Der einzige Makel ist eine fünf Zentimeter lange gezackte Narbe im oberen Bereich des Brustkorbs, dicht unter der Schulter, die unter der Decke, die man ihm umgelegt hat, hervorschaut.

Seine Augen sind verständlicherweise dunkel, seine Haltung ist leicht gebeugt. Das pechschwarze Haar hängt ihm ins Gesicht, biegt sich unterhalb der Augen nach oben und wischt ihm bei jeder Bewegung über die Wangen. Ich glaube, ich habe nie bemerkt, wie lang seine Haare wirklich sind, weil er sie im Büro immer nach hinten gekämmt trägt. In seinem augenblicklichen Zustand könnte er als Grunge-Rocker durchgehen, obgleich er mit neunundzwanzig Jahren dafür vielleicht schon ein wenig zu alt sein dürfte. Bennett scheint nicht viel Wert auf Gesellschaft zu legen, aber er sieht aus, als führe er ein recht aktives Leben außerhalb seines Jobs. Nichtsdestotrotz scheinen seine Größe und seine Erscheinung nicht zu der Rolle als verwundetes Opfer zu passen.

Jemand steht hinter ihm. Ich nicke dem Mann, vermutlich ebenfalls ein Detective, grüßend zu. Ohne irgendeine Reaktion darauf schließt der Mann die Tür hinter sich.

Bennett sieht mich unsicher, fast verlegen an. »Hallo, Jon«, sagt er. Seiner Stimme fehlt der tiefe Wohlklang, sie ist leise und zittert.

Ich lege ihm eine Hand auf die Schulter. »Bist du okay, Ben? Du lieber Himmel.«

»Ich glaube schon«, antwortet er. Sein Adamsapfel hüpft heftig. »Ich habe jemanden getötet.«

»Du hast dich selbst verteidigt.« Ich suche seine Augen,

bis es zum Blickkontakt kommt. »Das ist ein großer Unterschied. Er ist in dein Haus eingebrochen, und du hast dich verteidigt.«

Bennett überlegt einen Moment, oder vielleicht hängt er auch nur seinen Gedanken nach. Er wischt sich mit der Hand über den Mund und seufzt.

Mein Blick kehrt zu der Narbe unterhalb seiner Schulter zurück. Ich deute mit einem Nicken darauf. »Wo hast du dir die denn zugezogen? Frisch?«

Bennett schaut nach unten, dann zieht er die Decke enger um sich. »Mein Gott, ich bin praktisch nackt.« Er fröstelt. »Nein, diese Narbe ist zwanzig Jahre alt. Warum?«

»Es war nur eine Frage.«

»Planst du schon meine Verteidigung?« fragt er. »Selbstverteidigung läuft besser, wenn er mich zuerst erwischt hat, nicht wahr?«

Mein Gesicht rötet sich. »Fang bloß nicht an, Blödsinn zu reden.«

»Ich habe einen Menschen getötet, Jon.«

»He, Ben, was hättest du denn tun sollen? Er ist in dein *Haus* eingebrochen.«

»Ja.« Bennetts Blick richtet sich zur Decke und verharrt dort. Er denkt in diesem Moment an etwas anderes. »Was meinst du, was unser Boß sagen wird?«

»Zerbrich dir nicht den Kopf über unseren Boß.«

»Es ist nicht gerade der günstigste Moment, nicht wahr?«

»Du hattest mit dem Timing nichts zu tun.«

»Ja, aber trotzdem. Drei Monate vor der Wahl?«

»Bennett, hör mir gut zu. Mach dir wegen Tully keine Sorgen. Meinst du, ihm wäre lieber, dieses Arschloch hätte *dich* getötet?«

Bennetts Lippen teilen sich. Seine Zunge preßt von innen gegen seine Wange. Er gestattet sich den Anflug eines Kicherns, ein nervöses Lachen. »In diesem Fall stütze ich mich auf den Fünften Artikel«, sagt er.

2

Die Polizei entscheidet sich für Bennetts Küche im ersten Stock als Ort, wo er sitzen und warten kann, während die Cops ihre Arbeit tun und auf die Gelegenheit warten, mit ihm reden zu können. Ich verlasse ihn mit einer Warnung, die er wahrscheinlich schon einigen seiner Mandanten mit auf den Weg gegeben hat – sage nichts zu niemandem, nicht einmal guten Tag –, und kehre nach unten zurück. Die Cops sollten mich eigentlich besser im Auge behalten, aber sie haben genug damit zu tun, den Tatort nicht selbst in Unordnung zu bringen. Günstigstenfalls veranstalten die Unmengen von uniformierten und Zivil tragenden Cops und Technikern ein organisiertes Chaos.

Ich trete hinaus auf den Bürgersteig und hole mein Handy hervor. Mitten in der Nacht wird Don Grier sicher keinen Anruf von mir erwarten, und er rechnet sicher nicht mit guten Neuigkeiten, als er meine Stimme hört. Don Grier ist der Pressesprecher von Senator Grant Tully, meinem Boß. Der Senator ist der demokratische Kandidat für die Gouverneurswahl und benutzt Don für seine politische Arbeit. Doch Grant Tully ist außerdem der Mehrheitsführer im Senat, daher ist Don auch ein Staatsdiener. Es ist schwierig, beide Funktionen voneinander zu trennen, denn wenn man es genau betrachtet, ist alles politisch, was der Senator tut.

»Sie müssen sich das sofort anhören«, beginne ich. Die Story scheint folgendermaßen auszusehen. Bennett hatte geschlafen und wurde geweckt, als jemand in sein Haus eingebrochen ist. Er griff nach seiner Waffe, als er den Eindringling die Treppe raufkommen hörte. Der Eindringling kam in sein Schlafzimmer, und Bennett schoß zweimal und traf den Eindringling einmal, offenbar in die Schulter. Dann folgte Bennett dem Eindringling, als dieser die Treppe hinunterlief. Er blieb auf Distanz und lauschte nur und folgte dem Eindringling schließlich bis hinunter ins Parterre. Dort sah er die Gestalt des Eindringlings in der Dunkelheit, feuerte drei weitere Schüsse ab und tötete ihn.

Es stellt sich heraus, daß er den Eindringling in den Rücken geschossen hat. Das ist das offensichtliche Problem, falls es ein Problem gibt. Es klingt nach einem Rachemord, so als hätte er auf den erfolglosen Einbrecher geschossen, als er im Begriff war zu fliehen. Der andere Haken ist, daß der Eindringling keine Waffe bei sich hatte. Er hatte ein Brecheisen, mit dem er das Türfenster zerschlug, um ins Haus zu gelangen. Eine Schußwaffe gegen ein Stück Eisen.

»Allmächtiger Gott«, murmelt Don. »Ist er okay?«

»Scheint so. Er fühlt sich schuldig.«

»Er hat ihm in den Rücken geschossen?«

»Er wußte nicht, daß der Kerl ihm den Rücken zuwandte«, sage ich. »Es war dunkel.«

»Richtig, das haben Sie gesagt.« Ich höre eine Stimme – eher ein Stöhnen – am anderen Ende.

»Haben Sie Gesellschaft, Don?« frage ich. Er ist Single, so wie ich jetzt. »Männlich oder weiblich?«

Don kichert leise.

»Hören Sie«, sage ich. »Wen kennen wir im Department?«

»Bei der Polizei? Keine Ahnung. Irgendein hohes Tier?«

»Scheiße, *ich* weiß es nicht.« Ich schnaube. Ich bin nicht daran gewöhnt, ohne Antworten dazustehen. Als Chefberater von Senator Tully habe ich es geschafft, fast jeden kennenzulernen, der in der City irgendwelches Gewicht hat. Aber Polizisten? Ich weiß nicht mal den Namen des Burschen an der Spitze, des Polizeisuperintendenten, und kennen tue ich ihn sowieso nicht.

»Wir müssen sehr vorsichtig sein«, sagt Don. »Das ist ein Telefongespräch, das ganz schnell auf uns zurückfallen könnte.«

Es fängt wieder an zu regnen. Ich scharre mit den Füßen. »Das ist möglich. Ich wollte nur dafür sorgen, daß er anständig behandelt wird. Mehr nicht.«

»Wahrscheinlich ist es besser, wenn nicht Sie anrufen«,

sagt Don. »Ich spreche mit dem Senator, wir lassen uns was einfallen. Wir kümmern uns um Ihren Jungen.«

Ich unterbreche die Verbindung und kehre wieder ins Haus zurück. Ein Cop belästigt mich, als ich wieder rein will, aber ich bin viel zu aufgeregt, um auf ihn zu achten, daher folgt er mir die Treppe hinauf und brüllt mich an, bis Detective Paley ihn mit einer Handbewegung zum Schweigen bringt und wegschickt. Die ganze Zeit würdige ich den lästigen Cop keines Blickes, was ihn nur noch wütender macht. Eine kleine Freude.

Bennett trägt noch immer Boxershorts und hat die Decke um die Schultern gelegt. Ich nehme den anderen Stuhl am Küchentisch. »Laß uns heute nicht mit ihnen reden«, sage ich. »Morgen besorgen wir dir den richtigen Anwalt. Paul Riley. Vielleicht Dale Garrison. Halte bis dahin aus und sei still.«

Detective Paley erscheint wieder. Er hat einen Stuhl aus dem Eßzimmer mitgebracht. Mein zweiter eingehender Blick auf den Detective führt zur selben Schlußfolgerung. Er sieht väterlich aus, besorgt, geduldig. Seine Hemdsärmel sind jetzt aufgekrempelt. Die Augen sind müde und gerötet. Er mußte vermutlich zwei Stunden vor Schichtende zu diesem Einsatz ausrücken. Jetzt dürfte er vor Nachmittag keinen Schlaf finden.

»Eine harte Nacht«, sagt er zu uns beiden. Bennett erwidert auch diesmal nichts.

Ich will zu meiner Rede ansetzen – heute keine Vernehmung, wir melden uns –, beschließe aber abzuwarten, was kommt. Falls der Detective nicht die Absicht hat, Bennett zu heftig zu bedrängen, könnte ich die Situation nur verschlimmern, wenn ich ihm befehle, den Mund zu halten.

»Ich glaube, mein Mandant steht unter Schock«, sage ich.

»Klar.« Seine Stimme klingt erstaunlich sanft, allerdings ein wenig höher. Wahrscheinlich leistet er gute Arbeit in seinem Job – nicht die harte Gangart bei den Verhören. Er ist wohl der gute Cop in dieser Sache.

»Wie sehen Sie das Ganze, Detective?« frage ich. »Was hatte dieser Bursche hier zu suchen?«

Paley runzelt die Stirn. Die Falten sind deutlich ausgeprägt. »Ich tippe auf einen ganz gewöhnlichen Einbrecher.«

»Ein Einbrecher nimmt irgendwelche Gegenstände mit«, sage ich. »Dieser Kerl hätte eine ganze Menge stehlen können, aber er ist direkt zu Bens Schlafzimmer hochgeschlichen.«

»Das ist doch der Ort, wo die guten Sachen liegen, Anwalt. Die Wertsachen.« Der Detective hat einen deutlichen City-Akzent. »Wenn er die Absicht hatte, Ihren Mandanten zu töten, hätte er sicherlich mehr mitgebracht als nur eine Brechstange.«

»Man kann auch mit einer Brechstange töten.«

»Ich will meine Waffe zurückhaben.« Bennett hat zum ersten Mal gesprochen. Das lenkt meine Aufmerksamkeit und die des Detective auf ihn. Ich strecke eine Hand aus und lege sie auf seinen Unterarm auf dem Tisch. Er zieht den Arm weg.

Paley zuckte die Achseln. »Das müssen wir uns noch überlegen.«

Bennetts Augen verengen sich. Er ist in die Gegenwart zurückgekehrt. »Was gibt es da zu überlegen?«

»Es könnte sein, daß wir sie noch für einige Zeit behalten müssen«, sagt Paley.

»Warum?«

Paley öffnet die Hände. »Ich bitte Sie, Mr. Carey. Sie sind Anwalt.«

Keiner von uns reagiert darauf. Es ist ein Beweisstück, drückt er damit aus.

»Haben Sie Angst um Ihr Leben, Mr. Carey?«

Bennett läßt sich die Frage durch den Kopf gehen und blinzelt langsam. Die meisten seiner Bewegungen laufen langsam ab. Seine Augen sind vor Streß und Schlafmangel eingesunken. Sein Gesicht ist bleich bis auf einen roten Schimmer auf seinen Wangen. »Ich weiß nicht, um was ich Angst habe.«

»Ich denke, wir sollten an dieser Stelle aufhören«, schalte ich mich ein. »Detective, wir machen gern eine Aussage, aber ich glaube, mein Mandant braucht erst mal ein paar Stunden Schlaf.«

»Jetzt ist okay«, sagt Ben und starrt auf den Küchentisch.

»Nein«, erwidere ich gegenüber dem Detective. »Wir rufen Sie an, sagen wir, gegen Mittag …«

»Nein.« Bennett atmet aus und strafft sich. »Wenn Sie noch mehr wissen wollen, okay.«

»Nein«, beharre ich. »Wir unterhalten uns später mit …«

»Ich möchte nur noch ein paar Punkte durchgehen.«

Ich sehe meinen Mandanten an und anschließend Paley. »Haben Sie bereits miteinander gesprochen?«

Paley scheint sich darüber zu freuen, mir die Neuigkeit präsentieren zu können. »Wir sind die Angelegenheit schon vor einer Stunde durchgegangen.«

Ich schaue Bennett an, warte darauf, daß er mich ansieht, damit ich ihn mit einem glühenden Blick bestrafen kann. Er blinzelt nur und starrt weiter ins Leere. »Wenn er um einen Anwalt gebeten hat«, fange ich an, »können Sie nicht …«

»Er hat nicht um einen Anwalt gebeten, Mr. Soliday.« Dem Detective scheint es zu gefallen, daß der Anwalt keine Gelegenheit hatte, seinen Mandanten zum Schweigen zu verdonnern.

»Er hat recht, Jon.« Ben wedelt mit der Hand. »Ich habe es ihm angeboten. Ich habe ihm das gleiche erzählt, was ich dir erzählt habe.«

Ich lasse mich in meinen Stuhl zurücksinken. »Ich würde gern die Notizen sehen, die Sie sich gemacht haben«, teile ich Paley mit.

»Das habe ich mir schon gedacht, Anwalt. Nur kriegen Sie die nicht.« Er nickt Ben zu. »Wirklich, nur ein paar weitere Fragen.«

»Nein«, sage ich.

»Jon, es ist okay.« Er zieht die Decke enger um sich.

»Es geht um die Rufe«, sagt Paley. »Können Sie sich daran erinnern, irgend etwas zu dem Kerl gesagt zu haben?«

Ben schüttelt den Kopf. Nein.

»Oder er zu Ihnen?«

Ich räuspere mich. »Setzen Sie mich wenigstens ins Bild, Detective.«

Paley betrachtet mich einige Sekunden lang. Ich nehme an, er könnte mich zum Teufel schicken. Aber in Anbetracht der Situation scheint er die weichere Gangart zu bevorzugen. »Ein Nachbar hat laute Rufe gehört«, verrät er mir.

Bennett faltet die Hände auf dem Tisch. »Es ist so, wie ich es schon gesagt habe. Wenn Sie mir sagen, er hätte gebrüllt, dann muß es wohl so gewesen sein. Aber ich habe nichts dergleichen gehört. Ich nehme an, meine Ohren waren vom Knall der Schüsse taub. Ich weiß, daß mein Herz wie verrückt geschlagen hat. Alles passierte so schnell ...«

»Der Punkt ist«, sage ich, »Ben hat nichts gehört.«

Der Detective betrachtet ihn für einen Moment, dann nickt er, wie um das Thema abzuschließen. »Wahrscheinlich war es der Schock. Er hat offenbar nicht damit gerechnet, daß Sie auf ihn schießen.« Paley erhebt sich von seinem Stuhl und geht zu Bennett. Er legt ihm die Hände auf die Schultern. »Ich hätte das gleiche getan wie Sie.« Er schüttelt Ben leicht. »Nur hätte ich ihn im Schlafzimmer auf die Bretter geschickt.«

»Wo stehen wir, Detective?« frage ich.

Er verzieht das Gesicht. »Von Ihrer Warte aus? Das Ganze ist absolut sauber. Vertretbar. Wenn jemand nicht auf einen Einbrecher schießen darf, auf wen darf er dann schießen?«

Ich spreche ein stummes Gebet, sehe Ben an, der so tut, als hätte er Paley nicht gehört. »Was meinen Sie mit ›von unserer Warte aus‹?«

»Nun ja.« Paley schaut auf einen Punkt über meinem Kopf. »Wäre ich der Ansicht, daß es jemand auf Mr. Carey abgesehen hat, würde ich gern wissen, wer und weshalb. Aber dieser Bursche wollte nur stehlen. Er muß gesehen haben, daß kein

Wagen in der Garage stand, und hat wohl vermutet, daß Mr. Carey unterwegs ist. Es ist eine nette Gegend, ein hübsches Haus – dort gibt es sicherlich viel zu holen. Der Typ hatte eine Brechstange und einen Sack, um Wertsachen hineinzustopfen. Er dachte nicht an Gewalt.«

Ich seufze. »Dann wäre es das also für uns.«

»Wir identifizieren den Kerl. Und wir ermitteln, soweit wir es für geboten halten.« Er beugt sich zu mir vor. »Aber sagen wir einfach, daß Sie, abgesehen von der Identifikation, nicht damit rechnen müssen, noch einmal von mir zu hören.«

Ich stehe auf und strecke ihm eine Hand entgegen. »Danke.«

Bennett schüttelt langsam den Kopf. Wir sind jetzt allein in der Küche. Der Lärm im Haus ist abgeklungen. Alles, was sie sehen wollten, haben sie gesehen. Die Cops verlassen das Haus.

»Du mußt versuchen, über die Sache hinwegzukommen, Ben«, rate ich ihm leise. »Als wäre es ein böser Traum.«

»Er wollte mich töten.« Ben starrt jetzt aus dem Küchenfenster, obwohl er sicher nicht mehr sehen kann als sein eigenes Spiegelbild. Wahrscheinlich klammert er sich daran fest. Er möchte nicht denken, daß er jemanden getötet hat, der nur auf eine Rolex oder auf Juwelen aus war. Ich drehe mich zu Paley um, der mir zum Abschied zuwinkt und mir damit mitteilt, daß er der letzte der Truppe ist. Dann drehe ich mich wieder zu Bennett um, dessen Gesichtsausdruck sich zu tiefster Qual verzerrt hat.

3

Ich sitze in meinem Wagen und bin unterwegs zur West Side. Nachdem die Cops abgezogen waren, blieb ich bei Ben. Er wollte nicht schlafen, sondern starrte blicklos über den Dampf hinweg, der aus der Kaffeetasse aufstieg, die er mit beiden Händen umklammerte. Als der Tag heraufgezogen war, fuhren Bennett und ich mit einem Taxi zu meinem Haus, wo ich in meinen Wagen stieg und Ben zu seinem Fitneßclub brachte. Ich weiß nicht, ob Bennett trainieren wollte oder mußte, aber dort konnte er wenigstens duschen und seine Kleider wechseln.

Senator Grant Tully hält heute eine Rede in der Gewerkschaftshalle auf der West Side. Er wendet sich an ein afroamerikanisches Publikum, das wahrscheinlich die politisch mächtigste Koalition der Minderheiten in diesem Staat bildet.

Grant Tully ist der Sohn des ehemaligen Senators Simon Tully, der sein Amt scheinbar ewig innehatte und vor zehn Jahren die Zügel seinem Sohn übergeben hatte. Grant war im reifen Alter von 29 Jahren für seine erste Amtszeit zum Senator des Staates gewählt worden. Er wurde zweimal, im Alter von 33 und 37 Jahren, wiedergewählt und befindet sich jetzt in der Mitte seiner dritten vierjährigen Amtsperiode. Der Bezirk, den er vertritt, besteht im Grunde aus der Stadt – oder ihrer südlichen Hälfte, sollte ich besser sagen –, die vorwiegend demokratisch orientiert ist. Das bedeutet, daß der Senator dieses Amt für den Rest seines Lebens behalten könnte, ohne Angst vor Konkurrenz in den Vorwahlen haben zu müssen und Gefahr zu laufen, daß ein Republikaner ihm eine Niederlage beibringt.

Aber der Senator bewirbt sich um das Amt des Gouverneurs. Er hatte eine umstrittene Vorwahl mit fast siebzig Prozent der abgegebenen Stimmen gewonnen. Sein Gegner bei der allgemeinen Wahl – der republikanische Kandidat – ist der Justizminister des Staates, Langdon Trotter. Trotter hatte keinen Gegner gehabt und sich stets an die republikanische Gangart gehalten, indem er die unschönen Geheimnisse seiner Herausforderer an die Öffentlichkeit zerrte und Streitigkeiten innerhalb der Partei vermied.

Grant Tully ist zur Zeit der Mehrheitsführer des Staats-Senats. Das bedeutet, daß er ihn praktisch leitet. Die Demokraten halten 18 der 27 Sitze. Wenn man also will, daß ein

Gesetz durch den Senat geht, muß man sich die Zustimmung von Senator Tully holen.

Mein Titel ist Chefberater des Mehrheitsführers, ein eleganter Ausdruck dafür, daß ich Senator Tullys Rechtsanwalt bin. Ich berate ihn in Fragen der aktuellen Gesetzgebung – ich erkläre ihm, was ein Gesetz bewirkt, wen es betrifft – und helfe ihm über die juristischen Hürden, die sich aus seinem Amt ergeben. Bennett Carey ist mein Stellvertreter, der einzige weitere Vollzeitanwalt im Stab.

Das sind unsere Rollen als Staatsdiener. Außerdem ist Grant Tully der Vorsitzende der Demokratischen Partei des Staates. Er kontrolliert die Finanzen, entscheidet, wo man wieviel für wen ausgibt, wenn die Wahlkämpfe beginnen. Somit bin ich außerdem Berater der Demokratischen Partei. In dieser Rolle bugsiere ich den Senator wie auch die anderen gewählten demokratischen Amtsträger durch das Labyrinth von Gesetzen, die die Zulassung zur Wahl, die Wahlen selbst, die Offenlegung der Wahlkampfkosten und so weiter reglementieren. Auch in diesem politischen Job ist Bennett Carey mein Stellvertreter.

Alles in allem kann man feststellen, daß Grant Tully der mächtigste Demokrat im Staat ist. Er kontrolliert den Senat – das staatliche Repräsentantenhaus ist republikanisch – und leitet die Demokratische Partei. Kein halbwegs vernünftiger Demokrat tut irgend etwas ohne seine Einwilligung, und jeder macht sofort Platz, wenn er sich um den Posten des Gouverneurs bewerben will.

Um diese Zeit im Jahr hält der Senat keine Sitzungen ab, daher arbeite ich fast meine gesamte Zeit für die Wahlen. Und die bei weitem wichtigste ist die Gouverneurswahl. Sie hat die höchste Priorität, und nicht nur, weil mein Boß sich um das Amt bewirbt, sondern auch weil der Gouverneur Tausende von Leuten in bezahlte Positionen hievt. Das ist der wahre Schlüssel zur Politik – Jobs. Die Leute, die Sie einstellen, sind irgendwann auch Ihre Freizeitarbeiter, sie sind Ihre Armee, um Spendenquittungen zu verkaufen, um in der

Nachbarschaft um Stimmen zu werben und Telefongespräche zu führen, wenn sie nicht ihrer vom Staat entlohnten Arbeit nachgehen. Diese Leute arbeiten sehr hart, denn auf eine sehr reale Art und Weise hängen ihre Jobs von Ihrer Wiederwahl ab. Je größer Ihre Armee, desto besser können Sie Wahlkampf machen, und desto leichter können Sie Ihre Helfer an andere Kampagnen ausleihen und dann eine Gefälligkeit einfordern, wenn Sie diese brauchen.

Die Republikaner haben das Büro des Gouverneurs 16 Jahre lang unter Kontrolle gehabt. Das heißt, eine ganze Generation von Angestellten des Gouverneurs hat sich in der Staatshauptstadt eingenistet. Das Ganze entwickelt sich schnell zu einem Kreislauf, ein offensichtlicher Vorteil für Republikaner in bezug auf Arbeitskraft und Personalstärke. Aber der derzeitige Gouverneur tritt zurück, und Senator Grant Tully hofft, die Übermacht der Republikaner brechen zu können.

Der Zeitpunkt dieses Zwischenfalls mit Bennett – auf dem Höhepunkt der allgemeinen Wahlsaison – ist weniger optimal. Senator Tully möchte schlechte Neuigkeiten so schnell wie möglich erfahren. Daher statte ich ihm einen persönlichen Besuch ab.

Ich schaffe es, etwa in dem Moment in der Gewerkschaftshalle einzutreffen, in dem der Senator mit einigen abschließenden Bemerkungen das Ende seiner Rede einleitet. Als ich durch die Eingangshalle wandere, höre ich Applaus.

Senator Grant Tully steht an einem Pult auf einer Bühne hinter drei wichtigen afroamerikanischen Persönlichkeiten, die hinter einem langen Tisch sitzen. Bei ihnen sitzt auch der Stabschef des Senators, Jason Tower, ebenfalls ein Afroamerikaner. Auf dem Spruchband quer über dem Vorhang steht in roten und blauen Lettern: TULLY 2000.

Das Publikum ist die Coalition for Racial Progress, eine politisch aktive Gruppierung, deren Einfluß während des letzten Jahrzehnts ständig zugenommen hat. Sie hat die Wählerregistrierung innerhalb der afroamerikanischen Gemeinschaft um fast 20 Prozent gesteigert und, was noch wichtiger ist, die Wahlbeteiligung um fast 30 Prozent in die Höhe getrieben.

»Ich werde Minderheiten an den Obersten Gerichtshof des Staates berufen«, verkündet der Senator und schlägt unter begeistertem Applaus mit der Faust aufs Rednerpult. »Ich werde Minderheiten auf die höchsten Positionen in diesem Staat setzen.«

Ich gehe in den hinteren Teil des Saals, wo ich vorerst bleiben werde. Nach meiner Einschätzung sitzen dort mehr als dreihundert Zuhörer.

»An diesem besonderen Tag, meine Damen und Herren, verspreche ich Ihnen: Ich werde den afroamerikanischen Einfluß in diesem politischen System in einem bisher nie dagewesenen Umfang ausbauen!«

Der Senator kann sich eine solche Rhetorik in einer Weise leisten wie kein anderer Weißer in dieser Stadt. Er meint tatsächlich, was er sagt. Die West Side ist ein Teil seines Wahlbezirks, und dort wohnen die Ärmsten der Armen in diesem Staat. Ein altes Sprichwort lautet, auf der South Side bringen sie dich für einen Zwanziger um. Auf der West Side haben sie noch nie einen Zwanziger gesehen. Aber Senator Tully hat es sich zu einem besonderen Anliegen gemacht, steuerliche Vorteile für dort getätigte Investitionen zu schaffen, und er kümmert sich höchstpersönlich um die Verbesserung der dortigen Schulsituation. Er hat für die West Side die Ärmel hochgekrempelt, und das wissen sie.

»Laßt uns wieder die kostenlose Gesundheitsvorsorge für unsere Kinder einführen«, sagt er. »Ich denke auch an kostenlose Seh- und Hörtests.« Die Zuhörer sind begeistert – dieses Thema wurde schon einmal angesprochen. »Weil ein Kind, das nicht richtig sehen kann, ein Kind sein wird, das nicht lesen kann. Und ein Kind, das nicht lesen kann« – die Stimme des Senators steigert sich mit zunehmendem Applaus so sehr, daß er beinahe schreit –, »ist ein Kind, das nicht mit anderen wetteifern kann. Lassen wir unsere unschuldigen Kinder nicht im Stich!«

Senator Tully läßt einen zuversichtlichen Blick über die Köpfe der Zuhörer wandern. Er erkennt zahlreiche Gesichter. Er verbringt sehr viel Zeit in diesen Bezirken. Seine ganz große Nummer ist, in den Kirchen Klavier zu spielen, und zwar jeden Sonntag in einer anderen. Ich glaube, vor der heutigen Rede hat er zwei Kirchen einen Besuch abgestattet. Das ist seine ganz persönliche Note. In bezug auf die Gesetzgebung ist er ebenfalls stets ein guter Führer gewesen. Er versäumt keine Gelegenheit, sie an diesen Punkt zu erinnern.

»Ich beschwöre die Führer des Repräsentantenhauses, meine Gesetzesvorschläge gegen räuberische Kreditvergabe zu verabschieden! Bewahren wir die ärmsten und schwächsten Angehörigen unserer Gesellschaft davor, zu Opfern einer skandalösen Kreditzinsgestaltung zu werden! Hier geht es nicht um schwarz oder weiß – es geht einzig und allein um falsch oder richtig!«

Der Senator hat die empfindliche Stelle seines Publikums gefunden. Während dieser Amtszeit hat er sich für Gesetze stark gemacht, die die Praxis von Finanzgesellschaften regulieren, welche ältere und arme Leute – und oft genug auch die Angehörigen von Minderheiten – überreden, unbesonnene, mit hohen Zinsen belastete Hypothekendarlehen zur Aufstockung ihrer Altersversorgung aufzunehmen, und sie auf diese Weise in langfristige Verpflichtungen mit hohen Vorfälligkeitszahlungen locken, die bezeichnenderweise mit Zwangsversteigerungen enden. Die Koalition, an die der Senator sich wendet, spielte bei seinen Bemühungen eine wesentliche Rolle; daher weiß sie, daß sie auf Grant Tully zählen kann.

»Lassen Sie uns die Uhr nicht zurückdrehen. Lassen Sie uns in Antidiskriminierungsprogrammen keine Rückschritte hinnehmen! Lassen Sie uns nicht die finanziellen Mittel für Nachbarschaftshilfsprogramme und Schulen kürzen! Lassen Sie uns nicht das wieder zurücknehmen, was wir angefangen haben! Lassen Sie uns die nächste Stufe erklimmen!« Den letzten Satz unterstreicht der Senator abermals mit einem Faustschlag aufs Rednerpult.

Die Zuhörer erheben sich. Die Rede ist beendet. Ich gehe den Mittelgang hinunter und finde den Sprecher des Senators, Donald Grier, begeistert applaudierend in der ersten Reihe. Er sieht mich an, als hätte ich ihn soeben unter der Dusche überrascht. Er beugt sich zu mir vor. »Was für ein Ding ist da im Gange?«

Ich schüttle den Kopf. »Im Wagen.«

Es dauert weitere 20 Minuten, bis der Senator damit fertig ist, Hände zu schütteln und sich von Verehrern und Verehrerinnen umarmen zu lassen. In der Zwischenzeit habe ich meine Wagenschlüssel einem der beiden Helfer gegeben, die den Senator und Don Grier begleiten. Er wird meinen Wagen nach Hause fahren. Ich muß mit dem Senator reden.

»Okay, Jon.« Nachdem der Senator die Bühne verlassen hat, klingt seine Stimme weich, fast jungenhaft. Er sitzt mit mir und Don Grier im Fond seiner Luxuslimousine. Eine der Vergünstigungen, deren man sich als Mehrheitsführer im Senat erfreuen kann, ist ein Dienstwagen mit Chauffeur. Jason Tower ist zurückgeblieben, um sich mit den Angehörigen der Coalition zu unterhalten, ehe er zu einer anderen, ebenfalls heute stattfindenden Versammlung weiterfährt.

Grant Tully sieht aus wie ein Senator. Er ist knapp eins achtzig groß, hat sandfarbenes Haar und mit 38 Jahren ein richtiges Kindergesicht. Die zunehmenden grauen Streifen in seinen Koteletten und die erst seit kurzem vorhandenen Krähenfüße im Bereich der Augen kompensieren ein vielleicht von einigen als zu jugendlich empfundenes Aussehen. Er sieht jung, attraktiv und würdevoll aus.

»Erzählen Sie mir von Bennett«, sagt der Senator.

»Ich habe ihn gerade an seinem Fitneßcenter abgesetzt, damit er ein wenig Dampf ablassen und duschen kann«, antworte ich. »Er hält sich ganz gut.«

»Was sagen sie? Die Polizei, meine ich.«

»Sie bezeichnen es als einen berechtigten Schußwaffengebrauch. Ich glaube, sie sagten so etwas wie ›vertretbar‹. Ben ist aus dem Schneider.«

»Gut, gut.« Der Senator, der an der Tür sitzt, trommelt mit den Fingern gegen die Scheibe des Seitenfensters.

»Ben glaubt, der Kerl habe ihn töten wollen«, füge ich hinzu. »Die Polizei hält das Ganze für einen ordinären Einbruch.«

»Mmm-hmm.« Der Senator nickt geistesabwesend. Die Details interessieren ihn weniger. Er denkt weiter. Nachrichtenmeldungen, Auswirkungen auf den Wahlkampf.

Don Grier, der den mittleren Platz einnimmt, wendet sich an mich: »Was halten Sie davon?«

Ich seufze. »Keine Ahnung. Der Typ ist mit einer Eisenstange eingebrochen und hatte einen Sack, um die Beute wegzuschaffen. Für mich klingt das nicht so, als hätte er jemandem nach dem Leben getrachtet.«

»So oder so«, sagt Don, »jemand ist in sein Haus eingebrochen.«

»Da gibt es noch ein kleines Problem«, sage ich. »Der Kerl wurde in den Rücken geschossen.«

»Erzählen Sie mir von dem Einbrecher.« Der Senator scheint meine Bemerkung zu ignorieren.

Ich schüttle den Kopf. »Noch ist er nicht identifiziert.«

Schweigen. Unterhaltungen mit Grant können manchmal sehr mühsam sein. Er verspürt niemals das Bedürfnis, Schweigepausen auszufüllen, und er hat es nur sehr selten eilig, irgend etwas zu sagen.

»Weiß oder schwarz?« fragt Don Grier.

»Weiß.«

Der Senator reagiert nicht. Don Grier beißt sich auf die Unterlippe.

»Trotzdem, das Timing ist ganz gut«, sage ich. »Wenn sie morgen damit in den Druck gehen, ist es keine Neuigkeit mehr.«

»Es ist nicht *dieselbe* Neuigkeit«, wirft Grant ein.

Das stimmt. Morgen wird das Ganze völlig anders aufgezäumt werden. Es werden nicht mehr nur die erschreckenden

Tatsachen genannt, sondern es wird irgendeine Reaktion geben. Aber wird es die wirklich geben?

»Die *Watch* behandelt die Angelegenheit wahrscheinlich online«, sagt Don. »Wir müssen den Reporter suchen.«

»Reden Sie mit ihm, Jon«, sagt der Senator. »Das sollte nicht von Don kommen.«

»Aber ich *bin* nun mal sein Anwalt.«

Senator Tully sieht mich an. »Ben braucht keinen Anwalt, wenn sie ihn nicht auf dem Kieker haben. Sie sind ein Freund, der zugegen war. Also müssen Sie etwas darüber sagen können.«

»Na schön. Ich glaube, Bennett möchte mit Ihnen reden, Senator.« Ich nenne Grant vor anderen immer »Senator«.

»Klar. Das geht in Ordnung.«

Wir sitzen schweigend da. Ich schaue aus dem Fenster. Wir fahren an einer Schule vorbei, die wegen des Sonntags leer ist. Zwei schwarze Jungen in Lederjacken und Tüchern, die sie sich um die Köpfe geknotet haben, sitzen auf der Treppe und beobachten unseren Wagen voller Mißtrauen.

»Das ist nicht das beste Timing«, sage ich.

»Es ist, wie es ist«, sagt der Senator. »Wir werden damit fertig.«

4

Wieder in meinem Büro, Sonntag nach dem Mittagessen. Ich bin ein Partner in der Anwaltskanzlei Seaton, Hirsch. Seaton, Hirsch beschäftigt zweihundert Anwälte direkt gegenüber dem Gerichtsgebäude inmitten des Geschäftsbezirks. Wir haben gut fünfzehn Abteilungen – Unternehmensrecht, Insolvenzen, Gesundheitsfürsorge, Vermögensverwaltung. Nennen Sie etwas, und die Firma hat ganz bestimmt eine eigene Abteilung dafür. Ich bin ein wenig in der Prozeßabteilung tätig, zusammen mit Bennett Carey, aber Ben und ich sind im Grunde eine Zwei-Mann-Abteilung für Wahlrecht. Wir machen die politische Arbeit für die Demokratische Partei und stellen sie über die Firma in Rechnung. Abgesehen von seiner Arbeit als Senator hat Grant Tully einige bedeutende Klienten aus der Wirtschaft, die gern mit ihm in Verbindung gebracht werden wollen; die Arbeit gibt er dann an andere Anwälte weiter. Er sorgt für anständige Honorarzahlungen, aber mehr als alles andere sieht die Firma sehr gern die Namen der beiden »Tullys« auf dem Briefkopf. Ich sage »die beiden Tullys«, weil Grants Vater, der ehemalige Staatssenator Simon Tully, immer noch ab und an zur Tür hereinkommt.

Ich arbeite bei Seaton, Hirsch, weil Grant mich in seiner Nähe haben will, egal, ob es etwas für ihn oder für andere Demokraten zu tun gibt. In meiner Rolle als Berater der Demokratischen Partei vertrete ich letztendlich jeden demokratischen Repräsentanten des Staates oder Senator. Zumindest in ihren offiziellen Funktionen. Alles in allem bedeutet das, daß ich den größten Teil meiner Arbeitszeit dafür aufwende, den Senator und die Partei durch das Minenfeld der Wahl- und Wahlkampfgesetze des Staates zu steuern. Es gibt Regeln, die die politische Werbung, die Offenlegung der Finanzen, die Zulassung zur Wahl und so weiter bestimmen, und ich muß darin Experte sein. Die Regeln sind sehr kompliziert, was ganz im Sinne des politischen Establishments ist. Die gewählten Vertreter haben Leute wie mich, damit sie ihnen erklären, was Sache ist. Die Außenseiter, die ohne die Unterstützung durch Demokraten oder Republikaner reinkommen wollen, bleiben gewöhnlich auf der Strecke.

Es ist mehr als ein Zwei-Mann-Job, aber im Grunde erledigen Bennett Carey und ich die gesamte Arbeit. Ich bin beim Senator, seit vor zehn Jahren seine politische Karriere begann. Daher kenne ich mittlerweile die meisten Regeln auswendig – verdammt noch mal, die Hälfte habe ich zur Vorlage im Senat selbst formuliert. Das bedeutet, daß mein Wissen ein seltenes und wertvolles Gut ist. Es bedeutet auch, daß eine große Mehrheit der Demokraten in dieser

Stadt und im restlichen Staat mir einiges schuldig ist. Einige mehr als andere.

Das bin ich, in knapper Form zusammengefaßt. Ich kenne mich im Wahlrecht aus, und ich habe Kontakte.

Ich gehe mit meinem Computer online, um mir die Nachrichten anzusehen. Der Sprecher des Senators, Don Grier, hat recht behalten – unsere Lokalzeitung, die *Daily Watch*, hat die Story in ihrer Internetausgabe. Es ist nicht die Top-Meldung, was immerhin ein Trost ist. Vielleicht ist es so, daß die Story in einer Stadt, in der jeden Tag mindestens ein Mord passiert, nicht viel hermacht. Es ist der dritte Artikel von oben, noch unter der Meldung von einem US-U-Boot, das unabsichtlich in chinesische Gewässer geraten ist, und dem Bericht über eine Steuersenkungsdebatte in Washington.

Aber dritte Story oder nicht, die Überschrift reicht schon aus, um den Adrenalinspiegel in die Höhe zu treiben. Gemeldet wurde der Vorfall um 9:15 Uhr morgens. HIESIGER HAUSBESITZER TÖTET EINBRECHER. In dem Artikel heißt es, die Polizei untersuche zur Zeit die Umstände in Zusammenhang mit einem Todesfall in der vergangenen Nacht, als ein Dieb in ein Haus in der North Vine Street eingebrochen ist. Der Einbrecher sei ein gewisser Brian Denning O'Shea gewesen, siebenunddreißig Jahre alt, wohnhaft auf der South Side. William Bennett Carey, neunundzwanzig, ein hiesiger Anwalt, hat O'Shea offenbar in den Rücken geschossen, als dieser das Haus verlassen wollte.

Ich ertappe mich dabei, wie ich eine Hand auf meinen Mund drücke. Sie haben dem Ganzen einen netten Dreh verpaßt. Keine Rede davon, daß es in dem Haus stockfinster war. Und auch keine Rede davon, daß der Mann in seinem Schlafzimmer stand, als er aufwachte. Und kein Wort darüber, daß die Polizei ihn von aller Schuld freigesprochen hat.

Ich drehe mich mit meinem Sessel. Bennett Carey steht in der Türöffnung.

»Wie geht's dir, Ben?«

Bennett zuckt mit den Achseln. Er trägt ein weißes Oberhemd ohne Krawatte und eine dunkelblaue Hose. Sein Haar ist noch feucht. Keine Socken in seinen Turnschuhen. Diese Vergeßlichkeit kann man ihm verzeihen.

»Fühlst du dich besser?« frage ich.

Er steht noch immer in der Türöffnung und erscheint unbeholfen und hochgradig nervös. Irgendwie paßt das zu ihm. Auf den ersten Blick ordnet man Bennett Carey unter der Rubrik Ladykiller ein, ein charmanter, tipptopp gepflegter, bestens gekleideter Wirtschaftsanwalt, der bereit ist, die Welt in Brand zu setzen. Man erwartet die tiefe Stimme, ein selbstsicheres Auftreten, einen spielerischen Charme. Statt dessen erhält man einen sehr sanftmütigen, schüchternen Mann mit nur sehr begrenzten Fähigkeiten im Umgang mit anderen Menschen. Zunächst einmal hat er so gut wie überhaupt keinen Sinn für Humor, was bedeutet, daß mein stets vorhandener Sarkasmus sehr oft unverständliche Blicke auslöst. Er beteiligt sich nicht am Büroklatsch und ignoriert ganz unverhohlene kokette Avancen von seiten der Frauen in der Firma. Seine Kleidung ist sehr ordentlich – makellos gebügelte weiße Oberhemden, perfekt geknotete Krawatten in gedeckten Farben –, aber alles andere als auffällig. Einen Anflug von Kreativität zeigt er gelegentlich im Rahmen seiner Arbeit, wenn er zum Beispiel eine Klageerwiderung formulieren muß. Aber selbst dann ist seine Persönlichkeit hinter den Worten deutlich zu erkennen – seine Sätze sind einfach strukturiert, seine Argumente erschöpfend und sachlich.

»Ich weiß nicht, was ich mit mir anfangen soll«, sagt Ben. »Ich will nicht hier sein, ich will aber auch nicht nach Hause.«

»Du kannst bei mir wohnen«, erwidere ich. »So lange du willst.«

»Oh – also, danke, Jon. Das finde ich toll.« Er scharrt mit den Füßen und steht noch immer in der Türöffnung. »Hast du mit dem Senator gesprochen?«

»Ja.«

»Kommt er heute her?«

»Bestimmt. Zwischen seinen verschiedenen Auftritten.« Bennett kratzt sich das Gesicht. »Hast du es ihm erzählt?«

»Das habe ich.«

»Wie hat er reagiert?«

Ich deutete mit der Hand auf einen Stuhl gegenüber meinem Schreibtisch. »He, du kennst doch Tully. ›Es ist, wie es ist, wir werden damit fertig.‹« Ich bemühe mich, unseren Boß nachzumachen. »Niemand gibt dir irgendwelche Schuld, Ben. Um Gottes willen, wie sollten sie auch.«

»Ja, ich denke, du hast recht.« Bennett zieht sich einen Sessel heran und läßt sich hineinfallen. Er hat ein wenig Eau de Cologne benutzt, das entfernt nach Medizin riecht. Beim Rasieren hat er eine Stelle unterhalb seines Kinns übersehen. »Ich sehe immer wieder das Gesicht dieses Kerls vor mir. Als ich das Licht anknipste und wie er da vor mir auf dem Fußboden lag.«

»Der Detective hat recht«, sage ich. »Der Typ hat dir keine Wahl gelassen.«

Bennetts Blick wandert an meinem Gesicht vorbei zum Monitor hinter mir. »Was ist *das*?«

»Die erste Seite der Internetausgabe«, sage ich mit der Andeutung eines Lächelns, um seinen Schrecken zu mildern.

»Na toll.« Bennett schüttelte den Kopf.

»Mach dir deswegen keine Sorgen, Ben. Dies ist ein Nichtereignis. Es dürfte nur noch in ein oder zwei weiteren Nachrichtenblöcken auftauchen.«

Bennett winkt ab. Ich habe ihn nicht überzeugen können. »Steht sonst noch was Interessantes in der Zeitung?«

»Sie haben den Namen des Einbrechers.«

Bennett richtet sich auf. »Und wie heißt er?«

»Brian Denning O'Shea.«

Bennetts Augen zucken hin und her. Sein Gesicht wird ernst und verliert an Farbe. »Mein Gott«, flüstert er.

»Du kennst ihn?« frage ich.

Bennett atmet tief ein, dann schüttelt er den Kopf. »Brian O'Shea«, murmelt er leise nur für sich.

»Erzähl mal«, fordere ich ihn auf.

»Brian O'Shea.« Er schneidet eine Grimasse. »Das war damals, als ich im Büro des Bezirksstaatsanwaltes tätig war. Einer meiner letzten Fälle, vor etwa fünf Jahren. Ich habe O'Sheas Bruder wegen Drogenbesitzes und -handels verknackt. Sean O'Shea, so hieß er. Wir räumten damals auf der South Side auf und erwischten dabei eine ganze Reihe Dealer. Wir fanden in Seans Wohnung zwanzig Gramm.«

»Also hast du seinen Bruder eingesperrt?«

»Es geht darüber hinaus«, erzählte Ben. »Ich war damals nämlich bei dem Einsatz dabei. Die Assistenten mußten immer mit. Wir kamen immer, nachdem die Cops alles unter Kontrolle hatten, aber sie wollten die Anwälte dabei haben, um zu gewährleisten, daß alles vorschriftsmäßig ablief. Durchsuchungsbefehle wurden nur in ihrem festgelegten Rahmen ausgeführt, mit Beweismitteln wurde angemessen verfahren – und so weiter.«

Ich erinnere mich an diese Zeit. Damals rief man in der Stadt nach einer unabhängigen Institution, die sich um die Aufbewahrung und Bewertung von Beweismitteln kümmern sollte, die an Tatorten gesichert wurden. Strafverteidiger und Bürgerrechtsaktivisten beklagten, daß die Cops Beweismittel manipulierten. Dieses Problem führte dazu, daß das Büro des Bezirksstaatsanwaltes eine technische Einheit schuf – das CAT-Team –, die heute anstelle der Citypolizei die Kontrolle über diesen Bereich innehat.

»Sean O'Sheas Anwälte behaupteten, daß sich in seiner Wohnung kein Koks befunden habe, bevor wir dort auftauchten«, fährt Ben fort.

»Er hat behauptet, das Zeug sei von den Cops untergeschoben worden?«

»O ja.« Ben lächelt matt. »Die Staatsanwaltschaft hat zwanzig Gramm Koks *und* eine Waage *und* einen Pieper *und* ein Bündel Dollarscheine deponiert.« Er winkt ab. »Strafverteidiger behaupten ständig solchen Unfug. Wenn du so viele von diesen Fällen bearbeitet hättest wie ich, würdest du diese Behauptungen über Deponieren und Manipulieren sogar im Schlaf hören.« Er atmet seufzend aus. »Also nageln wir O'Shea wegen Besitzes und beabsichtigten Handels fest. Er war bereits vorbestraft, also ging er in den Knast, für fünfundzwanzig bis vierzig Jahre, glaube ich.«

»Autsch«, entfährt es mir unabsichtlich.

»Ja, in solchen Sachen spaßen sie nicht.« Bennett überlegt einen Moment lang. Ich frage mich immer wieder, ob Staatsanwälte wegen der Dinge, die sie in Gang setzen, nicht manchmal ein schlechtes Gewissen haben. »Wie dem auch sei, Seans Bruder sucht sich einen Anwalt, und sie strengen einen Bürgerrechts-Fall gegen mich an. Vor dem Bundesgericht. Sie behaupten, ich hätte Sean O'Sheas Bürgerrechte verletzt und bei ihm Beweismittel eingeschmuggelt.« Ben zeichnet mit dem Zeigefinger einen kleinen Kreis auf die Tischplatte. »Er hat den Prozeß vor drei Jahren angestrengt. Der Fall wurde sofort aus dem Bezirksgericht rausgeworfen. Die Entscheidung wurde in zweiter Instanz bestätigt. Das Oberste Gericht lehnte weitere Maßnahmen ab – also ist der Fall abgeschlossen.«

»Okay.« Ich lehne mich auf meinem Stuhl zurück. »Demnach ist Brian sauer, weil du seinen Bruder für den größten Teil seines Erwachsenenlebens weggesperrt und ihn vor Gericht besiegt hast.«

»Ich nehme es an.«

»Du hast ihn in deinem Haus nicht erkannt?«

»Brian O'Shea?« Bennett zuckt die Achseln. »Ich weiß nicht, ob ich ihn überhaupt jemals gesehen habe. Möglich, daß er bei der Gerichtsverhandlung gegen seinen Bruder zugegen war, ich hab's auf jeden Fall nicht bemerkt. Der Prozeß, den er vor dem Bundesgericht gegen mich angestrengt hat, kam niemals zur Verhandlung. Und ich bin nie vor Gericht erschienen. Die Bürgerrechtsabteilung des Bezirksstaatsanwalts hat sich um die Angelegenheit gekümmert.«

Ganz zu schweigen davon, daß der Kerl mitten in stockdunkler Nacht in Bens Haus eingebrochen war. Es war ja nicht so, als hätten er und Ben bei einer Tasse Tee ein gemütliches Schwätzchen gehalten. »Gut, okay.« Ich mache ein paar Schritte und stütze mich auf die Tischplatte. »Fühlst du dich jetzt ein wenig besser? Dieser Kerl hatte die Absicht, dir ein paar zu verpassen. Du hattest keine andere Wahl.«

Ben spielt für einen Moment mit seinen Haaren, streicht ein paar widerspenstige Strähnen zurück, die ihm in die Augen gefallen sind. »Es ist wohl hilfreich, das zu wissen.«

»Gut«, sage ich. »Ich rufe diesen Detective an. Paley. Er wird's ohnehin bald rauskriegen, da kann man ihm die Ermittlungen ersparen.«

»Okay.«

Ich gehe um den Tisch und lege eine Hand auf Bens Schulter. »Du kannst die Angelegenheit wohl als erledigt betrachten.«

»Ja.«

»Ich gebe auch dem großen Häuptling Bescheid«, sage ich. Ben verdreht die Augen und geht hinaus.

5

Senator Grant Tullys Büro zu betreten ist genauso, als würde man ein Museum besuchen. Es gibt viel zu bewundern, aber nichts darf berührt werden. Das Büro hat einen rechteckigen Grundriß. Auf Eichenregalen an der langen Seite unter den Fenstern stehen gerahmte Fotos aus zehn Jahren. Sie zeigen den Senator zusammen mit verschiedenen politischen Würdenträgern. Zwei große schwarze Ledersessel stehen vor einem Schreibtisch, der hauptsächlich wegen seiner Dimensionen bemerkenswert ist. Ein riesengroßes, antikes Stück Hickoryholz mit eisernen Griffen an den Schubladen, hinter dem der Senator in seinem hochlehnigen Sessel auf Zwergesgröße schrumpft.

Senator Tully dreht sich um, hebt eine Hand und nickt mir zu. »Behalten Sie sie da, wo sie gerade sind, und veranstalten Sie eine weitere Umfrage. Wenn sie über vierzig Prozent liegt, holen wir sie uns von Isaac.« Er verzieht das Gesicht, während er seinem Gesprächspartner am anderen Ende der Telefonleitung zuhört. »Ja, alle drei, aber vierzig Prozent, klar? Nicht neununddreißig.« Der Senator legt den Telefonhörer auf und sieht mich an.

»Gute Neuigkeiten«, sage ich.

Der Senator hebt das Kinn.

»Der Bursche, der in Bens Haus eingebrochen ist. Er war der Bruder von jemandem, den Ben wegen Drogenhandels eingesperrt hat. Es war eine Racheaktion. Also sind wir aus dem Schneider.«

»Haben Sie schon die Presse benachrichtigt?«

»Ich habe mit der Polizei gesprochen. Als nächstes rufe ich den zuständigen Typen bei der *Watch* an.«

»Gut. Das ist gut.« Grant Tully ergreift einen Bleistift und läßt ihn zwischen den Fingern rotieren, während er sich in seinem Sessel zurücklehnt. »Raycroft könnte das übernehmen.«

»Er könnte, wird aber nicht«, antworte ich. Der Senator spricht von Elliot Raycroft, dem Bezirksstaatsanwalt – dem obersten Strafverfolger in der Stadt. Elliot Raycroft ist ausgerechnet Republikaner, und zwar der erste, der während der letzten siebzig Jahre im Bezirk gewählt wurde. Als vor sechs Jahren der damalige diensthabende Bezirksstaatsanwalt gestorben war, gab es eine ganz besondere Stichwahl. Die Demokraten hatten sich damals mit den Afroamerikanern gestritten, die für die Stichwahl eine eigene Partei bildeten und die Stimmen für die Demokraten halbierten. Daher geschah das Unvorstellbare. Ein Republikaner gewann das Rennen in der Stadt. Raycroft schaffte es, keinen Mist zu bauen, und gewann die Wiederwahl vor drei Jahren dank des Bonus für den jeweiligen Amtsinhaber.

Wenn es ein Amt gibt, von dem die örtlichen Demokraten nicht wollen, daß es von der Opposition besetzt wird, dann das des Bezirksstaatsanwalts. Es gibt innerhalb der Stadtpolitik eine Menge Aktivitäten hinter den Kulissen, und das letzte, was sie sich wünschen, ist ein Strafverfolger mit der Macht, Vorladungen zu versenden und Grand Jurys zusammenzustellen, um seine Nase in diverse Schweineställe zu stecken. Das trifft in jeder Hinsicht zu, denn Raycroft weiß, daß er irgendwann die Wiederwahl verlieren wird; daher muß er sich einen Namen machen, damit er weiterziehen und vielleicht überall im Staat einen anderen Job annehmen kann.

Es ist schon schlimm genug, daß Raycroft in der falschen Partei ist. Hinzu kommt, daß sein politischer Förderer niemand anderer ist als der Justizminister des Staates, Langdon Trotter. Das meint der Senator, wenn er sagt, daß Raycroft aus der Situation einen politischen Vorteil ziehen könnte.

»Raycroft ist nicht so dumm, sich auf die Seite des kriminellen Bruders eines Drogendealers zu schlagen, um gegen den früheren Staatsanwalt zu Feld zu ziehen, der dafür gesorgt hat, daß der Kerl eingesperrt wurde.« Ich zucke mit den Achseln. »Das liefe niemals. Trotter würde damit niemals einverstanden sein.«

»Na schön«, sagt der Senator. »Sie haben recht. Dann erzählen Sie mal von Ihrer anderen Sache.«

»Das As«, sage ich.

Der Senator unterdrückt ein Lächeln. Er hat für Spitznamen und Ungezwungenheit nicht viel übrig. Seit ich jenen Fehler in Langdon Trotters Nominierungsunterlagen entdeckt habe – und zurückgerannt kam, um es dem Senator zu stecken –, habe ich die ganze Affäre immer nur als unser »As« bezeichnet.

Mir war klar, wie es zu dem Fehler in Trotters Papieren gekommen war. Wahrscheinlich hat er mit schwarzer Tinte unterschrieben, so daß das Original nur schwer von einer Kopie zu unterscheiden gewesen war. So etwas passiert immer wieder mal. Man soll stets Originale von allen Gerichtsdokumenten abheften, aber manchmal wandern die Fotokopien in die Akten. Niemand regt sich darüber auf. Kein Richter würde jemals eine Gerichtsakte verwerfen, weil das Original nicht aufbewahrt wurde. Man würde damit die Form über den Inhalt stellen. Ein Anwalt würde ziemlich dämlich aussehen, wenn er damit vor Gericht argumentieren würde.

Aber wir reden hier nicht von einem Gericht. Wir reden vom Wahlgesetz. Das Gesetz verlangt, daß die Einwilligung in die Kandidatur »unterschrieben« sein muß, und das bezieht sich auf das Original. Eine Fotokopie ist kein unterschriebenes Dokument – es ist das Foto von einem unterschriebenen Dokument. Ich will es wie folgt erklären – eine Fotokopie von einem Dokument ist genausowenig das Dokument selbst, wie das Foto von einem Baum der Baum selbst ist.

Form über Inhalt? Absolut. Aber ich hatte wegen dieses Punktes vor mehreren Jahren bei einer Wahl für den Posten des Bezirkssheriffs schon einmal Einspruch eingelegt – es war eine besonders heikle Wahl gewesen, und der Senator hatte dem demokratischen Kandidaten behilflich sein wollen. Und ich gewann den Einspruch. Irgendein bemitleidenswerter Republikaner wurde von der Kandidatenliste gestrichen, weil er eine Fotokopie seiner Einwilligung für die Kandidatur eingereicht hatte. Als dieser Mann und sein Anwalt die Anhörung des Wahlausschusses verließen, sahen sie aus, als hätte ein Taschendieb sie bis auf den letzten Cent ausgeraubt.

Es ist ein sehr heikler, eher obskurer Punkt innerhalb der Wahlgesetze, aber wie ich schon sagte, das ist meine Spezialität. Wenn wir diesen Einspruch dem Wahlausschuß präsentieren, werden sie keine Wahl haben. Kurz gesagt: Langdon Trotters Einwilligungserklärung in die Kandidatur ist ungültig. Daher darf er sich nicht um das Amt des Gouverneurs bewerben.

Als ich von diesem Fehler erfahren hatte, war ich schnell

zurück in die City gefahren. Der Senator war nirgendwo aufzutreiben gewesen, daher hatte ich mich in Bennetts Büro begeben und ihm die Neuigkeit aufgetischt. Ich war mir meiner Position verdammt sicher, aber wir hatten trotzdem die Wahlstatuten aufgeschlagen und eine ganze Reihe Gerichtsentscheide durchgelesen. Als wir dann einander anschauten und begriffen, daß wir Langdon Trotter am Kragen hatten, war es, als läge irgend etwas in der Luft, das körperlich spürbar war.

»Was sagt Dale dazu?« fragt Grant.

Ich mache kein Hehl aus meinem Stirnrunzeln. Er spricht von Dale Garrison, dem Mann, der das Memorandum verfaßt hat, das mit meiner Schlußfolgerung übereinstimmt, daß Langdon Trotter sich nicht zur Wahl stellen darf. Dale ist ein Begriff in der Stadt. Er ist eines der alten Schlachtrosse in der juristischen Szene, eine Erscheinung, die schon so lange tätig ist, daß man meinen könnte, er hätte seine Zulassung zur Zeit der Prohibition erhalten. Er ist ein langjähriger Freund der Familie Tully und bei einigen Angelegenheiten ihr persönlicher Anwalt. Er zieht Gewinn aus dieser Beziehung, indem er unter anderem als Lobbyist im Kapitol wirkt. Er ist einer von einer Handvoll Leute, die das Ohr des Senators haben.

Ich habe mit ihm kein Problem. Er ist zu kumpelhaft mir gegenüber, aber ich muß ihm Gerechtigkeit widerfahren lassen. Es ist nur so: Ich bin nicht gerade begeistert, daß der Senator sich zu meiner juristischen Bewertung eine zweite Meinung holt.

»Sehen Sie mich nicht so an«, sagt Grant, als würde er meine Gedanken lesen. Die Sprechanlage summt. Die Sekretärin des Senators informiert ihn, es wäre einer seiner Leute, einer unserer Senatoren. Grant verdreht die Augen, nimmt das Gespräch jedoch entgegen. Ich erhebe mich aus meinem Sessel und gehe auf und ab. Dabei fällt mir ein Stapel Glückwunschkarten auf der Anrichte hinter dem Schreibtisch des Senators ins Auge.

Verdammt. Das habe ich völlig vergessen. Gestern war Grants Geburtstag. Er wurde neununddreißig. Damit ist er ein paar Monate älter als ich. Typisch von Grant Tully, er geht geringschätzig darüber hinweg und läßt nicht zu, daß ihm zu Ehren eine Party veranstaltet wird. Aber da sind ein paar Leute, die sich daran erinnert haben, mindestens zwanzig Karten. Ich bleibe vor der Anrichte stehen und blättere sie durch. Eine Karte vom Gouverneur, von einem US-Senator, von verschiedenen anderen staatlichen Gesetzgebern, eine von einem Fernsehmoderator, von verschiedenen Anwälten inklusive Dale Garrison. Garrisons Karte ist sehr kurz – »Genieße den Tag« in seiner Handschrift und nur ein »Dale« als Unterschrift. Wie jeder andere mit auch nur geringstem politischem Gespür hat Dale sich offensichtlich über den Senator informiert und sich sowohl seinen Geburtstag als auch den seiner Frau und seiner Kinder notiert. Die restlichen Karten sind reiner Standard: »Beste Wünsche«, »Viel Glück für die Wahl«, »Kann ich helfen?« Eine ist sogar an »Gouverneur Tully« gerichtet.

Grant legt den Telefonhörer auf und schnaubt. »Dieser verdammte D'Angelo«, sagt er. »Da hat er seit sechzehn Jahren den ersten Herausforderer. Er kriegt siebzig Prozent, Minimum, und wenn man ihm zuhört, klingt er, als ginge es um sein Leben.« Er wartet, bis ich in meinen Sessel zurückgekehrt bin. »Wo waren wir stehengeblieben?«

»Sie meinten gerade, Dale soll Ihnen bestätigen, daß ich recht habe.«

Er hob herausfordernd den Kopf. »Jetzt bitte ich Sie aber, Mr. Soliday. So ist es nicht. Dale« – er wischt mit der Hand durch die Luft –, »Dale kennt sich in Gerichten aus. Die Hälfte aller Richter hat irgendwann mal für ihn gearbeitet. Ich brauche keine zweite Meinung zu den Wahlgesetzen. Ich muß wissen, was ein Richter tun würde.«

»Prima. Schön, Dale findet übrigens, daß ich recht habe. Sie haben sein Memo gesehen.«

»Habe ich das?«

»Er hat es mir geschickt. Aber Bennett sollte Ihnen eine Kopie zukommen lassen.«

Der Senator läßt suchend den Blick über seinen Schreibtisch schweifen. »Wahrscheinlich habe ich es hier irgendwo liegen«, sagt er.

»Bennett sollte eine Kopie für Sie anfertigen.«

Grant Tully verzieht ungehalten das Gesicht. »Bennett«, wiederholt er. »Ich dachte, diese Angelegenheit bliebe unter uns beiden.«

Ich hebe die Hände in einer entschuldigenden Geste. »Ben ist mein Mitarbeiter. Ich habe mit ihm über diesen Aspekt gesprochen.«

»Na schön, dann lassen Sie uns das Ganze im Auge behalten, Jon. Okay?« In seiner Stimme schwingt ein Anflug von Verärgerung mit.

»Was soll denn diese Geheimnistuerei? Wenn wir beim Wahlausschuß eine Beschwerde einreichen, wird in Null Komma nichts sowieso jeder im Staat Bescheid wissen.«

Grant schürzt die Lippen, sagt aber nichts.

»Hatten Sie etwas anderes im Sinn?« frage ich.

Grant beißt sich auf die Unterlippe. Nach lebenslanger politischer Erziehung ist Grant Tully ziemlich gut darin, stets einen gewissen Vorsprung vor den Ereignissen zu halten. Manchmal kann ich noch nicht einmal andeutungsweise erkennen, in welche Richtung er unterwegs ist. »Vielleicht«, sagt er.

»Was zum Teufel sollte es anderes geben? Sollen wir Lang Trotter vielleicht ganz persönlich bitten, aus dem Rennen, auf das er sich sein ganzes Leben lang vorbereitet hat, so mir nichts, dir nichts auszusteigen?«

Meine Bemerkung zaubert den Anflug eines Lächelns auf Grants Miene. »Sie kommen der Sache näher.«

»Dann erzählen Sie mal, Grant.«

»Mit der Einschätzung, ihn persönlich und privat anzusprechen, liegen Sie ganz richtig.« Er macht eine auffordernde Handbewegung. »Erläutern Sie noch einmal den Einspruch, aber so knapp wie möglich.«

»Sie kennen doch die Begründung.«

Aber er wiederholt seine Handbewegung.

»Jeder muß seine Kandidatur persönlich anmelden, um sich um ein Amt zu bewerben«, sage ich. »Sie füllen den entsprechenden Vordruck aus und reichen ihn mit all Ihren Wählerunterschriften und allem anderen ein. Trotters Leute haben Mist gebaut. Sie haben natürlich von allem Fotokopien angefertigt, aber als sie die Unterlagen abgaben, legten sie die Fotokopie der Kandidatur-Erklärung zu den Originalen der Wählerlisten. Eine Fotokopie ist kein Originaldokument. Es ist genauso, als hätte er die Einwilligung in seine Kandidatur niemals eingereicht.«

»Super«, sagt der Senator. »Und jetzt erklären Sie das einem Wähler.«

Ich seufze. »Deshalb haben wir Don …«

»Senator Tully hat den republikanischen Kandidaten mit einem Formfehler aus dem Feld geschlagen«, sagt Grant. »Jeder weiß, daß er eine Einwilligungserklärung für seine Kandidatur unterschrieben hat, jeder weiß, daß er sich zur Wahl stellen will, aber aufgrund verwechselter Papiere sollen die Wähler ihn nicht als Alternative kriegen.« Grant schüttelt den Kopf. »Das klingt richtig toll.«

»Nun ja …«

»Und was kriege ich dafür? Dafür, daß die Wähler wissen, daß ich irgendeinen juristischen Winkelzug benutzt habe, um meinen Gegner aus dem Weg zu räumen? Für die Leitartikel quer durch den Staat, in denen ich heruntergeputzt werde? Ich verrate Ihnen, was ich kriege. Die Republikaner nominieren nach Trotters Ausscheiden jemand anderen. Habe ich recht?«

»Ja, klar.« Nach dem staatlichen Wahlgesetz darf seine politische Partei einen anderen nominieren, wenn ein nominierter Kandidat ausscheidet oder aus dem Rennen genommen wird. Das zuständige politische Komitee – in diesem Fall die Chefs der Republikanischen Partei des Staates – führt eine Abstimmung durch, und wer die gewinnt, ist der

50

Kandidat der Republikaner. »Natürlich müssen Sie gegen irgend jemanden antreten, Grant.«

Er verzieht das Gesicht. Nach meinen Erfahrungen weiß ich, daß die Senatoren und Repräsentanten des Staates es als höchst geschmacklos empfinden, wenn sie tatsächlich um eine Wiederwahl kämpfen müssen. Niemand hat jemals versucht, gegen Senator Tully anzutreten. Dies wäre sein erstes richtiges Kräftemessen.

»Sie werden niemals jemanden wie Trotter nominieren«, sagt der Senator. »Sie werden sich für einen Gemäßigten entscheiden. Jemanden, der Pro-Choice, also für die Freigabe der Abtreibung, ist, um uns als verbohrt und rückständig dastehen zu lassen. Jemanden, der niemals die Vorwahlen gewonnen hätte, der aber ein guter Kandidat für die allgemeine Wahl wäre.«

»Jody Thayer«, sage ich. Jody Thayer ist zur Zeit die stellvertretende Gouverneurin. Sie wollte in der Vorwahl der Republikaner antreten, doch die Parteioberen hielten Langdon Trotter für den besseren Kandidaten. Daher bewirbt sie sich um Trotters Job, nämlich den Posten des Justizministers. Sie ist Pro-Choice, für eine allgemeine Waffenkontrolle und hat in ihrer Zeit im Staatssenat einige bescheidene Abstimmungserfolge vorzuweisen. Sie wäre die beste Kandidatin gegen einen Pro-Life, also abtreibungsfeindlichen, und gesellschaftlich konservativen Politiker wie Grant Tully.

»Ja«, sagt der Senator. »Ich würde auf Jody tippen.«

»Sie wäre ein harter Knochen.«

»Sie wäre besser als Trotter.« Der Senator schüttelt geistesabwesend den Kopf. »Sie würde niemals eine Vorwahl gewinnen, aber sie wäre in der allgemeinen Wahl die bessere Kandidatin. Ich hätte nicht das mindeste gewonnen. Ich schlage Trotter aus dem Feld und habe es mit einem viel schwierigeren Gegner zu tun.«

Ich beschreibe mit den Händen eine hilflose Geste. »Das könnte sein.«

»Von der Tatsache ganz zu schweigen«, fährt der Senator

fort, »daß ich der Bursche bin, der eine komplizierte juristische Spitzfindigkeit benutzt hat, um seinen Gegner loszuwerden. Wie großzügig und weltmännisch ich wohl damit aussehe.«

»Okay, das stimmt auch.«

Der Senator ist nachdenklich. Aber er zeigt keinerlei Nervosität oder innere Unsicherheit. Er hat mir alle Gründe dargelegt, weshalb wir das As nicht dazu benutzen können, um Langdon Trotter zu disqualifizieren. Dennoch ist das Gespräch noch nicht beendet. Seine Erklärung ist keine Lösung. Sie ist eine Überleitung. »Es gibt noch eine andere Option.« Er lehnt sich wieder in seinem Sessel zurück und blickt zur Decke. »Wir gehen zu Trotter und zeigen ihm, was wir haben. Wir tun es privat. Bei einem Treffen unter vier Augen.«

»Und welchen Sinn soll das haben?«

Die Finger des Senators lösen sich von der Tischplatte und kommen langsam hoch. »Den folgenden: Wir erklären ihm den Stand der Dinge und bieten ihm einige Möglichkeiten an. Vielleicht eine Art Gegengeschäft.«

»Was für was?« frage ich.

»Ich habe immer wieder gehört, daß Trotter unendlich gern Richter werden möchte«, sagt er. Er läßt sich diesen Gedanken durch den Kopf gehen, dann nickt er. »Es würde auch einigen Sinn machen. Ein ehemaliger Justizminister als Richter am Obersten Gericht des Staates. Oder sogar beim Bundesgericht, wenn wir das Weiße Haus behalten.«

»Wovon ist hier die Rede, Grant?«

»Monte setzt sich zur Ruhe«, fährt er fort. Er meint den derzeitigen US-Senator Raymond Monte, der unmißverständlich klargemacht hat, daß er sich in zwei Jahren nicht zur Wiederwahl stellen wird.

Ich massiere einige Sekunden lang mein Kinn, dann beuge ich mich vor, als wolle ich mir die Angelegenheit etwas genauer ansehen. »Schlagen Sie etwa vor, daß wir Trotter unser As zeigen und ihn bitten, freiwillig auszusteigen?«

Der Senator mustert mich mit einem Funkeln der Belustigung in den Augen. »Wenn Trotter aussteigt, ist das nicht grundlegend anders, als wenn wir ihn aus dem Feld geschlagen hätten.« Er verschränkt die Hände. »Nein, Jon, das meine ich nicht, und ich glaube, das wissen Sie auch.«

Ich atme tief ein. »Wir zeigen es Trotter und verlangen von ihm, daß er verliert?«

Ein Lächeln von Senator Grant Tully.

»Eine Wahl schmeißen?« frage ich und werde mir plötzlich der Höhe meiner Stimme bewußt. Ich senke sie um eine Oktave. »Machen Sie Witze?«

»Entwickeln Sie doch mal ein wenig Phantasie, Jonny.« Grant läßt den Kopf leicht nach hinten sinken. Sein Blick löst sich von mir und wandert wieder zur Decke. »Trotter würde eher verlieren als sich mit einem Formfehler aus dem Weg räumen lassen. Er könnte sich doch nie mehr in der Öffentlichkeit blicken lassen, wenn wir ihn disqualifizieren würden, nur weil seine Leute aus Unachtsamkeit eine Fotokopie eines wichtigen Dokuments eingereicht haben. Damit sähe er aus wie ein Amateur.«

»Schon möglich«, räume ich ein.

»Also …« Der Senator dreht die Handflächen nach oben.

»Also was?«

»Also wird er alles tun, damit das nicht bekannt wird.«

»Sind Sie *so* sicher, daß er einen Rückzieher machen wird?«

»Es ist keine Frage, ob er einen Rückzieher macht. Wir haben ihn, Jon. Für ihn ist das Rennen gelaufen, so oder so.« Grant hebt einen Finger. »Er ist fertig.«

Wir sitzen schweigend da. Ich kann mir die Reaktion des Justizministers ausmalen, wenn die Neuigkeit auf seinem Tisch landet.

»Er bewirbt sich noch immer um das Gouverneursamt«, sagt der Senator. »Aber er wird verlieren.«

»Aber wie soll er das bewerkstelligen?« Ich verberge nicht die Entrüstung in meiner Stimme. »Also wirklich, Grant.

53

Verraten Sie mir mal, wie ein Politiker willentlich eine Wahl verlieren will, ohne daß es jemand merkt.«

Der Senator schüttelt ungehalten den Kopf. »Ich bitte Sie, Jon.« Er räuspert sich. »Er weicht einer öffentlichen Debatte aus. Das kann er vor seinen Leuten rechtfertigen. Er ist ein Vertreter des Staates, ich bin eher eine lokale Größe. Er kann sagen, daß er uns die Publicity nicht gönnt. Aber wir werden ihn dafür, daß er sich keiner Debatte stellen will, ans Kreuz nageln. Und die Zeitungen werden unserem Beispiel folgen.«

»Okay.«

»Wir können seine Werbung kontrollieren. Wir machen ihn schlecht, und er reagiert nicht. Er sagt, er wolle sich nicht in derartige Niederungen begeben. Das tue nur ein Verlierer, aber er könne in Würde verlieren. Wir nehmen ihn uns im Fernsehen vor, er reagiert nicht, die Zeitungen meinen, was für ein Kerl, aber wir verprügeln ihn am siebten November.«

»Und Sie meinen, da macht er mit?«

»Mein Gott, er kann krank werden«, sagt der Senator. »Er gibt bekannt, daß er sich einen Virus eingefangen hat, was ihn in seinem Wahlkampf behindert. Oder er hat Rückenprobleme.«

»All das ist möglich«, sage ich. »Bis zum dreiundzwanzigsten September. Das ist nämlich der letzte Tag, an dem wir wegen seiner Papiere Einspruch einlegen können. Danach können Sie ihm nichts mehr anhaben, egal, ob es ein Problem gibt oder nicht.«

»Der dreiundzwanzigste September. Okay.«

»Danach kann Trotter es sich jederzeit anders überlegen. Und Sie verlieren jeden Angriffspunkt.«

»Ja, das kann schon sein«, gibt Grant zu. »Ich denke, wenn Lang mit mir eine Vereinbarung trifft, wird er sich daran halten. Aber wenn nicht, habe ich ihn wenigstens für die nächsten sechs Wochen zum Schweigen gebracht. Ich kann bis zum dreiundzwanzigsten September eine Menge Boden gutmachen.«

54

Ich kann Grant nur entgeistert anstarren. Er erwartet wahrscheinlich von mir, daß ich bei dieser Sache mitmache. Mein wahrscheinlich wichtigster Beitrag für die Demokratische Partei während der letzten Jahre bestand darin, daß ich Herausforderer schon vor der Wahl ausgeschaltet habe. Das ist der wesentliche Punkt in der Politik, der so gut wie jedem entgeht – die Zulassung zur Wahl. In diesem Staat zu einem Wahlgang zugelassen zu werden, ist nur unwesentlich einfacher, als die Farben eines Zauberwürfels zu ordnen oder einen Siebenkampf durchzustehen. Im großen und ganzen klingt es recht simpel – man füllt ein paar Formulare aus und bringt Bürger dazu, sich in Petitionslisten einzutragen. Aber in der Praxis ist dazu unendlich viel Arbeit nötig, und man muß die Wahlgesetze aus dem Effeff kennen. Da sind zuerst einmal die Formalien. Die Einwilligung in die Kandidatur, die Offenlegung wirtschaftlicher Interessen, die Petitionslisten. Dabei kann man an die dreißig Fehler machen, von denen viele eine Kandidatur vorzeitig beenden können – Trotter ist dafür das perfekte Beispiel. Es gibt Vorschriften für die Leute, die mit den Petitionslisten unterwegs sind, um die nötigen Unterschriften zusammenzubekommen. Die Unterzeichner müssen Wähler sein, die in diesem Staat registriert sind. Sie dürfen sich immer nur für Kandidaten einer politischen Partei pro Wahlgang eintragen. Die Unterschriften auf den Petitionslisten dürfen nur von Wählern kommen, die im Bezirk registriert sind, und sie müssen unter der Adresse, die sie eintragen, auch wirklich gemeldet sein. Außerdem müssen sie unterschreiben und dürfen ihren Namen nicht in Druckbuchstaben eintragen. Die Liste geht weiter. Wenn man dreihundert Unterschriften braucht, um zu einer Vorwahl zugelassen zu werden, sollte man sich lieber mindestens neunhundert beschaffen, denn mehr als die Hälfte der Unterschriften wird aus dem einen oder anderen Grund wieder gestrichen. Alles in allem gibt es angesichts der Anforderungen hinsichtlich des Ausfüllens der Formulare und der Unterschriften und der Verteilung der Listen

Dutzende von Punkten, die man beachten muß. Wenn daher irgendein ehrgeiziger Reformer von draußen versucht, als Gegenkandidat eines unserer demokratischen Amtsinhaber anerkannt zu werden, kann man jede Wette eingehen, daß ich einen Weg finden werde, ihn oder sie aus dem Rennen zu werfen.

Das ist aktive Demokratie. Oder vielleicht Anti-Demokratie. He, ich bin nur der Anwalt. Ich mache nicht die Regeln, ich sorge nur dafür, daß die Gegner sie befolgen. Wenn sie es nicht tun, packe ich sie am Kragen, so wie jeder Anwalt es für seinen Mandanten tun würde.

Aber ich *mache* die Regeln. Es gibt nicht ein Gesetz über die Wahlen in diesem Staat, das nicht über meinen Schreibtisch gegangen ist. Wenn es mir nicht gefällt, dann sage ich dem Senator Bescheid, und der Gesetzesvorschlag verschwindet in der Versenkung. So bestimmen die großen Parteien die komplizierten Regeln und setzen ihre Anwälte ein, dafür zu sorgen, daß sie befolgt werden, und die kleinen Schreibtischarbeiter müssen sich mit einem Wahlgesetz herumschlagen, neben dem sich der Vorschriftenkatalog des Finanzamts ausnimmt wie ein Malbuch für Kinder im Vorschulalter.

Ich meine damit, daß ich wahrscheinlich nicht das Recht habe, mich an dieser Stelle aufs hohe Roß zu setzen. Aber es ist eine Sache, Langdon Trotters Zulassung zur Wahl auf der Grundlage gesetzlicher Vorschriften anzufechten. Etwas ganz anderes ist es, mit einem Einspruch zu drohen, um den Justizminister zu zwingen, bei der Wahl zu verlieren.

»Das tue ich nicht«, sage ich.

Der Senator mustert mich einen Moment lang, ehe er kurz mit dem Kopf nickt. »Sie wollen sich nicht daran beteiligen. Ich verstehe.«

»Ich will nicht, daß *irgend jemand* sich daran beteiligt. Ich meine, das ist …« Ich verschlucke die weiteren Worte und sitze wie erstarrt auf meinem Stuhl.

»Das ist was, Jon?« Senator Tully stellt die Frage ohne

einen Anflug von Ironie in der Stimme. »Unethisch? Unmoralisch?«

»Das alles auch, ja. Aber ich dachte eher an illegal.«

Gebremste Belustigung auf seiten des Senators. Er erhebt sich aus seinem Sessel und geht zum Fenster. Sein Jackett hängt über der Rückenlehne seines Sessels. Er ist in Hemdsärmeln, und dunkelblaue Hosenträger spannen sich über seine schmalen Schultern. Er schaut aus dem Fenster und atmet tief ein. »Jon, finden Sie, daß ich ein guter Gouverneur wäre?«

»Natürlich. Fände ich das nicht, wäre ich nicht bei Ihnen.«

»Doch, das wären Sie.« Er spricht zum Fenster. »Denn Sie sind in erster Linie ein Freund. Aber ganz ehrlich – meinen Sie, ich wäre der Richtige für den Job?«

»Absolut.«

»Warum? Warum meinen Sie das, Jon?« Er dreht sich jetzt zu mir um. »Und erzählen Sie mir nicht, was Sie den anderen Leuten erzählen. Ich will keine Wahlkampfrede hören. Verraten Sie mir, was Sie ganz persönlich denken.«

»Weil Sie für das stehen, woran Sie glauben«, sage ich. »Sie sind ein Pro-Life-Demokrat. Sie wissen, daß dies die falsche Haltung für Ihre Partei ist – Ihre eigenen Leute haben Ihnen dafür ein paar zwischen die Hörner gegeben –, aber Sie sind eben davon überzeugt. Sie sind gegen die Todesstrafe. Sie haben ihr ganzes Leben lang gewußt, daß Sie irgendwann ein staatliches Amt anstreben würden, und Sie lesen die Ergebnisse der Umfragen. Etwa siebzig Prozent aller Bürger des Staates befürworten die Todesstrafe. Jeder Demokrat, der sich jemals um den Posten des Gouverneurs beworben hat und gegen die Todesstrafe war, ist dafür gekreuzigt worden. Aber Ihnen ist das egal. Sie glauben daran. Sie haben sich während der letzten sechs Jahre gegen Steuersenkungen ausgesprochen, weil Sie sie für fiskalisch unverantwortlich halten. Das ist kein besonders populärer Standpunkt. Einige Ihrer eigenen Parteimitglieder haben Sie angefleht, Ihre Haltung zu überdenken. Aber Sie haben das Wohl des Staates im Auge.« Ich lächle. »Sie denken politisch, keine Frage – und ehrlich gesagt, täten Sie das nicht, würde ich mir Sorgen machen. Aber Sie sind genau der Richtige, um den Staat zu führen.«

Der Senator hört sich meinen Monolog ohne sichtbare Reaktion an. »Und jetzt verraten Sie mir Ihre ehrliche Meinung über Langdon Trotter.«

»Ich glaube, daß Langdon Trotter sich für die Todesstrafe aussprechen würde, wenn er damit nur eine weitere Wählerstimme bekäme. Ich glaube, sein einziger Wunsch ist, Gouverneur zu werden. Es ist reine Machtgier.«

»Okay.« Der Senator kehrt zu seinem Schreibtisch zurück und setzt sich auf die Kante. »Was würden Sie denken, wenn ich irgendein schlimmes Geheimnis über Trotter ausgraben und an die Öffentlichkeit bringen würde?«

»Das gehört zum Spiel.«

»Aber es wäre auf eine gewisse Art und Weise unmoralisch. Stimmt's?«

»Sicher. Aber die Bewerber kennen die Regeln.«

»Ist es deshalb okay?«

»Ich denke, es wäre dann immerhin akzeptabel«, sage ich.

»Das ist nicht viel anders.« Der Senator läßt eine Faust auf seinen Oberschenkel sinken, der von der Tischkante herab baumelt. »Nicht auf besonders bedeutsame Weise.«

»Für mich ist es etwas anderes, Grant. Ich bin Anwalt. Ich muß mich an die Regeln der Ethik halten. Ich kann … ich kann mich an so etwas nicht beteiligen.«

»Wie ich schon sagte«, meint Grant, »das werden Sie auch nicht.« Er hob die Schultern. »Sie haben mich über die Gesetzeslage aufgeklärt. Das akzeptiere ich. Sie haben mir geraten, es nicht zu tun. Damit ist Ihr Job beendet.«

Ich seufze. »Nun ja …«

»Aber tun Sie mir einen Gefallen«, sagt er. »Sprechen Sie mit Dale Garrison über diese Angelegenheit. Über alles. Über all unsere Möglichkeiten. Ich möchte die richtige Entscheidung treffen.«

»Okay.«

»Sagen Sie ihm das, Jon. Richten Sie ihm aus, Jon, ich hätte gesagt, ich würde tun, was immer er will.«

»Ich habe Sie schon die ersten drei Mal verstanden.«

»Auf diese Art und Weise kann er seine objektive Meinung äußern.«

»Sie tun, was immer er will.«

»Gut.« Der Senator macht einen tiefen Atemzug. »Und wir machen es Schritt für Schritt.«

»Klingt gut.« Ich stehe auf. »Vielleicht habe ich ja noch eine Chance, Ihnen das auszureden.« Aber als ich diese Worte ausspreche, spüre ich irgendwie, daß der Entschluß bei Grant längst feststeht. Ich weiß genau, wie es laufen wird. Er möchte, daß ich Dale auf den Zahn fühle, denn Dale wird der Bote sein. Es wird Dale sein, der sich mit Lang Trotter trifft und die Bombe platzen läßt. Dale ist eine vernünftige Wahl, falls an diesem Projekt überhaupt etwas vernünftig ist. Also muß ich es mir zur Aufgabe machen, Dale auf meine Seite zu ziehen. Oder ich muß miterleben, wie mein lebenslanger Freund, Senator Grant Tully, den größten Fehler seines Lebens macht.

»Sag mal, Jon.« Grant ruft mich.

»Ja.« Ich bleibe in der Türöffnung stehen.

»Wie läuft's denn so?«

»Prima. Viel zu tun, aber …«

»Du läßt immer noch ein wenig den Kopf hängen.«

Ich schließe die Augen. »Ich bin völlig okay.«

»Hast du in letzter Zeit mit ihr gesprochen?«

»Hm, nein. Länger nicht mehr.« Er meint meine Ex-Frau, die vor etwa zehn Monaten das Haus verlassen hat und aus der Stadt gezogen ist. Tracy und ich waren fast fünf Jahre lang zusammen, bis sie mich Mitte des vergangenen Jahres davon in Kenntnis setzte, daß es Zeit für sie wäre zu gehen.

»Komm dieses Wochenende zum Abendessen rüber«, sagt er. »Die Kids sind mit Audreys Eltern Pizza essen. Es wird ein Abendessen nur für Erwachsene.«

Grants Frau Audrey ist eine phantastische Köchin und eine Lady, wie sie im Buche steht. Grant lernte sie kennen, als er das erste Mal in den Senat gewählt wurde, und hat sie vor sieben Jahren geheiratet. Sie haben eine fünfjährige Tochter, Amy – mein Patenkind –, und Christopher, der drei Jahre alt ist.

»Ich hab dich doch gebeten, kein Mitleid.«

»Ach, komm schon.« Er hebt beide Hände. »Audrey hat nach dir gefragt.«

»›Was treibt Jon denn so?‹« Ich imitiere eine Frauenstimme. »›Ist er endlich darüber hinweg, daß sie ihn in die Wüste geschickt hat?‹«

Wie bei den meisten Scherzen ist es nicht nur lustig. Grant mag diese Art von Humor nicht. Er hat nichts für die Selbstvorwürfe übrig und nichts für das Körnchen Wahrheit, das darin enthalten ist. Der Typ hält sich für meinen großen Bruder.

»Sie hat dich nicht in die Wüste geschickt«, informiert er mich darüber, wie meine Ehe gescheitert ist. Seine Miene hellt sich auf. »Außerdem ist es kein Mitleid. Du weißt, daß Audrey schon immer eine Menge für dich übrig hatte.«

»Na klar, das weiß ich doch.« Ich spiele mit.

Grant lächelt. »Dann mach ihr wenigstens ein bißchen Hoffnung. Sie ist mit einem einfachen Iren wie mir schon genug gestraft.«

»Ich werde drüber nachdenken.«

»Oder laß uns am Samstagabend ausgehen und ein paar Gläser kippen.«

»Mal sehen.« Ich klopfe gegen den Türrahmen. »Komm in der Zwischenzeit nicht mit weiteren dämlichen Ideen für diese Wahl.«

6

Wenn man für Senator Grant Tully arbeitet, überspringt man die Schlagzeile der *Daily Watch* – die üblicherweise irgendeinem nationalen oder internationalen Zwischenfall gewidmet ist – und geht gleich weiter zu dem Artikel über dem Falz, dann zum Lokalteil. Die *Watch* betrachtet sich gern als nationale Zeitung und berichtet seitenweise über Washington und den Rest der Welt, aber die einzigen interessanten Informationen für den Senator sind die Meldungen über Staatliches und Lokales. Ihm ist völlig egal, wer gerade Präsident ist oder wer aus unserem Staat in den US-Senat gewählt wird.

Heute greife ich mit erheblicher Zurückhaltung zur Zeitung, da ich befürchte, daß die Story über dem Falz die Begegnung meines liebsten stellvertretenden Anwalts mit einem Eindringling zu mitternächtlicher Stunde behandelt. Aber sie tut es nicht. Ich blättere weiter, Seite 2–3, 4–5, aber noch immer nichts.

Dann kommt der Lokalteil mit Berichten aus der Stadt. Ich finde, was ich suche, auf der vierten Seite, der letzten von Bedeutung, in Gestalt einer schmalen Kolumne auf der linken Seite. HAUSBESITZER TÖTET EINBRECHER. Der Reporter hat meine Informationen über den Eindringling erhalten, erwähnt sein »Vorstrafenregister« sowie die Verurteilung seines Bruders und den Zivilprozeß gegen Bennett. Und daß die Polizei von berechtigter Notwehr ausgeht. Eine durchaus wohlwollende Story.

Gut. Ich lasse die Zeitung fallen, trinke von meinem Kaffee und lasse den Blick über die Frühstücksgäste schweifen. Ich sitze bei Langley's, nicht mehr als ein schäbiges Imbißrestaurant im Parterre des Bezirksrathauses. Die Küche ist bestenfalls mittelmäßig. Auf meinem Teller liegt ein halbes Fetakäse-Omelett, das ich nicht aufzuessen gedenke. Die Gäste stellen einen veritablen Querschnitt durch das Who's Who der Juristenszene dar. Man kann kaum die Arme ausstrecken, ohne ein halbes Dutzend Richter oder gewählte Amtsinhaber anzustoßen und zu belästigen.

Ich gebe der Kellnerin ein Zeichen, sie möge mir die Rechnung bringen, und fange den Blick von niemand anderem als dem republikanischen Kandidaten für die Gouverneurswahl auf, Langdon Trotter. Er hat mich gesehen, und ich habe ihn gesehen. Jetzt muß ich diesem Arschloch guten Tag sagen.

Lang Trotter zerschneidet sein Rührei in bißgroße Stücke. Seine Ellbogen ragen nach außen, und er fuhrwerkt mit dem Messer herum, als würde er damit an Grant Tullys politischer Zukunft herumsäbeln. »Jon«, singt er, ohne mich anzusehen, während ich zu ihm hingehe. Er hebt schließlich den Kopf, läßt das Besteck fallen und reicht mir die Hand.

»Herr Justizminister«, sage ich. »Nett, Sie zu sehen.«

Trotter ist ein ganzer Kerl, silbergraue Haare und stämmig, ein Freiluftfanatiker mit einem markanten, von Falten und Linien durchzogenen Gesicht. Er hat eine gebieterische Stimme und eine sehr direkte Art, die in Kombination mit seiner äußeren Erscheinung einen Raum bis in den letzten Winkel beherrschen kann. Er ist einer der ganz wenigen Zeitgenossen, in deren Nähe ich mir richtig klein vorkomme. Die weiblichen Angehörigen des Beamtenstabes in der Hauptstadt erzählen mir immer, daß sie ihn nicht so sehr aufgrund klassischer Kriterien so attraktiv finden, sondern wegen seiner Ausstrahlung. So sind Frauen nun mal. Kerle achten auf Titten und Hintern, Frauen sehen Selbstsicherheit und Macht.

Trotter deutet mit der Hand auf seinen Gast. »Richter Dixon, Jon Soliday.« Wir schütteln uns die Hände.

»Jon ist Tullys Chefberater«, erklärt der Justizminister. »Sie werden im ganzen Staat niemanden finden, der mehr über die gesetzlichen Bestimmungen für Wahlen und Wahlkampffinanzierung weiß. Wenn er nicht so ein gläubiger Demokrat wäre, würde ich versuchen, ihn auf meine Seite zu locken.«

»Ich werde gleich rot«, erwidere ich und fühle mich wie immer ein wenig unwohl in direkter Nähe dieses Mannes. Selbst wenn man selbst steht und er sitzt, überragt er einen. Dieser Bursche ist mit einer Zigarre in der einen Hand und einem Gewehr in der anderen zur Welt gekommen.

Seine Augenbrauen heben sich, während seine Gabel ein

Stück Frühstücksfleisch aufspießt. Er läßt sich durch ein kurzes Schwätzchen mit mir nicht bei seiner Mahlzeit stören. Eine raffinierte Methode, um unsere sehr unterschiedlichen Positionen deutlich zu machen. »Wie geht es dem Senator?«

»Er arbeitet fleißig«, antworte ich. »Wie Sie zweifellos auch.«

»Er ist ein erstklassiger Gegner, das muß ich anerkennen.«

»Das gleiche kann man auch von Ihnen sagen.«

»Wie werden wir spielen?« Trotters Blick richtet sich jetzt auf mich.

»Was meinen Sie?«

»Es macht immer mehr Spaß, wenn wir fair spielen«, sagt er. »Der Senator und ich haben noch eine ganze Menge Jahre vor uns.«

»Wie wahr.«

»Er mehr als ich.« Der Justizminister zwinkert seinem Frühstücksgefährten zu. Er streckt mir die Hand entgegen. »Ich wünsche meinem Gegner immer alles Glück der Welt.«

Ich schüttle seine Hand ein zweites Mal. »Danke gleichfalls, Herr Justizminister. Freut mich, Sie kennengelernt zu haben, Richter.« Ich kehre an meinen Platz zurück und wünsche mir, im Hinterkopf Augen zu haben.

7

Keine zehn Minuten nachdem ich am Mittwochmorgen an meinem Arbeitsplatz erschienen bin, marschiert Bennett Carey in mein Büro, in der Hand einige Formulare. »Sieh dir die mal an«, sagt er. »Die D-Siebener.« Es sind Formulare für die Offenlegung von Finanzen, die unsere Kandidaten alle drei Monate ausfüllen müssen. Sie müssen der Welt offenbaren, wieviel Geld sie erhalten und von wem und wieviel sie für was ausgegeben haben. Weil Ben und ich die Anwälte der Demokratischen Partei sind, müssen wir jedes dieser

Formulare überprüfen und formell bestätigen, und zwar nicht nur für Senator Tully, sondern für jeden demokratischen Kandidaten bei jeder Wahl für den Posten eines Repräsentanten des Staates, für einen Platz im Senat und für die verfassungsmäßigen Ämter.

»Ben, ich hatte die Absicht, mich selbst darum zu kümmern.«

Er schaut mich mit einem leeren Blick an. Sein Gesicht ist ein wenig abgespannt, die Augen sind vom Schlafmangel gerötet, und er macht insgesamt einen erschlafften Eindruck. »Ich sagte doch, ich bearbeite sie schon.« Damit ist für Bennett Carey alles geklärt. Wenn er sagte, er würde es tun, dann tut er es auch, selbst wenn er gerade eine erschütternde Erfahrung hinter sich gebracht hat.

»Geh nach Hause«, sage ich, obgleich »zu Hause« möglicherweise nicht gerade der beste Aufenthaltsort für ihn sein dürfte.

»Was soll ich tun, mich verstecken?«

»Vielleicht dir selbst ein wenig Ruhe gönnen und alles ganz locker angehen lassen. Besuch doch deine – tu irgend etwas.« Ich hätte ihm fast empfohlen, seine Eltern zu besuchen. Ben ist Waise und erinnert sich nicht an seine Familie, die, als er kaum zwei Jahre alt war, bei einem Verkehrsunfall ums Leben kam. Ben hatte mir das mal nach einem ziemlich feuchten Abend erzählt. Es war das einzige Mal, das wir darüber gesprochen haben.

Ben ignoriert mich, geht hinaus. »Ich habe noch ein paar weitere Erklärungen. Sie sind bis Mittag fertig.«

»Ben, warte.« Er bleibt stehen, dreht sich um. »Wie kommst du zurecht?«

Er zuckt die Achseln. »Prima.«

»Willst du mit mir reden?«

»Mir geht es gut«, sagt er, überlegt dann aber noch einmal. Bennett Carey ist nicht gerade ein offenes Buch. Aber, mein Gott, dieser Einbruch war schließlich kein harmloser Zwischenfall. »Ich dachte daran, wie seine Mutter die Nachrichten hört. Wie sie auf ein Klopfen an der Tür reagiert und einen Polizisten vor sich stehen sieht. Plötzlich schreckliche Angst hat. Und dann spürt, wie die Beine unter ihr nachgeben, als sie die Worte hört. Oder vielleicht seine Frau.«

»Vergiß nicht, wer die Situation herbeigeführt hat.«

»Oh, ich weiß.« Er nickt, dann wirft er einen Blick hinaus auf den Flur. Er macht zwei Schritte zurück in mein Büro und schließt die Tür hinter sich. Er sammelt sich einen Moment lang, dann streckt er die Hände aus, als forme er eine Tonvase auf einer Töpferscheibe. »Ich weiß, daß dieser Kerl in mein Haus eingebrochen ist. Ich weiß, daß er das Ganze in Gang gesetzt hat. Okay? Aber mußte ich es so beenden? Verdammt noch mal, was habe ich denn geglaubt, was dieser Kerl vorhatte? Natürlich war er auf dem Weg nach draußen.«

»Verdammt, Ben, das konntest du nicht wissen.«

»Vielleicht nicht hundertprozentig, aber dieser Typ schien nicht sehr daran interessiert zu sein, sich weiter mit mir zu befassen.« Ben fällt richtiggehend in sich zusammen. »Er rannte vor mir weg, Jon.«

Ich erhebe mich aus dem Sessel und gehe auf ihn zu. »Ben, du bist wieder einmal in deinem Element. Du grübelst im nachhinein über die Dinge nach. Da sieht es natürlich immer ganz anders aus als in dem Moment, in dem es wirklich passiert. Und je länger du darüber nachdenkst, desto offensichtlicher erscheint dir, was dieser Typ tat oder tun wollte. Aber wir sprechen über eine Sache, die nicht länger als, na ja, dreißig Sekunden gedauert hat. Pack dir nicht irgendwelches Wissen in den Kopf, das zum Zeitpunkt des Geschehens nicht vorhanden war. Er wollte dir ganz eindeutig ans Leder, und wenn er hätte unbehelligt flüchten können, wäre er sicherlich irgendwann wieder zurückgekehrt.«

»Selbst wenn du recht haben solltest …« Bens Stimme bricht ab.

»Ich habe recht.«

»Trotzdem ist da noch immer ein Toter.«

Darauf gibt es nicht viel zu erwidern. Ben ist nicht unvernünftig. Er begreift die Situation und die Umstände. Ich glaube, mehr als alles andere ist er über die ganze Sache furchtbar erschrocken.

»Und wie geht es dem As?« erkundigt er sich.

»Oh, prima«, sage ich. Ben scheint froh zu sein, sich einem anderen Thema zuwenden zu können. Ich folge ihm gern, obgleich mir die Instruktionen des Senators bekannt sind. Nur Grant und ich wissen von einer möglichen Diskussion mit Langdon Trotter über seine unvollständigen Nominierungsunterlagen. Zu Bens eigenem Wohl werde ich ihn davon nicht in Kenntnis setzen. »Der Einspruch scheint mehr und mehr Gestalt anzunehmen.«

»Garrisons Memo sah ganz gut aus«, sagt er.

»Ja, allerdings. Ich treffe mich morgen mit ihm zum Mittagessen.«

»Ah, zum Mittagessen morgen«, sagt Bennett. »Möchtest du weitere Gesellschaft?«

»Normalerweise gern, aber es ist wahrscheinlich besser, wenn nur wir beide die Angelegenheit verhackstücken. Dem Senator ist es wirklich unerhört wichtig, das Ganze einstweilen klein zu halten.«

»Okay, kein Problem. Ich sehe zu, daß ich diese D-Siebener fertigkriege und sie dir danach auf den Schreibtisch lege.«

»Wenn du unbedingt willst …«

»Ja, Jon. Adios.«

Ich sehe zu, wie Bennett mein Büro verläßt, und gehe die Post vom Vortag durch, die in meinem Eingangskorb liegt. Gleichzeitig scrolle ich auf meinem Computer durchs Internet, um mir die Ergebnisse der *Watch*-Umfrage anzusehen, die heute rausgekommen sind. Ich habe bereits erste Gerüchte darüber gehört, sie aber noch nicht mit eigenen Augen gelesen.

Fänden heute Wahlen statt, würde Justizminister Langdon Trotter 54 Prozent der Stimmen auf sich vereinen. Der Mehrheitsführer im Senat, Senator Grant Tully, erhielte 39

Prozent. Der Kandidat einer dritten Partei, ein strammer Konservativer namens Oliver Jenson, der für die Conservative Family Party ins Rennen geht, erreichte zwei Prozent.

Nicht besonders überraschend. Unsere eigenen Zahlen sind davon nicht sehr weit entfernt. Trotter hat sein Amt seit fast acht Jahren inne. Sein Name ist überall bekannt. So deutlich Grant Tully die politische Szene auch beherrschen mag, er ist – egal, wie man es betrachtet – lediglich ein Senator des Staates. In der Hauptstadt kennt ihn jeder, und die meisten Leute in der Provinz kennen seinen Namen, aber sein Gesicht ist noch nicht als Bild in allen Köpfen. Langdon Trotter hingegen ist der Cowboy, der die Tabakfirmen verklagte und sich das Gesundheits-Monopoly im ländlichen Teil des Staates vorgenommen hat. Wir wußten, daß er schon früh in Führung gehen würde. Senator Tully wird bis zum 7. November in den ländlichen Bezirken des Staates *leben* müssen, denn dort wird die Wahl entschieden, und sein Name ist dort noch nicht in aller Munde.

Vier Briefe liegen in der Post. Der erste ist das Dankeschön eines örtlichen Stadtrats, dem ich bei einem Wahlkampffinanzierungsproblem geholfen habe. Es ging um eine Korrektur, die beim städtischen Wahlausschuß eingereicht werden mußte. Ein Brief vom Förderverein des Sinfonieorchesters mit der Anfrage, ob ich mein Abonnement um ein weiteres Jahr verlängern möchte. Ich weiß nicht, warum ich mir die Mühe mache, ich muß sowieso auf die meisten Aufführungen verzichten. Eine Werbung von einem elektronischen Recherche-Service, die ich nicht einmal öffne.

Der letzte Brief ist an mich adressiert, trägt aber keinen Absender und hat keinen Briefkopf. Als ich ihn öffne, fällt ein einziges glattes weißes Stück Papier heraus. Ein Absatz ist darauf zu sehen, offenbar mit Schreibmaschine getippt und ohne persönliche Anrede:

Ich bin wohl der einzige, der das Geheimnis kennt, von dem niemand etwas weiß. Dafür sollten, wie ich finde, $ 250 000 *ausreichen. Ein Monat dürfte als Frist lang genug sein. Ich will keine Spekulationen über Ihre Geldquelle anstellen, aber ich denke, wenn jemand eine Möglichkeit finden kann, den Wahlkampffonds anzuzapfen, ohne daß jemand es bemerkt, sind Sie es. Ich könnte mich natürlich auch direkt an den Senator wenden. Wollen Sie das? Ein Monat. Versuchen Sie nicht, in dieser Sache mit mir Kontakt aufzunehmen. Ich werde beizeiten von mir hören lassen.*

Instinktiv schaue ich hoch, zur Türöffnung, nach draußen. Dann wieder auf den Brief. Was, zum Teufel, soll das?

Mein Telefon piept, es ist das Sekretariat. Ich drücke auf den Lautsprecherknopf. »Ja«, sage ich zu meiner Sekretärin Cathy.

»Jon, Dale Garrisons Büro hat angerufen, um den Freitagabend, sieben Uhr, als Zeitpunkt für Ihr Treffen zu bestätigen.«

Das Geheimnis, von dem niemand etwas weiß.

Ich schüttle den Kopf. »Was ist, Cathy?«

»Dale Garrisons …«

»Welche Uhrzeit?«

»Sieben Uhr, Freitagabend.«

»Was ist mit dem Mittagessen am Donnerstag?« frage ich. Aber davon weiß Cathy nichts.

»Ich hatte den Eindruck, Sie hätten den Termin geändert«, sagt sie.

»Okay … nun ja … wie auch immer. Es ist okay. Noch immer in seinem Büro?«

»Genau.«

»Okay. Danke, Cathy.«

Wer, zum Teufel, hat mir das geschickt? Ich lese den Brief, zwei-, dreimal. Dann schaut einer der anderen Anwälte vom Ende des Flurs herein, und ich lasse den Brief schnell in der obersten Schreibtischschublade verschwinden.

8

Freitagabend, kurz vor fünf. Selbst in einem Ausbeuterbetrieb wie Seaton, Hirsch findet während der letzten Stunde der Arbeitswoche ein beachtlicher Personalschwund statt. Ich bin auch fast fertig. Diesen Schriftsatz abschließen, in Garrisons Büro vorbeischauen, dann nach Hause fahren. Senator Tully bricht in zwei Stunden auf, um ein Wochenende in den südlichen Bezirken zu verbringen und für seine Sache zu schuften. Da unten gibt es eine große Gruppe Arbeiter – Gewerkschaftsmitglieder –, die der Schlüssel zur Wahl ist. Solange der Senator nicht in der Stadt ist, kann ich mich vielleicht ein wenig entspannen, denn je näher die landesweiten Wahlen rücken, desto weniger Schlaf werde ich kriegen.

Ich habe dem Senator versprochen, ich würde mich bei ihm melden, sobald ich Dale Garrisons Meinung über unseren Einspruch kenne. Ich gebe zu, ich ärgere mich darüber, daß ich den Rat dieses Anwalts einholen soll. Dale Garrison ist eine Art Elder Statesman, und ich weiß, daß er schon lange mit den Tullys befreundet ist. Daher verdient er einigen Respekt. Aber er kann sich in den Wahlgesetzen unmöglich genausogut auskennen wie ich. Trotzdem bin ich im Begriff, den Deppen zu spielen und irgendeinem dahergelaufenen Anwalt zu versichern, daß wir hinsichtlich unserer Attacke auf Langdon Trotters Nominierungspapiere tun werden, »was er uns rät, egal was« – so Grants Worte.

Bennett Carey kommt an meinem Büro vorbei und bleibt abrupt stehen. Er hat sich den Mantel über die Schultern geworfen und hält den Aktenkoffer in der Hand. »Bleibst du länger?« erkundigt er sich.

»Ich bin noch bis sieben hier.«

Ben deutet mit einem Daumen hinter sich. »Ein paar von uns gehen noch schnell ein Bier trinken. Bei Flanagan's.«

»Du?« frage ich. »Du machst einen auf gesellig?«

»Es ist wohl eher Mitleid von ihnen.« Er zuckt mit den Achseln.

»Tja, Bennett, schön, daß du überhaupt aus irgendeinem Grund ausgehst.«

»Komm mit«, sagt er.

Ich schüttle den Kopf. »Ich bin heute abend mit Garrison verabredet.«

»Garrison? Ich dachte, es wäre ein Mittagessen. Gestern.«

»Nein. Er hat den Termin geändert. Ich werde wohl mit ihm zu Abend essen. Meinst du, ich kann ihn für Pasta begeistern?«

Bennett lächelt. Das ist in etwa alles, was man in Sachen Humor aus ihm herauskitzeln kann. Wenigstens hellt sich seine Laune ein wenig auf. Ich überlege, ob ich ihn zum x-ten Mal fragen soll, wie er sich hält, aber warum soll ich dieses Thema wieder aufs Tapet bringen? Soll er lieber ein paar Biere kippen und die Angelegenheit irgendwie hinter sich bringen.

Bennett geht hinaus. Ich beende meine Arbeit – ein Entwurf unseres Einspruchs in Sachen As – um halb sieben. Ich will hellwach sein und klar denken können, ehe ich mit Dale Garrison zusammentreffe. Nur für den Fall, daß er mir demonstrieren will, wie clever er ist. Tja, vielleicht ist das Ganze ja auch nur eine fixe Idee von mir, oder ich bin überempfindlich.

Ich schaue in Senator Tullys Büro vorbei. Er telefoniert, also winke ich ihm zu. Er hält die Sprechmuschel zu und sagt: »Geben Sie mir Bescheid.« Ich nicke und gehe raus.

Ich halte ein paar Schritte von seiner Bürotür entfernt inne und kehre beinahe um. Wir müssen noch ein anderes Gespräch führen. Über diesen anonymen Brief in der Post. Über das »Geheimnis, von dem niemand etwas weiß«. Aber ich höre den Tonfall von Grants Stimme am Telefon – erregt, im Gespräch mit Don Grier – und beschließe, den Brief später zur Sprache zu bringen. Das Ganze ist sowieso absoluter Unfug. Was sollte es sonst sein?

Ich finde ein freies Taxi für die Fahrt quer durch die Stadt zu Garrisons Büro. Ich kenne Dale nicht sehr gut, weiß aber,

daß er aus seiner Beziehung mit Tully eine Menge Nutzen
gezogen hat. Für Leute, die andere einflußreiche Leute kennen, gibt es in diesem Staat viele Gelegenheiten, ihr Einkommen aufzubessern. Der Staat hat zahlreiche Kommis-
sionen und Task Forces für die verschiedensten Projekte
gegründet, und all die Freunde und Steigbügelhalter der
Gesetzgeber finden dort ihre warmen Plätzchen. Beileibe
nicht auf allen diesen Pöstchen gibt es etwas zu verdienen.
Doch die, die sich auszahlen, sind überaus gemütlich. Üblicherweise muß man einmal im Monat an einer Konferenz
teilnehmen und vielleicht auch noch pro Halbjahr einen
Tätigkeitsbericht schreiben.

Dale Garrison hat zwei solcher Posten inne. Er ist Vorsit-
zender der CoSCo – der Commission on Salaries and Com-
pensation –, die die Gehälter für alle Angehörigen der gesetzgebenden und ausführenden Körperschaften des Staates
festlegt. Alle zwei Jahre legt die CoSCo einen Bericht vor, in
dem Gehaltserhöhungen empfohlen werden, und die staatliche Legislative nimmt sie per Abstimmung an oder lehnt
sie ab. Dafür nimmt Garrison, wie ich schätzte, um die
$ 25 000 jährlich ein. Bis vor etwa fünf Jahren war Garrison
außerdem Berater des Health Care Planning Board, das die
Gesundheitsfürsorgeeinrichtungen im Staat kontrolliert.
Seit er diesen Job an den Nagel gehängt hat, hat er mehrere
Hospitäler und Krebskliniken als Mandanten angenommen
und vertritt regelmäßig ihre Interessen gegenüber all seinen
früheren Kollegen im Vorstand. Man trifft ihn oft in der
Hauptstadt an, wo er als Lobbyist für sie tätig ist.

Aber das sind Dinge, die hinter den Kulissen ablaufen.
Bitten Sie fünfzig Anwälte in der Stadt, Dale Garrisons
Tätigkeit zu beschreiben, und neunundvierzig werden Ihnen
versichern, er sei ein Spezialist für Strafrecht. Er übernimmt
eine Menge blutiger Fälle, aber bekannt ist er für seine hoch-
rangigen Mandanten, Typen aus der Weiße-Kragen-Szene,
denen Finanzvergehen vorgeworfen werden. Vor ein paar
Jahren vertrat er einen Stadtrat in einer Korruptionssache

auf Bundesebene. Dadurch wurden vier oder fünf Mitglieder des Stadtrats aus ihren Ämtern gefegt, aber Garrison erreichte für seinen Mandanten einen Freispruch mit dem Argument, er wäre unwissentlich in die Affäre gezogen worden.

Ich nicke dem Sicherheitsmann im Foyer von Garrisons Gebäude grüßend zu. Garrison arbeitet im Merchant's Building unweit des Flusses. Fünfzehn Stockwerke Büros, in denen vorwiegend Typen wie Garrison sitzen, teure Einzelkämpfer und Schadenersatzspezialisten. Das Gebäude wurde um die Jahrhundertwende errichtet, sieht aus wie ein riesiger Kasten und beherrscht die River Street. Garrisons Räume befinden sich auf der Straßenseite des Gebäudes. Es hat L-Form, mit insgesamt elf Büros – fünf auf jeder Seite, Dales Büro in der Mitte. Wenn ich mich richtig erinnere, sitzen in einigen der Büros Partner, die direkt in Dales Diensten stehen, und in den anderen Rechtsanwälte, die gelegentlich mit Dale zusammenarbeiten.

Ich will nicht, daß der Senator irgend etwas damit zu tun hat, wenn Langdon Trotter erpreßt wird. Das ist es nämlich – Erpressung. Man braucht sich nichts vorzumachen. Der Senator hat eine viel zu vielversprechende Zukunft vor sich, ganz gleich, ob er diese Wahl gewinnt oder verliert, um sie durch etwas derart Riskantes zu gefährden oder gar zu zerstören. Es wird trotzdem verdammt schwierig werden, den Senator davon zu überzeugen. Und Garrison.

Garrisons Büro liegt unweit des Fahrstuhls im achten Stock. Die Eingangstür ist nicht mehr als eine große dicke Scheibe Milchglas mit seinem Namen darauf. Ich öffne sie und gelange in ein kleines Foyer und ein kleines Wartezimmer. Das Empfangspult ist um diese Zeit nicht mehr besetzt, daher gehe ich daran vorbei zu den Büros.

Ich höre Musik aus seinem Büro, eine Bigband, Glenn Miller oder so etwas. Um diese Zeit ist niemand sonst hier, nach Feierabend an einem Freitag. Die Kollegen, die mit Dale zusammenarbeiten, machen nicht das große Geld – sie knüpfen Kontakte und sammeln Prozeßerfahrung, verdienen aber nicht so viel, daß es sich für sie lohnen würde, an einem Freitag Überstunden zu machen. Daher sind nur ich und Dale anwesend, auch gut.

Dale telefoniert, als ich eintrete. Mein erster Eindruck ist ein Geruch – Pfefferminz, aber eher Erkältungssalbe als Bonbons. Ich klopfe noch einmal leise an die Tür, doch er sieht mich bereits. Seine geduckte Haltung ist offensichtlich, sogar in seinem Sessel. Er hat nur noch kleine Haarbüschel um die Ohren, Altersflecken auf der verwitterten Kopfhaut, sehr tief liegende Augen und eine krumme Nase. Er ist in Hemdsärmeln, wodurch seine knochigen Schultern überdeutlich hervortreten. Er streicht sich mit dem Finger über die Stirn, während er spricht.

Das Büro ist ein Heiligtum von jemandem, der seit über vierzig Jahren in Staats- und Bundesgerichten ein und aus geht. Gerahmte Fotografien von Dale in verschiedenen Stadien seiner Karriere mit Politikern, Richtern und Prominenten bedecken die Holztäfelung des Zimmers. Panoramafenster auf beiden Seiten der Ecke gestatten Blicke auf das Gerichtsgebäude und aufs Geschäftsviertel mit seinen Banken und der Optionsbörse.

Dale legt den Hörer auf, wie er alles tut, langsam. Er blickt mit einem nicht zu deutenden Ausdruck zu mir hoch. »Hallo, Jon«, sagt er, während er die Brille auf der Nase hochschiebt.

»Dale.« Ich lasse mich auf einem Stuhl ihm gegenüber nieder. »Jemand in Ihrem Alter sollte nicht mehr so lange arbeiten.« Ich wollte einen Scherz machen, aber sofort fallen mir die Gerüchte über seine Krebserkrankung ein, und ich beiße mir auf die Zunge.

Dale lacht auf seine Art, ein Hüsteln und ein leichtes Zittern der Schultern, dazu ein Anflug von Amüsiertheit in seinen wäßrig blauen Augen. Er droht mir scherzhaft mit einem gekrümmten Finger. Dann dreht er sich in seinem Sessel zu dem Radio hinter ihm um – einem ramponierten braunen Kasten, der dem Aussehen nach älter ist als ich – und schaltet mitten im Trompetensolo des laufenden Musikstücks ab. Er wendet sich wieder zu mir um. Stützt die Ellbogen auf einen überdimensionierten Schreibtisch voller Papierstapel und einem Diktaphon in der Mitte. Er hat auch einen Computer, wahrscheinlich das modernste, leistungsfähigste Modell, obgleich ich bezweifle, daß er ihn benutzt.

»Nun«, sagt er. »Ein tolles Ding … das wir hier haben.«

»Eine richtige Bombe.«

»Ich habe Ihrer Bewertung zugestimmt.« Ein netter Zug von Dale. Keine klare Antwort, aber es kann trotzdem nicht schaden, Senator Tullys Spitzenanwalt zu hätscheln.

»Ich denke, wir können uns darauf einigen, daß wir dem Gesetz nach im Recht sind«, sage ich. »Trotters Papiere sind ungültig. Aber der Senator möchte Ihre Meinung hören, wie wir damit vor einem Richter aussehen.« Der Senator, nicht ich.

Dale befeuchtet seine Lippen und mustert mich einen Moment lang. »Wenn wir den führenden Bewerber um den Gouverneursposten rauswerfen … wegen eines Formfehlers …«

»Der Richter wird keine Wahl haben«, beginne ich.

Dale hebt eine Hand und lächelt mich an. »Sagen Sie niemals einem Richter, daß er keine Wahl hat.« Er schaut mich weiter an und wartet vielleicht auf eine Reaktion, die nicht erfolgt. »Ich sage nicht, daß Sie auf dem Holzweg sind … ganz und gar nicht …« Seine Stimme versiegt. Er visiert mit zusammengekniffenen Augen einen Punkt über meinem Kopf an. »Versetzen Sie sich für einen Augenblick in die Person des Richters. Sie sind im Begriff, jemanden … vom ersten Platz auf der Wahlliste zu entfernen.«

»Fast jeder Richter im Wahlausschuß ist auf unserer Seite.«

»Es ist völlig unwichtig, was im Bezirksgericht geschieht«, sagt Dale. »Diese Sache geht weiter zum Obersten Gericht.«

»Klar.« Dale hat zweifellos recht, jedes Urteil zu Trotters

Kandidatur wird angefochten und landet beim Obersten Gericht des Staates.

»Die Republikaner stehen auf Trotters Seite«, fährt Dale fort. »Wenn die vier Demokraten im Gericht gegen den Konkurrenten des Senators entscheiden ... wird die Presse sie zerreißen.« Dale verschränkt die Finger. »Demnach ist die Frage ... wollen wir von ihnen verlangen, diese Entscheidung jetzt gleich zu fällen?«

»Hmm.« Dale verweist auf einen interessanten Punkt. Im nächsten Jahr kommt die Neubestimmung der verschiedenen Wahlbezirke auf uns zu, die alle zehn Jahre nach der Volkszählung stattfindet – basierend auf den neuen Einwohnerzahlen werden neue Bezirke festgelegt, in denen die Amtsträger sich jeweils zur Wahl stellen. Das ist das große Thema für die nächste Saison. Beide politische Parteien versuchen, die Grenzen zu manipulieren, um die Bezirke zu einer sicheren Sache für ihre Kandidaten zu machen und neue Bezirke hinzuzugewinnen. Wer am Ende Sieger ist, hat die gute Chance, die Gesetzgebung für die nächste Dekade zu kontrollieren. Der demokratisch ausgerichtete Senat und das von Republikanern beherrschte Repräsentantenhaus werden sich niemals auf eine wie auch immer geartete Aufteilung einigen, und infolgedessen schafft es kein Gesetzesvorschlag jemals auf den Tisch des Gouverneurs. Was zur Folge hat, daß das Oberste Gericht im Bundesstaat die Grenzen per Dekret festlegt, was wiederum Dales Einwand unterstützt. Im Augenblick sind vier der sieben Richter am Obersten Gericht Demokraten, eine Mehrheit von einer Stimme. Und wir werden die demokratische Vier-zu-drei-Mehrheit benutzen, um unseren Standpunkt durchzubringen. Diese Dinge spielen sich gewöhnlich innerhalb der jeweiligen Parteien ab, aber auch unter diesem Aspekt möchte man die Demokraten im Gericht nicht um zu viele Gefälligkeiten bitten, wenn die Schlacht der Neuaufteilung bevorsteht. Wenn nur einer von ihnen zu viel Gegenwind spürt, weil Trotter aus dem Feld geschlagen wurde, könnte er Hemmungen haben, unserem Vorschlag der Neuaufteilung zuzustimmen.

Nun, ein Punkt für Dale. Daran hatte ich nicht gedacht. Die Frage ist, was Grant Tully wichtiger ist, die Gouverneurswahl oder die Aufteilung der Wahlbezirke? Wir kennen beide die Antwort.

»Okay«, sage ich. »Vielleicht – nur vielleicht entscheiden wir, keinen Widerspruch einzulegen. Sie kennen die andere Option. Mit dieser Angelegenheit direkt zu Trotter zu gehen.«

Dale hebt die Hände in einer theatralischen Geste. »Da wartet Trotter zehn Jahre, um endlich Gouverneur zu werden ... und er kann noch nicht mal seine Nominierungspapiere fehlerfrei einreichen.«

Manchmal muß man bei Dale mehr als einen Vorstoß versuchen. »Meinen Sie, es wäre klug, Trotter zu zeigen, was wir haben? Mit ihm über seine Möglichkeiten zu reden?«

Ein Lächeln erscheint auf Dales Gesicht. »Lang Trotter würde sich eher selbst den Schwanz abschneiden ... als wegen eines Formfehlers die Wahl verloren zu geben.« Dale drückt eine Faust auf den Mund und gibt ein häßliches Lachen von sich.

»Aber er würde niemals eine Wahl schmeißen«, halte ich ihm entgegen.

Dale, der Mühe hat, sich von dem Hustenanfall zu erholen, winkt ab.

»Er würde sich niemals darauf einlassen«, sage ich. »Trotter wäre niemals damit einverstanden, einen Rückzieher zu machen.«

Dale drückt die Fingerspitzen gegeneinander. Er ist hier der Weise, und er läßt sich Zeit. »Der Mann hat keine Optionen«, sagt er.

»Er hat die Option, uns zu erklären, daß wir uns die ganze Angelegenheit in den Hintern schieben können«, sage ich. »Er könnte uns melden.«

Das löst bei Dale ein Kichern aus, ein Zittern seiner knochigen Schultern, ehe er wieder zu husten beginnt. Ich dachte, er stünde in diesem Punkt auf meiner Seite. Aber er meint, daß Grants Idee ihm gefällt. Wir sollten Trotter erpressen.

»Jon, Jon«, sagt er. Sein Lachen ist völlig humorlos. Seine Hände steigen langsam in die Höhe. »Was soll er melden? Daß seine Papiere nicht in Ordnung sind?«

»Er meldet, daß …«

»Dann kann jeder Dämlack … Widerspruch einlegen. Und jemand würde es bestimmt tun. Er gewinnt nichts damit.«

»Selbst wenn es klappen würde, heißt das noch lange nicht, daß wir es auch versuchen sollen, Dale.«

Jetzt zeigt er mir seine Handflächen. »Eine politische Frage. Das muß Grant entscheiden.« Er läßt die Hände flach auf die Tischplatte fallen. »Sie fragen mich, ob es klappen wird? Ich sage, es wird.«

»Ich sage, es wird nicht.«

»Sie sagen also, es wird nicht klappen.« Das erste Anzeichen von Unruhe bei Dale. »Sie sind ein sehr cleverer Anwalt. Also gehen Sie damit zu Grant.«

»Das tue ich.« Ich erhebe mich von meinem Stuhl und bedanke mich bei ihm für die Zeit, die er mir gewidmet hat. Er nickt langsam und ernst. »Ich finde allein hinaus.«

Ich gehe schnell durch den Flur, rausche durch seine Eingangstür und schlage mit der flachen Hand auf den Fahrstuhlknopf.

»Verdammt«, sage ich zu niemand bestimmtem. Ich atme im Fahrstuhl langsam aus. Dale kneift. Er sagt, daß Trotter Grants Bluff niemals durchschauen würde, und damit könnte er recht haben. Aber er bezieht keine Position hinsichtlich der Frage, was richtig oder falsch ist. Er sollte Grant klarmachen, daß es absolut unethisch ist, seinen Konkurrenten zu erpressen. Und, was noch wichtiger wäre, daß es einfach dumm ist. Vielleicht sogar verhängnisvoll.

Ich lande wieder im Foyer von Dales Gebäude und nicke

dem Wachmann zu. Ich trete hinaus in die milde Abendluft und schicke ein stummes Bittgebet zum Himmel, daß ich meinen Freund davon überzeugen kann, diese Sache nicht durchzuziehen. Ich gelange bis zur Straßenecke, als mein Handy in der Tasche zu summen beginnt. Ich hole das Mobiltelefon hastig heraus, lasse es beinahe fallen und schalte es ein. Währenddessen hupt ein Auto und jagt um Haaresbreite an mir und am Bordstein vorbei.

»Hallo?«

»Dale Garrison.« So meldet Garrison sich immer am Telefon, auch wenn wir uns erst vor fünf Minuten voneinander verabschiedet haben.

Die Verbindung ist schlecht, deshalb rede ich lauter als üblich. »Dale?«

Eine Pause. »Können Sie für eine Minute raufkommen?«

»Sie wollen, daß ich …«

»Reden wir darüber.«

Okay. Eine zweite Chance. Er überlegt es sich noch einmal. Ich setze zu einer Antwort an, aber das Handy verstummt. Typisch Dale. Er legt auf, wenn er gesagt hat, was er sagen wollte.

Ich kehre ins Gebäude zurück und winke dem Wachmann zu. Vielleicht war ich ein wenig zu dickköpfig. Ich muß ihn bearbeiten, ihn behutsam in meine Richtung drängen. Ich lasse ihn das tun, was jemand in seinem Alter wahrscheinlich in solchen Situationen immer tut – herablassend reagieren, mich auslachen. Aber ich werde ihn bearbeiten und ihn herumkriegen.

Ich gehe in Gedanken meinen Plan durch, während ich aus dem Fahrstuhl steige und die Milchglastür zu seinem Büro öffne. Ich fange mit einer Entschuldigung an. Dann kommt eine Bitte: Grant ist mein bester Freund, und als sein Freund möchte ich nicht, daß er diesen Weg einschlägt. Grant respektiert Sie, er hört auf Sie.

Ich betrete Grants Büro, willig, einen Rückzieher zu machen. Aber Dale ist nicht bereit für eine Entschuldigung. Er

78

liegt auf dem Schreibtisch. Sein Kopf ruht auf seinen ver-
schränkten Armen.

Der Kerl schläft. Verdammt noch mal.

Ich gehe wieder hinaus und tue so, als telefonierte ich mit
dem Handy. Dabei rede ich sehr laut, damit er es hört und
aufwacht. Aber als ich wieder reingehe, liegt er immer noch
da. Seine Kopfhaut ist fleckig, die wenigen Haare stehen ab.
Ich verharre mitten im Zimmer, stütze die Hände in die
Hüften und weiß nicht, was ich jetzt tun soll.

»Dale.«

Ein Geräusch von draußen. »Hallo!«

Ich weiß nicht, ob ich darauf antworten soll oder nicht.
Ich drehe mich um und blicke in den Flur. Ein Mann geht
durch den Empfangsbereich und sieht mich an. Er trägt eine
hellgrüne Jacke und eine schwarze Hose.

»*Dale*«, wiederhole ich. Das könnte für ihn peinlich werden.

»Sicherheitsdienst«, sagt der Mann. Er ist Gewichtheber,
dicker Hals, breiter Brustkorb, großspuriges Auftreten.

Ich deute mit dem Finger auf Dale und spreche leise. »Er
ist schon älter«, entschuldige ich ihn. »Es muß eine anstren-
gende Woche gewesen sein.«

Der Wachmann betrachtet Dale, macht einen Schritt auf
ihn zu. »Sir«, sagte er mit befehlsgewohnter Stimme.

»Dale!« rufe ich laut.

»Heilige Scheiße.« Der Mann nähert sich Dale und hält
für einen Moment inne, überlegt, dann legt er ihm eine
Hand auf die Schulter.

»Oh, Scheiße.« Ich eile zu Dale, gelange auf die andere
Seite des Schreibtisches und packe Dales andere Schulter.
»Dale? Dale?« Ich lege einen Finger auf seinen Hals, suche
nach einem Pulsschlag, aber ich weiß nicht genau, wo ich
fühlen soll, daher hebe ich ihn vom Tisch hoch und lehne
ihn nach hinten in seinen Ledersessel. Dales Augen sind leer,
sein Mund ist mit einem häßlichen Grinsen nach unten verzerrt. Die Brille rutscht von seiner Nase.

»Heilige Scheiße, er ist tot!«, sagt der Wachmann. Er sieht mich kurz an, als wäre es meine Schuld.

Ich hebe Dale aus dem Sessel und lege ihn auf den Fußboden. »Kennen Sie sich in Erster Hilfe aus?« frage ich den Mann, warte aber nicht auf eine Antwort. Ich weiß nicht, was ich tue, aber ich muß es versuchen. Ich hebe Dales Hals mit einer Hand an, halte mit der anderen seine Nase zu und atme in seinen Mund, dreimal kurz und heftig. Dann lege ich eine Hand auf sein Herz und stoße sie mit der anderen Hand dreimal hintereinander wuchtig nach unten.

»Zeke!« ruft der Wachmann, vermutlich in sein Funksprechgerät. »Wir brauchen hier oben auf acht eine Ambulanz und die Polizei. Suite Acht-Zwanzig. Und schick alle rauf.«

Ich halte ein Ohr an Dales Mund und Nase. Nichts.

Rauschen und Knistern aus dem Funksprechgerät. »*Willst du die Polizei?*«

»Ja, die Polizei und einen Notarzt. Und schlepp deinen Arsch hier herauf. Suite Acht-Zwanzig. Garrisons Büro!«

»Komm schon, Dale.« Ich blase wieder Luft in Dales Mund. Ich starre für einen Moment in seine leeren Augen, ehe ich wieder sein Herz bearbeite. Ich wiederhole den Zyklus ein drittes Mal, beende ihn, indem ich abermals auf irgendeinen Atemzug aus seinem Mund oder seiner Nase lausche. Ich bemühe mich vergebens, meine Versuche werden hektischer, und ich blase verzweifelt in seinen Mund. Schweiß tropft von meiner Stirn auf Dales lebloses Gesicht. Ich kämpfe gegen die Schmerzen in meinen Unterarmen an, höre ein gedämpftes Klingeln in meinem Kopf und spüre, wie in mir Panik aufsteigt. Nach bestimmt fünf Minuten, die ich mich um Dale bemüht habe, bin ich schließlich völlig außer Atem. Nichts.

Dale Garrison ist tot.

Ich lasse mich auf dem Fußboden in eine sitzende Position zurücksinken. »Gottverdammt«, murmle ich. Ich schaue zu dem Wachmann hinüber, der sich durch meinen Blick bedroht fühlt.

»Sie müssen hierbleiben.« Seine Hände spreizen sich vom Körper weg, sein Gewicht verlagert sich von einer Seite auf die andere, als wolle er mich zu einem Ringkampf herausfordern. »Rühren Sie nichts an. Bewegen Sie sich nicht.«

»Immer sachte«, sage ich. »Sie waren übrigens eine große Hilfe.«

Lärm draußen im Empfangsbereich, dann zwei Männer in leuchtend grünen Hemden, die durch den Flur gerannt kommen. Plötzlich umringen mich drei Typen, alle gekleidet wie Dauerlutscher.

»Bleiben Sie hier«, sagt der erste Wachmann wieder. Er wendet sich an die anderen Typen, die nicht ganz sicher sind, welche Rolle ich und welche sie spielen. »Dieser Bursche hat ihn sterben sehen und mir dann erklärt, er würde schlafen.«

»Ganz ruhig«, sage ich. Ich strecke eine Hand nach Dale aus, weiß nicht, wie ich mich verhalten soll, und lege sie auf seinen Arm. »Herrgott im Himmel, Dale«, sage ich zu ihm.

9

»Er hat mich angelogen. Er sagte, der Mann würde schlafen. Er hat gelogen ...«

»Okay, jetzt halten Sie mal an sich.« Der Detective, noch immer im Trenchcoat, hebt die Hände, um den Wachmann zu beruhigen, der aufgeregt auf den Zehenspitzen federt.

Dale Garrison ist seit einer halben Stunde tot. Als die Sanitäter und die Polizei eintrafen, erschienen fünf Angehörige des Sicherheitsdienstes, alle mit ihren grünen Jacken ausstaffiert, in Suite 820. Sie standen verlegen herum, jeder mit einer Hand an der Waffe, und begafften mich, den Typen im Sessel.

Die Sanitäter machten sich kommentarlos ans Werk, untersuchten Dales Körper auf dem Teppich, legten ihn dann auf eine Tragbahre und brachten ihn weg. Die Cops kamen etwas später und besprachen sich mit den Sanitätern. Der leitende Cop schien darüber verärgert zu sein, daß die Sanitäter die Leiche aus ihrer »Sterbeposition« entfernt hatten. Nachdem er den Toten kurz in Augenschein genommen hatte, verbrachte er die nächsten Minuten damit, den Wachmann zum Schweigen zu bringen.

»Ich habe nicht gelogen«, melde ich mich von meinem Platz im Sessel.

»Einer nach dem anderen«, sagt der Detective. Er beschließt, mit mir anzufangen, und stellt sich mit einem kräftigen Händedruck als Brad Gillis vor. Gillis sieht aus wie ein City-Cop. Sein Gesicht ist faltig, blaß, rauh. Sein Haar hat die Farbe von Spülwasser, dick und glatt und ungleichmäßig geschnitten, womit er aussieht wie eine Vogelscheuche. Seine Augen sind klar und wach. Auftreten und Körperhaltung lassen auf Bildung schließen. Desgleichen seine Stimme – kräftig, aber verhalten, gewählte Ausdrucksweise.

Ich habe mich von meinem ersten Schock, einen Toten zu sehen – schon den zweiten in einer Woche, wenn ich nachrechne – ein wenig erholt und werde jetzt ungehalten. Ich stehe auf und gehe auf und ab. Gillis legt mir eine Hand auf die Schulter, um mich zu stoppen. »Gehen wir raus«, sagt er. Er begleitet mich in den Flur. Bis jetzt hat er keinen Notizblock oder etwas Ähnliches hervorgeholt. Er gibt den Wachmännern ein Zeichen, sich noch ein Stück zu entfernen.

»Dann erzählen Sie mal, was passiert ist«, fordert Gillis mich auf.

»Ich war hier mit Dale verabredet«, beginne ich. »Dale Garrison. Der – Verstorbene. Wir unterhielten uns eine Weile, dann ging ich. Ich war keine zwei Blocks weit gekommen, da rief er mich auf meinem Handy an, er wolle mich noch mal sprechen. Also ging ich zurück. Als ich reinkam, lag Dale mit dem Gesicht nach unten auf dem Schreibtisch.« Ich hebe die Hände in einer hilflosen Geste. »Dann kam dieser Typ in seiner Wachdienstuniform rein, und nach ein paar Sekunden stellten wir fest, daß Dale nicht schlief, sondern tot war.«

Gillis folgt mir mit den Augen, er schreibt nichts auf. Die Hände hat er auf dem Rücken verschränkt. »Dieser Wachmann sagt, Sie hätten gelogen?«

Ich schüttle den Kopf und verziehe das Gesicht. »Dale ist fast siebzig Jahre alt«, sage ich, »Ich dachte, er wäre in seinem Sessel eingeschlafen. Das habe ich dem Wachmann gesagt. Es stellte sich raus, daß ich mich geirrt hatte.«

»Okay.« Gillis blickt durch den Flur, den die Wachleute soeben in Richtung Empfang verlassen. Dann wendet er sich wieder zu mir um. »Warum haben Sie sich mit diesem Mann getroffen?«

»Wir sind Anwälte«, sage ich. »Wir haben uns über einen Mandanten unterhalten.«

Er betrachtet mich für einen Moment, als hätte er nicht verstanden. Vielleicht glaubt er, wenn er mich anstarrt, rede ich weiter, liefere Erklärungen. Er irrt sich. Schließlich hebt er die Augenbrauen. »Wer ist der Mandant?«

»Ich fürchte, das ist vertraulich«, antworte ich.

»Der *Name* des Mandanten ist vertraulich.« Sein Mund verzieht sich geringschätzig. »Sie können mir nicht mal den *Namen* nennen?«

»Tut mir leid. So sind die Vorschriften.« Ich glaube zwar nicht, daß es so ist, aber warum soll ich Senator Tullys Namen preisgeben, wenn ich es nicht muß?

Jetzt beißt Gillis sich auf die Unterlippe. Sein Gesicht ist noch immer ausdruckslos. »Er hat Sie auf Ihrem Handy angerufen?«

»Richtig.«

Gillis deutet ein Kopfnicken an. »Können Sie mir die Nummer geben?«

»Klar.« Ich reiche ihm mein Handy mit der Nummer auf der Rückseite. Er holt einen Notizblock aus der Sakkotasche, angelt einen Schreibstift aus der Hosentasche und notiert auf dem Schreibblock.

»Sie gingen raus, runter auf die Straße, erhielten den Anruf und kamen zurück.«

»Ja.«

»Demnach konnten Sie nicht mehr als fünf Minuten weg gewesen sein«, sagt Gillis.

»Das stimmt in etwa. Etwas länger vielleicht.«

»Okay.« Der Detective denkt nach.

»Ich kam ins Büro zurück und sah Dale dort liegen. Ich rief zweimal seinen Namen, um ihn zu wecken. Dann kam dieser Heini in den Flur.«

Gillis lächelt und nickt geistesabwesend, sieht sich um, und gibt mir das Handy zurück. Er schaut kurz ins Büro. »Okay«, sagt er mit dem Rücken zu mir. Er dreht sich um, wischt mit einer Hand über seinen Mund.

»Kann ich jetzt gehen?«

»Haben Sie bei dem Beamten Ihre Aussage gemacht?«

»Ja.« Außerdem reiche ich ihm eine meiner Visitenkarten.

Der Detective steht einen Moment lang unbeweglich da, die Hände in die Hüften gestützt. Schließlich atmet er seufzend aus. »Ja, verschwinden Sie«, sagt er.

10

Ich verlasse das Gebäude und gehe zur River Street. An der Ecke Fourth und River bleibe ich neben einem Hydranten stehen. Im Augenblick ist die Kreuzung menschenleer, nur ein paar Taxis fahren vorbei. Ich lasse fünf Minuten verstreichen, versuche, das gespenstische Gefühl nach dem, was ich soeben erlebt habe, abklingen zu lassen, ehe ich mich wieder auf den Rückweg in mein Büro mache.

Ich hole das Handy hervor und wähle die Büronummer des Senators. Er ist nicht da, also hinterlasse ich eine Nachricht. Dann versuche ich mein Glück mit dem Autotelefon.

»Grant Tully.«

»Ich bin froh, daß du sitzt«, sage ich. Ich liefere ihm die Zwei-Minuten-Version. Der Senator sagt während meiner

Zusammenfassung keinen Ton, und er reagiert auch nicht sofort.

»Dale ist tot?«

»Er ist an seinem Schreibtisch zusammengebrochen. So was Gespenstisches habe ich noch nie gesehen.«

»O Gott.« Ich höre im Hintergrund ein Hupen. »Es heißt, er wäre ziemlich krank gewesen.«

»Habe ich auch gehört.«

Stille. Schwache Fahrgeräusche auf der Straße im Hintergrund, dazu leise Musik aus der Stereoanlage des Senators.

Ich kann mir vorstellen, daß Grant mich am liebsten fragen möchte, was Dale wohl davon hielt, unser As auszuspielen. Der Anstand verbietet es, ganz zu schweigen von der Tatsache, daß die »Fahrstuhl-Regel« – rede niemals in einem vollen Fahrstuhl – heutzutage auch auf Handys zutrifft. Man weiß nie, wer alles mithört.

»Ja, nun, mein Gott«, sagt Grant. »Dale ist tot.«

Das wird eine Riesensache werden. Man wird Dale Garrisons Tod höher hängen als das Hinscheiden eines normalen Menschen. Er gehört zur alten Schule der Prozeßanwälte in dieser Stadt, zu den Typen, die in ihren Anfangsjahren Prozesse geführt, vor Geschworenen plädiert hatten, anstatt in irgendwelche vornehmen Firmen einzutreten und nur noch Papierberge hin und her zu schieben. Bekäme ich für jede alte Kriegsanekdote, die in der nächsten Woche über die Lippen der Anwälte in dieser Stadt kommen wird, einen Vierteldollar, könnte ich mich auf den Bermudas zur Ruhe setzen.

»Du kennst ihn schon eine Ewigkeit«, sage ich.

»Nun … natürlich.« Eine Pause. »Verdammt.«

»Okay, ich verschwinde jetzt.«

»In Ordnung. Aber sag mal, Jon?«

»Ja?«

»Wie kommt es, daß du in letzter Zeit so viel mit Toten zu schaffen hast?«

Ich schalte das Telefon aus und stecke es in die Tasche. Ich entscheide, doch nicht ins Büro zurückzukehren. Statt dessen nehme ich ein Taxi und bin kurz nach neun Uhr abends in meinem Haus. Meine Möpse, Jake und Maggie, überfallen mich im wahrsten Sinne des Wortes, als ich durch die Tür komme. Sie wollen gefüttert und in den Garten hinausgelassen werden. Ich kümmere mich um ihre Bedürfnisse, und zwar in dieser Reihenfolge, und öffne dann meinen Aktenkoffer. Eine Menge Arbeit liegt an diesem Wochenende vor mir – ich muß Wahlkampffinanzierungserklärungen überprüfen, von Lang Trotter in Umlauf gesetzte Wahlwerbung beurteilen, und ich muß mich morgen vormittag mit Angehörigen des Wahlkampfteams des Senators zusammensetzen. Damit dürfte ich den gesamten Samstag und Sonntag beschäftigt sein, und ich sollte gleich heute damit anfangen. Aber statt dessen stoße ich einen tiefen Seufzer aus, lasse den Kopf auf das Sofakissen sinken, schließe die Augen und versuche das Bild eines toten Anwalts zu verdrängen, der mir ausdruckslos ins Gesicht starrt.

11

Dale Garrisons Hinscheiden wurde von der *Daily Watch* weitaus höher gehängt als der Tod des Burschen, der in Bennett Careys Haus eingebrochen ist. Trotzdem gab es keine Schlagzeilennachricht, da der Name Dale Garrison außerhalb der Anwaltskreise in City und Staat für kaum jemanden von besonderer Bedeutung war. Er gehörte zu einer ausgewählten Gruppe von Leuten, die hinter den Kulissen die Fäden zogen und mitunter mächtiger waren als die Politiker. Der Schwanz wedelt viel öfter mit dem Hund, als die Leute annehmen. Und das ist eine gute Praxis. Jede Menge Prestige innerhalb des Zirkels und viel mehr Geld, als die gewählten Volksvertreter erhalten, aber absolut anonym für die Öffentlichkeit.

Innerhalb der juristischen Szene, in der Dale als Institution galt, wurde sein Tod als mindestens genauso bedeutsam empfunden wie der Tod des Bürgermeisters vor zwölf Jahren. Das täglich erscheinende juristische Mitteilungsblatt, das in der Stadt zirkuliert, brachte heute, Dienstag, eine Sondernummer heraus, die ausschließlich Dale und seinem Wirken gewidmet ist. Ein Foto Dales von vor etwa fünfzehn Jahren, wie ich vermute, ziert die gesamte Frontseite. Enthalten sind Artikel von einem Richter am Obersten Gerichtshof, von Grant Tully, Langdon Trotter (der nicht einen Tag in der Stadt residiert hat) und vom Bürgermeister. Die Ausgabe würdigt außerdem Dales beachtliche Verdienste. Er hatte Sammelklagen gegen Asbesthersteller geführt und gegen eine Supermarktkette, in der mit Salmonellen verseuchte Milch verkauft worden war. Er hatte Geschäftsleute erfolgreich verteidigt, die verbotener Insidergeschäfte bezichtigt worden waren, dann einen Stadtrat in einem Korruptionsprozeß und einen ehemaligen Kongreßabgeordneten, der in einen Sexskandal verwickelt war (diesen allerdings weniger erfolgreich).

Dale Garrisons Trauerfeier findet heute statt. Es gibt eine private Zeremonie nur für die engsten Angehörigen, aber diese Veranstaltung ist offen für alle – und ich meine, wirklich für alle. Sie benutzen aus diesem Anlaß die geräumige Kathedrale in der Innenstadt. Die Polizei regelt den Verkehr, und die Presse berichtet darüber. Es ist jedesmal dasselbe, wenn ein Politiker oder ein Geldmagnat stirbt. Die Prozeduren, die Beerdigung und das Abschiednehmen, entwickeln ein nicht beabsichtigtes Eigenleben. Menschen erscheinen, um einem kürzlich Verstorbenen die letzte Ehre zu erweisen, aber ihr Interesse richtet sich sehr schnell auf die Lebenden. Sie verwenden viel weniger Zeit auf das Betrauern des Verblichenen, als sie damit verbringen, alle anderen Anwesenden neugierig zu begaffen.

Ich sitze neben Grant Tully und seiner Frau Audrey in der zweiten Reihe hinter der Familie. Audrey greift meine Hand und hätschelt mich, ehe die Feierlichkeiten beginnen – ob ich abgenommen habe, wie es den Hunden gehe, es tue ihr ja so leid, daß ich hatte dabeisein müssen, als Dale starb. Das einzige Thema, das sie nicht anspricht, ist der Auslöser ihrer Fürsorglichkeit – meine Scheidung. Jeder hat Mitleid mit dir, wenn deine Ehe zu Ende geht.

In der zweiten Reihe auf der anderen Seite des Mittelgangs, uns gegenüber, sitzt der Bezirksstaatsanwalt, Elliot Raycroft, ein ernster Mann mit drahtigen graumelierten Haaren und einer Brille mit Stahlgestell. Er hatte Dale gut gekannt, war aber alles andere als ein guter Freund gewesen. Neben ihm sitzt Lang Trotter – angemessen zurückhaltend, aber allzeit bereit zu einem freundlichen Augenzwinkern für all jene, die seinen Blick erhaschen –, der in die gleiche Kategorie gehört. Ein guter Lobbyist wie Dale kann auf beiden Seiten des Mittelgangs seinen Geschäften nachgehen, wenn er muß, aber niemand hat in Dale Garrison jemals einen Freund der Republikaner gesehen. Warum diese Kerle so weit vorn sitzen, ist mir ein Rätsel. In solchen Dingen sollte es keine Hierarchie geben. Ich gehöre wohl auch nicht so weit nach vorn, aber die Tullys, und ich gehöre zu ihnen.

Grants Vater, der ehemalige Senator Simon Tully, hält eine Lobrede. Er ist ganz in Schwarz gekleidet, seine Betroffenheit ist durch und durch echt, und er hält eine seiner für ihn schwersten öffentlichen Ansprachen. Er spricht von Dales bekannteren Fällen, betont aber auch die Bedeutung der Fälle, die nicht in die Schlagzeilen gelangten. »Die meisten Menschen ahnen gar nicht, wie viel *pro bono*-Arbeit Dale geleistet hat«, sagt Simon. »Es ging ihm nicht um Geld oder Prestige. Es ging ihm einzig und allein darum, daß der Schutz des Gesetzes …«

Mein Pieper kreischt los. Hab vergessen, ihn auszuschalten. Ich greife zum Gürtel und bringe ihn zum Schweigen.

»… auch jenen zur Verfügung stand, die sich jemanden wie Dale Garrison nicht leisten konnten. Es ging ihm um das Gesetz in seiner reinsten Form. Gleiches Recht für alle.«

Simon Tully war nie ein besonders guter Redner gewesen.

Er war in einer Zeit aufgewachsen, als Fernsehkameras noch nicht allgegenwärtig und Hintertreppendeals noch weiter verbreitet waren als heutzutage. Er beendet seine Ansprache und kehrt auf seinen Platz neben seinem Sohn Grant zurück, während der Geistliche mit der Zeremonie fortfährt.

Dann verlassen wir die Kirche. Die Presse stürzt sich auf Grant Tully. Sein Vater wird von Leuten bedrängt, die ihm ihr überschwengliches Lob für seine Rede aussprechen. Ich finde ein Taxi und fahre zurück zum Büro.

Ich verlasse im Stockwerk von Seaton, Hirsch den Fahrstuhl, und eine vorbeihuschende Sekretärin starrt mich an, als wäre ich ein Gespenst. Ich lächle sie an, aber sie schlägt sofort die Augen nieder. Ich gehe zu meinem Büro. Alle Anwälte, und zwar wirklich alle, stehen im Flur. Meine Sekretärin, Cathy, steht ein Stück weiter, in der Nähe meines Büros. Als sie mich entdeckt, eilt sie auf mich zu. Sie ist korpulent, daher ist es außergewöhnlich, daß sie sich so schnell bewegt.

»Jon, ich habe versucht, Sie anzupiepen. Und ich habe versucht, sie aufzuhalten, aber sie hatten einen Durchsuchungsbefehl. Bennett hat ihn kontrolliert.«

»Es ist okay«, sage ich geistesabwesend und gehe weiter in mein Büro. Drei Personen sind dort, zwei Männer und eine Frau, und wühlen in meinen Sachen herum. Zwei tragen Polizeiuniformen. Die dritte Person ist Brad Gillis, der Detective. Er hält mir ein Stück Papier unter die Nase. »Ein Durchsuchungsbeschluß für Ihr Büro«, sagt er.

»Was, zum Teufel, hat das zu bedeuten?« Mein Zorn ist echt, aber auch angemessen heftig, angesichts der Anzahl von Personen aus meiner Firma, die draußen herumstehen. Bennett Carey erscheint und kommt zu mir.

»Wir müssen uns auch bei Ihnen zu Hause umsehen«, sagt Gillis. Er fühlt sich durch die Gaffer nicht im mindesten eingeschüchtert. Es macht ihm offenbar großen Spaß, das Leben von fremden Menschen vor den Augen der Öffentlichkeit auf den Kopf zu stellen.

»Sie sind nur hergekommen, weil Sie wußten, daß ich bei der Beerdigung war«, sage ich.

»Wir sind hier so gut wie fertig«, erwidert der Detective. Er hat es nicht nötig, auf meine Bemerkungen einzugehen, will er damit ausdrücken. Er hat die totale Kontrolle über alles, sogar innerhalb meiner Anwaltsfirma.

Ich betrachte die Durchsuchungsgenehmigung – es ist das erste Mal, daß ich so etwas zu Gesicht bekomme –, während der Detective fortfährt.

»Wir müssen noch einmal mit Ihnen reden, Mr. Soliday. Wenn Sie bitte mitkommen würden …«

»Wir fahren getrennt«, sagt Bennett zu Gillis. »Wir folgen Ihnen.«

»Das ist unerhört«, sage ich. »Das Ganze wurde von Elliot Raycroft inszeniert, damit ich und der Senator in einem schlechten Licht erscheinen. Stimmt's, Detective?«

Der Detective lächelt. »Davon weiß ich nichts«, sagt er. »Nein, Mr. Soliday, es geht nicht darum, irgend jemanden schlecht aussehen zu lassen. Es geht um die Tatsache, daß Dale Garrison ermordet wurde. Er hatte keinen Herzinfarkt, wie Sie jedem erzählt haben. Er wurde in seinem Büro erwürgt, und Sie waren der einzige Anwesende.«

Ich spüre, wie mir das Blut ins Gesicht schießt. »Lächerlich«, sage ich, ehe Bennett meinen Arm ergreift, um mich zum Schweigen zu bringen.

12

»Das ist lächerlich«, sage ich zu dem Mann, der den Raum betritt. Ich befinde mich in irgendeinem Polizeirevier im nördlichen Teil der Stadt und sitze mit Bennett Carey in einem nüchtern wirkenden Raum. Seit gut einer Dreiviertelstunde warten wir schon hier. Ben und ich haben ausführlich darüber diskutiert, was ich bei dem Verhör sagen soll, aber ich beharre auf meinem Standpunkt. Ich habe nichts zu verbergen, ich werde nicht den Mund halten. Ich erinnere ihn daran, daß er vor fast einer Woche mir gegenüber genau die gleiche Position eingenommen hat.

»Daniel Morphew, Assistent des Bezirksstaatsanwalts«, stellt der Mann sich vor und streckt uns eine Hand über den Tisch entgegen. Er hat ein kantiges Kinn, ein grobes, fleckiges irisches Gesicht, den üblichen Schnurrbart und kräftiges, welliges graues Haar. Er ist absolut ruhig, hat alles fest unter Kontrolle und ist darüber ziemlich glücklich.

»Jon Soliday.« Ich schüttle seine Hand. Bennett stellt sich ebenfalls vor, als mein Anwalt, aber es scheint, als würden die beiden sich bereits kennen, wahrscheinlich aus der Zeit, als Ben noch für das Büro des Staatsanwalts arbeitete.

»Sie arbeiten für Raycroft«, stelle ich fest.

Morphew mustert mich eine Sekunde lang. »Das ist richtig.«

»Sie können Elliot etwas von mir bestellen.« Bennett legt eine Hand auf meinen Arm, aber ich stoße sie weg. »Bestellen Sie ihm, falls er glaubt, er könne einen dunklen Schatten auf mich werfen, um mich danach in aller Stille laufen zu lassen, wenn sich kein Beweis finden läßt, der seine Anschuldigung stützt, wird er eine böse Überraschung erleben. Dann wird die Öffentlichkeit nämlich einiges von einem Bezirksstaatsanwalt erfahren, der für Lang Trotter die Schmutzarbeit macht.«

»Jon«, sagt Ben. »Das reicht jetzt.«

Daniel Morphew scheint durch meinen Ausbruch kein bißchen betroffen zu sein. Er hat einen dünnen Manilahefter bei sich, den er in den Händen hin und her dreht. »Sind Sie bereit, mit mir zu reden, Mr. Soliday?«

Ich atme aus und versuche, meine Nerven zu beruhigen. »Natürlich.«

»Gut.« Morphew greift nach dem Kassettenrecorder, der in der Mitte des Tisches steht. »Ich muß dieses Verhör auf Band aufzeichnen, ist das okay für Sie?«

»Wie Sie wollen.«

Morphew drückt auf den Aufnahmeknopf und nennt seinen Namen, meinen Namen, das Datum und die Uhrzeit.

»Ebenfalls anwesend ist Mr. Solidays Rechtsberater« – Morphew wirft einen Blick auf Bens Visitenkarte, die er ihm gerade gereicht hat –, »William Bennett Carey.«

»Ich brauche keinen Anwalt«, sage ich. »Diese ganze Angelegenheit ist lächerlich.« Am besten beginnt man das Gespräch gleich in der richtigen Tonart.

Morphew blickt zu Ben. »Wollen Sie, daß Mr. Carey hinausgeht?«

»Nein, er kann hierbleiben.« Ich atme abermals tief durch. Ich muß jetzt wachsam sein. »Zuerst einmal … ist es ganz sicher, daß Dale keinen Herzinfarkt oder einen Schlaganfall oder etwas anderes hatte? Ich meine, er war immerhin Ende Sechzig und hatte Krebs.«

Morphew schürzt die Lippen. Er überlegt, was er mir offenbaren soll. Seine Augen verengen sich. »Er war achtundsechzig. Er hatte Krebs. Und er wurde erwürgt.«

»Gab es eine Autopsie?« fragte Ben.

»Jawohl. Todesursache« – Morphew greift in seinen Schnellhefter und klappt ihn bei einem Schriftstück auf – »Ersticken durch manuelle Strangulation.«

»Unmöglich«, sage ich.

Der Staatsanwalt hebt den Kopf. »Warum ist das unmöglich?«

»Weil ich …« Ich bremse mich.

»Weil Sie zur Tatzeit neben dem Opfer die einzige andere Person in der gesamten Bürozeile waren.« Er betrachtet mich einen Moment lang abschätzend. »Richtig, Mr. Soliday?«

Ben hebt die Hand, aber ich antworte trotzdem. »Soweit ich weiß, ja.«

»Sie waren in seinem Büro, um juristische Fragen zu diskutieren«, sagt Morphew.

»Richtig.«

»Wen oder was betreffend?«

»Einen gemeinsamen Mandanten«, sage ich.

»Senator Grant Tully«, sagt Morphew.

»Das fällt unter die Schweigepflicht.«

»Oh.« Der Staatsanwalt lächelt. »Ich muß diesen Fall nicht kennen. Mr. Soliday, da wir alle Anwälte sind, darf ich Ihnen mitteilen, daß diese Information nicht unter die Schweigepflicht fällt. Es war Senator Tully, stimmt's?«

»Nächster Punkt«, sagt Bennett. »Er äußert sich nicht dazu.«

Morphew kann nicht viel tun. Egal, ob es unter die Schweigepflicht fällt oder nicht, ich habe immer noch das im Fünften Zusatz zugestandene Recht zu schweigen. Ich könnte mich in diesem Moment entschließen, gar nichts mehr zu sagen. »Er ist also vor Ihren Augen zusammengebrochen, hm?«

Ich räuspere mich. Morphew weiß, was ich Detective Gillis an Ort und Stelle erklärt habe – daß ich das Büro verließ und zurückkam, nachdem Dale mich auf meinem Handy angerufen hat. Vom Standpunkt des Staatsanwaltes aus betrachtet, ist es eine schwache Geschichte. Ich war im Büro, ging raus, jemand schlich sich rein, um Dale zu erwürgen, dann kam ich zurück. Mein Magen macht sich bemerkbar. Ich denke über Bennetts Rat nach. Morphew hat mich so oder so am Haken. Wenn ich meine Story ändere, hat er mich beim Lügen erwischt, in seinen Augen wahrscheinlich nicht das erste Mal. Wenn ich die gleiche Geschichte erzähle, hat er mich auf Band, und zwar mit einer Geschichte, die, je länger ich darüber nachdenke, wirklich ziemlich schwach klingt.

»Sie wissen, daß genau das nicht passiert ist«, sage ich. »Ich war in seinem Büro und bin dann gegangen. Dale hat mich auf meinem Handy angerufen, und ich kehrte zurück. Ich ging rein und fand ihn tot auf dem Tisch.«

Morphew sagt nichts dazu. Er will mich am Reden halten.

»Überlegen Sie«, sage ich. »Sie können das Telefongespräch nachprüfen, der Wachmann unten sah mich rausgehen und wieder zurückkommen. Wie soll ich es in dieser kurzen Zeit geschafft haben, ihn zu töten?«

»Ich bin überzeugt, daß Mr. Morphew längst die Telefondaten für Dale Garrisons Büro überprüft hat«, sagt Bennett demonstrativ zu mir, meint aber Morphew. »Bestimmt hat er auch die Daten für dein Handy abgefragt, Jon.« Ben wendet sich an den Staatsanwalt. »Also?«

Morphew ist ein paar Jahre älter als Bennett. Er stand in der Hierarchie des Staatsanwaltsbüros einige Stufen über Ben, der während seiner Tätigkeit dort wahrscheinlich für Strafsachen zuständig war. Morphew hat wohl genug Erfahrung, um zu wissen, was er jetzt weitergeben und was er für sich behalten kann. Sein Blick wandert von Bennett zu mir. »Erzählen Sie, was Garrison Ihnen gesagt hat.«

»Nein.« Bennett wischt mit der Hand über den Tisch. »Sie sind an der Reihe.«

Morphews Augenbrauen rucken hoch, als wäre dieses Umdrehen des Spießes allenfalls lästig und ansonsten völlig bedeutungslos für ihn. »Ich möchte wissen, was Garrison zu Ihnen sagte, als er sie anrief.«

»Er bat mich, noch einmal in sein Büro zu kommen«, antworte ich und befreie meinen Arm aus Bens Griff. »Mehr nicht.«

»Das ist seltsam.« Morphew strafft sich, als wolle er sich für den Hauptgang bereitmachen. »Denn die Telefonlisten zeigen, daß Mr. Garrison Sie niemals angerufen hat. Es gibt für diesen Zeitraum wie auch kurz vorher oder nachher keinerlei Anrufe aus Mr. Garrisons Büro.«

Ich blicke zu Bennett, der es schafft, ein Pokergesicht zu machen. Ich halte einen Moment lang den Atem an, ehe der Adrenalinstoß erfolgt. Das gibt es nicht. Es ergibt keinen Sinn. Ich schlucke krampfhaft.

»Wer hat denn Jons Handy angewählt?« fragt Ben.

»Gute Frage, Herr Anwalt. Ich hatte gehofft, die Antwort darauf von Mr. Soliday zu hören.«

»Es war Dale«, sage ich.

»Jon.« Bennetts Hand klammert sich um meinen Arm. »Sei einen Moment still.« Dann zu Morphew: »Was steht in den Telefonlisten?«

Morphews Augenbrauen zucken. Er hält kurz inne, ehe er

antwortet. »Es war ein Handy, das einer Frau namens Joanne Souter gehört. Jemand, den Sie kennen, Mr. Soliday?«

»Nein«, sage ich.

»Richtig. Denn Joanne Souters Handy wurde ihr an diesem Tag aus der Handtasche gestohlen.«

Ich hebe beide Hände. »Jetzt haben Sie mich erwischt.«

»Glauben Sie, Dale Garrison hat dieser Frau das Handy gestohlen und es benutzt, um Sie anzurufen?« fragt er. »Ergibt das einen Sinn?«

Nein. Natürlich ergibt das keinen Sinn. Als ich mir über die Stirn wische, zittert meine Hand.

»Für mich ist klar, daß Sie nicht allein waren«, sagt der Staatsanwalt. Er legt die Hände auf den Tisch. Es soll eine besänftigende Geste sein. »Wer immer am anderen Ende der Leitung war, dürfte an der Sache beteiligt gewesen sein. Den will ich haben. Also, warum klären wir das nicht? Verraten Sie mir, wer Sie angerufen hat, und Ihr Anwalt und ich können eine Vereinbarung treffen. Eine, die Ihnen den elektrischen Stuhl erspart.«

Ich springe auf. »Es gibt nichts zu verraten. Ich habe Dale nicht getötet. Jemand hat mir eine Falle gestellt. Erkennen Sie das nicht?«

Morphew richtet den Zeigefinger auf mich. »Hinsetzen.«

Ich schaue zu Bennett, der ernst mit dem Kopf nickt. Ich setze mich, immer noch vor Wut schäumend und kurz vor einem Panikanfall.

»Mr. Soliday ist der Chefberater von Senator Tully«, sagt Bennett, »und ein Kollege Dale Garrisons. Ihre Story überzeugt nicht, Dan. Er ist kein Mörder. Und niemand würde das auch nur entfernt annehmen.«

Morphew mustert Ben ein paar Sekunden lang. Dann richtet sein Blick sich auf mich. Ein raubtierhafter Ausdruck erscheint auf seinem Gesicht, ein Tier auf der Jagd. »Hat jemand Sie erpreßt, Mr. Soliday?«

Ich schließe die Augen. Der Brief. Dieser gottverdammte Brief.

»Wir sind hier wohl fertig«, wiederholt Ben.

Morphew schiebt eine Kopie des Briefs über den Tisch zu mir hin. »Lag das in der obersten Schublade Ihres Schreibtisches, Mr. Soliday?«

Ich bin wohl der einzige, der das Geheimnis kennt, von dem niemand etwas weiß. Dafür sollten, wie ich finde, $ 250000 ausreichen. Ein Monat dürfte als Frist lang genug sein. Ich will keine Spekulationen über Ihre Geldquelle anstellen, aber ich denke, wenn jemand eine Möglichkeit finden kann, den Wahlkampffonds anzuzapfen, ohne daß jemand es bemerkt, sind Sie es. Ich könnte mich natürlich auch direkt an den Senator wenden. Wollen Sie das? Ein Monat. Versuchen Sie nicht, in dieser Sache mit mir Kontakt aufzunehmen. Ich werde beizeiten von mir hören lassen.

»Sie sind der stellvertretende Schatzmeister der Bürger für Grant Tully«, sagt Morphew. »Mit Zugang zum Wahlkampffonds.« Der Staatsanwalt wartet auf eine Erwiderung. »War es Dale Garrison? Hat er Sie erpreßt?«

Ich blicke zu Bennett, der nicht lange gebeten zu werden braucht. »Wir beenden dieses Gespräch.«

»Denn falls es nicht Garrison war«, fährt Morphew fort, »wäre es eine große Hilfe, wenn Sie es mir gleich mitteilen.«

Ben hält meinen Arm fest. Ich bin plötzlich völlig kraftlos.

»Ich war in Dales Büro«, sage ich. »Und er starb, während ich weg war. Ich kam etwa zur gleichen Zeit wieder rein, als der Wachmann seinen Rundgang machte, und …«

»Er machte keinen Rundgang«, unterbricht Morphew. »Er wurde in den achten Stock gerufen. Jemand sagte, irgend etwas wäre in Dales Büro passiert.«

Ich spüre ein Brennen in meiner Kehle, das sich bis in den Magen fortsetzt.

»Was war das Geheimnis, Mr. Soliday?« will der Staatsanwalt wissen. »Das ›Geheimnis, das niemand kennt‹, Mr. Soliday?«

Bennett erhebt sich und zieht mich hoch. »Wir gehen. Jeder weitere Kontakt …«

»Mr. Carey, erklären Sie Ihrem Mandanten, daß, wenn er überzeugend darlegt, daß diese Nachricht nicht von Dale Garrison stammt, er es vielleicht vermeiden kann, verhaftet zu werden.«

»Wir denken darüber nach, Mr. Staatsanwalt«, antwortet Ben. »Können wir jetzt gehen?«

Morphew erhebt sich ebenfalls. »*Sie* können gehen, Mr. Carey, wenn Sie wollen.« Die Tür öffnet sich, und Brad Gillis kommt herein. Handschellen hängen an seinem Gürtel.

Panik breitet sich auf Bens Gesicht aus. »Reden Sie nicht mit ihm«, sagt er zu Morphew und Gillis. Dann zu mir: »Halte den Mund, Jon. Wir holen dich so schnell wie möglich raus.«

Ich stehe stumm da, während Detective Gillis mir meine Rechte vorliest und Handschellen anlegt.

»Was ist ›das Geheimnis, das niemand kennt‹?« fragt Morphew.

Ich ignoriere die Frage und flüstere Ben ins Ohr. »Ruf den Senator an!«

Juni 1979

13

Grant Tullys sportlicher neuer Kombi gleitet die Interstate entlang. Er trommelt mit den Fingern den Rhythmus des Songs aus dem Radio auf das Lederlenkrad und singt aus voller Brust mit, während der Wind dieser Mittsommernacht mit seinen Haaren spielt. Das Ganze läßt mich an Shakespeare denken und daran, daß ich ihn nie wieder lesen muß.

»Immer sachte, Tru«, sage ich. »Sie verpassen dir einen Strafzettel wie jedem anderen.« Ich sage das, weil Grant Truman Tully – Tru für jeden, der ihn kennt – der Sohn des Staatssenators Simon Tully ist, ein politisches Schwergewicht, ein Riese in unserer Gemeinde. Tru hat seine Familienzugehörigkeit mehr als einmal ins Spiel gebracht, aber hier draußen auf der Interstate hat die Staatspolizei das Sagen, keine Cops aus der Stadt, und für sie ist er eine fette Beute. Das hat Tru niemals aufgehalten. Ich wage sogar zu sagen, daß nichts ihn jemals aufgehalten hat. Ein typischer furchtloser Teenager mit allen Antworten, aber ohne die dazugehörigen Fragen.

»Erklär mir noch einmal, wohin wir fahren«, sage ich.

Tru und ich haben soeben die Highschool beendet. Wir haben drei Monate Zeit, ehe es aufs College geht – Ivy League für Truman, die staatliche Universität für mich. Die Hauptaufgabe für einen Highschool-Absolventen besteht darin, an jeder Party teilzunehmen, von der er erfährt. In der Stadt findet heute ein Riesenbesäufnis statt, aber Tru hat mich überredet, den Staat zu verlassen, eine Dreiviertelstunde über die Staatsgrenze hinweg zu einer Party in Summit County zu fahren. Es ist das Land der Schornsteine, eine

Industriestadt, die man von den höchsten Gebäuden der City aus sehen kann, die ich aber noch nie besucht habe.

Seine Absicht ist wohl, mich auf andere Gedanken zu bringen. Meine Freundin Vivian, mit der ich seit zwei Jahren zusammen bin, hat gerade mit mir Schluß gemacht. Sie wolle auf eine Uni im Westen, welchen Sinn hätte es also, die Beziehung aufrechtzuerhalten? Daher hat Tru, der sich sowieso gewünscht hat, daß ich die »Fesseln« abstreife, es sich zur Aufgabe gemacht, mir in diesem Sommer zu einigem Spaß zu verhelfen. Ich denke, das ist ganz in meinem Sinn.

Tru rülpst nach einem tiefen Schluck Bier aus der Flasche, die er wieder zwischen die Oberschenkel klemmt. Er trägt ein kariertes Oberhemd und Shorts und Turnschuhe, keine Socken. »Ricks Party«, sagt er. »Na ja, es ist nicht seine Party, aber er ist dort.«

»Welcher Rick?« frage ich. »Kenne ich ihn?«

»Rick ist alles, was ich weiß«, sagt er. »Sie nennen in Ricochet. Es ist so etwas wie ein Spitzname.«

Ich sehe Tru an. »Ich verstehe schon, gute Freunde von dir.«

»Rick ist absolut in Ordnung«, sagt Tru. »Schön, seine Lebensgeschichte kenne ich nicht, okay? Entspann dich, Jonathan.«

»Gibt's denn dort Material?« frage ich. Ich benutze Trus Jargon. Er ist ein notorischer Single, kein Ladykiller, aber er hat das gewisse Etwas, das Selbstbewußtsein und das unwiderstehliche Auftreten. Die meisten seiner Beziehungen sind kürzer als einmal Duschen.

Er grinst. »Was das Material betrifft – Befund positiv. Und zwar die 30-Dollar-Campingwagen-Klasse.«

Tru nimmt die nächste Ausfahrt von der Interstate. Wir sind jetzt in Summit County. Er gibt Gas. Den äußeren Anzeichen nach rollen wir durch eine Kleinstadt. Nichts als verfallene Läden, eine chemische Reinigung, ein paar Restaurants und Bars, ein schmuddeliger Imbiß mit dem obligatorischen verrosteten Reklameschild und Schlaglöcher, so groß wie Bombenkrater.

Tru biegt abrupt nach rechts ab, so daß ich ihm fast auf den Schoß kippe. Wir befinden uns jetzt in einer Wohnstraße. Alle Häuser sind im Ranch-Stil erbaut, keins ist höher als einstöckig, bis wir am Ende des Blocks ein Apartmenthaus erkennen. Vor dem nächsten Block sind die Bordsteine zugeparkt. Wir sind am Ziel.

Tru stoppt unvermittelt und läßt den Wagen einfach an Ort und Stelle stehen. Er fischt zwei weitere Flaschen Bier unter seinem Sitz hervor. Er muß da unten einen Sechserpack gebunkert haben.

Das Haus ist das dritte von der Straßenecke. Es verfügt über zwei Etagen, Aluminiumverkleidung und schwarze Läden vor den Fenstern. Vier Automobile parken in der Auffahrt. Der Klang einer Stereoanlage und eine laute Gästeschar begrüßen uns schon auf der Straße.

Tru geht selbstbewußt und wie selbstverständlich zur Haustür. Er macht alles selbstbewußt. Ich bin der ideale Kompagnon für ihn. Ich behaupte mich zwar neben ihm, besitze aber nicht sein Charisma. Ich kriege die guten Noten, mache den richtigen Sport und bin mit ihm befreundet. Das reicht.

Grant Truman Tully klingelt nicht an der Tür, er geht einfach hinein. Der Raum ist voll von Menschen, die sich unterhalten und lachen. Die Stereoanlage läuft mit voller Lautstärke und pumpt aggressive, gitarrenlastige Musik in den Raum. Rauchschwaden wabern über den Köpfen der Gäste. Einige feiern das Ende des Schuljahrs. Das ist immerhin der offizielle Anlaß für diese Party. Aber wenn ich mir die Leute ansehe und ihr Alter schätze – vorwiegend achtzehn, neunzehn bis Anfang zwanzig –, komme ich zu dem Schluß, daß die Mehrheit dieser Leute mit der Schule nichts mehr zu tun hat. Es ist nicht unbedingt eine bunte Gesellschaft im konventionellen Sinn. Die Gäste sind allesamt weiß. Die Garderobe besteht vorwiegend aus T-Shirts und Bluejeans. Diese Leute stammen aus einer von der Mittelschicht geprägten Gemeinde, außer daß ich in der Großstadt wohne und sie in einer Industriestadt, deren beste Zeit längst vorbei ist.

Wir erregen einiges Aufsehen. Sicherlich sind wir die ersten Vertreter des städtischen Schüler-Clubs, und ich habe das sichere Gefühl, daß wir die einzigen bleiben werden. Wie üblich läßt Tru sich dadurch nicht aus der Ruhe bringen. Ich folge ihm durchs Gedränge, vorbei an einer Gruppe, die auf einer schmuddeligen Couch hockt und einen Joint herumgehen läßt, und zwei Typen, die anscheinend etwas Wichtiges zu verhandeln haben, in die Küche. Wir durchsuchen den Kühlschrank nach Bier, finden aber nichts Besseres als die lauwarmen Importdosen, mit denen wir reingekommen sind, was uns zusätzlich von dieser Truppe abhebt. Während Tru seinen ersten Schluck nimmt, gibt er einen Laut von sich und setzt die Flasche ab. »Da ist er«, sagt er.

Sein Freund Rick, vermute ich. Der Typ scheint in unserem Alter zu sein, siebzehn oder achtzehn. Schmutzigblondes Haar, buschige dunkle Augenbrauen, schmale, runde Schultern unter einem schwarzen Heavy-Metal-T-Shirt. Eine Zigarette klemmt zwischen seinen Lippen. Er lächelte säuerlich und streckt Tru eine Hand entgegen.

»Hallo, Truman«, sagt er. »Komm, wir machen mal ein bißchen Action.«

Rick steuert uns durch die Party. Ich versuche in der dicken Luft, die nach Tabak und Marihuana riecht, etwas zu erkennen. Wir gelangen zu einem Paar in einer Nische. Ein Mädchen mit ihrem Freund. Er hat eine totale Glatze, einen eiförmigen Kopf mit dickem Hals. Hinter einem Ohr steckt eine Zigarette. Er trägt ein T-Shirt mit dem Emblem einer Biermarke. Die Ärmel sind abgeschnitten und entblößen mit Sommersprossen übersäte Arme, die ziemlich massig und muskulös sind. Eine seiner Hände steckt in der Gesäßtasche der abgeschnittenen Jeans des Mädchens, mit der anderen stützt er sich an der Wand ab, während er sich halb über sie beugt. Sie lachen über etwas.

»Lyle«, sagt Rick.

Lyle und Rick. Mich interessiert der Name des Mädchens viel mehr.

»Das ist Gina.«

Sie drehen sich zu uns um. Lyle betrachtet uns mißtrauisch. »Das ist mein Freund Tru«, verrät Rick ihnen.

»Das ist Jon«, sagt Tru mit einem Kopfnicken in meine Richtung.

Wir begrüßen einander mit einem angedeuteten Kopfnicken. Ich achte dabei besonders auf Gina. Sie ist das bestaussehende Girl im Saal, was wahrscheinlich nicht allzuviel bedeutet. Sie hat gebleichtes blondes Haar, das bis auf ihre Schultern herabwallt, perfekte runde Augen mit langen Wimpern, aber zu viel dunkle Mascara. Ausgeprägte Lippen. Lange, schlanke, sonnengebräunte Beine und ein enges weißes Unterhemd, das ihre eindrucksvolle Oberweite unterstreicht. Mit zwei Bier intus spielen meine Hormone verrückt.

Sie schiebt sich eine Zigarette zwischen die Lippen und bläst den Rauch zur Decke aus. »Nett, euch kennenzulernen, Leute«, sagt sie. Sie betrachtet uns, während Lyle und Rick miteinander reden.

»Laßt uns nach oben gehen«, sagt Rick.

»Nehmt noch ein paar kalte Flaschen mit«, sagt Lyle.

Ich folge der Truppe in die Küche, um Bier zu holen, dann zur Treppe. Tru greift nach Ricks Arm und flüstert ihm etwas ins Ohr. Rick dreht sich um und sagt: »Nee, Mann, später.« Tru breitet die Arme aus und sagt: »Was, zum Teufel, tue ich hier eigentlich?« Rick schiebt ihn sanft vor sich her und geht die Treppe hinauf. Ich stelle keine Fragen. Ich bin immer noch ein wenig durcheinander, nachdem ich Gina kennengelernt habe.

Wir betreten ein Zimmer, das, wie ich annehme, dem Gastgeber der Party gehört. In einer Ecke steht eine Stereoanlage, Schallplatten liegen verstreut auf dem Teppich herum. Die Wände sind mit Postern von Rockbands und Bikinischönheiten bepflastert. Der Schrank ist vollgestopft mit schmutziger Kleidung.

Lyle geht zur Stereoanlage, um eine Schallplatte herauszu-suchen. Rick kommt als letzter ins Zimmer, er trägt zwei Stühle, die er aus einem anderen Zimmer im ersten Stock ge-holt hat. Tru und ich nehmen die Stühle, Rick setzt sich ne-ben Gina aufs Bett. Das Zimmer riecht wie meines, nämlich wie schmutzige Wäsche, leicht muffig, wie feuchter Schim-mel. Die Beleuchtung ist dürftig, drei Lampenfassungen in der Mitte der Decke mit nur einer brennenden Glühbirne, die auch noch von einer schmuddeligen Glaskugel umhüllt ist.

Rick sucht in seiner Hosentasche und angelt ein Feuer-zeug heraus. Dann greift er abermals in die Hosentasche und holt einen Joint hervor. Er steckt ihn sich zwischen die Lippen und nickt Lyle an der Stereoanlage zu. »Nichts Schmalziges«, instruiert er ihn, wobei der Joint zwischen seinen Zähnen auf und ab tanzt, während er spricht.

Gina öffnet die Bierflasche und trinkt einen Schluck. Da-bei sieht sie mich an. Ich spüre ein Kribbeln in der Magen-gegend.

Rick zündet die Marihuanazigarette an und inhaliert und hält den Joint mit den Fingern fest, während er die Luft an-hält. Er atmet aus und gibt den Joint weiter an Tru. Tru folgt seinem Beispiel und reicht mir den Joint.

Es ist nicht das erste Mal, daß ich Pot rauche, aber es ist schon lange her. Ich habe fürs Rauchen, egal was, nicht viel übrig und habe noch nie im meinem Leben eine normale Zi-garette probiert. Aber Gina beobachtet mich, und was soll's, ich habe schließlich Ferien.

Ich inhaliere tief, während die Feuerzeugflamme den Joint zum Glimmen bringt. Der Rauch ist bitter und ganz heiß in meiner Kehle. Ich verziehe das Gesicht, halte ihn aber so lange im Mund, wie es geht. Mein Ausatmen ist eher ein Husten. Meine Kehle brennt, die Augen tränen.

Tru reicht mir eine offene Bierflasche. »Trink was, mein Freund.«

Ich gebe Gina den Joint. Sie lächelt und sagt Dankeschön auf eine Weise, die man wahrscheinlich als höflich und nicht mehr beschreiben würde, die für mich aber eine eindeutig provokante Verheißung enthält. Irgendwie freut es mich, daß ihre Lippen die Zigarette nach meinen berühren.

»Atme ein«, sagt sie zu mir. »Dann schlucke, als hättest du nichts im Mund.« Sie zündet den Joint an und inhaliert. Langsam bläst sie den Rauch über meinen Kopf hinweg aus. Sie gibt mir den Joint zurück. »Dann erst atme aus.«

Ich bin eigentlich noch nicht bereit für einen zweiten Versuch, aber ich kann jetzt keinen Rückzieher machen. Ich zünde den Joint an, inhaliere und schlucke, wie sie es beschrieb, und behalte den Rauch im Mund.

»Einfach, nicht wahr?« sagt sie. Ihre Augen sind von dem Alkohol leicht gerötet. Sie lächelt verhalten.

Ich erwidere ihr Lächeln, während ich den Rauch ausatme. Mein Blick fällt auf ihre übereinandergeschlagenen Beine. Ihre abgeschnittenen Hosenbeine lassen der Phantasie nur wenig Spielraum, aber für mich ist es mehr als genug. »Einfach«, sage ich.

Lyle hat sich für Heavy Metal entschieden, ich kenne die Band jedoch nicht. Er hat die Anlage extrem laut aufgedreht, stellt sie jedoch nach heftigem Protest der Anwesenden um einiges leiser. Er stemmt sich mit den muskulösen Armen vom Teppich hoch und setzt sich neben Gina. Seine Anwesenheit ist wie eine kalte Dusche, aber man darf doch ein wenig phantasieren, oder nicht?

»Was führt denn zwei Stadtjungs hier hinaus?« will Gina von mir wissen.

»Wir wollten mal die Stadt hinter uns lassen«, sagt Tru. Das ist nahe genug an der Wahrheit. Tru läßt keine Party aus, aber er hält sich in der Stadt lieber bedeckt, wenn es um Drogengenuß geht. Er könnte bei den Leuten ins Gerede kommen, und das gefällt ihm gar nicht. Ich komme zum Schluß, daß Tru in dieser Nacht noch einiges vorhat, da er hier in Summit County vor dem allgemeinen Klatsch sicher ist. Mir wird auch bewußt, daß wir noch mindestens 20 Meilen Fahrt vor uns haben, wenn diese Nacht zu Ende geht. Aber Tru hat völlig recht, wenn er mir immer wieder vorwirft, daß ich mir viel zu viele Sorgen mache. Ich mache mir wirklich Sorgen. Was mein Leben betrifft, so kann ich mich wahrlich nicht beklagen, aber trotzdem bin ich anscheinend nicht auf derselben Straße unterwegs wie Tru. Er ist absolut sorglos, interessiert sich nicht für Details und schafft es immer wieder, die Leute für sich einzunehmen. Verdammt, er ist es, der im Mittelpunkt steht. Nach ihm richtet sich alles. Er sieht nicht einmal besonders gut aus, ist nicht sonderlich sportlich, aber er ist gesegnet mit einem ausgeprägten Selbstbewußtsein, einer gewissen Art von Rücksichtslosigkeit, die die Leute anzieht. Was mich betrifft, so habe ich überdurchschnittliche Zensuren und kenne meinen Wert, aber ich habe keinen Hang zu Größe. Ich bin keiner von denen, die immer vorn stehen. Ich kann einen Raum betreten, ohne daß irgend jemand es bemerkt. Ich bin ein unbeschriebenes Blatt. Nach mir dreht sich niemand um. Ich tummle mich in jeder Hinsicht im Mittelmaß, und das macht es nicht unbedingt leichter, Tru locker durchs Leben segeln zu sehen.

Aber Tru hat recht. Ich mache mir keine Sorgen. Ich verfolge, wie Gina sich an Lyles Arm festhält, ihm etwas zuflüstert, aber einen Blick in meine Richtung schickt. Ich habe ihren Blick auf mich gezogen. Das muß um diese Uhrzeit nicht viel bedeuten, aber sie hat *mich* bemerkt, nicht Tru. Ich nehme den Joint an und wage meinen dritten Zug. Dieses eine Mal in meinem Leben werde ich mir keine Sorgen machen.

14

Wir sitzen zu fünft auf dem Bett. Rick lehnt an der Wand, hat die Beine über Kreuz geschlagen und singt irgendeinen Protestsong. Ich glaube, es ist Punk-Rock. Ich bin in der Mitte, zwischen Rick auf der einen Seite und Tru auf der anderen. Lyle und Gina liegen ausgestreckt daneben. Ihre Füße hängen über den Rand. Lyle sieht uns an und sagt etwas wie: »Unsere Musterschüler sind total stoned.« Ich lache überraschend heftig. Tru nennt Lyle »Eierkopf«, und wir alle lachen. Gina fragt mich, ob ich kitzelig bin, und ich lüge und sage nein. Sie kitzelt meinen Fuß, aber es kitzelt gar nicht. Also habe ich wahrscheinlich doch nicht gelogen. Rick erklärt den dritten Joint für »tot« und schnippt den Stummel über Gina und Lyle hinweg auf den Fußboden. Ich versuche, die Flugbahn zu verfolgen, habe ihn aber schon aus den Augen verloren. Er ist weg. Vielleicht war es der vierte Joint. Lyle sagt, er müsse mal pinkeln, und steht auf. Rick sagt ihm, er solle mehr Bier holen. Ich weiß nicht, ob Lyle darauf geantwortet hat. Schon möglich, aber wenn ja, habe ich es nicht gehört. Gina sieht mich wieder an. Ihre Augen sind wirklich rund. Ihr Körper ist unglaublich. Ich stelle fest, daß ich eine Erektion habe, aber es ist mir nicht peinlich. Ich lache. Gina lacht ebenfalls, und ihr weißes T-Shirt rutscht ein wenig hoch. Ich kann beinahe ihren Bauchnabel sehen. Ich möchte ihn ganz sehen, aber Gina steht auf und geht rüber zur Stereoanlage. Dort steht ein Bier. Das wußte ich nicht. Ich beobachte, wie ihr Hintern sich in der kurzen Jeans bewegt, und ich glaube, sie weiß, daß ich ihr nachschaue. Wir tun es alle. Tru lehnt sich zu mir herüber und flüstert: »Wir sollten zusehen, daß wir Lyle loswerden«, was bei mir ein Lachen auslöst. Tru sagt: »Sie will dich, Jonathan.« Ich nehme an, er meint Gina. Ich sage: »Tru, das stimmt.« Ich zeige auf ihn. »Dich nicht.« Ich lache, und Tru lacht. Ich glaube, er lacht mich aus. Rick fragt Tru: »Was ist dein Hauptfach?« und lacht. Ich bin mir ziemlich sicher, daß Rick nicht aufs College geht. Tru antwortet: »Englisch.« Ich sage: »Du hast noch kein Englisch gelernt?«, und alle lachen. Also mache ich weiter. Ich sage: »Was sprichst du denn jetzt? Russisch?« Rick sagt: »Deutsch?« Dann sagt Rick: »Wie geht's denn so, Adolf?« Gina lacht so heftig, daß Bier aus ihrem Mund rinnt. Sie steht immer noch neben dem Bett und drückt eine Hand auf ihren Mund, aber ein wenig Bier ergießt sich auf ihr Unterhemd. Rick zündet den nächsten Joint an. Ich lache ziemlich laut, aber ich schaffe es trotzdem, einen Zug von dem Joint zu nehmen. Es ist einfach. Einsaugen und schlucken, als wäre gar kein Rauch da. Dann eine Weile dasitzen und schließlich ausatmen. Ich tue es und nicke dabei Gina zu, denn sie war es, die mir gezeigt hat, wie es gemacht wird. Aber als mein Kopf wieder hochkommt, ist er völlig benebelt, und ich kann Gina nicht sehr gut erkennen.

Wie spät ist es? Gina sitzt neben mir. Ein Bein hat sie untergeschlagen. Nur noch wir beide sind da. Ich frage: »Wo sind die anderen hingegangen?« Sie lacht irgendwie sanft. Sie sagt: »Sie sind was holen.« – »Was holen?« frage ich. Sie lacht wieder und gibt mir einen Klaps. Sie sagt: »Sie versuchen, Stoff zu besorgen.« Ich sage: Oh.« Sie sagt: »Wie heißt du mit vollem Namen?« Ich sage: »Jon Soliday.« Sie sagt: »Nett, dich kennenzulernen, Jon Soliday. Ich bin Gina Mason.« Ich sage: »Erzähl mir von dir.« Sie zuckt die Achseln, und der Saum ihres T-Shirts rutscht hoch. Sie sagt: »Ich bin Kellnerin. Und wohne bei meinem kleinen Bruder und meiner Mom.« Ich sage: »Was macht deine Mom?« Sie sagt: »Sie trinkt.« Ich lache, aber Gina lacht nicht. Sie sagt: »Sie ist Serviererin, so wie ich. Sie arbeitet immer nachts. Am Tag trinkt sie.« Ich sage: »Wie alt ist dein Bruder?« Sie sagt: »Acht.« Ich sage: »Ist er allein zu Hause?« Sie sagt: »Nein, er hat einen Babysitter, bis ich heimkomme.« Ich sage: »Du gehst doch noch nicht, oder?« Sie sagt: »Nein, das Mädchen bleibt die ganze Nacht, wenn es bei mir spät wird.« Ich sage: »Oh«, weil mir nichts Besseres einfällt. Sie sagt: »Warum, willst du, daß ich gehe?« Ich sage: »Nein, ich möchte, daß du bleibst.« Sie lächelt. Dann sagt sie: »Erzähl mir von dir.« Ich sage: »Da gibt's nichts zu erzählen. Im Herbst gehe ich zur staatlichen Universität.« Sie sagt: »Was ist dein Hauptfach?« Ich verrate es ihr: »Polit-Wissenschaft.« Sie sagt: »Was ist das?« Ich sage: »Woher soll ich das wissen?« Wir lachen beide. Dann sage ich: »Es beschäftigt sich mit Politik.« Und sie fragt: »Wirst du Politiker?« Und ich antworte: »Klar, warum nicht?« Sie rutscht ein wenig näher zu mir. Warum, zum Teufel, kann

ich nicht Politiker oder ein hohes Tier werden? Tru ist nicht
der einzige, der clever ist. Ich kann das auch schaffen. Gina
sagt: »Ich würde dir meine Stimme geben.« Sie legt eine
Hand auf meinen Fuß. Mein Mund ist wirklich trocken. Ich
versuche zu schlucken, aber da ist kein Speichel. Ich sage:
»Ich würde dich auch wählen.« Sie verzieht das Gesicht. Sie
sagt: »Um was sollte ausgerechnet *ich* mich bewerben?« Ich
sage: »Du könntest dich für alles bewerben, was du willst. Es
ist ein freies Land.« Sie sagt: »Ja, ja«, und sie nimmt einen Zug
von dem Joint. »Lyle ist also dein Freund, hm?« frage ich. Sie
mustert mich. Rauch dringt aus ihrem Mund. Sie formt mit
den Lippen ein perfektes »O« und bläst den Rauch aus.
Nachdem der Rauch sich verzogen hat, fragte sie mich:
»Warum?« Ich sage: »Ich weiß es nicht. Wenn er es nicht ist,
würde ich dich vielleicht mal ausführen.« Sie lächelt und sagt:
»Es ist ein freies Land.« Sie fixiert mich noch einige Sekunden
lang. Dann springt sie vom Bett und geht zur Stereoanlage.
Sie sagt: »Ich hasse diese Musik.« Sie nimmt die Schallplatte
vom Plattenspieler. Ich denke daran, aufzustehen, aber ich
kann es nicht, jedenfalls nicht so einfach. Dann kommen die
drei Typen wieder zurück ins Zimmer. Lyle, Rick und Truman. Lyle gibt mir ein Bier, und ich nehme einen tiefen
Schluck, denn meine Kehle ist ausgedörrt und brennt. Lyle
redet mit Gina. Politikwissenschaft ist für den Anfang ein
gutes Hauptfach, hat mein Dad gesagt. Er sagte, Geisteswis-
senschaften sind eine solide Basis. Vielleicht war er nur nett,
weil ich auf der Uni nicht den wirtschaftswissenschaftlichen
Zweig gewählt habe, sondern den geisteswissenschaftlichen.
Politikwissenschaft scheint dabei so gut wie alles andere zu
sein. Tru sagt: »Der Schneemann kommt.« Ich lache grundlos. Rick legt einen Taschenspiegel auf den Fußboden, und
dann verstehe ich. Deshalb wollte Tru den weiten Weg hier-
herkommen, um Koks zu schnupfen. Rick ist sein Lieferant.
Er möchte es nicht in der Stadt machen, wo es Gerede geben
könnte. Dann setzen Tru und Rick und Lyle und Gina sich
auf den Fußboden um den Spiegel. Rick sagt: »Komm schon,

Jonny.« Tru sagt: »Nur, wenn er will.« Dann sagt er zu mir: »Du mußt nicht, Jon.« Ich blicke zu Gina. Sie klopft neben sich auf den Fußboden. Also stehe ich auf und setze mich neben sie. Sie blickt zu ihrem Freund Lyle, der damit beschäftigt ist, das Kokain aus einem kleinen Tütchen auszuschütten. Gina legt für eine Sekunde eine Hand auf meinen Oberschenkel. Es scheint, als streichelt sie mich. Doch dann zieht sie die Hand weg, gerade als Lyle sich umdreht.

Wie spät ist es? Lyle sagt: »Alles bereit.« Es ist die zweite Runde. Lyle fragt, ob noch etwas da ist. Tru sagt: »Das ist alles, Mann.« Ich bin jetzt viel wacher. Es ist unheimlich, gespenstisch. Ich bin völlig weggetreten, aber hellwach. Tru ist auf dem Bett und redet mit Lyle. Sie flüstern. Ich kann nicht verstehen, was sie sagen. Gina ist vor einer Minute weggegangen. Oder ich denke nur, es war vor einer Minute, es könnte auch vor einer halben Stunde gewesen sein. Sie lächelte mich an, als sie rausging. Ich stehe jetzt. Rick stützt Tru und hilft ihm, den Raum zu verlassen. Lyle ist schon draußen und geht vor uns die Treppe runter. Rick sagt: »Die Nacht ist jung, Jonathan«, und er packt meine Schulter und schüttelt sie. Mir ist eigentlich egal, was wir tun, denn ich bin hellwach. Es ist unheimlich, weil ich hellwach, aber verwirrt bin. Ich hoffe, Gina ist dabei. Wir gehen jetzt die Treppe hinunter. Ich muß mich am Geländer festhalten. Die Stufen schwanken vor mir, taumeln durch mein Gesichtsfeld. Meine Beine fühlen sich an, als gehörten sie gar nicht zu meinem Körper. Als ich unten ankomme, ist Gina nicht da. Es sind überhaupt nicht mehr viele Leute da. Zehn vielleicht. Oder zwanzig. Ich weiß es nicht. Der Fußboden ist klebrig und riecht nach Alkohol. Das Ganze erinnert mich an den Abend, den Tru und ich im Verbindungshaus seines Bruders im College verbracht haben, ehe sein Bruder starb. Der Raum ist nicht vollständig erleuchtet, es herrscht gedämpftes Licht. Ich drehe mich um und drehe mich weiter, bis ich eine volle Drehung ausgeführt habe. Rick legt mir eine Hand auf den Rücken und lacht. Tru sagt: »Los, gehen wir.«

Wir gehen zum Wagen. Wir trennen uns. Tru steuert auf einen anderen Wagen zu. Er wird aufgehalten. Ich rufe ihm zu, was ist los, Tru? Er sagt, er gehe nach Hause, um ein wenig Spaß zu haben. Ich sage, er soll mitkommen, aber er winkt nur ab. Jemand packt von hinten mein Hemd, und ich stürze beinahe hin, schaffe aber, das Gleichgewicht zu halten, und ich steige in einen Wagen. Er ist nicht der von Tru.

Wo, zum Teufel, sind wir? Ich steige aus dem Wagen und gehe über den Rasen. Aber es ist nicht mein Haus. »Nein, Jonny, geh herum. Verdammt noch mal, was habe ich dir gesagt?« Es ist richtig. Ich sollte zum Fenster an der Seite gehen. Ich klopfe ans Fenster, als ob es die Haustür wäre. Ich gehe wieder weg, und dann laufe ich im Kreis und stolpere zurück zum Fenster und schaue hinein. Es ist Gina. Sie schläft in ihrem Bett. Ich klopfe wieder ans Fenster, und ihr Kopf kommt vom Kissen hoch, und sie schaut zu mir heraus. Ich winke ihr. Sie sieht mich eine Weile an, dann kommt sie zum Fenster. Sie schiebt es hoch und sagt: »Jon?« Ich sage: »Ja.« Sie hilft mir, ins Zimmer zu klettern. Es ist nicht so einfach, beinahe falle ich wieder zurück in ihren Garten, dann stürze ich beinahe kopfüber auf den Fußboden in ihrem Schlafzimmer. Es ist dunkel, aber immer noch hell genug, um dieses Gesicht zu erkennen. Sie sagt: »Du weißt aber, was man tun muß, damit eine Frau fühlt, daß sie begehrt wird.« Ich versuche, etwas zu ihr zu sagen, ihr zu erklären, daß ich sie ganz heftig will, aber ich finde nicht die richtigen Worte, daher strecke ich die Hand aus, streichle ihr Gesicht, wühle in ihren Haaren, und dann zeige ich es ihr.

15

Der Sonnenschein kann dein schlimmster Feind sein, wenn du auf einem Dach arbeitest und es mit Teer einschmierst. Gegen Mittag habe ich einen halben Arbeitstag hinter mir, der um fünf Uhr anfing. Die Sonne steht im Zenit und schüttet Hitze auf einen geschundenen Körper.

Ich habe den gestrigen Tag nach dem Besäufnis in Summit County im Bett verbracht. Der größte Teil dieser Nacht liegt in dichtem Nebel. Den ganzen Sonntag über habe ich gekotzt und erfolglos versucht, meine Eltern zu überzeugen, daß ich am Abend vorher nicht abgestürzt bin. Herrgott im Himmel, ich kann mich noch nicht mal daran erinnern, wie wir nach Hause gekommen sind. Ganz und gar nicht. Das letzte, woran ich mich lebhaft erinnere, ist, daß ich durch Gina Masons Fenster nach draußen geklettert bin, nachdem ich mehr als nur ein paar Minuten bei ihr war, und in den Wagen gefallen bin. Am Morgen bin ich dann mit Ginas Parfüm auf dem Hemd aufgewacht, in dem ich geschlafen hatte. So herrlich dieser Geruch auch war, er wurde überdeckt durch den Tabak- und Alkoholgestank, der in meinen Kleidern hing. So schwer es mir auch fiel, ich zog mich sofort aus und ging unter die Dusche. Das Wasser war wie Säure auf meiner Haut, vor allem am Knie, das einen häßlichen Kratzer aufwies, Herkunft unbekannt.

Mittagspause. Ich brauche dringend Flüssigkeit. Das erste Mal, daß ich mehr als vierundzwanzig Stunden brauche, um mich von einer Party zu erholen. Ich steige auf der Leiter nach unten und finde dort zwei Männer vor. Einer von ihnen kommt aus der Grundschule, in der ich arbeite. Der andere steht da und wartet auf mich. Sie tragen Polizeiuniformen, braune, nicht die blauen der örtlichen Cops.

»Jonathan Soliday?« Der größere der beiden Männer spricht. Er platzt beinahe aus seiner Uniform, mächtiger Bizeps, Arme auf dem Gürtel, verspiegelte Sonnenbrille. Der andere Typ ist schwarz, kleiner, Ansatz zu einem Bauch, die Arme vor der Brust verschränkt.

»Ja«, sage ich. Ich blicke zum Wagen auf dem Parkplatz. Eine weiße Limousine mit einer Aufschrift in goldenen Lettern.

»Wir kommen vom Büro des Sheriffs, Mr. Soliday«, sagt er. »Einige Leute in Summit County wollen sich mit Ihnen unterhalten.«

»Über was?« Ich blinzle im grellen Sonnenlicht und spiele den Ahnungslosen.

»Wie alt sind Sie, Junge?«

»Siebzehn.«

Der Polizist verzieht das Gesicht. Er ist enttäuscht. Er wackelt mit dem Finger. »Drehen Sie sich um. Wir nehmen Sie in Gewahrsam. Und wir bringen Sie nach Summit County.«

»Warum?« frage ich und rühre mich nicht. »Wie lautet die Anklage?«

»Drehen Sie sich jetzt um, Mr. Soliday, und strecken Sie die Hände nach hinten.«

Ich gehorche. Der Polizist packt meine Hand und legt mir Handschellen an. »Die Anklage lautet auf Mord«, sagt er.

16

»Mi-ster Soliday.« Tru singt die Worte durchs Telefon.

»Grant ...«

»Ich weiß nicht, wie du es geschafft hast, mein Bruder ...«

»Hör zu.«

»... aber ich hoffe, es hat sich gelohnt.«

»Grant, halt den Mund und hör mir zu. Hör einfach zu. Ich wurde verhaftet.«

»Was?«

»Hör zu ...« Ich senke die Stimme um eine Oktave. Ich benutze den Münzfernsprecher in einer Arrestzelle im Sheriff's Department des County. »Gina Mason – die Kleine?«

Zuerst Stille. Grant kann die Verbindung zwischen der Polizei und Gina nicht gefallen. »Das Mädchen von der Party«, sagt er vorsichtig.

»Richtig. Sie ist gestorben. Sie ist tot.«

»Sie ist tot, und sie meinen, *du* hättest etwas damit zu tun ...«

»Sie glauben, ich hätte sie *getötet*.«

Kurzes Gelächter von Grant. Dann eine Pause. »Verarschst du mich?«

»Nein, ich schwöre dir …«

»Wo bist du, Jon?«

»Ich bin im Büro des Sheriffs, Grant. Sie schicken mich zum Verhör nach Summit County.«

»Heilige Scheiße.« Tru atmet zischend aus. »Das ist wohl alles sehr ernst, nicht wahr?«

»Und wie ernst das ist.«

»Hast du es in der Nacht bis zu Gina geschafft?«

»Ja. Ich war dort. Ich ging …«

»Warte, Jon. Sag nichts mehr. Warte. Warte nur einen kurzen Moment, okay? Laß mich nachdenken.«

Ich drehe mich um und sehe einen der Beamten an, der wahrscheinlich genau zuhört, was ich sage.

»Okay. Wir machen folgendes. Wir besorgen dir einen Anwalt. Sofort. Einen Anwalt.«

»Aber ich kenne keinen …«

»Verdammt, Jon, halt für eine Sekunde den Mund. Mein Dad kennt Hunderte. Wir schicken sofort einen zu dir runter.«

Ich stöhne. »Meine Eltern überleben das nicht.«

»Deine Eltern brauchen nicht mit reingezogen zu werden. Wenn du einen Anwalt hast, brauchst du deine Eltern nicht.«

»Bist du ganz sicher?«

»Im Augenblick bin ich mir über gar nichts sicher, Jon. Wir sorgen dafür, daß sofort ein Anwalt zu dir runter kommt.«

17

Ich sitze zwei Stunden lang so ruhig und gelassen wie möglich da und warte auf den Anwalt, den die Tullys schicken. Ich bemühe mich, das Puzzle zusammenzusetzen, die Erinnerungsfetzen von vor zwei Tagen.

Du solltest wahrscheinlich nicht hier sein, sagte Gina.

Willst du, daß ich wieder gehe?

Du kannst eine Weile hierbleiben.

Was wird dein Freund denken?

Er ist nicht mein fester Freund. Und ich bin nicht sein Eigentum.

Der Rest sind nur noch Bruchstücke. Unsere Kleider weg, zuerst auf dem Bett, dann ein Sturz auf den Fußboden. Die Zeit ist, war nicht dechiffrierbar, aber ich glaubte, in meinem Rauschzustand ziemlich lange durchzuhalten. Es war nicht so wie bei anderen Gelegenheiten, unbeholfen und unsicher. Das war Vollgas, leidenschaftlich, in die Haare packen, Fingernägel auf dem Rücken. Als ich fertig war, fiel ich auf ihr zusammen. Ich glaube, wir schliefen dort auf dem Fußboden ein. Das ist das letzte, woran ich mich erinnere, abgesehen von dem Sturz durchs Fenster irgendwann und auf die Wiese vor ihrem Schlafzimmer.

Aber sie schlief nicht. Sie war tot.

Ich erschauere bei dem Gedanken, aber nur so sehr, wie ich es tun würde, wenn ich in einem Film eine besonders groteske Szene sähe. Ich bin betäubt. Ich wußte nicht, daß sie tot war. Ich empfinde keinerlei Verbindung dazu. Das hält die Tränen nicht auf – hat sie während der ganzen letzten Stunde nicht aufgehalten. Aber ich denke, die Tränen fließen wegen mir, nicht wegen Gina.

Schritte. Ein Beamter nähert sich meiner Zelle. »Sie kommen raus«, sagt er, und es klingt aus seinem Mund nicht gerade wie eine freudige Nachricht.

Mein Mund klappt auf, aber ich schweige, während der Cop die Tür aufschließt und mich in einen anderen Raum führt. Dort steht ein Mann.

»Jon Soliday?« fragt er. »Jeremiah Erwin. Ich bin Ihr Anwalt.« Mr. Erwin ist ein hochgewachsener, ernster Mann mit faltigem Gesicht und graumeliertem Haar. Er trägt einen schwarzen Nadelstreifenanzug, ein weißes Oberhemd, eine hellrote Krawatte.

Ich schüttle seine Hand. »Haben die Tullys Sie benachrichtigt?«

»Das haben sie. Ich bringe Sie nach Hause.«

Ich mache einen Schritt zurück, für einen kurzen Moment benommen vor Freude und Erleichterung. »Ich bin frei? Ich dachte, ich wäre verhaftet.«

Mr. Erwin schüttelt den Kopf. »Nein, man hat Sie nur in Gewahrsam genommen, um sie nach Summit County zu überstellen. Niemand erhebt im Augenblick Anklage gegen Sie. Sie sollten nur verhört werden.«

»Also muß ich dorthin?«

»Lassen Sie uns erst mal von hier verschwinden.« Mr. Erwin legt eine Hand auf meinen Rücken und geleitet mich aus dem Revier. Ich drehe mich zu den Beamten um, die mich abgeholt haben, aber niemand interessiert sich mehr für mich.

»Ich habe mit den hiesigen Behörden gesprochen«, sagt er, während wir hinausgehen, wo mir die Sonne ins Gesicht scheint. »Ich habe sie davon in Kenntnis gesetzt, daß wir heute keine Aussage machen werden. Wir werden uns natürlich mit einem späteren Termin einverstanden erklären.«

»Was sagen sie überhaupt?« frage ich.

Mr. Erwin sieht mich nicht an, sondern blickt stur geradeaus. »Eine junge Frau namens Gina Mason wurde tot in ihrer Wohnung aufgefunden. Sie sagen, Sie wären in der Nacht, bevor sie aufgefunden wurde, bei ihr gewesen. Sie glauben, Sie hätten sie vergewaltigt und anschließend getötet.« Er dreht sich zu mir um. »Daß sie das behaupten, heißt noch lange nicht, daß es auch den Tatsachen entspricht.«

Ich kämpfe gegen ein Gefühl der Übelkeit an und versuche, mich an alles in dieser Nacht zu erinnern. Das letzte Stück zum Wagen legen wir schweigend zurück. Mr. Erwin fährt einen Chevrolet, ein Luxusmodell, und die Ledersitze sind eine angenehme Abwechslung nach dem harten Beton der Arrestzelle.

»Wohin fahren wir?« frage ich, sobald wir auf der Straße unterwegs sind.

»Zu den Tullys. Wir müssen uns unterhalten.« Er sieht

115

mich von der Seite an. »Sie und Grant müssen ebenfalls miteinander reden.«

Grant wartet zu Hause auf mich, auf der Schwelle der Haustür. Er ist formeller gekleidet als sonst. Es ist sein Sonntagsstaat – ein cremefarbenes gestärktes Oberhemd mit offenem Kragen, eine schicke Hose. Seine Augen sind stark gerötet, sein Haar ist zerzaust, und auch sein Gesicht ist von Tränen gezeichnet. Er tritt aus dem Haus und begrüßt mich mit einem Arm um meine Schultern und zitternder Unterlippe. Ich unterdrücke einen übertriebenen Gefühlsausbruch und mache ein ernstes Gesicht.

Die Tully-Residenz ist nicht unbedingt das, was man sich unter dem Haus einer mächtigen Familie wie der von Senator Simon Tully vorstellen würde. Es ist ein unauffälliges zweistöckiges Gebäude, umgeben von einem halben Morgen Rasenfläche und einem schlichten Vorgarten mit Sträuchern, die in mit Holzhäcksel abgedeckten Beeten gedeihen. Das verrät eine Menge über die Familie Tully oder zumindest über den Senator. Er ist weder auffällig noch laut, eher sogar ein ziemlich leiser Mensch, sehr ernst, einer, der freundschaftliche Loyalität in den Rang familiärer Liebe erhebt.

Ich gehe mit Grant ins Haus, sehe aber weder den Senator noch Grants Mutter. »Ich bin hier«, sagt Jeremiah Erwin zu Grant und deutet mit einem Kopfnicken auf das Arbeitszimmer unweit der Haustür.

Grant klopft mir auf den Rücken. »Lassen wir uns einen Augenblick Zeit und reden über die Sache«, meint er.

Das Wohnzimmer ist leer. Ich setze mich auf die Couch. Grant holt sich ein Glas Sodawasser und nimmt neben mir Platz.

Grant räuspert sich und hält den Kopf gesenkt. Er reibt sich die Hände. »Mr. Erwin möchte deine Geschichte hören«, sagt er. »Daher müssen wir sie durchgehen.«

»Ich *habe* gar keine Geschichte«, sage ich. »Es gibt nicht viel zu erzählen, wenn die Erinnerung ein riesiges schwarzes Loch ist.«

Grant seufzt. Er setzt mehrmals an, legt schließlich die Hände auf seine Oberschenkel. »Dann erzähl mir, woran du dich erinnerst, Jon.«

Ich schließe die Augen. »Wir sind hingefahren. Mit einem dieser Typen. Lyle oder Rick.«

»Lyle«, sagt Grant. »Er muß es gewesen sein, denn Rick hat mich nach Hause gebracht.«

»Okay, dann war es Lyle. Ich ging in ihr Haus. Genaugenommen durchs Fenster.«

»Sie hat dich reingelassen?«

»Ja. Und wir haben – du weißt schon.« Ich beschreibe mit einem Finger einen Kreis in der Luft.

Grant verzieht das Gesicht. »Ja? Mit allem drum und dran?«

»Nun – ja.«

Grant greift sich ein Kissen von der Couch, als wollte er es wegschleudern.

»Ich habe Spuren hinterlassen«, sage ich. »Wenn es das ist, was dich stört.«

»Sie werden also beweisen können, daß du es warst.« Er legt das Kissen auf die Couch zurück.

»Nun, das mit dem Sex, das war ich.«

»Wo war Lyle?«

»Im Wagen«, antworte ich. Das scheint Grant zu verwirren. »Ich meine, ich nehme an, daß er im Wagen war. Aber wenn ich richtig darüber nachdenke, warum hat mich Lyle dort abgesetzt, damit ich Sex mit seiner Freundin haben kann?«

Grant quittiert diesen Widerspruch mit einem Kopfnicken. »Ich glaube, ›Freundin‹ ist ein wenig zuviel gesagt. Wie dem auch sei, es ist meine Schuld, Jon. Ich habe … dieses Zeug in dieser Nacht gekauft … und Lyle war mir etwas schuldig. Ich fragte ihn, was mit Gina wäre, und sie schien ihm nicht so wichtig zu sein, deshalb fragte ich ihn, ob es okay wäre, wenn du irgendwann mal mit ihr zusammenkämest.« Er lächelte entschuldigend. »Ich meinte nicht, in *dieser* Nacht.«

»Also hat Lyle mich zu Ginas Haus gefahren, um sich für das Kokain zu revanchieren. Mein Gott.«

»Was war dann, Jon? Nachdem ihr beide es getrieben habt?«

»Keine Ahnung. Wir waren fertig, ich lag auf ihr. Ich glaube, ich schlief ein. Dann bin ich aufgewacht und habe das Weite gesucht, glaube ich.«

»Aber du erinnerst dich nicht.«

»Nein«, gebe ich zu.

»Was war mit ihr? Gina?«

»Ich weiß es nicht. Wirklich nicht!« Ich beiße mir auf die Unterlippe. »Ich … weißt du, als ich abhaute, war sie weggetreten. Sie schlief. Ich habe sie nicht aufgeweckt. Ich bin einfach verschwunden.«

Mir kommen wieder die Tränen, ein ersticktes Schluchzen kommt aus meinem Mund. Und auch diesmal kann ich die Ursache nicht ergründen. Habe ich Angst, oder ist es Trauer, Bedauern?

Grant studiert mich. Mein Zusammenbruch macht ihm Mut. »Okay.« Seine Stimme klingt überraschend fest. »Was hast du zu Lyle gesagt?«

»Ich habe keine Ahnung, Grant. Ich kann mich kaum daran erinnern, durch ihr Fenster geklettert zu sein. Ich vermute, Lyle hat mir wohl geholfen.«

»Lyle«, murmelt Grant vor sich hin. »Lyle, Lyle, Lyle.« Er wischt sich mit der Hand übers Gesicht. »Ich möchte wissen, was *er* zu alledem sagt.«

Ich frage Grant, ob Lyle verhaftet oder verhört wurde. Er zuckt mit den Achseln. Er kann zu diesem Zeitpunkt eigentlich nicht mehr wissen als ich. »Aber wir müssen in Erfahrung bringen, was Lyle sagt«, fügt er hinzu.

»Schön.« Ich bewege den Kopf hin und her. Meine Schultern sind völlig verkrampft. »Ich nehme nicht an, daß wir ihn einfach anrufen können.«

»*Du* kannst es nicht, Jon. Du mußt den Mund halten.«

Damit hat Grant recht. Ich bin wahrscheinlich der letzte,

der sich mit diesem Kerl in Verbindung setzen sollte. Aber Grant sollte es auch nicht tun. Außerdem ist es ja nicht so, als würden wir diesen Typen besonders gut kennen.

»Ein Kerl wie Lyle«, sagt Grant, »würde wahrscheinlich alles erzählen, um völlig sauber dazustehen.«

»Ich weiß es nicht.« Ich lasse den Kopf hängen. »Ich weiß nicht, was ich tun soll.«

Ich spüre eine Hand auf meiner Schulter. »Ich werde mich um Lyle kümmern«, sagt Grant. »Du mußt jetzt über ganz andere Dinge nachdenken. Oder ich sollte lieber sagen, du mußt dich erinnern.«

»Was soll das heißen?«

Grant schlägt ein Bein unter und richtet sich auf der Couch auf. Er faltet die Hände wie zum Gebet. »Das heißt, Jon, daß du der Polizei nicht erzählen kannst, daß du dich an nichts erinnerst. Wenn die Cops behaupten, du hättest sie vergewaltigt und getötet, dann kannst du nicht erwidern: ›Wir hatten Sex, aber ich erinnere mich nicht an die Einzelheiten.‹ Und du kannst nicht sagen: ›Ich weiß nicht, ob sie noch lebte oder schon tot war, als ich sie verließ.‹« Grant greift nach meinem Arm. »Du mußt sagen, ihr hättet Sex gehabt, aber mit ihrem Einverständnis. Und daß sie zweifelsfrei noch lebte, als du sie verlassen hast.«

»Herrgott im Himmel.« Selbst wenn die Worte für mich sprechen, schlagen sie mir heftig auf den Magen. Ich habe plötzlich das Gefühl, als rückten die Wände des Zimmers auf mich zu, um mich zu erdrücken. Ich schaue mich gehetzt um. »Habe ich sie zu etwas gezwungen? Habe ich … habe ich sie vergewaltigt …«

»Nein.« Grants Stimme ist ruhig, aber fest. »Das würdest du nie tun, ob betrunken oder nicht. Dieses Girl hatte eine Menge für dich übrig. Sie hat dich reingelassen, nicht wahr?«

»Ja. Daran erinnere ich mich genau.«

»Na schön.« Er winkt ab. »Du hast sie niemals vergewaltigt.«

»Wie ist sie dann gestorben?«

119

Er zuckt mit den Achseln. »Das wissen wir nicht. Haben die Cops irgend etwas in dieser Richtung zu dir gesagt?«

»Nee.«

»Dann müssen wir versuchen, auch das in Erfahrung zu bringen.«

»Sie …« Mein Blick wandert zur Decke. »Sie sagen, ich hätte ihr Gewalt angetan, sie hätte sich gewehrt und ich hätte sie getötet. So muß in etwa ihr Vorwurf lauten.«

»Ehe sie so etwas behaupten, muß noch eine Menge passieren«, sagt Grant. »Zuerst einmal müssen sie eine Autopsie vornehmen, stimmt's? Dann müssen sie einen Zeugen beibringen.«

»Lyle«, murmele ich.

»Ich kümmere mich um Lyle.« Grant atmet langsam aus. »Und mit der Autopsie wird uns schon etwas einfallen.«

»Was heißt das?« frage ich. »Wie wollen wir …« Ich erstarre. Grant antwortet nicht und sieht mich nicht an. Ich begreife plötzlich, daß er es mir niemals vollständig erklären wird.

»Dein Dad«, sage ich.

Grant nickt ernst.

»Kennt dein Dad irgendwelche Leute da draußen? In Summit County?«

»Mein Dad kennt *jeden*.« Grant spricht es nicht mit einem Ausdruck von Zuneigung aus.

»Davon habe ich keine Ahnung.« Ich seufze. »Ich will nicht in ein Jugendgefängnis oder in so etwas gesteckt werden, aber warum erzähle ich nicht einfach, was passiert ist, und warte ab, was kommt? Ich erkläre ihnen, daß ich mich niemals mit Gewalt an Gina herangemacht haben konnte. Ich mochte sie. Und es ist einfach undenkbar, daß ich sie getötet haben soll.«

Grants Blick ist so kalt, daß er damit die Sonne einfrieren könnte. Sein Gesicht rötet sich. Er befeuchtet die Lippen, ehe er anfängt. »Zuerst einmal«, sagt er langsam, wobei seine Stimme deutlich zittert, »werden sie dich behandeln wie einen Erwachsenen, wenn es ein Mord war. Du könntest für wer weiß wie viele Jahre ins Zuchthaus wandern. Zweitens, mein Freund, wenn du ihnen erklärst, du würdest dich an nichts mehr erinnern, kannst du auch nicht die Möglichkeit ausschließen, daß du sie vergewaltigt und getötet hast. Ihnen zu beteuern, ›es würde nicht zu mir passen‹ … das ist keine Verteidigung. Vor allem, wenn du betrunkener warst, als ich dich je erlebt habe.«

Er schlägt sich kraftvoll auf die Brust. Tiefes Bedauern, keine Wut, liegt in seinen Augen. »Das ist meine Schuld, Jon.« Sein Gesicht verzerrt sich, und weitere Tränen fließen. Aber er fährt trotzdem fort. »Ich habe dich mit diesen Leuten zusammengebracht. Ich habe dich dazu verleitet, Drogen zu nehmen, die du noch nie genommen hast. Und dann habe ich dich im Stich gelassen. Es ist meine Schuld, und ich werde das wieder in Ordnung bringen. Ich lasse nicht zu, daß dir irgend etwas zustößt. Ich werde nicht auch dich noch verlieren …« Er schluckt. »Das werde ich niemals zulassen.«

Grant spricht von seinem älteren Bruder, Clayton Tully. Clay war vor drei Jahren bei einem Frontalzusammenstoß ums Leben gekommen. Er stand damals mitten im Studium an einer Ivy-League-Universität, ein intelligenter, anständiger, ehrgeiziger Zwanzigjähriger mit geradezu klassisch gutem Aussehen. Grant hat ihn regelrecht vergöttert. In vielerlei Hinsicht hat Clay seinen Bruder Grant überstrahlt. Viel bessere Zensuren, ein besserer Sportler und politisch um einiges aktiver.

Clay hat viel für seinen kleinen Bruder getan, indem er ihm Ratschläge gegeben und ihn zu vielem ermuntert hatte. Aber es war mehr als das gewesen. Clay hatte Grant vor den Erwartungen seines Vaters abgeschirmt. Grant hatte mir einmal erzählt, sein Vater hätte geplant, seinen Senatorensitz an Clay weiterzugeben, wenn der richtige Zeitpunkt kommen würde. Clay hatte sich das gewünscht. Grant dagegen nicht. Er war eher ein freier Geist, ein Rebell, jemand, der die

Segnungen des goldenen Weges, der ihm offensteht, in Anspruch nimmt, aber nicht bereit ist, sich dafür erkenntlich zu zeigen. Ich weiß nicht, was Grant für seine Zukunft geplant hatte, aber vor ein paar Jahren hatte ich ihn für jemanden gehalten, der, realistisch betrachtet, nicht mehr war als der Bruder des zukünftigen Senators Clayton Tully und der Sohn des ehemaligen Senators Simon Tully. Das würde wahrscheinlich zu einem angenehmen Leben reichen. Grant würde sich durch die Schule schwindeln, ein Jurastudium absolvieren, in eine angesehene Anwaltskanzlei eintreten und eine Menge Mandanten haben, die sich nichts anderes wünschten, als sich mit Clayton gut zu stellen. Er würde ein leichtes Leben haben.

Aber seit Clay gestorben ist, scheint Grant an die Stelle seines Bruders aufgestiegen zu sein. Sein Vater hat es ihm gegenüber niemals ausgesprochen, aber Grant glaubt, daß sein Vater sich jetzt wünscht, daß *er* ihm in den Senat nachfolgt. Und Grant hat sich niemals dazu geäußert, aber ich weiß, daß es ihm Angst macht. Er hat bei diesem Verkehrsunfall mehr als nur seinen Bruder verloren. Er hat das Leben verloren, das er sich wünschte.

Ich erinnere mich an das Jahr, nachdem Clay gestorben war. Grant trieb sich noch intensiver auf Partys herum und begann zum ersten Mal, Kokain zu konsumieren. Er leugnete es mir gegenüber, seinem anständigen, sauberen Freund, aber er schien kurz davor, süchtig zu werden. Seine Zensuren rutschten in den Keller – sie waren ohnehin nie besonders toll gewesen –, und er hörte mit dem Highschool-Baseball auf, obwohl er durchaus Talent bewiesen hatte. Erst im letzten Jahr schaffte Grant eine totale Kehrtwendung. Ich glaube, der Gedanke, von zu Hause wegzugehen, um das College zu besuchen, hat ihn inspiriert. Es war vermutlich dieses unbewußte Gefühl, daß sein Leben wieder ihm gehört, wenn er weit weg von seinem Vater ist.

Der Ausdruck auf Grants Gesicht in diesem Moment erinnert mich an seine Miene nach Clays Beerdigung. Es war

eine Mischung aus Schmerz und Unglauben und Mutlosig-
keit.

»Aber du mußt auch deinen Teil beitragen«, sagt Grant.
»Du mußt ihnen erklären, daß Gina mit dir Sex haben
wollte, und du mußt ihnen sagen, daß sie sich lächelnd von
dir verabschiedet hat, als du gegangen bist.« Er sammelt sich,
unterdrückt jegliche Emotion und konzentriert sich auf das
augenblickliche Problem. »Alles andere überlaß mir. Ich
kümmere mich darum.«

18

Das Büro des Staatsanwalts von Summit County befindet
sich in einem dreistöckigen, nagelneuen Gebäude, das in
einer Avenue steht, die ansonsten von heruntergekommenen Bauwerken bestimmt wird. Ein Symbol der Gerechtigkeit in einer ärmlichen Gemeinde.

Ich steige das Dutzend Marmorstufen fast Arm in Arm
mit Grant hinauf. Flankiert werden wir auf der einen Seite
von Grants Dad, dem Senator, und auf der anderen von Mr.
Erwin, unserem Anwalt. Der düstere, mit Säulen versehene
Eingang, die großen Flaggen des Staates und der County sowie die gefliesten Flure schüchtern mich erfolgreich ein.

Jetzt sitzen wir im Wartezimmer eines großen Büros. Erwachsene in Arbeitshemden und Krawatten eilen mit Ak-
tenkoffern und Schnellheftern ein und aus. Sie haben mehr
als nur Papiere bei sich. Sie halten die Leben von Menschen
in den Händen. Ich versuche, mich zu beruhigen, indem ich
an meiner Krawatte herumspiele. Grant und ich tragen auf
Anraten von Mr. Erwin ebenfalls Oberhemden und Krawatten und dazu sportliche lange Hosen. Unser Anwalt ist in
vollem Juristenwichs, dunkler Nadelstreifenanzug und hellrote Krawatte. Senator Tully trägt ein Oxfordhemd und
Chinos.

Grant sitzt aufrecht und betont aufmerksam da. Zwischen

ihm und seinem Vater findet keinerlei Kontakt statt. Simon Tully hat die Beine übereinander geschlagen, die Hände liegen entspannt in seinem Schoß. Ich habe keine Ahnung, welche Gespräche über den Vorfall zwischen Vater und Sohn stattgefunden haben. Ich stelle mir vor, daß Senator Tully eine Menge Gedanken durch den Kopf gehen, darunter auch an schlechte Publicity für ihn selbst und für den Sohn, der eines Tages seinen Platz in der staatlichen Legislative einnehmen soll. Ich stelle mir vor, daß nicht sehr viele freundschaftliche Gefühle für mich durch seinen Kopf gehen.

Ein Mann kommt heraus und sieht uns vier an. »Mr. Erwin?« fragt er.

Unser Anwalt steht auf. »Jeremiah Erwin«, stellte er sich vor. »Ich bin der Anwalt von Mr. Tully und Mr. Soliday.«

Der Staatsanwalt ist groß und drahtig, sein dunkles Haar weist graue Strähnen auf, und er hat ein ausgeprägtes Kinn und müde Augen. »Gary Degnan«, nennt er seinen Namen. Er ist vergleichsweise zwanglos gekleidet, ein Baumwollhemd mit losem Schlips und offenem Kragen. Es lockert die Atmosphäre ein wenig auf.

»Mr. Tully zuerst«, bestimmt er.

Grant legt mir kurz eine Hand auf den Arm, ehe er aufsteht. Jeremiah Erwin streckt einen Arm aus und folgt Grant und dem Staatsanwalt aus dem Raum. Grant ist ein Zeuge, denn er war mit mir auf der Party. Er kann ihnen nichts über die Vergewaltigung und den Mord erzählen, aber er weiß, was geschah, ehe wir uns trennten. Das heißt, daß er ihnen schildern kann, daß Gina Mason sich in einem starken Rauschzustand befand und sich mir gegenüber äußerst entgegenkommend verhalten hat.

Nun sind nur noch Senator Tully und ich übrig, und wir blicken starr geradeaus. Seit dem Vorfall haben wir nicht miteinander gesprochen. Sein Schweigen, seine totale Gleichgültigkeit gegenüber meiner Anwesenheit ist eine Geste der Ablehnung, die zu ihm paßt. Er ist nicht der Typ, Schelte zu verteilen. Es ist nicht leicht, seinen Zorn zu erregen, aber wenn es geschieht, drückt dieser Zorn sich nicht in lautem Schimpfen und heftigem Gestikulieren aus, sondern entlädt sich in seinem funkelnden Blick. Selbst wenn er einen Gang zurückschaltet, wenn er nicht mehr im Scheinwerferlicht steht, hält er sich zurück. Er verfügt über einen trockenen Humor, eine beißende Bemerkung mit unbewegter Miene, kaum mal ein Lächeln. Er scheint stets zu kalkulieren und einen Schritt im voraus zu planen. Es ist ein Leben, in dem jeder vor ihm einen Kniefall macht, in dem jeder ihn nur mit »Senator« anspricht. Sogar Grant nennt ihn weitaus öfter »Sir« als »Dad.«

Grant und seinen Vater zusammen zu sehen war schon immer ein wenig seltsam, erst recht, seit Grants großer Bruder bei dem Verkehrsunfall ums Leben kam. Grant ist nicht mehr der aufmüpfige kleine Bruder, der irgendwann vernünftig wird und in die Fußstapfen seines großen Bruders tritt. Er ist jetzt der Thronerbe, und nach einer angemessenen Zeit der Trauer um Clayton begann Senator Tully, Grant stärker zu fordern. Grant beschäftigte sich zunehmend mit Politik, arbeitete bei Wahlkämpfen mit – sei es, daß er Flugblätter in Briefkästen verteilte oder Versammlungen organisierte oder Telefongespräche mit potentiellen Wählern führte. Ganz gleich, welche Funktionen die Leute hatten oder woher sie kamen, Hauptsache, sie waren Demokraten. Jetzt kann Grant die Namen der führenden Polizeibeamten oder des County Commissioners schneller herunterrasseln, als ich die Namen der Spieler unseres Profi-Basketballteams aufzählen kann.

Ich blicke auf die Wanduhr im Wartezimmer und vergleiche die Anzeige mit meiner Armbanduhr. Achtundzwanzig Minuten sind verstrichen, seit Grant hinausgegangen ist.

»Deine Eltern sind gute Leute, Jon.« Ich drehe mich zu Senator Tully um, der sein Schweigen gebrochen hat. Er blickt noch immer geradeaus und hat ein Bein über das andere geschlagen. »Sie haben etwas Besseres verdient als dies.«

»Ja, Sir.« Ich bin gestern zusammengebrochen und habe meinen Eltern die ganze Geschichte gebeichtet. Ich konnte sie nicht weiter anlügen. Ich saß in unserem Wohnzimmer, während meine Eltern mich erwartungsvoll ansahen, nachdem ich ihnen erklärt hatte, daß ich ihnen etwas gestehen müsse. Geplant hatte ich, einiges zu verschweigen, die Geschichte nur auf zuviel Alkoholgenuß zu beschränken. Es ist für Eltern niemals eine große Überraschung, daß ihr Kind mit Alkohol herumexperimentiert. Doch ich erzählte ihnen alles, außer daß ich Grant aus der Kokaingeschichte rausließ. Ich erzählte die Geschichte chronologisch. Und erst als ich in voller Fahrt war, hatte ich den Mut, auch den letzten Rest zu beichten – nämlich, daß ich des Mordes an Gina Mason verdächtigt werde.

Auf solche Dinge gibt es keine angemessene Reaktion. Meine Eltern waren anfangs zornig, bis sie meine Tränen sahen, und dann hörten sie mit verzweifelter Hoffnung zu, während sie sich wahrscheinlich fragten, weshalb ich ihnen dieses Geständnis machte. Mein Vater brach nach dem Finale regelrecht zusammen. Meine Mutter kam zu mir und nahm mich in die Arme. Wir unterhielten uns noch eine Stunde lang, bis mein Vater Grants Vater anrief. Seine Stimme klang zu Beginn deutlich ungehalten und wütend – zweifellos ärgerte er sich maßlos darüber, daß Senator Tully aktiv daran beteiligt war, die ganze Angelegenheit vor meinen Eltern zu verheimlichen –, aber sein Ton änderte sich, wurde einlenkender, als Senator Tully ihm genau schilderte, was als nächstes geschehen würde. Ich bin sicher, daß mein Vater am Ende froh war, daß wir einen solch mächtigen Verbündeten hatten.

»Du hast dich mit Jeremy unterhalten?« will der Senator von mir wissen. Ich vermute, daß er Mr. Erwin meint. Wir waren stundenlang meine Story durchgegangen. Nun ja, irgendwie. Wir hatten uns eher allgemein ausgedrückt, als wir auf die Ereignisse in Ginas Haus zu sprechen gekommen waren. Ich glaube, Mr. Erwin war bereits gewarnt worden, daß ich, was diesen Teil betraf, einige Erinnerungslücken hatte, und das schien ihm Sorgen zu machen. Daher hatten wir diesen Punkt sehr behutsam behandelt und uns in Hypothesen ergangen. Er hatte gesagt: »Die Details können wir später noch einfügen.«

»Ja, Sir«, sage ich zu dem Senator.

Grants Vater atmet langsam ein. »Hast du alles verstanden?«

»Ja, Sir.«

»Er ist ein guter Anwalt. Er kümmert sich um dich.«

»Danke, Sir.«

»Ich habe deinem Vater versprochen, ich würde diese Sache in Ordnung bringen, und das werde ich tun.«

»Ich kann Ihnen gar nicht sagen, wie dankbar ich Ihnen dafür bin.«

Senator Tully nickt gewichtig. Ende der Diskussion.

»Senator?«

»Ja, Jon?«

»Es tut mir sehr leid.«

Er läßt sich durch den Kopf gehen, was ich gesagt habe. Er befeuchtet die Lippen und hält für einen kurzen Moment inne. »Entschuldige dich nicht bei mir, Jon. Du solltest dich bei deiner Mutter und deinem Vater entschuldigen. Und das mit mehr als nur mit Worten.« Er dreht sich das erste Mal zu mir um und sieht mich an. »Mach deine Eltern stolz auf dich. Arbeite, so fleißig du kannst, auf dem College, und sorge dafür, daß du nie mehr in eine solche Affäre verwickelt wirst. Hast du verstanden?«

Meine Augen quellen über. Ich schaue weg. »Ja, Sir.«

Ich kann seinen Blick immer noch auf mir spüren. Aber er sagt nichts mehr.

Grant kehrt mit Mr. Erwin zurück. Sein Gesicht ist aschfahl, aber er geht mit hocherhobenem Kopf. Er meidet meinen Blick und setzt sich zwischen mich und seinen Vater.

Jeremiah winkt mir mit gekrümmter Hand. »Jon.«

Wir gehen durch einen Flur mit weißen Wänden und

weißen Fliesen, alles wirkt absolut steril. Ich bin in einem Traum gefangen. An dem einen Tag probiere ich ein paar Drogen aus und lerne eine phantastische Frau kennen, und ehe ich mich versehe, besteht mein Leben darin, mit einem Strafverteidiger durch einen Flur zu wandern. Nur eine Nacht, und eine junge Frau ist tot.

»Heute wird nicht geredet«, sagt Mr. Erwin. »Sie machen den Mund nicht auf.«

»Okay.« Wir kommen an zwei Männern in Anzügen vorbei, die es offenbar eilig haben. »Hat Grant mit ihnen gesprochen?«

»Grant hat seinen Teil geleistet«, sagt er. »Aber Ihre Situation sieht ein wenig anders aus. Was Sie betrifft, geben wir später eine Erklärung ab. Überlassen Sie das Reden mir.«

Wir kommen in einen Konferenzraum, in dem der Staatsanwalt, Mr. Degnan, mit einem aufgeschlagenen gelben Notizblock sitzt. Er nickt uns grüßend zu, als wir eintreten. »Nehmen Sie Platz«, lädt er uns ein. Er reicht mir die Hand. »Mein Name ist Gary Degnan, Mr. Soliday.«

Ich schüttle ihm die Hand und sage: »Freut mich, Sie kennenzulernen, Sir.«

»Ich bin Ermittler bei der Abteilung für Gewalt- und Sexualverbrechen im Staatsanwaltsbüro von Summit County. Haben Sie das verstanden?«

Ich blicke zu Mr. Erwin, der mir zunickt. »Ja, Sir«, sage ich.

»Wir ermitteln im Fall der Vergewaltigung und Ermordung einer jungen Frau namens Gina Mason. Haben Sie das verstanden?«

»Ja, Sir.«

Mr. Erwin hebt eine Hand. »Mein Mandant ist sich über den Grund der Ermittlungen im klaren. Er wird zu diesem Zeitpunkt keine Fragen beantworten.«

Degnan verzieht das Gesicht. Sein Blick wandert langsam von mir zu meinem Anwalt. »Jemand wird sich hier rauswinden«, sagt er. »Das sind entweder Sie oder Mr. Cosgrove.«

Er meint Lyle. Ich habe während der Party seinen Nachnamen nicht erfahren.

Mr. Erwin legt eine kurze Pause ein. »Ich habe mit Mr. Cosgroves Anwalt gesprochen. Ich sehe hier keinen Fall. Gegen keinen der Jungen.«

»Sie wollen es also darauf ankommen lassen?«

»Sie wollten einige Proben nehmen, oder?« sagt Mr. Erwin.

Degnan schaut weiterhin säuerlich drein, gibt aber schließlich nach. Er wendet sich an mich. »Wir werden jetzt Proben von Ihrem Blut, Ihren Haaren, Ihrer Haut und Ihrem Urin entnehmen. Hat Ihr Anwalt Ihnen diese Prozedur erklärt?«

»Ja, Sir.«

»Prima.« Degnan klappt seinen Schnellhefter zu und erhebt sich. »Gleich wird jemand zu Ihnen kommen.« Er geht zur Tür, bleibt dann aber stehen und dreht sich um. »Lassen Sie mich Ihnen und Ihrem Anwalt einen Rat geben, Mr. Soliday. Seien Sie nicht der letzte, der sich zu einem Handel bereit erklärt. Der letzte ist immer der Verlierer.« Er wartet einen Moment auf eine Antwort, doch keiner von uns beiden sagt ein Wort.

19

Meine Eltern und ich essen schweigend zu Abend. Ich schiebe mein Hühnerfleisch und die Kartoffeln auf meinem Teller von einer Seite zur anderen. Es kommt keine Unterhaltung auf. Wir warten auf den Telefonanruf. Er erfolgt pünktlich, um halb sieben.

»Ich gehe allein«, erkläre ich ihnen. Wir haben über diesen Punkt diskutiert. Mein Vater möchte mich begleiten, aber aus irgendeinem Grund hat er mir gestattet, in dieser Angelegenheit direkt mit Mr. Tully und Mr. Erwin zusammenzuarbeiten. Er respektiert, was der Senator in dieser Sache in die Wege geleitet hat. Trotzdem könnte er darauf bestehen, mitzukommen. Seine Einwilligung verleiht unserer

Beziehung eine neue Qualität. Aus irgendeinem ziemlich verdrehten Grund hat diese Tortur meinen Vater dazu gebracht, mich zum ersten Mal als Erwachsenen zu betrachten. Das und das Übermaß an Unterstützung durch den Senator haben dafür gesorgt, daß er sich zurückhält. Mit meiner Mutter ist das völlig anders. Sie ist fürsorglicher denn je. Sie folgt mir im Haus auf Schritt und Tritt, versucht, mir genügend Raum zu geben, möchte aber am liebsten einen undurchdringlichen Schutzschild um mich herum aufbauen.

Meine Familie wurde schlagartig mit der kalten Realität konfrontiert, und zwar jeder auf andere Art und Weise. Ich bin jetzt kein junger Erwachsener, der jetzt aufs College gehen oder einen Job annehmen oder heiraten wird, sondern werde vielleicht wegen Mordes angeklagt. Ich werde als Erwachsener behandelt, weil das Gesetz mich wie einen Erwachsenen behandeln wird.

»Ziemlich gemischt, aber alles in allem gute Nachrichten«, sagt Grant zu mir, als er die Tür öffnet. Er schüttelt mir heftig die Hand und deutet dann zum Arbeitszimmer. »Geh rein und erzähl«, sagt er.

Jeremiah Erwin erhebt sich vom Sofa. Er trägt wie immer einen Anzug und hat noch nicht mal die Krawatte gelockert. Sein Anzug ist grau und glänzt. Dazu trägt er ein blaues Oberhemd und eine hellgelbe Krawatte. Er vermittelt durch und durch den Eindruck, daß mein Schicksal bei ihm in kundigen Händen liegt.

Wir geben uns die Hand. Ich setze mich in den Sessel. Danach tauschen wir Höflichkeiten auf jene linkische Art aus, wie es unter Erwachsenen und Teenagern häufig geschieht.

»Wir sollten zur Sache kommen«, sagt er schließlich. Er hat mehrere Schnellhefter aufgeschlagen vor sich auf dem Glastisch liegen. »Ihr Sperma wurde bei ihr gefunden«, sagt er. »Das ergab die Blutuntersuchung eindeutig.«

»Okay.« Ich versuche, zuversichtlich zu klingen. Es ist keine Überraschung. Aber ich vermute, daß es allerdings auch keine gute Neuigkeit ist.

»Die Autopsie ergab kein beweiskräftiges Ergebnis.« Er liest aus dem Bericht vor. »Gestorben ist sie an inneren Blutungen.« Er schaut von seinen Notizen hoch. »Einfach ausgedrückt, ist sie an ihrem eigenen Erbrochenen erstickt. Das ist eine übliche Reaktion auf eine Überdosis.«

»Eine Überdosis.«

»Nun ja ... nennen Sie es, wie Sie wollen. Sie hatte hohe Anteile an Marihuana, Kokain und Alkohol im Blut. Sie verlor das Bewußtsein und erbrach sich. Sie lag auf dem Rücken und ist daran erstickt.«

»Also ...« Ich spreize die Hände. »Kein Mord.«

»Das ist unsere Position. Es gibt auch noch einen anderen Aspekt.«

»Okay.«

»Blutergüsse am Hinterkopf und Hals. Es könnte sein, daß sie mißhandelt wurde und sich währenddessen erbrach.«

Mir fällt ein, daß ich mit Gina aus dem Bett gefallen bin. Das weiß ich ganz deutlich. Aber ich dachte, ich hätte dabei das meiste abgekriegt. Genau weiß ich das nicht. Ich habe in meinem Zustand sowieso nur sehr wenig gespürt.

»Dann wäre es Mord«, sage ich.

»Vielleicht.« Er legt den Bericht beiseite. »Aber damit die Story überzeugt, müßten Sie sie vorher vergewaltigt haben. Und das haben Sie nicht getan.«

Ich wünschte, ich könnte mir genauso sicher sein wie der Mann, der mich verteidigt. Ich gebe zu, daß ich aus seinen Worten eine gewisse Sicherheit gewinne.

»Der andere Junge bestätigt Sie in diesem Punkt«, fügt er hinzu.

»Lyle?«

»Richtig. Lyle Cosgrove. Er sagt, er hat Sie vor ihrem Haus abgesetzt, im Wagen gewartet, und Sie gingen rein und taten, was immer Sie getan haben. Was den Sex betrifft, kann er nichts sagen, aber er kann sagen, daß er nach einer Weile zum Fenster ging und Sie sich von Gina verabschiedeten. Sie haben sie geküßt.«

131

»Heilige Scheiße«, murmele ich. Eine ungewohnte Empfindung macht sich bemerkbar, etwas, das einem Gefühl der Erlösung nahe kommt. Zumindest einer Erlösung im juristischen Sinn. Es gibt keinen Beweis gegen mich. Ich kann aus der Sache herauskommen. Aber irgend etwas in mir dämpft das Feuer der Euphorie. Ich habe keine Ahnung, welche Fäden Grant gezogen hat, um Lyle dazu zu bringen, seine Aussage zu machen. Vielleicht sagt Lyle ja die Wahrheit. Ich wünsche mir so verzweifelt, es glauben zu können, daß es schon weh tut. Aber ich kann die Möglichkeit nicht ausschließen, daß er mich für irgendeine Gegenleistung von Seiten der Familie Tully deckt.

»Da draußen in Summit County«, sagt Erwin, »gibt es eine sogenannte ›Befragung‹ für Jugendgerichtsfälle, die zu einer Anklage vor einem ordentlichen Gericht führen können. Es ist so etwas wie eine Vorverhandlung in unserem Staat, aber sie wird nicht von einem Richter durchgeführt. Dafür ist dort das Büro des Staatsanwalts zuständig.« Er sieht mich an. »Können Sie mir folgen?«

»Irgendwie schon.«

»Okay.« Er sucht sich eine bequemere Sitzposition. »Ehe der Staatsanwalt einen Jugendlichen als Erwachsenen vor Gericht stellt, veranstaltet er eine Befragung, um zu entscheiden, ob er Anklage erheben soll. Er hört sich alle Beweisvorträge an und trifft danach seine Entscheidung.«

»Sie stellen mich als Erwachsenen vor Gericht?« Ich kenne die Antwort auf diese Frage. Aber sie zu stellen bringt mich zurück zu einem Zeitpunkt vor mehreren Wochen, als ich die Antwort noch nicht kannte, als ich unschuldig war. Ich möchte wieder unschuldig sein.

»Ja«, antwortet Mr. Erwin. »Für Mord? Absolut. Sie sind nur noch ein Jahr von Ihrer Volljährigkeit entfernt. Da ist es eine ganz einfache Sache.« Er beobachtet meine Reaktion, den Eindruck, den seine Worte bei mir hinterlassen. »Aber es ist unsere einzige Chance, diese Möglichkeit schon im Keim zu ersticken. Sie haben sich bisher nicht entschlossen,

132

Anklage zu erheben. Das ist unsere Chance, sie davon zu überzeugen, es auch später nicht zu tun. Und diese Anhörung ist vertraulich. Nicht öffentlich. Wenn wir sie dazu bringen können, nicht vor Gericht zu gehen, wird das Ganze niemals bekannt.«

»Okay«, sage ich mit mattem Optimismus. »Wie sind unsere Chancen?«

»Gut, vielleicht sogar exzellent.« Er beugt sich vor. »Der Leichenbeschauer hat das Seinige getan. Der andere Junge hilft. Sie haben keine Zeugen. Es gibt nur einen Zeugen, der Sie ins Gefängnis bringen kann.« Er mustert mich mit einem vielsagenden, bohrenden Blick.

Die Botschaft ist angekommen. Er meint mich.

»Sind Sie bereit, über Ihre Aussagen zu sprechen, Jon?«

Ich ringe die Hände. »Ich bin bereit«, antworte ich.

20

Ich erwartete so etwas wie einen Gerichtssaal, kriege aber einen Konferenzraum. Mein Anwalt und ich sitzen an einem Ende eines langen Tisches. Am anderen Ende sitzen zwei Männer und besprechen sich leise. Einer von ihnen ist der Ermittler, Gary Degnan. Der andere ist ein Mann namens Raymond Vega. Er kennt meinen Anwalt, wie aus der Begrüßung der beiden offenbar wurde.

Neben Vega sitzt eine Frau mit einer kleinen Schreibmaschine. Sie wird alles festhalten, was bei dieser Befragung gesprochen wird. Vega nickt der Frau zu, und sie beginnt zu tippen.

»Raymond Vega, Stellvertretender Bezirksstaatsanwalt von Summit County, und bei mir ist Gary Degnan, Ermittler bei der Abteilung für Gewalt- und Sexualverbrechen. Verhandelt wird über den Fall 79-JV-1024. Der Staatsanwalt von Summit County führt eine gemäß Abschnitt 24B-18 des Strafgesetzbuchs vorgeschriebene, vom Jugendstrafrecht vorgesehene Befragung durch. Festgestellt werden soll heute die Stichhaltigkeit der Beweise gegen Jonathan Soliday, einen Minderjährigen, im Zusammenhang mit einer möglichen Anklage wegen Vergewaltigung und Mordes. Der Minderjährige, Mr. Soliday, ist zusammen mit seinem Rechtsvertreter, Mr. Jeremiah Erwin, anwesend.«

Ich schweige, aber ein Anflug von Angst durchfährt mich, während der Staatsanwalt sich räuspert. »Fangen wir mit dem Bericht des medizinischen Leichenbeschauers von Summit County, Vincent Cross, an.« Er blickt zu der Stenotypistin hinüber. »Wir nennen es Beweisstück eins. Mr. Erwin, Sie haben eine Kopie?«

»Ja, die habe ich, danke, Sir.«

»Wir haben uns darauf geeinigt, daß der Leichenbeschauer nicht in den Zeugenstand gerufen werden muß«, sagt Vega. »Die in Beweisstück eins genannte Todesursache ist Ersticken, ausgelöst durch innere Blutungen. Der Bericht kommt zu dem Schluß, daß die Verstorbene erstickte, nachdem sie sich, auf dem Rücken liegend, erbrochen hatte.« Die Blicke des Staatsanwalts wandern die Seite hinunter. »Der Bericht vermerkt hohe Anteile von Alkohol, Cannabis und Kokain im Blut der Verstorbenen. Der Bericht stellt fest, daß Blutergüsse am Hals und am Schädelansatz der Verstorbenen gefunden wurden. Der Leichenbeschauer kann jedoch nicht eindeutig entscheiden, ob die Blutergüsse in irgendeiner ursächlichen Verbindung zum Eintritt des Todes stehen.«

Er blättert weiter und liest. »Es gibt Anzeichen für Geschlechtsverkehr vor Eintritt des Todes. In der Vagina wurden Samenspuren und Blut der Gruppe 0-Negativ gefunden. Es gibt keinerlei innere oder äußere Anzeichen für Gewaltanwendung in Verbindung mit dem stattgefundenen Geschlechtsverkehr.« Er schaut hoch. »Kein Hinweis auf Vergewaltigung.«

Mein Herz vollführt einen Salto.

Der Staatsanwalt seufzt und wendet sich wieder dem Bericht zu. »In aller Kürze, der Leichenbeschauer hält es für wahrscheinlicher, daß das Erbrechen, das zum Ersticken führte, durch die Kombination von Rauschmitteln im Organismus der Verstorbenen ausgelöst wurde und nicht durch irgendwelche Gewalthandlungen in Verbindung mit dem Geschlechtsverkehr.«

Der Staatsanwalt legt den Bericht zurück auf den Tisch und schiebt der Stenotypistin eine Kopie hinüber. »Die Gerichtsstenographin möge diesen Bericht offiziell mit der Bezeichnung Beweisstück eins versehen.«

Der Ermittler, Gary Degnan, mustert mich mit einem eisigen Blick. Ich unterbreche den Augenkontakt und konzentriere mich auf den Staatsanwalt Raymond Vega.

»Was den Vorwurf der Vergewaltigung betrifft, so liegen uns fünf eidesstattliche Erklärungen vor, die der Anwalt des Minderjährigen, Mr. Erwin, beigebracht hat. Die Erklärungen wurden von fünf verschiedenen Männern abgelegt und beschreiben ihre sexuellen Beziehungen mit der Verstorbenen. Wir bezeichnen diese Erklärungen in ihrer Gesamtheit als Beweisstück zwei.«

Degnan lehnt sich zu Vega hinüber und flüstert ihm etwas zu. »Oh, ja«, sagt Vega. »Wir alle sind uns darüber im klaren, daß die für Beweisstücke geltenden Vorschriften in diesem Fall nicht anwendbar sind. Bei einem Gerichtsverfahren, falls überhaupt eins stattfindet, würde die Anklage gegen die Aufnahme dieser Aussagen, erst recht in Form einer schriftlichen Erklärung, Einspruch einlegen, aber auch, wenn sie durch die Zeugen selbst mündlich erfolgten. Andererseits ist nach der zur Zeit in diesem Staat üblichen Verfahrensweise eine Beurteilung der sexuellen Aktivitäten der Verstorbenen hinsichtlich der Frage von Bedeutung, ob sie bei dieser speziellen Gelegenheit in sexuelle Aktivitäten eingewilligt hat. Da eins der Verbrechen, um deren Aufklärung wir uns bemühen, Vergewaltigung ist, wird dieses Beweisstück in dieser Befragung entsprechend gewürdigt.« Er blättert die eidesstattlichen Erklärungen durch. »Fürs Protokoll, die eidesstattlichen

Erklärungen in Beweisstück-Gruppe zwei stammen von: Steven Connor, Henry Cotler, Harold Jackson, Blair Thompson und Jason Taggert. Ich werde sie nicht vollständig verlesen, weil sie in die Akten aufgenommen werden. Ich belasse es bei einer Zusammenfassung.«

Vega räuspert sich. »Mr. Connor sagt aus, daß er mit der Verstorbenen das erste Mal Sex hatte, als sie sechzehn Jahre alt war. Er sagt weiterhin aus, daß sie während eines Zeitraums von drei Wochen mehr als ein Dutzend Mal den Geschlechtsverkehr ausübten. Mr. Cotler erklärt, er habe mit der Verstorbenen bei fünf verschiedenen Gelegenheiten oralen und vaginalen Sex ausgeübt, während die Verstorbene sich mit einer anderen Person regelmäßig ›traf‹, wie hier steht, und zwar mit einem gewissen Mr. Harold Jackson.« Der Staatsanwalt verzieht das Gesicht und blättert um. »Mr. Jackson bestätigt diesen Akt der Untreue. Mr. Jackson sagt weiterhin aus, daß er und die Verstorbene während eines Zeitraums von vier bis fünf Monaten über vierzigmal den Geschlechtsverkehr ausübten und es für sie nicht ungewöhnlich war, sich nach dem Genuß von Marihuana sexuell zu betätigen. Mr. Thompson sagt aus, daß er und die Verstorbene ›etwa zwei Dutzend Mal‹ Sex hatten, und zwar sowohl bei ihm als auch bei ihr zu Hause, dann an ihrem Arbeitsplatz und in seinem Auto.« Vega runzelt die Stirn. »Okay. Und Mr. Taggert sagt aus, daß er seit dem November des vergangenen Jahres bis heute mit der Verstorbenen bei mehr als fünf Gelegenheiten ... ›sexuelle Handlungen‹ ausgeübt habe.« Er schaut auf. »Fürs Protokoll, die Verstorbene war zum Zeitpunkt ihres Todes erst neunzehn Jahre alt.«

Der Staatsanwalt sieht meinen Anwalt fragend an. »Ich denke, wir können jetzt Mr. Cosgrove aufrufen«, sagt er.

Gary Degnan verläßt den Raum. Ich blicke zu meinem Anwalt, der nichts sagt, mir aber kurz zunickt. Was mich betrifft, so kämpfe ich mit widersprüchlichen Gefühlen. Was ich bisher gehört habe, ist gut. Die Autopsie ergab keinerlei Grundlagen für eine Anklage wegen Vergewaltigung oder wegen Mordes. Auch scheint es nicht so, als hätte Gina sich dagegen gewehrt, Sex zu haben. Und da ist noch etwas anderes. Das Tempo der ganzen Prozedur. Der Staatsanwalt galoppiert geradezu durch die Beweisaufnahme, als hätte er es eilig, die Angelegenheit zum Abschluß zu bringen.

Lyle wird in den Konferenzraum geführt. Sein Kopf ist frisch rasiert. Bekleidet ist er mit einem roten Polohemd und einer Bluejeans. Sein Blick findet meine Augen, wandert aber schnell weiter. Ihn nach jener Nacht das erste Mal wiederzusehen, löst in mir etwas aus, das ich nicht erklären kann. Es ist wie ein Jucken, das sich auch durch ausgiebiges Kratzen nicht beseitigen läßt. Er nickt nicht gerade begeistert dem Staatsanwalt zu, ist aber auch kein bißchen eingeschüchtert. Er ist eine Gestalt, von der etwas Bedrohliches ausgeht, massige Arme und ein herausfordernder Blick. Ein durch und durch harter Bursche, und das sogar in dieser Umgebung. Er sitzt dem Staatsanwalt und dem Ermittler frontal gegenüber, während mein Anwalt und ich uns mit seinem Profil begnügen müssen.

»Die Gerichtsstenographin vereidigt jetzt den Zeugen.«

Die Stenotypistin – ich vermute, sie ist besagte Gerichtsstenographin – vereidigt Lyle Cosgrove.

»Nennen Sie Ihren vollständigen Namen.«

»Lyle Alan Cosgrove.«

»Adresse?«

»Vier-null-acht Benjamin.«

»Hier in Lansing?«

»Ja.«

»In Summit County?«

»Richtig.«

»Wie alt sind Sie?«

»Siebzehn.«

»Besuchen Sie die Highschool?«

»Nein. Ich bin vorzeitig abgegangen. Ich arbeite jetzt auf dem Bau.«

»Okay. Kommen wir zu den Einzelheiten.«

Cosgrove schildert den Anwesenden, daß er mit Gina Mason auf diese Party gegangen war. Er sagt, sie wäre nicht seine Freundin gewesen, aber er hätte während der letzten Monate mehrmals »mit ihr herumgemacht« – was sich später als Umschreibung für Geschlechtsverkehr entpuppt. Er knackt mehrmals mit den Fingerknöcheln und rutscht unbehaglich auf seinem Platz hin und her, aber seine Antworten sind ziemlich direkt.

Er kommt jetzt auf die Miniparty im oberen Zimmer zu sprechen. »Wir hatten Gras«, sagt er. »Ich und Grant und Jon und Gina haben Marihuana geraucht.« Kein Wort von Rick. Je weniger Zeugen, desto besser, habe ich von meinem Anwalt gehört – vor allem, wenn dieser Zeuge ein Drogenhändler ist. »Wir haben Bier getrunken und vier oder fünf Joints geraucht. Dann holte jemand Kokain heraus. Also nahmen wir auch das. Ich meine, das mit dem Kokain waren ich und Jon und Gina.«

Grant wurde bei der Kokain-Episode weggelassen. Ein kleines Geschenk, das er sich selbst gemacht hat. Ich bin mehr als bereit, dabei mitzuspielen. Es ist nur ein kleiner Gefallen, wenn man bedenkt, was Grant alles für mich getan hat. Das ist mir klar. Er konnte unmöglich seinem Vater gegenüber zugeben, daß er Kokain geschnupft hat. Marihuana ist schon schlimm genug, aber Koks – das konnte Grant auf keinen Fall eingestehen. Das war der eigentliche Sinn, weshalb wir nach Summit County rausgefahren waren, begreife ich endlich. Dort konnte Grant sich völlig frei und anonym bewegen und tun und lassen, was er wollte.

Das Ganze verrät mir auch noch etwas anderes, was ich am liebsten ganz aus meinem Gedächtnis verbannen möchte, wenigstens für diesen Moment und vielleicht sogar für immer. Lyle erzählt hier ein Märchen. Er hat bereits gelogen, woraus sich schließen läßt, daß vielleicht das Ganze reine Erfindung ist. Und wenn er die Wahrheit verschweigen und lügen muß, wie sieht dann diese Wahrheit aus?

»Wieviel Kokain?« fragt Vega.

Er zuckt mit den Achseln. »Ich weiß es nicht, Vielleicht ein paar Gramm. Wir waren alle ziemlich vollgedröhnt.«

Sie widmen sich für einige Zeit diesem Thema. Lyle geht jede Person im Raum durch – minus Rick und jetzt auch Grant – und schätzt, wie viele Linien Kokain jeder aufgeschnupft hat. Das gleiche machte der Staatsanwalt auch mit dem Bier- und dem Marihuanakonsum. Dann gehen sie weiter zu dem Zeitpunkt, als die Party abgebrochen wurde.

»Na ja, wir sind abgehauen«, sagt Lyle. »Gina hat sich zuerst verabschiedet und ging nach Hause. Grant verließ die Party zusammen mit uns. Er fuhr nach Hause. Jon und ich fuhren zu Ginas Haus.«

»Warum?«

»Gina hat gesagt, es wäre schön, wenn Jon noch bei ihr vorbeischauen würde. Er kannte den Weg nicht, also brachte ich ihn hin.«

»Und warum brachten Sie Jon zu der Frau, mit der Sie auf die Party gekommen waren, Mr. Cosgrove?«

Weil er Grant für das Kokain etwas schuldig war und Gina Mason ihm am Arsch vorbeiging. Ich erwarte nicht, diese Antwort zu hören.

Er zuckt wieder mit den Achseln. »Keine Ahnung.«

»Sie wissen es nicht?« hakt Vega nach. »Sie wissen nicht, weshalb Sie Mr. Soliday zu dem Haus Ihrer Bekannten fuhren?« Er hebt mit einer fragenden Geste die Hände. »Sie haben gesagt, sie wäre nicht Ihre Freundin gewesen?«

»Nein, das war sie auch nicht. Sie war mir egal.«

»Okay.« Der Staatsanwalt ist nicht sonderlich beeindruckt. »Und was dann?«

»Also … Jon ging zu Ginas Haus und dann rein. Er blieb etwa eine halbe Stunde lang drin.«

»Und was haben Sie in der Zeit getan?«

»Na was schon.« Er zuckt mit den Achseln. »Ich habe zwei Zigaretten geraucht, Bier getrunken. Eine neue Kassette eingelegt. Vielleicht habe ich auch ein paar Minuten geschlafen.«

»Was geschah nach dieser halben Stunde?«

»Ich hatte keine Lust mehr zu warten, also ging ich rüber zu Ginas Fenster an der Hausseite. Ich wollte gerade dagegen klopfen, aber Jon war schon im Aufbruch. Er verabschiedete sich von Gina und gab ihr einen Kuß.«

»Er gab ihr einen völlig normalen Abschiedskuß.«

»Ja.«

»Und was dann?«

»Dann nichts. Ich brachte ihn nach Hause. Dann fuhr ich ebenfalls heim.«

Der Staatsanwalt nickt und kritzelt einige Notizen auf seinen Schreibblock. »Mr. Erwin, haben Sie irgendwelche Fragen?«

»Nur zwei, Mr. Vega, wenn es Ihnen nichts ausmacht.«

»Ganz und gar nicht.«

»Mr. Cosgrove«, beginnt mein Anwalt, »hat Gina irgendwelche Andeutungen gemacht, daß sie Mr. Soliday besonders zugetan war, während Sie oben Ihre kleine Privatparty feierten?«

Lyle starrt Jeremiah Erwin eine halbe Ewigkeit an. »Sie hat ihn angefaßt. Hat ihre Hand einmal auf seinen Schwanz gelegt.« Er schaut schnell zum Staatsanwalt. »Entschuldigung.«

»Sie hat ihre Hand in seinen Schoß gelegt?«

»Ja, richtig.« Er deutet auf Erwin.

»Können Sie den genauen Wortlaut wiederholen, als sie gesagt hat, sie wolle, daß Jon nachher noch zu ihr kommt?«

»Es war etwas wie, sag ihm, er soll vorbeikommen. Sag ihm, ich würde auf ihn warten.«

»Ich habe keine weiteren Fragen. Danke.«

»Danke, Mr. Cosgrove«, sagt Vega. Er sieht meinen Anwalt an. »Wir hatten die Absicht, Gina Masons Bruder als nächsten aufzurufen. Er ist acht Jahre alt und hat ihren Tod der Polizei gemeldet. Das steht im Polizeibericht, der – bezeichnen wir ihn mit Beweisstück drei, bevor ich es vergesse.« Er schiebt das Dokument hinüber zur Gerichtsstenographin. »Und bezeichnen wir seine polizeiliche Aussage als Beweisstück vier.« Er hebt die Hand, während mein Anwalt ansetzt, etwas zu sagen. »Mir ist die Hörensagen-Problematik klar.«

»Zweifaches Hörensagen, fürs Protokoll«, sagt Mr. Erwin. Der Ermittler, Mr. Degnan, verzieht das Gesicht.

Mr. Erwin, der dem Verfahren der Anklage in einem Ordner folgt, den er eigens für diese Gelegenheit mitgebracht hat, blättert weiter zur Niederschrift der polizeilichen Befragung Billy Masons. Es war eigentlich keine richtige Befragung. Er war ein achtjähriges Kind. Er hatte die Notaufnahme des örtlichen Krankenhauses um 5:22 Uhr morgens angerufen und gemeldet, daß seine Schwester nicht mehr atmete. Die Polizei hatte später an diesem Morgen bei ihm zu Hause versucht, mit ihm zu reden. Der Staatsanwalt, Mr. Vega, verliest den kurzen Bericht fürs Protokoll, während ich aufmerksam zuhöre:

Billy war nicht ansprechbar, und wenn er reagierte, war er nicht zu verstehen. Er war nicht fähig, über die Ereignisse der vorangegangenen Nacht zu sprechen. Seine Mutter, Virginia Mason, beendete die Befragung nach einer Viertelstunde.

24/6/79
Billy machte einen ungesunden Eindruck. Er war abgemagert, was seine Mutter bestätigte. Er war für Fragen nicht vollkommen unempfänglich, konnte aber keine weiteren Einzelheiten des fraglichen Vorfalls nennen. Er erklärte, daß er seine Schwester am Morgen tot aufgefunden habe, er jedoch während der Ereignisse in den frühen Morgenstunden davor fest geschlafen habe. Seine Mutter erklärte, daß Billy für irgendwelche Aussagen in einem kriminalpolizeilichen Ermittlungsverfahren nicht zur Verfügung stehen würde, und bat darum, ihm keine weiteren Fragen mehr zu stellen. Billy wies an seinem Körper mehrere Schnitte auf, wahrscheinlich von einem Messer

141

*mit nicht gezähnter Klinge: zwei an seinem linken Arm, einen
unterhalb des Schlüsselbeins, Länge etwa fünf bis sieben Zentimeter, doch er konnte uns die Ursache der Schnittverletzungen
nicht nennen. Die Wunden waren frisch und wahrscheinlich
von ihm selbst zugefügt. Mrs. Mason bestätigte, daß sie ihren
Sohn am Vortag dabei überrascht hätte, wie er sich selbst die
Verletzungen beibrachte. Sie wies darauf hin, daß Billy sich in
psychiatrischer Behandlung befindet und er sich bis auf weiteres
nicht mehr allein im Haus aufhalten wird.*

»Allmächtiger Gott«, murmele ich, obgleich ich diesen Bericht nicht zum ersten Mal sehe. Hatte er versucht, seinem
Leben ein Ende zu setzen? Oder wollte er sich nur selbst bestrafen? Bin ich etwa an dem beteiligt, was mit ihm passiert
ist?

»Mrs. Virginia Mason, die Mutter, hat uns mitgeteilt, daß
Billy nicht aussagen wird.« Der Staatsanwalt, Mr. Vega, faltet
die Hände und legt sie vor sich auf die Tischplatte. »Wir haben die Befugnis, nach unserem Gutdünken eine Aussage zu
erzwingen. Was wir jedoch bei einem kleinen Jungen gegen
den Widerstand seiner Mutter unter den gegebenen Umständen nicht tun werden. Wir werden aus der Aussagever-
weigerung keinerlei Schlußfolgerungen ziehen, egal, ob gün-
stig oder ungünstig. Wir werden keinerlei Spekulationen
anstellen. Fürs Protokoll können wir vermerken, daß Billy
Mason sich zwecks medizinischer Behandlung und psycho-
logischer Betreuung in stationärer Behandlung befindet.«
Mr. Vega seufzt. »Okay. Machen wir weiter.«

Der Staatsanwalt berät sich kurz mit seinem Ermittler,
Mr. Degnan. Während Vega die ganze Prozedur weitgehend
emotionslos durchzieht, scheint Degnan über den aktuellen
Stand der Dinge höchst unglücklich zu sein. Er ist einge-
schnappt, um den Ausdruck eines meiner Lehrer zu benutzen.

Mr. Vega wendet sich an meinen Anwalt. »Herr Anwalt,
sind wir fertig?«

Mr. Erwin räuspert sich. »Ich möchte meinen Mandanten aufrufen, Jonathan Soliday.«

»Sehr wohl. Mr. Soliday? Bitten nehmen Sie auf dem Zeugenstuhl Platz. Mr. Erwin?« Vega deutet auf einen Sitzplatz in seiner nächsten Nähe. Ich vermute, er will, daß wir so nahe wie möglich bei der Gerichtsstenographin sitzen.

Ich stehe auf, wobei meine Beine leicht zittern, und nehme entschlossen den Platz ein, auf dem gerade noch Lyle Cosgrove gesessen hat. Ich bin verhältnismäßig ruhig, während ich auf die Fragen meines Anwalts warte.

Die Gerichtsstenographin sieht mich an. »Schwören Sie, die Wahrheit zu sagen, die ganze Wahrheit und nichts als die Wahrheit?«

»Ich schwöre«, antworte ich. Und Gott helfe mir, bitte.

Ich könnte jetzt die Befragung ohne den Anwalt durchführen, so oft sind sie sie durchgegangen. Auf der Party hat Gina mit mir geflirtet. Sie hat mir vor den Augen der anderen in den Schritt gegriffen. Sie hat gesagt, sie würde mich später erwarten. Daher sind Lyle und ich zu Ginas Haus gefahren. Sie hat mich ins Haus eingelassen, und wir hatten Sex. Irgendwann sind wir aus dem Bett gefallen, sie hat sich den Kopf gestoßen – daher der Bluterguß am Hinterkopf. Später habe ich mich verabschiedet, wir haben uns geküßt, ich habe Lyle vor dem Fenster getroffen, und dann haben Lyle und ich uns entfernt.

»Und hat auf der Party zwischen Ihnen und Mrs. Mason ein körperlicher Kontakt stattgefunden?«

»Ja. Sie ist mit der Hand an meinem Bein entlanggefahren.«

»Und wo blieb ihre Hand liegen?«

»In meinem ... Schoß.«

Während ich diese Vorgänge schildere, blicke ich aus dem Fenster hinter Mr. Vega und Mr. Degnan. Ich kann weder meinen Anwalt noch die Ankläger ansehen. Statt dessen konzentriere ich mich auf den Park an der Straße, wo eine junge Frau mit ihrem Kind auf einer Schaukel spielt. Es ist

143

ein kleiner Junge, der seine Mutter anzubetteln scheint, sie solle die Schaukel kräftiger anstoßen, damit er noch höher in die Luft schwingt. Er streckt ruckartig die Beine, um den Schwung zu verstärken.

Ich achte darauf, daß meine Stimme völlig ruhig und klar klingt und ganz sachlich die nackten Fakten aufzählt, von denen ich ehrlich behaupten kann, daß ich mich an sie erinnere.

»Sie befinden sich nun in Miss Masons Zimmer. Können Sie uns sagen, von wem die sexuellen Aktivitäten ausgingen?«

»Von ihr.«

»Können Sie es ein wenig ausführlicher schildern?«

»Sie zog ihren Bademantel aus. Darunter war sie nackt. Sie öffnete meine Hose und zog sie herunter.«

»Und was tat sie dann?«

»Sie fing an … sie fing mit dem Mund an …«

»Hat sie bei Ihnen Oralsex praktiziert, Jon?«

»Ja.«

Ich werde niemals genau wissen, was sich zwischen mir und Gina abgespielt hat. Ich werde niemals wissen, was ich getan habe. Ich weiß, falls ich etwas tat – es ist schwer, die Worte auch nur zu *denken* –, falls ich ihren Tod verursacht habe … ich hätte mich niemals dazu für fähig gehalten. Es muß absolut unbeabsichtigt geschehen sein, ein Unfall, etwas, das meinem betrunkenen Zustand oder der Wirkung der Rauschmittel zuzuschreiben ist, die ich konsumiert hatte. Das war nicht ich. Ich bin nicht so ein Mensch.

»Sie gab mir zum Abschied einen Kuß und bat mich, sie irgendwann noch einmal zu besuchen.«

»Stand sie dabei? Oder saß sie? Oder lag sie?«

»Sie stand. Und küßte mich zum Abschied.«

»Ist sonst noch etwas passiert?«

»Ich habe sie gefragt, ob ich noch bei ihr bleiben, mich mit ihr unterhalten solle.«

»Was hat sie gesagt?«

»Sie sagte, sie müsse schlafen. Sie sagte, ihr sei übel. Sie habe das Gefühl, sich übergeben zu müssen.«

»Ihr war übel? Sie glaubte, sich erbrechen zu müssen?«

»Ja.«

»Und dann sind Sie gegangen?«

»Richtig.«

Dann ist der Staatsanwalt mit Fragen an der Reihe, und er macht keinen Versuch, mich aufs Glatteis zu führen. Wahrscheinlich könnte er es gar nicht, selbst wenn er wollte, aber mir ist klar, daß er es noch nicht einmal versuchen wird. Er bestätigt meine Geschichte und gelangt zu der Schlußfolgerung, daß die Staatsanwaltschaft von Summit County Jonathan Soliday nicht wegen Mordes an Gina Mason anklagen wird. Die kriminalpolizeilichen Ermittlungen werden geschlossen.

Etwas in mir ist ganz und gar nicht mit dem einverstanden, was Grant mit Hilfe der politischen Macht seines Vaters arrangiert hat. Er war beim Staatsanwalt. Er war beim Leichenbeschauer. Er war bei Lyle Cosgrove. Vielleicht war er sogar bei Ginas Bruder Billy. Aber ich kann die Tatsache nicht leugnen, daß ich seine Hilfe annehme. Ich will nicht ins Gefängnis gehen. Ich will nicht, daß mein Leben ruiniert wird. Ich bin siebzehn Jahre alt, ich habe vielleicht etwas unendlich Schreckliches getan, aber das kann ich nicht mit Sicherheit sagen, und ich bin bereit, mir die Rechtswohltat des Grundsatzes »im Zweifel für den Angeklagten« zuzugestehen.

Jeremiah Erwin geleitet mich aus dem Gebäude. Erst als wir draußen sind, äußert er die optimistische Prognose, daß wir obsiegen werden. Ich bin jung, aber nicht dumm. Das Ganze war eine längst gefällte Entscheidung, von dem Moment an, als wir den Konferenzraum betreten hatten. Gina Mason ist nur ein junger Niemand, und ich habe Freunde an einflußreichen Stellen.

»Sie werden bis zur nächsten Woche entscheiden«, sagt mein Anwalt. »Und dann können Sie das Ganze hoffentlich ein für allemal vergessen.«

Das werde ich. Die Zeit wird das Ihre tun. Sie wird wie ein Polster sein, wird dafür sorgen, daß Angst und Schmerz und Schuld nach und nach vergehen. Gleichzeitig wird die Erinnerung an das wenige, das ich noch weiß, weiter verblassen und damit auch das unvermeidliche Bemühen, die Ereignisse in meinem Bewußtsein doch noch zu rekonstruieren. In einem Jahr wird das Ganze für mich nicht mehr sein als ein kindischer Fehler, der vielleicht, nur vielleicht, in eine ganz schlimme Sache hätte münden können. In fünf Jahren wird es heißen, daß ich so stoned war, daß ich keine Kontrolle mehr über mich hatte und für meine Handlungen nicht verantwortlich war, und wer kann außerdem schon sagen, was wirklich geschah? In zwanzig Jahren wird es jener Vorfall nach der Highschool mit der wahllos durch die Gegend bumsenden Puppe sein, die winzige Shorts und hohe Hacken trug und mir an den Schwanz faßte und sich mit Koks vollknallte und an einer Überdosis starb, was beinahe mir angehängt wurde. Und das macht mir Angst. Ich will nicht vergessen. Ich will nicht im nachhinein die Vorfälle revidieren. Ich will alles so in Erinnerung behalten, wie es jetzt ist. Daß ich an etwas Schlimmem beteiligt war. Und daß ich, ungeachtet jeder juristischer Absolution, jeglicher Beweise für oder wider, niemals mit Sicherheit wissen werde, ob ich für den Tod von Gina Mason verantwortlich bin.

Wir kommen zum Wagen auf dem Parkplatz auf der anderen Straßenseite gegenüber dem Gerichtsgebäude. Ich drehe mich ein letztes Mal um und sehe einen Jungen auf dem Bürgersteig stehen, eingerahmt von dem wuchtigen Gebäude und der breiten Steintreppe. Er ist zu jung, um ganz allein zu sein, ein kleiner Junge in einem zerschlissenen T-Shirt und viel zu großen Shorts. Er reagiert nicht darauf, daß ich ihn erkenne, sondern er steht völlig still da, die Arme an den Seiten herabhängend, und beobachtet mich mit der linkischen Haltung eines altklugen Kindes. Aus seinem Gesichtsausdruck ist nicht viel abzulesen. Kein Haß, keine Wut. Vielleicht so etwas wie Neugier. Mr. Erwin folgt meinem Blick und sieht den Jungen. Er sieht mich an, aber wir reden nicht. Ich will Mr. Erwin die Frage stellen, aber ich bin sicher, daß er Gina Masons kleinen Bruder Billy niemals kennengelernt hat.

Ich denke über so etwas wie eine Geste nach, ein Winken oder ein ernstes Kopfnicken. Aber was kann ich diesem Jungen mitteilen? Seine Schwester ist tot, vielleicht, weil jemand etwas ganz Böses getan hat, aber niemand wird bestraft. Er weiß nicht, wer, er weiß nicht, warum, aber er weiß, daß es falsch war. Ich gebe dem Jungen das stumme Versprechen, daß ich niemals vergessen werde. Daß ich mir nicht gestatten werde, über dieses Ereignis hinwegzugehen. Ich werde mir selbst eine Strafe auferlegen. Ich werde das einzige tun, das ich tun kann, nämlich ein anständiges Leben führen und bereuen und Gott um Vergebung bitten.

Und vor allem meine Schulden begleichen.

September 2000

21

Ich wurde an jenem Dienstag im Polizeirevier wegen Mordes an Dale Garrison verhaftet. Die Presse hatte sofort Wind davon bekommen und die Neuigkeit in den Abendnachrichten gebracht. Senator Tully enthielt sich eines Kommentars. Bennett Carey, vorläufig als mein Anwalt auftretend, bezeichnete die Verhaftung wütend als rein politisch motiviert. Das verursachte noch mehr Wirbel, und auch wenn Bennetts Dreh meiner Sache zuträglich war, wurde dadurch das Interesse der Medien erst recht angestachelt.

Die Presse kannte – und kennt – nicht die ganze Story. Sie hat nur die nackten Fakten des angeblichen Verbrechens. Ich war der letzte, der bei Garrison gesehen wurde, ich gab an, das Büro verlassen zu haben, ehe ich dorthin zurückgekehrt war, und die gerichtsmedizinische Untersuchung ergab Tod durch Erwürgen. Was aus den Medienberichten nicht ersichtlich wird, ist, warum. Sie haben keine Ahnung, weshalb der Anwalt von Senator Tully Dale Garrison hätte töten wollen. Das Büro des Bezirksstaatsanwalts weiß es auch nicht, aber sie haben einen Erpresserbrief, der eine entscheidende Bedeutung haben muß. Noch haben sie über den Brief nichts verlauten lassen. Ich nehme an, sie wollen erst in Erfahrung bringen, was es damit auf sich hat, ehe sie ihn zur Veröffentlichung freigeben.

Ich wurde am folgenden Donnerstag angeklagt. Der Vorwurf lautete auf vorsätzlichen Mord. Bennett erklärte mir, es sei möglich, mich auf Kaution freizubekommen, aber nicht sehr wahrscheinlich. Daher ging ich mit nur geringen Erwartungen in das Verfahren. Ohne mich vorher davon in Kenntnis zu setzen – wahrscheinlich, weil ich dem nicht zugestimmt hätte –, erschien Staatssenator Grant Tully im Gerichtssaal und teilte dem Richter mit, er würde zahlen, was immer an Kaution festgesetzt würde, und persönlich für mein Verbleiben innerhalb der Staatsgrenzen garantieren, und ich würde weiterhin in seinen Diensten bleiben. Der Richter, ein älterer Mann namens Aidan Riordan, der ohne die Hilfe von Senator Tullys Vater vor etwa zwanzig Jahren sicherlich nicht auf seinem Platz sitzen würde, schien über die ganze Angelegenheit ziemlich bestürzt zu sein, setzte aber dann meine Kaution auf eine halbe Million Dollar fest. Grant zahlte fünfzigtausend Dollar ein – die geforderten zehn Prozent –, und ich wurde noch an diesem Morgen in die Freiheit entlassen.

Das war auf jeden Fall ein Thema für die Nachrichten. Senator Tully hielt sozusagen vor dem Gerichtsgebäude hof und erklärte den Reportern voller Zorn, ich sei unschuldig, und fuhr fort: »Das ist nicht der Zeitpunkt, um einen Freund, und zwar einen absolut unschuldigen Freund, im Stich zu lassen.« Wie immer schaffte Grant es, eine potentiell explosive Neuigkeit in eine halbwegs positive zu verwandeln.

Ich sage *halbwegs* positiv, weil es für Grant Tully im Hinblick auf diesen Fall auch nicht sehr gut aussah. Abgesehen von der Tatsache, daß zwischen uns eine enge Verbindung besteht, bezieht der Erpresserbrief sich auch auf ihn:

Ich könnte mich natürlich auch direkt an den Senator wenden. Wollen Sie das?

Also hatte die Polizei auch versucht, an Grant Tully heranzukommen. Sie befragten ihn dazu, weshalb ich in Dales Büro war und welches »Geheimnis« ich ihnen vorenthalten könnte. Grant heuerte einen eigenen Anwalt an und traf sich mit den Anklägern. Er erzählte ihnen im Grunde nichts. Grant weigerte sich, den Gegenstand des Gesprächs zwischen Dale und mir zu nennen, und verwies auf das für das

Verhältnis zwischen Anwalt und Mandant geltende Verschwiegenheitsgebot. Und falls ich tatsächlich ein Geheimnis vor dem Senator hätte ... wie sollte er es dann kennen?

Die Anwälte von Seaton, Hirsch haben mir eine riesige Grußkarte mit handschriftlichen Trostworten und Aufmunterungen von allen Partnern geschickt. *Wir glauben an Sie. Wir wissen, daß Sie diese Sache niederschlagen.* Und so weiter. Es bedeutete mir viel mehr, als ich ausdrücken kann. Bennett berichtet mir, daß die Anwälte in der Firma außer sich sind, daß sie überzeugt sind, das Ganze wäre eher eine Schikane als eine ordnungsgemäße Strafverfolgung, ein Begriff, der mittlerweile Eingang in Bens normalen Sprachschatz gefunden hat. Es tut gut, das zu hören. Ich sitze in der Firma sozusagen auf einer Insel: Grundsätzlich bin ich Senator Tullys Mann, verstehe mich aber auch mit den anderen Kollegen recht gut, ohne richtig mit ihnen befreundet zu sein. Schön zu wissen, daß sie trotzdem hinter mir stehen.

Heute ist Freitag. Ich konnte die letzte Nacht in meinem eigenen Bett und mit meinen Hunden verbringen, so daß ich mich um einiges besser fühle. Meine Grundstimmung – obersauer – hat sich nicht geändert. Aber während der letzten Tage hat meine Wut sich ein wenig gelegt und einer wachsenden Furcht Platz gemacht. Es ist keine richtige Angst, keine Panik, sondern ein Zustand allgegenwärtiger Nervosität. Ich habe versucht, alle Ablenkungen zu verdrängen, darunter auch den Gedanken an die Auswirkungen, die diese Verhaftung auf Grant Tullys Wahlkampf um den Gouverneursposten und auf meine Karriere haben könnte, um mich ausschließlich auf das Wer, Was und Warum von Dale Garrisons Tod zu konzentrieren. Genau das tue ich im Augenblick mit Bennett Carey, mit dem ich in der Stadt in einer spärlich bevölkerten Pizzeria – als Spezialität gibt es hier ein sensationelles Geflügel-Parmesan-Sandwich – zu Mittag esse.

Bennett hat sein Jackett ausgezogen und sitzt in seinem üblichen weißen Oberhemd mit gelber Krawatte vor mir. »Wir überprüfen gerade sämtliche früheren Mandanten Garrisons«, führt er aus. »Ehemalige, aus dem Gefängnis entlassene Sträflinge, die vielleicht einen Groll auf ihn haben könnten.«

»Jemand, der seinen Verteidiger umbringen will, weil er während des Prozesses nicht gut genug gearbeitet hat?«

Bennett nickt. »Ein Klischee, klar, aber der typische Ermittlungsgang, wenn ein Polizist oder ein Staatsanwalt ermordet wurde. Es gibt keinen Grund, weshalb es bei einem Strafverteidiger grundlegend anders aussehen sollte.«

»Es kann nicht schaden. Nimmst du dafür Cal Reedy?«

»Ja.« Cal Reedy betreibt Oppositions-Recherchen für die Demokratische Partei. Über so etwas redet man nicht auf Cocktailpartys. Ich kenne nur eine Handvoll Parteiobere, die Reedys Telefonnummer haben, und habe seinen Namen bisher kaum einmal laut erwähnt. Es ist natürlich nichts Illegales. Wir hören keine Telefone ab oder etwas in dieser Richtung. Aber er kann in kürzester Zeit das Leben von jemandem völlig auseinandernehmen.

»Okay. Was sonst noch?«

»Der Anruf«, sagt Ben. »Wir werden mit dieser Frau sprechen, deren Handy gestohlen wurde. Wir wollen rauskriegen, wer ihr Telefon benutzt hat, um dich anzurufen.«

»Genau.« Ich schüttle den Kopf. »Das ist verrückt. Es war Dale. Ich kenne seine Stimme. Dale hat mich angerufen.«

Die Servererin kommt mit unserem Essen. Geflügel-Parmesan-Sandwich für mich, eine Hähnchenbrust mit cholesterinfreier Zitronensauce für Bennett.

Ben fummelt mit seiner Serviette herum. »Könnte ihm jemand einen Revolver an die Schläfe gehalten haben? Ihn gezwungen haben, dich anzurufen, und ihn dann getötet haben, um dich als Täter dastehen zu lassen?«

Ich lache, aber kaum, weil ich es lustig finde. »Das kann ich nicht glauben.«

»Deshalb wäre es perfekt«, sagt Ben. »Jetzt hast du lediglich die Geschichte, daß du für fünf bis zehn Minuten das Gebäude verlassen hast, dann zurückkamst, um Dale erwürgt vorzufinden. Das klingt ziemlich lächerlich.«

Ich schlucke krampfhaft. Es klingt wirklich lächerlich. Das muß ich zugeben.

»Die Wahrheit ist manchmal bizarr«, meint Ben und versucht, diesen heftigen Schlag ein wenig abzumildern.

»Demnach gehen wir davon aus, daß ich in eine Falle gelockt wurde.« Mein Blick wandert zur Decke. »O Gott, das klingt so lachhaft dramatisch.«

»Aber plausibel, Jon. Wenn es wirklich ein Plan war, wurde er perfekt umgesetzt. Jemand versteckt sich irgendwo in Dales Büro und wartet, bis du rausgehst, kommt rein, tötet ihn und holt dich dann mittels eines nicht näher identifizierbaren Handys wieder an den Tatort zurück.«

»Lachhaft«, wiederhole ich. »So was würde ich in einer Million Jahren nicht glauben.«

»Ich widerspreche. Du mußt nur akzeptieren, daß es geplant war, eine Falle gestellt wurde. Dann ergibt der Rest einen Sinn.«

»Warum machen wir nicht weiter?« frage ich. »Versuch doch mal, mich aufzumuntern.«

Ben schneidet in die Hähnchenbrust auf seinem Teller. »Die Todesursache«, sagt er. »Wir nehmen uns das Ergebnis der Autopsie vor.«

»Können wir einen Einwand vorbringen?«

»Ich kenne jemanden«, sagt Ben. »Einen Knaben, den ich zweimal engagiert habe, als ich noch im Büro des Staatsanwalts gearbeitet habe. Er ist Gerichtspathologe. Wenn es Gründe für einen Einwand geben sollte, findet er sie.«

»Könnte da was sein?«

»Schon möglich.« Ben kaut genußvoll und richtet die Gabel auf mich. »Ich habe schon bessere Berichte als diesen gesehen.«

Ich betrachte Bennett einen Moment lang. Rein körperlich bietet er einen eindrucksvollen Anblick, ein Mann wie ein Baum, und ich sah ihn in den Nachrichten, wie er die Anklagebehörde verspottete. So aufgekratzt hatte ich ihn noch nie erlebt. Und seit jemand in sein Haus eingebrochen ist, weiß ich, wie Bennett Carey reagiert, wenn er beunruhigt ist. Ich räuspere mich. »Ben, ich will mal ganz offen zu dir sein.«

»Schieß los.«

»Kannst du diesen Fall bewältigen? Du bist noch ziemlich jung.«

Er gönnt sich ein Lächeln. Er ist neunundzwanzig, und ich bin achtunddreißig. »Ich habe vier Jahre lang Strafverfahren angestrengt und geführt, Jon. Sie haben mich nach einem halben Jahr, also lange vor Ablauf der sonst üblichen Frist, zu den Schwerverbrechen versetzt. Ich habe genau zehn Mordprozesse geführt. Alle endeten mit Verurteilungen. Insgesamt habe ich über fünfzig Prozesse geführt. Und nur einen verloren.«

»Dann erzähl mir mal von dem, den du verloren hast.«

»Es ging um Postbetrug«, beginnt er, ohne zu zögern. Ein guter Strafverteidiger erinnert sich meistens viel besser an seine Niederlagen als an seine Siege. »Es hätte eigentlich ein Fall für das Bundesgericht sein müssen, aber der Bundesanwalt lehnte ab. Eine Frau mit vier Kindern und ohne Ehemann hatte über die Post ein Schwindelgeschäft betrieben. Sie hatte gegen Geld Nacktfotos verkauft und angeboten, sich mit den Käufern persönlich zu treffen, war jedoch nie zu den Verabredungen erschienen.« Er tupft sich mit der Serviette den Mund ab. »Der Verteidiger verwies auf ihre Notlage, vier Kinder zu Hause und kein Vater. Die Geschworenen wollten die Kinder nicht ins Heim schicken. Sie ließen den Prozeß platzen.« Er zuckt mit den Achseln.

»Wie konnte sie diese Geschichte mit den Kindern nur durchbringen?« frage ich.

Ben hebt die Schultern. »Der Anwalt hat sie gefragt, und sie hat geantwortet.«

»Du hast keinen Einspruch eingelegt?«

»Das hab ich völlig versiebt.« Ben wendet sich mit einem säuerlichen Lächeln wieder seinem Essen zu.

Ich lächele ebenfalls, werde aber schnell wieder ernst.

»Trotzdem, reden wir nicht drum herum. Du hast selbst gerade einiges hinter dir, Ben. Und das hier wird ein ganz hartes Stück Arbeit. Bist du fit dafür?«

Bennett schiebt den Teller mit seinem Essen weg und legt die Hände flach auf die Tischplatte. »Richtig, reden wir nicht drum herum, Jon. Ich weiß, daß ich zu der ruhigen Sorte gehöre und nicht viel ausgehe, aber das bin ich in meinem Privatleben. Du hast mich noch nicht im Gerichtssaal erlebt. Du willst jemanden wie Paul Riley – kein Problem, ich nehm's dir nicht übel. Er wird dich zweihunderttausend Riesen kosten, ist aber jede Summe wert. Wirklich. Tu es. Aber wenn ich nicht überzeugt wäre, daß ich für diesen Job der Beste bin, würde ich es sofort sagen.«

Ich glaube ihm. Ich glaube, daß Ben ein hervorragender Prozeßanwalt ist, denn genau das habe ich gehört, als ich seine Referenzen überprüfte, ehe ich ihn einstellte. Ich habe mich damals sogar gefragt, warum er unbedingt zu mir kommen und sich mit Gesetzgebung und Wahlrecht herumschlagen wollte. Ein Mann, der auf dem Weg war, in allen Gerichtssälen eine ganz große Nummer zu werden, wollte sich plötzlich ausschließlich mit Wahlkampffinanzierungsbestimmungen und Wahlstatuten beschäftigen?

Was mein persönliches Problem betrifft, so glaube ich, daß Ben es mir offen mitteilen würde, wenn er meinte, jemand wäre für diese Aufgabe besser geeignet. Der Knabe hat nämlich keine Spur von Ego, jedenfalls habe ich bei ihm bisher nichts Derartiges bemerkt.

»Zudem koste ich nichts«, fügt er hinzu.

»Du bist engagiert«, sagte ich und strecke ihm eine Hand entgegen. Er ergreift sie, drückt sie, und einen Moment lang sind wir voller Optimismus. Dann wird Ben still und starrt auf sein Mittagessen.

»Jon, wir müssen über diese Erpressung reden.«

»Ich habe nicht die geringste Ahnung«, beteuere ich. »Ich verberge absolut nichts. Vor allem nicht vor dem Senator.«

»Denk nach.« Ben schaut mich beschwörend an. »Denn die Cops werden nicht lockerlassen.«

»Ich weiß.«

»Du kennst den Senator schon dein Leben lang, richtig?«

»Ja.«

»Gibt es nichts in achtunddreißig Jahren? Nichts, wovon der Senator nichts weiß?«

»Etwas, das zweihundertfünfzigtausend Dollar wert ist?« Ich schüttele entschieden den Kopf. »Verdammt, nein.«

»Okay.« Ben senkt die Stimme. »Übrigens, habe ich dir jemals die erste Regel der Strafverteidigung verraten?«

»Nein.«

»Erzähl deinem Anwalt alles.« Ben legt eine Hand flach auf den Tisch. »Absolut alles.«

»Ehrlich, Ben, ich denke nach, aber mir fällt einfach nichts ein.«

Mein Anwalt sieht mich noch für einige Sekunden prüfend an, ehe er sich mit meiner Erklärung zufriedengibt und sich wieder seinem Essen zuwendet. Ich versuche, mich auf mein Sandwich zu konzentrieren, während ich gegen eine sehr, sehr alte Erinnerung ankämpfe.

22

Trotz meiner Verhaftung ist das Leben in vieler Hinsicht wieder in völlig normale Bahnen zurückgekehrt. Es ist auf eine gewisse Weise erstaunlich, daß das Alltagsleben weitergeht wie früher. Meine Rechnungen mahnen mich noch immer von ihrem Stapel mitten auf meiner Küchenanrichte. Meine Hunde brauchen noch immer Fressen und Spaziergänge und Aufmerksamkeit. Noch immer dusche ich und rasiere ich mich und lese die Zeitung und verfolge die Aktienkurse.

Und das Haus ist noch immer leer, im wahrsten Sinn des Wortes. Seit Tracy mich verließ, hatte ich ausziehen wollen.

Wahrscheinlich werde ich das auch irgendwann tun. Der Gedanke klingt irgendwie hohl. Als gäbe es irgendwann mal einen Zeitpunkt, an dem ich umziehen *könnte*. Auf jeden Fall ist jetzt nicht die richtige Zeit, um darüber nachzudenken. Ich habe zu viel zu tun. Bin zu beschäftigt. Bin eigentlich immer zu beschäftigt.

Ich glaube, *zu beschäftigt* könnte eine treffende knappe Zusammenfassung der Zerrüttung meiner Ehe sein. Der Job schickt mich quer durch die Stadt, in die Hauptstadt, für den größten Teil der Woche während der sechs Monate, in denen die gesetzgebenden Organe tagen. Wahrscheinlich ein großes, tiefes Loch, in dem unsere Ehe begann. Ich war viel zu sehr mit meiner Arbeit verhaftet. Ich war nicht selbstsüchtig. So hat sie mich nie genannt. »Mit mir selbst beschäftigt« war die Beschreibung meines Verhaltens, die Tracy benutzte. Ich dachte, meine Arbeit sei viel wichtiger als alles, was sie tat. Wichtiger als wir.

Das habe ich nie gedacht. *Niemals*. Aber ich denke, meine Taten sprachen eine eindeutigere Sprache als meine Gedanken. Sie ärgerte sich über mich, ich ärgerte mich über sie, weil sie mich nicht akzeptierte – ich hatte schließlich diesen Job schon als wir uns kennenlernten –, verdammt, wir ärgerten uns übereinander. Sie stürzte sich in ihren Job – in einer PR-Firma in der Stadt –, so daß sie in den Monaten, die ich hier in der Stadt verbrachte, nicht zu Hause war oder endlose Überstunden machte. Das war ihre Revanche für meine Zeit in der Hauptstadt. So betrachtete ich es. Sie hingegen fragte, warum es für mich okay sein sollte, meine Freizeit von meiner Arbeit bestimmen zu lassen, aber für sie nicht?

An dem, was sie sagte, war etwas dran. Ich wünschte, sie hätte wissen können, was ich empfand. Oder was ich zu ihr sagte, nicht, wenn wir zusammen waren, ohne Samthandschuhe in unseren Ringecken, sondern wenn ich in der Hauptstadt allein in einem Hotelzimmer saß. Dies waren traurigerweise meine intimsten Momente mit Tracy. Dann sagte ich ihr, wie sehr ich sie achtete, wie sehr ich sie bewunderte, welche Angst ich hatte, sie zu verlieren.

Die Kluft wurde zu breit. Das erkannte ich vor ungefähr zwei Jahren. Das war der Tiefpunkt. Jeder glaubt, der schlimmste Teil einer Scheidung ist der Moment, in dem die bisher unausgesprochenen Worte ausgesprochen werden, in dem die Entscheidung getroffen wird. Das ist falsch. Der tiefste Punkt ist, wenn man in den verborgenen Winkeln seiner Seele, in einem brutalen Moment totaler Ehrlichkeit gegenüber sich selbst erkennt, daß keiner von beiden in dieser Ehe jemals glücklich sein wird. Dann verfällt man ins Schlafwandeln, wartet darauf, daß der andere Schritt gemacht wird, malt man sich den Moment aus, in dem einer von beiden den Mut hat, die Entscheidung kundzutun.

Das heißt nicht, daß die näheren Umstände eines solchen Bruchs ein Spaziergang im Park sind. Man trennt sich nicht sofort physisch, wenigstens taten wir es nicht. Man findet zu einer Art sachlicher Koexistenz. Man schmiedet Pläne, bespricht sie behutsam und bricht sich fast einen dabei ab, einander aus dem Weg zu gehen. Es gibt eine unmittelbare Distanz – vielleicht die gleiche Distanz, die längst vorhanden war, doch nun kann man sie viel deutlicher spüren. Ich kam auf das Thema Haus zu sprechen, wer ausziehen solle, oder sollten wir beide uns etwas Neues suchen? Bei dieser Gelegenheit – es war der Tag, nachdem wir die Entscheidung getroffen hatten, uns zu trennen – setzte sie mich davon in Kenntnis, daß sie an der Ostküste einen Job angenommen hatte. Ein echter Aufstieg, erklärte sie mir, eine Beförderung, eine aufregende Chance für sie, und ich versuchte sie in ihren Plänen zu unterstützen, während ich die ganze Zeit dachte: Sie hatte den Job angenommen, als wir noch zusammen waren.

Am Ende regelten wir die Angelegenheit freundschaftlich. Wir sahen einander an und entschieden, daß wir einander nicht hassen würden. Ich sagte ihr, ich freute mich über ihren Karrieresprung, weil sie sich so begeistert über die

Möglichkeiten äußerte, die er ihr bot. Ich denke, das traf nur zum Teil zu. Nach meinem Dafürhalten hatte sie den Job weniger wegen seiner Vorzüge angenommen als wegen seines Standorts. Es ist wahrscheinlich besser, daß wir nicht in derselben Stadt leben. Für Tracy noch mehr als für mich. Senator Tullys Name steht fast jede Woche in der Zeitung, und ein Public-Relations-Berater verfolgt die Nachrichten. Es wäre für sie eine ständige Erinnerung an meine Existenz, und sie hätte ständig den Grund unserer Trennung vor Augen.

Ich bleibe mitten in der Küche stehen und bin mir nicht ganz klar darüber, weshalb ich überhaupt hierhergekommen bin. Ich fange an zu begreifen, was meine Hunde fühlen.

Ich muß sagen – es gibt nichts Besseres als einen Strafprozeß, um die Gedanken von der Ex-Ehefrau abzulenken. Auf eine bizarre Weise ist dies einfacher. Es gibt keine Schuld, weil ich nichts getan habe. Ich kann den edlen Prinzen spielen. Ein Unschuldiger, der angeklagt wird. Das ist etwas, das ich über meine Ehe nicht sagen kann. Es gibt eine Menge Schuld zu verteilen, das Leben ist viel zu kompliziert, um es von einem einzigen Ereignis oder Augenblick abhängig zu machen, aber am Ende des Tages halte ich den Kopf für das Scheitern hin.

Es klopft an der Tür. Ich blicke instinktiv zum Fenster, aber ich habe die Vorhänge zugezogen. Drücken wir es so aus – die Medien haben auf meine Privatsphäre eher wenig Rücksicht genommen. Aber ich bin nicht mehr die Sensationsmeldung, dank eines nuklearen Störfalls in der ehemaligen Sowjetunion. Außerdem hat jeder, der ein Bild von mir haben will, es längst geschossen.

»Wer ist da?«

»Grant.«

Ich öffne die Tür. Ich blicke pflichtschuldig über seine Schulter. Sein Wagen parkt in der Auffahrt, von Reportern keine Spur. Jason Tower, sein Stabschef, sitzt mit einem anderen Angehörigen des Stabes auf dem Rücksitz und unterhält sich.

Grant tritt ein, streckt eine Hand aus, überlegt es sich anders und umarmt mich. Dann hält er mich auf Armeslänge von sich und betrachtet mich prüfend. »Wie läuft's, Jonny?« Ein Sprung zurück in unsere Jugend, die knappe, klare Sprache, so leicht zu verstehen, so schwer zu verdrehen, eine Erinnerung an unsere gemeinsame Vergangenheit. Der Senator bückt sich und begrüßt die Möpse, Jake und Maggie. Er läßt sich von Maggie in den Finger beißen, wie ein Welpe es gern tut, und zwar ein wenig zu heftig, ehe er sich wieder aufrichtet.

»Du hast sicherlich Besseres zu tun«, äußere ich.

»Ach.« Er zieht eine Grimasse. »Es ist noch viel zu früh, um auf volle Kraft zu gehen. He, ich bin im Augenblick bloß achtzehn drunter.« Ich habe gerüchteweise von der Umfrage erfahren. Es war eine von unserer Wahlkampfleitung privat in Auftrag gegebene. Die Zahlen des Senators gehen ein wenig zurück. Es ist noch zu früh, die Zahlen sind ungenau, aber egal, wie man es interpretiert, er hat noch einen steilen Weg vor sich.

Ich biete ihm etwas zu trinken an, aber er lehnt dankend ab. Er setzt sich in einen Sessel, ich entscheide mich für die Couch. Mein Wohnzimmer entspricht allgemeinen Erwartungen, Parkettfußboden, schlichte grünlichbraune Möbel, ein überdimensionierter Fernseher, ein offener Kamin. Das ehemalige Zuhause eines Ehepaars, das laut Grants Ehefrau Audrey, »verjunggesellt« wurde.

»Ich habe dir gesagt, du sollst dich von mir fernhalten«, versuche ich zu schimpfen. »Du darfst nicht herkommen.«

Er ignoriert mich. Sein Blick wandert zum Kamin, zu den Bildern. Er ist auf einem zu sehen, er und Audrey, Tracy und ich auf dem Pier nach einer Bootsfahrt auf dem See vor etwa vier Sommern. Ein anderes Bild von Tracy, ein Porträt mit festgelegter Pose, nimmt die hervorgehobene mittlere Position auf dem Kaminsims ein. Grants Gesicht drückt Mißfallen aus, daß ich sie immer noch dort stehen habe und mich so an die Vergangenheit klammere. Er hat sie eigentlich nie so richtig gemocht.

159

»Was hast du vor, Jon?« fragt er. »Sag, was du brauchst. Du kriegst es.«

»Ich hatte eigentlich vor, mich von dir möglichst fernzuhalten«, antworte ich. »Aber das hast du ja vermasselt.«

Grant lacht. »Aidan hätte es niemals gewagt, mir in die Augen zu sehen und zu erklären, meine Garantie sei nicht ausreichend.« Er bezieht sich auf den Richter, der meine Kautionssumme festgesetzt hat. Der Senator wird wieder ernst. »Du kannst deine Arbeit wie gewohnt fortsetzen.« Er nickt gewichtig. »Du bist noch immer Chefberater. Und du bist noch immer meine Nummer eins in diesem Wahlkampf.«

»Hör mal – ich würde ablehnen, aber das ist die Grundbedingung meiner Freilassung auf Kaution.« Ich suche nach Worten. »Ich verhalte mich so unauffällig wie irgend möglich. Ich vermeide jeden öffentlichen Auftritt. Vorerst. Hoffentlich kriegen wir einen schnellen Prozeß, und ich komme aus dieser Sache heraus.«

Aufmunterung von Grant. Keine Frage, daß du raus kommst. Die Geschworenen brauchen keine fünf Minuten, um dich freizusprechen. Niemand glaubt ernsthaft, daß ich das getan habe. Der Bezirksstaatsanwalt geht am Ende auf Tauchstation. »Und du«, fährt er fort, »arbeitest, so viel und so lange du willst. Wir stellen dir hier ein Fax auf. Du kannst so viel Einfluß nehmen, wie du magst. Ich *brauche* dich, Kumpel. Das ist keine großzügige Geste von mir. Außerdem« – der Senator zeigt mit dem Finger auf sich und auf mich - »müssen wir aufeinander aufpassen.«

»Scheinbar paßt du immer auf den anderen auf, Buddy.« Ich bringe ein mattes Lächeln zustande.

»Ach.« Er winkt ab. Für einen unbeteiligten Beobachter hatten Grant und ich immer eine seltsame Beziehung. Die Politik ist einer der wenigen Bereiche, wo sich Freundschaft und Geschäft mischen. Politiker umgeben sich mit ihren Freunden. Was in meinem Fall heißt, daß der beste Freund gleichzeitig der Boß ist. Bester Freund ist der Begriff, den

ich benutze, aber auf gewisse Weise habe ich mich immer gefragt, ob ich, nachdem er seinen älteren Bruder bei dem Verkehrsunfall verloren hat, in Wirklichkeit nicht so etwas wie
sein Ersatzbruder geworden bin. Er beschützt mich, so wie
sein Bruder ihn beschützt hat. Er hat seitdem stets dafür gesorgt, daß ich in seiner Nähe bin. Ich spiele ohne Zweifel
eine gewichtige Rolle. Ich bin wertvoll für ihn. Er tut nichts
ohne meinen juristischen Rat. Aber das tut er, weil er mich
ausgewählt hat. Er hat mich zu seinem Chefberater gemacht, während sein Vater, Simon, jemand anderen vor-
schlug, einen älteren Anwalt, der schon über zehn Jahre in
der Hauptstadt praktizierte. Grant bestand auf mir.

»Wie dem auch sei.« Senator Tully klatscht in die Hände.
»Hast du alles, was du brauchst?«

»Ich denke schon, Boß.«

»Bennett wird dich als Anwalt vertreten.«

»Ja. Ich habe dabei ein gutes Gefühl. Ich wünschte, die
Beweise wären ein wenig hilfreicher.«

»Ja.« Grant nickt »Das ist richtig.« Er sieht mich an. »Was
hat es mit dieser Erpressungsgeschichte auf sich?«

»Keine Ahnung.« Ich zucke hilflos mit den Achseln.

Er löst den Blick von mir, starrt zu Boden. »Könnte es etwas mit Trotters Nominierungspapieren zu tun haben?«

Der Gedanke bereitet Grant offenbar Unbehagen. Er
weiß, daß ich entschieden dagegen war, das As so einzusetzen, wie Grant es wollte. Jetzt weiß ich auch, warum Grants
Helfer draußen im Wagen warten müssen. Dies ist ein priva-
tes Gespräch.

»Mit dem As?« Ich schüttle den Kopf. »Ich wüßte nicht,
wie.«

Grant stützt die Ellbogen auf die Knie. »Es erscheint so
seltsam. Die beiden Dinge liegen zeitlich so nahe beieinander. Diese Notiz …« Er blickt in meine Richtung, sieht mich
aber nicht direkt an. »Meinst du, er nahm an, wir würden die
Sache privat gegen Trotter einsetzen, und drohte, es öffentlich zu machen? Etwas in dieser Richtung?«

»Du denkst an eine Erpressung des Erpressers?« Ich lache. »Nee. Nicht Dale. Er war ein Teamplayer.«

»Wahrscheinlich.« Grant läßt sich das einen Moment lang durch den Kopf gehen. »Egal, vergiß das As. Denk nicht mehr dran. Wir lassen jetzt die Finger davon.«

Diese Entscheidung gefällt mir, der Grund dafür weitaus weniger. Aber es ist für Grant sowohl privat als auch publicitymäßig besser, das As nicht zu benutzen.

»Okay.« Grant springt auf. »Du sagst mir Bescheid, wenn du etwas brauchst.«

»Ganz bestimmt. Danke, Kumpel. Ehrlich.«

Grant ergreift mit der linken meine rechte Hand und schüttelt sie kurz. Ich beobachte ihn durchs Fenster, während er zu seinem Wagen geht, zu einem zunehmend feindselig sich bewölkenden Himmel aufblickt und sich für ein Unwetter wappnet.

23

»Jon?«

Ich schließe die Augen, und meine Hand krampft sich um den Telefonhörer. Es ist Nachmittag, und ich habe auf meinem Bett gearbeitet, indem ich die Flut von Wahlkampfpapieren, die Grant herumschickt, daraufhin überprüfte, ob sie mit den Staats- und Bundesgesetzen in Einklang stehen. Die erste Reaktion ist Bitterkeit, ein Wiederaufflackern von Schuld und tiefer Traurigkeit.

»Ist es wahr? Bist du okay?«

»Hallo, Trace.«

Meine Ex-Frau sprudelt eine Flut von Fragen hervor, wobei ihre Panik ständig zunimmt. Daß ich nicht sofort antworte, sagt ihr alles, was sie wissen muß.

Ja, ich werde wegen Mordes angeklagt.

»Rede mit mir, Jon. Erzähl mir, was passiert ist.« Am bemerkenswertesten ist ihr Tonfall. Sie ist aufgeregt, versucht aber, so etwas wie sachliche Distanz zu wahren. Zeit und Erfahrung verhelfen ihr zu dieser Fähigkeit. Sie kann die letzten zwei, drei Jahre nicht so leicht verdrängen.

»Ich bin unschuldig.« Mein Lachen klingt ziemlich lahm. Das muß sogar ich selbst zugeben. Ich tue das gleiche wie sie, ich errichte einen Schutzwall.

»Wurdest du verhaftet? Angeklagt?«

»Beides. Aber ich bin okay, Trace.«

»Wie konnte das passieren? Wie kann jemand ernsthaft annehmen, daß du zu so etwas fähig bist?«

»Es ist etwas Politisches.« Ich zwinge mich, ruhig und gelassen zu klingen, während meine Emotionen in einem wilden Aufruhr sind. »Der Staatsanwalt ist Republikaner. Und wir haben Wahljahr.«

»Aber so etwas? Ist es schon so schmutzig?«

Tracy meint nicht nur die Politik des Bezirksstaatsanwalts, sondern die Politik ganz allgemein. Mein Leben. Meine Tätigkeit.

Sie spürt den unbeabsichtigten Vorwurf. »Jonny, was wirst du tun?«

»Mich verteidigen«, antworte ich. »Und gewinnen.«

»Hast du einen Anwalt? Brauchst du Geld?«

»Ich habe alles. Wirklich, ich bin okay.«

»Ich kann das nicht glauben. Es ist … unfaßbar.«

Eine Gesprächspause. Ein unausgesprochener Kampf. Die Tracy Stearns, in die ich mich verliebte, war liebevoll und freigiebig, lachte gern und nahm Rücksicht auf meine Stimmungen. Sie veränderte sich, so wie wir uns veränderten. Sie wurde härter. Sie wechselte die Prioritäten. Sie ließ sich sogar die Haare schneiden, unbedeutend, aber für mich eine symbolische Handlung, denn ich konnte ewig mit ihren langen Locken spielen. Ich war vor zwei Jahren von einer Sitzung nach Hause gekommen und hatte sie mit kürzeren Haaren vorgefunden, als ich sie trug. Sie hatte mir nichts davon erzählt. Sie lächelte kühl und sagte nur: »Überraschung.«

»Du hast nicht angerufen«, stellt sie fest.

Ich wollte es, Trace. Mehr, als ich jemals offen zugeben

würde. Ich habe mir selbst nicht getraut, hatte Angst, was ich sonst noch von mir geben würde. Wenn eine Beziehung zerbricht, sorgst du dafür, daß dein Herz versteinert.

»Ein verdammt schwieriger Schritt«, sage ich.

»Ich weiß. Ich weiß. Aber, *Jon* ...« Ein deutlich hörbarer Seufzer von ihr. »Sag mir ... sag, was ich tun kann. Möchtest du, daß ich ... du weißt schon.«

Ob ich möchte, daß du nach Hause zurückkommst? Das will sie fragen. Die Frage selbst erzeugt ein Auflodern von Hoffnung, irrealer, grausamer Hoffnung, die in all den Monaten in mir schlummerte. Aber daß sie die Frage nicht beendet, ist auch schon die Antwort.

»Bleib einfach mit mir in Kontakt. Okay, Trace?«

Das führt zu einer überraschenden Reaktion. Schniefen, Tränen bei ihr. Mein Hund, der ältere, scheint meine Gefühlsaufwallung zu spüren und schiebt mir seine kalte Nase ins Gesicht.

»Ist das Jake?« Trotz ihres Schluchzens muß Tracy lachen. »Jakie, bist du das?«

»Ja«, sage ich. »Er vermißt dich auch.«

Meine ehemalige Braut, Tracy Stearns Soliday, nimmt mir das Versprechen ab, sie jeden Tag anzurufen, wann immer ich will, egal, aus welchem Grund. Ich spiele weiter den Tapferen, ehe mir bewußt wird, daß ich meiner letzten Bemerkung das Wort »auch« hinzugefügt habe.

24

Das Büro, das Bennett Carey und ich betreten, ist nach anwaltlichen Maßstäben eher winzig. Ein einzelner Nußbaumbücherschrank scheint unter der Last von unzähligen Akten und gebundenen Notizbüchern zusammenzubrechen. Der Schreibtisch ist überladen mit weiteren Aktenordnern, aus denen nachlässig eingeheftete Papiere herausragen. Auf dem Schreibtisch steht eine offene Schublade, ein behelfsmäßiger Eingangskorb, in dem alles gesammelt wird, was woanders keinen Platz mehr findet. Das einzige Anzeichen von Ordnung ist eine kleine freie Fläche genau in der Mitte, die freigeräumt wurde für dringend zu erledigende Arbeiten.

»Bringt das bei dir irgendwelche Erinnerungen zurück?« frage ich Bennett. Wir befinden uns in den Büros der Bezirksstaatsanwaltschaft – genauer gesagt, in Daniel Morphews Zimmer. Der Bursche, der mich im Polizeirevier verhört hat, ist gleichzeitig der Anklageführer in meinem Prozeß.

»In dieser Etage sitzen die hohen Tiere«, sagt Bennett. »Ich bin nie über den Stuhl des Anklageführers in einem Gerichtssaal oben im fünfzehnten hinausgekommen.«

»Wahrscheinlich wolltest du nie etwas anderes, als in einem Gerichtssaal zu arbeiten.«

Bennett überlegt kurz, dann lächelt er. »Nein, wahrscheinlich nicht.«

»Ist Morphew nicht Prozeßanwalt?«

Ben verzieht das Gesicht. »Früher mal. Jetzt ist er leitender Beamter, in dritter Position, glaube ich. Aber er übernimmt gelegentlich auch mal einen Fall.«

»Die großen Sachen«, sage ich säuerlich.

Bennett spricht aus dem Mundwinkel. »Es wird dich sicherlich überraschen, daß dieser Fall von einigem öffentlichen Interesse ist.«

»Tut mir leid, daß Sie warten mußten.« Der Stellvertretende Bezirksstaatsanwalt Daniel Morphew stürmt ins Zimmer. Eine gewichtige Persönlichkeit, stelle ich widerstrebend fest, ein ansehnlicher Mann, strotzend vor Selbstvertrauen und sich seiner Autorität vollauf bewußt. Er hält kurz inne, als er mich sieht, dann reicht er Bennett die Hand. »Freut mich, Sie wiederzusehen, Ben. Mr. Soliday.« Ich schüttle ihm die Hand.

»Jon ist bei allem dabei.« Ben spürt Morphews Überraschung. Es ist allgemein nicht üblich, daß ein Mandant an allen Treffen mit Staatsanwälten teilnimmt, vor allem nicht zu einem solch frühen Zeitpunkt der Prozeßvorbereitung.

»Das ist Ihre Entscheidung.« Morphew nimmt hinter seinem Schreibtisch Platz. »Okay.« Er läßt einen suchenden Blick über seinen Schreibtisch schweifen, dann greift er in die Schublade und holt einen Notizblock heraus. »Bridges also, hm?« sagt er zu Bennett.

Unsere Richterin wird die Ehrenwerte Nicole Bridges sein. Sie ist ehemalige Staatsanwältin, eine Afroamerikanerin, die seit fünf Jahren das Richteramt innehat. Eine Demokratin. Ben betrachtet sie als gute Wahl. Er sagt, sie sei gerecht, eine aufmerksame Beobachterin, niemand, die den jeweiligen Verfahren ihre eigene Tagesordnung aufzwinge. Es gibt ein paar Richter, die ich mir gewünscht hätte, Leute mit guten Kontakten zum Senator. Wir hatten überlegt, ob diese Richter, falls sie ausgewählt würden, sich wegen ihrer Verbindungen zu Grant Tully für befangen erklären würden. Bennett hat das verneint. Alle Richter unterhalb des Obersten Gerichts sind gewählt, und würde jeder Richter sich aus jedem Fall mit Verbindung zu irgendeinem gewählten Amtsträger heraushalten, wäre am Ende keiner mehr da. Auf jeden Fall hat dieses Problem für uns keine Bedeutung. Richterin Bridges wurde per Wahl aus einem Kreisgericht im Westen geholt und von einem afroamerikanischen Ratsmitglied, Danny Rose, unterstützt – mit anderen Worten, der Senator hat ihr in keiner Weise geholfen. Stadtrat Rose und ich sind einander mal vorgestellt worden, aber ich kenne ihn nicht näher.

»Nicki ist für Sie eine gute Wahl«, stellt Morphew fest. Obgleich der Tisch zwischen uns ist, kann ich den Kaffee in seinem Atem riechen.

»Sie ist wirklich gut«, pflichtet Ben ihm bei.

»Haben Sie zusammen praktiziert?«

Ben schüttelt den Kopf. »Sie hatte damals die Aufsicht, als ich im Strafgericht tätig war. Aber Sie kennen sie auch.«

»Ich *kenne* sie, ganz bestimmt.« Morphew sucht etwas auf seinem Schreibtisch. Ich vermute, einen Schreibstift. »Manchmal fragen wir uns hier unten im fünften Stock, ob sie nicht ihre Unabhängigkeit mitunter zu heftig demonstriert.«

»Sie duldet keine Schlampigkeiten, wenn Sie das meinen.« Bennett begleitet diesen Seitenhieb mit einem knappen Lächeln.

»Ja, ja, okay.« Morphew verzieht das Gesicht. Er findet einen Kugelschreiber und fängt an zu schreiben. »Okay. Zuerst einmal sind wir nicht auf einen Drei-elfer aus.«

Laut Vorschrift 311 des Obersten Gerichtshofs muß die Anklage der Verteidigung mitteilen, ob sie die Todesstrafe anstrebt. Sozusagen als Einleitung informiert Daniel Morphew uns beiläufig darüber, daß er die Geschworenen nicht auffordern wird, mich zum Tode zu verurteilen.

»Das nehme ich Ihnen nicht übel«, sagt Bennett. »Angesichts dieser Fakten.«

Mit gesenktem Kopf blickt Morphew kurz zu Bennett. »Sachte, Freundchen.« Er beendet seine Notizen und sieht Ben direkt an. »Ich habe Ihren Mandanten am Tatort als einzigen, der die Gelegenheit zur Tat hatte und dem Wachmann ein Märchen auftischte. Und ich habe diese Erpressungsgeschichte.«

Bennett verzichtet auf eine direkte Erwiderung. Er legt die Hände in den Schoß. »Gab es noch etwas?«

Morphew seufzt. »Ich weiß, wie Sie an die Sache rangehen«, sagt er. »Ich lese die Zeitungen. Eine politisch motivierte Verfolgung, bla-bla-bla. Aber fürs Protokoll – streichen Sie das – *nicht* fürs Protokoll, Sie sollten wissen, ich an Ihrer Stelle würde Mr. Soliday niemals als Mandanten annehmen, selbst wenn er der letzte auf der ganzen Welt wäre, der einen Anwalt braucht.«

»Wenn ich Sie wäre«, sagt Bennett, »würde ich das auch nicht tun.«

»Nicht, wenn man der Sache auf den Grund geht«, sagt er. »Ich denke, wir haben Sie. Aber davon rede ich gar nicht. Ich sage nur, sehen Sie, dieser Mann hat Verbindungen zu Senator Tully, mein Boß hat Verbindungen zu seinem Gegner.

Damit ergibt sich für Sie die Möglichkeit, Raycroft an den Karren zu fahren. Wenn Sie also glauben, daß wir damit Schwierigkeiten bekommen, sollten Sie sich lieber etwas anderes überlegen.«

»Quatsch«, sage ich.

Ben legt eine Hand auf meinen Arm. »Okay«, sagt er zu Morphew. »Sie haben Ihre Ansprache gehalten.«

»Nun ... ich wollte Ihnen klarmachen, daß es nicht meine Idee war.« Morphew verschränkt die Hände. Die nächsten Worte kommen heraus, als gäbe er sein Mittagessen von sich. »Wir sind bereit zu einem Handel.«

»Sie erwarten ein Schuldeingeständnis?«

»Totschlag, fünf bis acht Jahre. Kein Hochsicherheitsknast. Kensington.«

Das Angebot besänftigt mich. Ich dachte, wir wären zusammengekommen, um über die Bewertung von Beweismitteln oder eine gemeinsame Empfehlung für einen Prozeßtermin zu diskutieren. Ich sehe Bennett an.

»Mit ein wenig Glück«, führt Morphew aus, »sitzt Ihr Mandant drei Jahre bei leichten Arbeiten ab und kommt raus.«

»Schön.« Bennett senkt den Kopf ein wenig und befeuchtet mit der Zunge die Lippen. »Natürlich werde ich das mit meinem Mandanten besprechen. Aber ich bin sicher ...«

»Nichts zu machen«, unterbreche ich ihn.

Morphew studiert mich sekundenlang, ehe er sich Bennett zuwendet. »Dieses Angebot steht genau vierundzwanzig Stunden, danach machen wir weiter. Allerdings sind dann die Tauben ausgeflogen.«

»Kein Handel«, wiederhole ich.

»Mr. Soliday, Ihr Anwalt wird Ihnen erklären, daß dies ein Bonbon von einem Handel ist. Bei guter Führung nicht mehr als drei Jahre in einem Schlafsaal für einen vorsätzlichen Mord.«

Ich sehe meinen Anwalt an, spüre, wie mein Gesicht sich rötet und mein Herz wild zu schlagen beginnt. Ich schüttle langsam den Kopf.

»Kein Handel«, erklärt Bennett.

»Sobald wir rauskriegen, in welcher Weise er Ihren Mandanten erpreßt hat, ist es aus. Und wir *werden* es herausbekommen.« Er wartet ein paar Sekunden auf Bennetts Reaktion. Unter anderen Umständen würde ich sagen, die reinste Pokerpartie, aber wir haben unsere Karten total offengelegt. Schließlich nickt der Staatsanwalt. »Ich hatte gehofft, daß Sie ablehnen. Denn mir persönlich geht das politische Drum und Dran dieser Angelegenheit völlig am Hintern vorbei. Ich habe Ihnen nur zu sagen, daß ich Ihnen das Angebot gemacht habe.«

»Und wir haben es abgelehnt.«

»Damit dürfte alles klar sein – das Angebot wird nicht wiederholt.«

»Die Taube hat den Schlag verlassen«, sagt Ben.

Daniel Morphews gewichtige Gestalt erhebt sich hinter dem Schreibtisch. Er stützt die Hände flach auf die Tischplatte. Selbst in vorgebeugter Haltung wirkt seine Größe bedrohlich. »Wir werden das Rätsel lösen«, sagt er zu Ben. »Dieses kleine Geheimnis, das er und Garrison hatten. Und wenn das geschehen ist, werden Sie um diesen Handel betteln.«

25

Als ich von meinem halbstündigen Morgenlauf zurückkehre, begrüßen die Möpse mich, als wäre ich seit einem Monat fort gewesen. Sie sind verwöhnt. Einen Mops verwöhnt zu nennen ist ein Pleonasmus, eine Feststellung des Offensichtlichen. Es gibt kein lebendes, atmendes Säugetier auf diesem Planeten, das sich die Vorteile von Liebe, Zuneigung und Gutmütigkeit konsequenter sichert als ein Mops. Man hat mir erklärt, es seien Hunde, aber die meisten Hunde zeigen so etwas wie Reue, wenn man sie ausschimpft. Möpse blicken einen trotzig an und bellen manchmal sogar drohend. Sie nehmen Ihre gesamte Zeit in Anspruch und zeigen sich absolut gleichgültig gegenüber Ihren eigenen Bedürfnissen oder Absichten. Sie haben flache Gesichter, eine kaum sichtbare Nase, was zur Folge hat, daß ihr Knurren und Schnauben an einen Motor erinnert, der nicht anspringen will. Schon wenn sie still dastehen, erzeugen sie mehr Lärm und Unruhe, als ich früher, direkt an einer Eisenbahnstrecke wohnend, regelmäßig ertragen mußte. Meine Möpse, Jake und Maggie, schlafen nicht nur im Bett. Sie haben sich sogar die Kopfkissen erobert. Ich schiebe sie runter. Aber dann legen sie sich auf meine Brust oder meinen Kopf, was noch schlimmer ist. Daher habe ich ein drittes Kissen ins Bett gelegt und hoffe, daß ich wenigstens das für mich allein habe. Maggie, die Kleine, hat sich noch nicht daran gewöhnt zu warten, bis sie draußen ist, um ihr »Geschäft« zu verrichten. Irgendein Tierarzt, dem ich es eines Tages irgendwie heimzahlen werde, versicherte mir, daß der zweite Mops sich viel leichter zur Stubenreinheit erziehen lasse, weil er von dem anderen lernen würde. Nun, Jake ist absolut stubenrein, und ich bin es auch, aber Maggie passiert noch immer das, was man, höflich ausgedrückt, als »Malheur« bezeichnet. Ich betrachte es lieber als einen bewußten, aus Sturheit geborenen, sogar durchaus berechnenden Akt von seiten Maggies, um mir zu zeigen, wer der Chef im Haus ist. Ich glaube, Jake hat Maggie gleich am ersten Tag beiseite genommen und ihr verraten, was für ein Weichei ich bin und daß es, ganz gleich, wie laut ich schimpfe, am Ende ohnehin völlig bedeutungslos ist, denn nach wie vor füttere ich sie, gehe mit ihnen spazieren und liebe sie.

Aber das schlimmste ist, daß sie einen irgendwie auf ihre Seite ziehen. Ich liebe diese verdammten Hunde wie nichts sonst auf dieser Welt. Ihre traurigen, clownshaften Gesichter, ihr großspuriges Dahintrotten, ihre unverschämten Forderungen ... das alles zusammen verhilft ihnen zu einem völlig abartigen Charme. Daher sitze ich in der Falle. Ich bin für immer ihr Sklave. Ich halte keine Möpse. Sie halten mich.

Ich verbringe den Tag damit, Wahlwerbung zu kontrollieren, sowohl für Senator Tully als auch seinen Konkurrenten,

Langdon Trotter, und achte darauf, ob sie mit den Gesetzen des Staates und des Bundes in Einklang ist. Falls sich bei Grants Material ein Problem ergibt, beseitigen wir es, ehe wir das Material aus der Hand geben. Wenn es bei Trotters Werbung Ungereimtheiten gibt, formulieren wir eine Beschwerde für den staatlichen Wahlausschuß oder die FEC – die Federal Elections Commission –, eine ähnliche Institution auf Bundesebene, leiern darüber eine Zeitungsmeldung an und zwingen sie gleichzeitig, mehr Geld auszugeben, um den oder die Fehler zu korrigieren.

Ich habe Kopien sämtlicher Flugblätter und Broschüren und eine Videokassette mit sämtlichen Fernsehspots. Einer dieser Spots aus Trotters Lager bringt den Vermerk »Finanziert von Friends of Langdon Trotter« in zu kleiner Schrift auf dem Bildschirm. Also schreibe ich Briefe an alle Fernsehstationen, die den Spot bringen, und verlange, daß sie sofort von der Ausstrahlung des Spots absehen, weil er in der vorliegenden Form gegen Bundesgesetze verstößt. Bis zum Wochenende liegt dann auch der FEC eine formelle Beschwerde vor.

Dann ist da die Standardbroschüre mit der Biographie Langdon Trotters. Der Text steht in schwarzer Schrift auf grünem Grund und wird begleitet von Fotos von Trotter mit seiner Frau und seinen beiden Kindern in einem Garten, Trotter hinter einem Rednerpult, Trotter zusammen mit einer Gruppe Wähler. Erzählt wird die Geschichte seines Werdegangs und wie er als Sohn eines Richters in Rankin County aufwuchs. Rankin liegt im Osten des Staates und etwa achtzig Meilen südlich der City. Die County erstreckt sich südlich der Interstate 40, die wir in der City als Grenzlinie zu ihren Vororten und andererseits dem restlichen Staat – der tiefsten Provinz – betrachten. Trotter war für die Dauer von vier Amtsperioden Bezirksstaatsanwalt in Rankin County und wurde danach, 1992, auf den Posten des Justizministers gewählt. In dieser Broschüre gibt es, soweit ich sehe, nichts, was irgendwelche Wahlstatuten verletzt.

Die Möpse freuen sich über meine ständige Anwesenheit zu Hause mehr als ich. Maggie, das Baby, schläft auf meinem Schoß. Es ist später Vormittag, und sie sind zusammen mit mir seit acht Uhr auf den Beinen, daher darf sie jetzt müde sein. Jake liegt auf der Couch, und seine Augen fallen bereits zu. Er schnaubt und schnarcht schon jetzt heftiger als die meisten Menschen im Tiefschlaf.

Jakes Kopf kommt ruckartig hoch, als das Telefon klingelt. Er blickt zu mir und fragt sich offenbar, ob ich wohl von der Couch aufstehe. Wenn ich es täte, käme er sofort hinter mir her. Aber der Schnurlosapparat liegt gleich neben mir.

»Jon, ich bin's – Ben.«

»Wie läuft's?«

»Bestens. Hör mal, wir haben eine Liste aller Ex-Sträflinge, die kürzlich entlassen wurden. Typen, die Garrison verteidigt hat.«

»Ist etwas Gutes dabei?«

»Eigentlich nicht. Ein Bursche wurde vor zwei Monaten aus einem Bundesgefängnis entlassen. Ein Fall von Weiße-Kragen-Kriminalität, Insidergeschäfte. Er hat elf Monate abgesessen. Keine Gewalt. Er hat sich auf einen Handel eingelassen.«

»Nicht unser Mann«, sage ich.

»Nein. Ein anderer wurde vor vier Monaten entlassen. Postbetrug. Ebenfalls aus einem Bundesknast. Und er ist aus dem Staat weggezogen.«

»Nichts für uns.«

»Nein. Aber der nächste vielleicht«, sagt Ben. »Er saß zwölf Jahre wegen bewaffneten Raubüberfalls und wurde vor einem Monat auf Bewährung entlassen.«

»Das ist ein Gewaltverbrechen«, sage ich. »Und er ist noch nicht lange draußen.«

»Ja, wir haben ihn noch nicht gefunden. Aber ich habe mir seine Berufung angesehen – eine seiner Begründungen lautete auf unzureichende Anwaltsarbeit.«

»Heißt, daß Garrison seinen Prozeß vermasselt hat.« Ein Adrenalinstoß. »Er kommt raus, ist sauer auf seinen Anwalt und bringt ihn um.«

»So ähnlich denke ich es mir, Jon, aber habe keine allzu großen Hoffnungen. Es ist bestenfalls ein Schuß ins Blaue. Ist dir das klar?«

»Klar. Aber er könnte für eine deiner flammenden Anklagen gut sein.«

Er lacht. »Was ich immer sage. Cal kümmert sich um diesen Burschen. Wir überprüfen sein Alibi und suchen nach irgendwelchen Merkwürdigkeiten. Falls wir bei Mr. Cosgrove irgend etwas finden, schlagen wir zu.«

»Cosgrove.« Ich versuche, ganz ruhig zu bleiben. »Ist das sein Name?«

»Ja. Cosgrove«, erwidert Ben. »Lyle Cosgrove.«

Ich halte für einen kurzen Moment die Sprechmuschel zu und hole tief Luft, als müsse ich jeden Augenblick ersticken. Es dauert nur Sekundenbruchteile, bis der Name etwas auslöst.

»Hallo?«

Was hat Lyle Cosgrove mit Dale Garrison zu tun?

»Jon.«

Ich bin wohl der einzige, der das Geheimnis kennt, von dem niemand etwas weiß.

»Kennst du Lyle Cosgrove?« fragt Ben.

»Tut mir leid«, antworte ich. »Nein. Nein, natürlich nicht.«

»Einen Moment lang hast du mir einen Schrecken eingejagt. Ich dachte schon, ihr wärt vielleicht alte Freunde.«

Ich lache ein wenig zu spontan.

»Der nächste«, sagt Ben. »Nicht so vielversprechend. Er wurde vor fast einem Jahr entlassen …«

Ein alter Freund? Bestimmt nicht. Ich berechne die Chance, daß es zwei Menschen mit demselben Namen gibt. Indem ich diesen Gedanken schnellstens verwerfe, überlege ich, ob dieses »Geheimnis, von dem niemand etwas weiß«, in dem Erpresserbrief gar keinen politischen Hintergrund hat, sondern weit in die Vergangenheit reicht und sich auf einen Vorfall bezieht, den ich tief in meinem Bewußtsein vergraben wollte. Und während Bennett damit fortfährt, den vierten und fünften Ex-Häftling näher zu beschreiben, der einen Groll gegen Garrison hegen könnte, hallen die Worte durch meinen Kopf wie die erste Zeile eines Limerick:

Ich kannte 'nen Mann namens Lyle.

26

Der Gerichtssaal von Nicole Bridges befindet sich im fünfzehnten Stock des County Building, demselben Stockwerk, in dem Bennett früher als Staatsanwalt tätig war. Ich hoffe, daß mir das Glück bringt. Denn Glück ist etwas, daß jeder Angeklagte hinter jeder Ecke sucht, vor allem, wenn er eher damit rechnen muß, dort einen Trupp Reporter anzutreffen, die heiß auf ein Foto und einen Kommentar sind.

Ich zähle insgesamt vier, einen von der *Watch*, zwei von kleineren Lokalblättern und nur einen vom Fernsehen. Wir setzen heute den Verhandlungstermin fest, mehr nicht, daher gibt es nicht viel für eine Meldung. Aber alles, was mit diesem Prozeß zu tun hat, ist mindestens einen Absatz auf Seite drei des Lokalteils wert.

Wir gehen schnell an den Medienvertretern vorbei, nachdem Bennett es höflich abgelehnt hat, einen Kommentar abzugeben. Ich selbst versuche zu lächeln, wie ich es bei unzähligen Amtsträgern gesehen habe, die in einen Skandal verwickelt waren. Aber ich bin für so etwas nicht geschaffen, konnte mich nie damit anfreunden, und bringe außer einer starren Miene keinen anderen Gesichtsausdruck zustande.

Im Gerichtssaal gibt es nicht viele Zuschauer, nur eine Handvoll Leute, die sich in den sieben Sitzreihen verlieren. Die Wände sind aus dunklem Nußbaum und mit den Emblemen des Staates und des Bundes und mit der amerikanischen Flagge dekoriert.

Eine junge Frau in einer hellen Bluse und mit lockigem Haar kommt auf uns zu. »Mr. Carey?« fragt sie. Sie betrachtet ihn wohlwollend und ist positiv beeindruckt. Ich kann mir keine Frau vorstellen, die es nicht wäre. »Die Richterin bittet die Parteien ins Richterzimmer.«

Wir folgen der Frau hinter den Richtertisch und durch eine offene Tür. Daniel Morphew sitzt bereits im Sekretariat. »Gentlemen«, begrüßt er uns.

Die junge Frau öffnet die Tür zum Büro der Richterin und sagt leise etwas. Dann dreht sie sich zu uns um. »Sie können hineingehen.«

Morphew erhebt sich und streckt einladend den Arm aus. Wir treten als erste ein. Und ich sehe die Richterin zum ersten Mal.

Nicole Bridges trägt nicht ihre Robe. Sie sitzt an ihrem Schreibtisch und ist bekleidet mit einer zugeknöpften fliederfarbenen Seidenbluse. Sie hat große Augen, schmale Brauen, glatte dunkle Haut. Ihr Haar ist lang, aber nach hinten gekämmt und mit einer Klammer im Nacken zusammengerafft. Eine Empfindung, die ich mir bei einer Begegnung mit der Richterin niemals vorgestellt hätte, macht sich bemerkbar. Es ist nicht zu leugnen, daß sie sehr attraktiv ist.

»Meine Herren«, sagt sie, ohne von dem Dokument hochzublicken, das sie gerade unterzeichnet. Sie schaut zu der Gerichtsstenographin, die in einer Ecke des Büros startbereit vor ihrer Schreibmaschine sitzt. »Fangen wir an.«

»Guten Morgen, Euer Ehren«, sagt Ben. »William Bennett Carey erscheint mit seinem Mandanten, Jonathan Soliday.«

»Guten Morgen, Richterin. Daniel Morphew, Vertreter der Anklage im Namen des Volkes.«

»Es freut mich, Sie alle hier zu sehen.« Die Stimme der Ehrenwerten Richterin ist angemessen sachlich und ausgewogen, keine Spur von City-Akzent. Sie legt die Hände auf den Tisch und sieht uns an. »Sie sind hier zu einer ersten Vorbesprechung.«

»Das ist richtig, Richterin.« Das kommt von Bennett.

»Okay.« Die Richterin wirft einen Blick auf einige Notizen. »Es handelt sich um vorsätzlichen Mord?«

»Dem Angeklagten wird vorsätzlicher Mord vorgeworfen«, bestätigt Morphew. »Er wird beschuldigt, am 18. August 2000 Dale Garrison in seinem Büro ermordet zu haben.«

»Lassen Sie mich an dieser Stelle unterbrechen, Herr Staatsanwalt.« Sie schenkt dem Ankläger den Anflug eines Lächelns. Sie ist nicht übermäßig sachlich und nüchtern, wie ich sehen kann, eine angenehme Abwechslung von den säuerlichen alten Richtern in diesen Gerichtssälen. »Dale Garrison erschien zweimal vor mir, jeweils im Zusammenhang mit einem anderen Fall. Nach einem Blick in meine Akten weiß ich, daß er Personen vertreten hat, die einmal wegen schweren Menschenraubs und wegen Mordversuchs angeklagt waren. Von besonderer Bedeutung ist möglicherweise, daß beide Mandanten von einer Jury für schuldig befunden wurden. Soweit ich weiß, wurden die Urteile im Zuge einer Revision nicht umgestoßen. Ich kenne Mr. Garrison als hoch kompetent und professionell. Ansonsten habe ich keinerlei persönliche Meinung vom Verstorbenen. Ich sehe hier auch nicht den Anflug eines Interessenkonflikts. Aber ich wollte die Anwesenden nur ausdrücklich darauf hinweisen. Ich nehme Anträge zur Ablehnung des Richters wegen Befangenheit absolut nicht persönlich.«

Sie spricht davon, da Richter auf Antrag ausgetauscht werden können. Jede Partei in jedem Prozeß, sei es ein Straf- oder ein Zivilprozeß, hat sozusagen einen Schuß frei, nämlich das Recht, bei wenigstens einer Gelegenheit um einen anderen Richter zu bitten. Aber wenn wir uns auf die Suche nach einem Richter machen würden, der Dale Garrison noch nie in seinem Gerichtssaal erlebt hat, ständen wir am Ende mit einem gerade in Dienst genommenen Jugendrichter oder mit jemandem von außerhalb des Staates da.

»Wir sind einverstanden«, sagt Morphew.

»Wir stimmen mit der Einschätzung der Ehrenwerten Richterin überein.«

»Na prima. Warum fangen wir nicht mit dem Prozeßtermin an? »

»Euer Ehren«, beginnt Bennett, »wir wünschen uns den frühestmöglichen Zeitpunkt. Diese Vorwürfe gegen meinen Mandanten sind unerhört, und mein Mandant möchte so bald wie möglich entlastet werden.«

Daniel Morphew mustert meinen Anwalt kurz. Er scheint überrascht zu sein. Ben und ich haben darüber ausführlich diskutiert, auch Grant und ich haben es uns überlegt. Die einen würden sagen, nehmt euch so viel Zeit wie möglich, vor allem, wenn ihr den wahren Mörder sucht. Aber ich möchte diesen Fall gewinnen, und zwar schnellstens, am besten noch vor der Wahl. Ich möchte den Fall gewinnen und ihn auf Langdon Trotter und seinen Gehilfen Elliot Raycroft zurückwerfen.

»Demnach haben Sie gegen ein schnelles Verfahren nichts einzuwenden?« sagt die Richterin zu Ben.

»Fürs Protokoll, nein, Euer Ehren.«

»Mr. Morphew?«

»Danke, Richterin. Natürlich, Euer Ehren, haben wir Verständnis für das Bedürfnis, zügig zu arbeiten. Die Verfassung gesteht uns neunzig Tage zu. Wir wären mit sechzig einverstanden.«

»Warum brauchen Sie sechzig Tage, Mr. Morphew?«

»Für eine ganz normale Vorbereitung, Richterin. Und aufgrund diverser Terminkollisionen.«

»Schön, Mr. Morphew.« Die Richterin hebt die Augenbrauen. »Wenn Sie andere Prozeßtermine hätten, würde ich das sicher berücksichtigen. Ich hatte jedoch immer den Eindruck, daß Ihr prozessualer Terminplan zur Zeit eher mager ist.«

Morphew lacht. »Es tut richtig gut, wieder in den Schützengraben zurückzukehren«, sagt er. »Ich bin sicherlich gewillt, so flexibel zu sein, wie es gefordert wird. Ich bitte ja nicht um einen Termin am neunzigsten Tag.«

»Aber ich warte immer noch auf eine Begründung,

weshalb wir diesen Fall nicht in einem Monat in Angriff nehmen können.«

Der Staatsanwalt studiert die Richterin einen Moment lang. Irgend etwas muß zwischen den beiden sein. Morphew hatte die Weisungsbefugnis über sie, als sie noch zusammen im Büro des Bezirksstaatsanwalts arbeiteten. Nun bestimmt sie die Spielregeln. Ich schätze Morphew als ein wenig barsch und zur alten Schule gehörend ein. Es würde mich nicht überraschen, wenn es gewisse Spannungen zwischen einem Karrierestaatsanwalt, der im Amt groß wurde, ehe dort Frauen, und dazu noch Afroamerikanerinnen, Einzug hielten, und einer intelligenten, ehrgeizigen schwarzen Frau gäbe.

»In einem Monat? Richterin, ich muß Zeugen beibringen. Wir sind noch immer – wir sind noch immer damit beschäftigt, den Fall zusammenzusetzen.«

»Wenn ich unterbrechen dürfte, Richterin.« Bennett ergreift jetzt das Wort. »Wenn sie ihren Fall noch immer nicht vollständig zusammengebaut haben, muß ich mich fragen, warum mein Mandant überhaupt verhaftet wurde.«

»Ich denke, jeder hier sollte das besser wissen.« Morphew lehnt sich auf seinem Stuhl zurück. »Ich deute in keiner Weise an, daß wir keinen hieb- und stichfesten Fall gegen den Angeklagten haben. Nach dem eigenen Eingeständnis des Angeklagten war er die einzige Person beim Opfer, als es erwürgt wurde. Ich hoffe, die Verteidigung ruft sich das ins Gedächtnis, ehe sie ihrem Unmut Ausdruck verleiht.«

»Wir alle wissen Bescheid über die Mühen, die sich aus der Vorbereitung eines Falles für den Prozeß ergeben«, erklärt Richterin Bridges. »Aber können Sie das vielleicht ein wenig spezifizieren, Mr. Morphew?«

»Richterin, ich würde die nächsten Anmerkungen gern aus dem Protokoll gestrichen sehen, wenn es möglich wäre.«

Die Richterin läßt sich diese Bitte durch den Kopf gehen. »Wenn wir uns inoffiziell unterhalten, ist das okay. Doch dann wird es wieder offiziell, und ich werde entscheiden, in welchem Umfang der inoffizielle Teil ins Protokoll aufgenommen wird.« Sie nickt der Gerichtsstenographin zu, die die Hände in den Schoß legt.

»Richterin.« Der Staatsanwalt schlägt jetzt einen ruhigeren, beschwörenden Ton an. »Wir fanden einen an den Angeklagten gerichteten Erpresserbrief. Er ist ziemlich rätselhaft. Wir glauben, daß das Mordopfer den Angeklagten erpreßt hat. Der Angeklagte will uns nicht verraten, weshalb er das Büro des Mordopfers aufsuchte. Das ist sein Recht. Es bedeutet aber, daß wir herumstochern müssen.«

»Das Motiv ist kein Teil des Vergehens«, sagt Ben. »Es ist nur die Glasur.«

Morphew macht eine einlenkende Geste. Er bleibt weiterhin ruhig und sachlich. »Natürlich ist das Motiv, rein technisch betrachtet, für unseren Fall nicht von entscheidender Bedeutung. Aber wir versuchen, ein Puzzle zusammenzusetzen.« Er hält einen Moment lang inne. »Bitte ich Sie, den Prozeßbeginn bis über die verfassungsmäßig zugestandene Frist zu verschieben? Nein. Lege ich mich auf die letztmögliche Stunde des letztmöglichen Tages fest? Nein. Ich bitte nur um eine Frist von sechzig Tagen.«

Die Richterin wendet sich, ohne darauf zu reagieren, an Bennett. »Was halten Sie von vierzig Tagen?«

»An welches Datum denken Sie, Richterin?« Ben schlägt seinen Terminkalender auf.

»Moment«, sagt sie. »Das kann ich gar nicht. Am Ende dieser Woche beginne ich mit einem Prozeß, der mindestens vierzehn Tage dauern wird.«

Sowohl der Staatsanwalt als auch Bennett halten den Atem an. Das heißt, daß sie den Termin entweder näher an sechzig oder an dreißig Tage heranrückt, je nachdem, wessen Bitte sie nachkommt.

»Oktober ... der zweite.«

Sie hat sich uns angeschlossen. Knapp über dreißig Tage bis zum Prozeßbeginn.

Vier Wochen vor der Wahl.

»Uns ist das recht, Richterin.«

Morphew verbirgt sein Stirnrunzeln nicht.

Die Richterin stützt das Kinn in die Hände. »Sonst noch etwas?« Beide Parteien verneinen. »Okay, dann weiter im Text.« Sie nickt der Gerichtsstenographin zu, die wieder die Hände auf die Schreibmaschine legt.

»Der Prozeßbeginn wurde auf Montag, den zweiten Oktober, festgesetzt. Die Anträge *in limine* möchte ich am neunundzwanzigsten September hören. Reichen Sie sie zwei Tage vorher bei mir ein.« Die Richterin blickt von ihrem Terminkalender hoch und faltet die Hände auf der Tischplatte. »Ehe wir fortfahren, möchte ich auf etwas kommen, das Mr. Carey angesprochen hat. Der Fall hat offensichtlich einen ganz speziellen Aspekt. Ich habe die Zeitungen gelesen. Ich kenne die Artikel, die den Angeklagten in Verbindung mit Senator Tully bringen, und ich kenne die Artikel, in denen Sie, Mr. Carey, die Anklage beschuldigt haben, die schmutzige Arbeit des Justizministers zu erledigen. Das ist Ihr Recht in den Medien. Aber ich möchte ein für allemal klarstellen, daß ich in meinem Gerichtssaal keine unbewiesenen Anschuldigungen dulde.«

»Natürlich, Richterin.« Bennett nickt.

»Ich werde in diesem Punkt jeden angemessenen vorprozessualen Antrag in Erwägung ziehen und erwarte, daß jeder Widerspruch gegen die Anträge mit Fakten untermauert wird.«

»Natürlich.«

»Nun, Mr. Morphew, ich glaube, Sie haben einen Antrag auf Schutzverfügung gestellt.«

»Ja, Euer Ehren. Die Anklage bittet darum, daß den Parteien untersagt wird, Fakten dieses Falles gegenüber den Medien zu kommentieren. Da draußen befindet sich das große Geschworenenreservoir, Euer Ehren, das täglichen Dosen unbegründeter Vorwürfe hinsichtlich der Motive der Staatsanwaltschaft ausgesetzt ist.« Der Staatsanwalt greift klugerweise die vorherige Ermahnung der Richterin auf. »In den nächsten Wochen werden potentielle Jurymitglieder von diesen unbegründeten Meldungen über die Maßen beeinflußt.«

»Wie auch durch Informationen, die gegen den Angeklagten gerichtet sind«, fügt die Richterin hinzu. »Informationen, die Ihrer Seite zugute kommen, Mr. Morphew.«

»Um so mehr bietet es sich an, diese Möglichkeit aus der Welt zu schaffen.« Eine nette Antwort vom Staatsanwalt. »Lassen wir die Geschworenen von keiner der beiden Parteien beeinflussen. Wir wollen es nicht. Wir brauchen es nicht. Sehen wir lieber zu, daß wir eine bestmögliche Jury zusammenbekommen.«

Die Richterin scheint von der Argumentation beeindruckt zu sein. Sie sieht zu Bennett.

»Euer Ehren«, beginnt er, »an dieser Stelle stehen verfassungsmäßige Rechte auf dem Spiel. Ein Gericht sollte das Recht, sich zu äußern, nur dort einschränken, wo es für die Rechte des Angeklagten von Bedeutung ist. Nun, Richterin, wir sind die Angeklagten, und wir wollen keinen Maulkorb. Wenn überhaupt, würde uns eine positive Maulkorb-Entscheidung noch mehr ins schlechte Licht rücken.«

»Könnten Sie mir das einmal erklären. Mr. Carey?«

»Ob detaillierte Informationen bekannt werden, ist nur ein Teilaspekt des Problems. Die reinen Tatsachen dieses Prozesses – im Hinblick auf den Umstand, daß mein Mandant der Chefberater von Senator Tully ist –, also die reinen Tatsachen dieses Verfahrens sind Nachrichten. Desgleichen die Kommentare der an diesem Fall nicht direkt Beteiligten. Leitartikelschreiber, Kommentatoren, andere Politiker. Jeder hat zu dieser Sache eine Meinung, wenn nicht gar handfeste Interessen. Und keiner dieser Leute würde durch Ihren Erlaß behelligt. Daher wird die Öffentlichkeit zahllose Artikel über diesen Sensationsprozeß gegen den Helfer von Senator Tully lesen und wie gewisse überraschende Erkenntnisse das Rennen um den Gouverneursposten entscheidend beeinflussen können oder nicht. Es passiert da draußen,

Richterin, wohin Sie auch schauen, und wir können nichts dagegen tun. Die Anklage möchte jetzt darauf hinweisen, daß wir unsere Seite der Geschichte nicht schildern können. Das ist unerhört. Das ist ein eindeutiger Angriff auf unsere Rechte.«

Die Richterin schaut ein paar Sekunden lang zu Bennett, um sich zu vergewissern, daß er fertig ist. »Mr. Morphew? Sonst noch etwas?«

Der Staatsanwalt zuckt mit den Achseln. »Einerseits beschuldigt Mr. Carey mich, daß ich die ganze Sache in die Länge ziehen will. Er behauptet, wir wollten seinen Mandanten, Senator Tully, in den Medien angreifen und in ein schlechtes Licht rücken. Dabei habe ich einen Antrag vorgelegt, der bewirken soll, daß alles innerhalb dieses Gerichtssaals bleibt. Und jetzt beschuldigt er mich, seine Rechte beschneiden zu wollen. Der Verteidiger spricht aus beiden Mundwinkeln.« Er beugt sich vor und faltet die Hände vor sich. »Richterin, wir haben die Einzelheiten über den Erpresserbrief aus der Öffentlichkeit herausgehalten. Wir haben kein Sterbenswörtchen darüber verlauten lassen. Wir hätten es tun können. Es wäre absolut unser Recht gewesen. Aber wir versuchen, Verantwortung zu zeigen. Wir kennen die einzelnen Fakten dieses Erpresserbriefs noch nicht, daher verhalten wir uns still, anstatt mit einer heftigen Anklage zu den Medien zu rennen – Sie können sich die Schlagzeilen sicherlich vorstellen, nicht wahr, Richterin? Wollten wir tatsächlich Senator Tully in Mitleidenschaft ziehen, würden wir ganz laut ›Erpressung!‹ rufen.« Er hält einen Moment lang inne, dann klingt seine Stimme wieder ernst und feierlich. »Wir glauben, daß das, was sich innerhalb der vier Wände unseres Büros abspielt, auch bis zum Prozeßbeginn dort verbleiben sollte.«

»Aber Sie wollen nicht, daß ich die Medien aussperre?« Die Richterin blickt besorgt drein. »Es ist eine Sache, den Parteien zu untersagen, öffentliche Erklärungen abzugeben, und es ist etwas ganz anderes, der Presse mitzuteilen, sie müsse draußen bleiben.«

»Ich schlage vor, daß wir vorprozessuale Anhörungen unter Ausschluß der Öffentlichkeit abhalten – also ohne Anwesenheit der Presse – und die Parteien darüber Stillschweigen bewahren.«

Die Richterin blickt auf ihren Schreibtisch. »Sie beide haben gute Argumente. Ich verstehe, daß die Verteidigung kein Verbot will, sich zu dem Verfahren öffentlich zu äußern, und das ist ein wichtiger Punkt. Aber meine Sorge gilt der Integrität dieses Prozesses, wozu auch die Belange der Verteidigung gehören, aber eben nicht nur die. Wenn die Verteidigung die Absicht hat, ihren Zugang zu den Medien dazu zu benutzen, eine Welle der Unterstützung für ihre Sache zu erzeugen, mache ich mir Sorgen wegen der Auswirkungen auf unser Geschworenenreservoir. Ich kann natürlich kaum eine Verfügung erlassen, die Mr. Carey gestattet, nur bestimmte Bemerkungen zu machen und andere nicht. Daher muß ich im Interesse der Integrität dieses Prozesses dem Antrag der Anklage stattgeben. Den Parteien wird hiermit untersagt, gegenüber den Medien irgendwelche Aussagen zu machen, die sich unmittelbar oder mittelbar auf dieses Verfahren beziehen.«

Wir dürfen nicht mit der Presse reden? Ich schaue zu Bennett, der meinen Blick kurz erwidert, ehe er über seinen nächsten Schritt nachdenkt. Wir wollen die Idee von einer politischen Verfolgung nicht nur zu meiner Verteidigung in diesem Fall ausspielen, sondern auch zu Grant Tullys Nutzen in seinem Wahlkampf. Der Senator hat darauf geachtet, sich nicht zu der Angelegenheit zu äußern, und bisher sind seine Kollegen im Senat diesem Beispiel gefolgt. Bennett hat in seiner Funktion als mein Verteidiger die Führung übernommen. Und das soll er jetzt nicht mehr können?

»Richterin«, sagt Bennett, »wir ziehen unsere Forderung nach einer Jury zurück.« Das läßt die Richterin und den Staatsanwalt aufhorchen. »Wir wollen die richterliche Entscheidung.«

Mein Mund klappt auf, ehe ich mich wieder in der Gewalt

habe. Einen Richterspruch. Richterin Bridges soll die Fakten abwägen und danach ein Urteil fällen. Ich vermute, es ist durchaus sinnvoll. Bennett hatte diese Idee mir gegenüber angesprochen. Ich hatte nur keine Ahnung, daß er sich in diesem Punkt so spontan entscheiden würde.

»Sie verzichten auf das Recht auf einen Geschworenenprozeß?« fragt die Richterin.

»Das tun wir«, antwortet Ben. »Und wir hoffen, daß Sie Ihre Entscheidung unter diesem Aspekt noch einmal überdenken.«

»Nun …« Die Richterin sieht Morphew an. »Kann die Anklage sich eine Begründung denken, eine Schutzvorschrift zu erlassen, wenn es keine potentielle Jury gibt, die beeinflußt werden könnte?«

Morphew schiebt die Brille hoch. »Nun, Richterin. Das ist eine ganz andere Situation.«

»Mr. Soliday?« Die Richterin sieht mich an. Ich war nicht darauf vorbereitet, daß in diesem Raum auch direkt mit mir gesprochen wird. »Ist Ihnen klar, daß Sie auf Ihr Recht auf ein Schwurgerichtsverfahren verzichten?«

»Das ist es«, antworte ich, ohne zu zögern. Aus irgendeinem Grund wird mir die Notwendigkeit bewußt, selbstsicher und zuversichtlich aufzutreten.

»Nun, im Licht des Verzichts auf ein Geschworenenurteil erkenne ich absolut keinen Grund für eine solche Verfügung. Daher revidiere ich meine Entscheidung und lehne den Antrag der Anklage auf eine Schutzbestimmung ab.« Sie sieht Bennett mit einem gequälten Lächeln an. »Mr. Carey, die durch den Ersten Zusatzartikel garantierten Rechte bleiben unangetastet.«

Bennett bedankt sich beim Gericht. Die Ehrenwerte Richterin Nicole Bridges legt einen Termin in vierzehn Tagen für eine Anhörung zum Stand der Prozeßvorbereitungen fest. Wir drei verlassen das Richterzimmer und gehen schweigend durch den Gerichtssaal.

Wir überlassen Daniel Morphew den ersten freien Fahrstuhl. Wir fahren nicht zusammen hinunter. Nachdem die Türen sich geschlossen haben, wende ich mich an meinen Verteidiger. »Ein netter Schachzug«, sage ich. »Aber ein Prozeß ohne Geschworene?«

»Im Grunde ist das wohl genau das, was wir wollen«, sagt Ben. »Man hat bei einem solchen Prozeß viel mehr Spielraum als bei einem Schwurgerichtsprozeß. Ein Richter traut sich selbst viel eher zu, eine Aussage als irrelevant oder tendenziös zu werten, als eine Jury. Zumindest lautet so die Theorie.«

»Und das hilft uns.« Es ist eher eine Frage als ein Kommentar.

»Ja. Wir müssen in diesem Prozeß möglicherweise mit dem Finger auf jemanden zeigen. Die meisten Richter würden uns zum Schweigen bringen, ehe die Jury zuviel gehört hat. Richterin Bridges würde uns auffordern, mit ihr ins Richterzimmer zu gehen und unseren Standpunkt zu erläutern und sie davon zu überzeugen, daß wir für unsere Anschuldigungen eine solide Grundlage haben, wenn wir wieder vor die Geschworenen treten. Aber wenn die Urteilsfindung beim Richter liegt, lassen sie einen gewöhnlich weitermachen, nachdem sie beide Parteien davon in Kenntnis gesetzt haben, daß sie bei der Suche nach einem Urteil sehr wohl das Wichtige vom Unwichtigen trennen können.«

»Und das hilft uns«, wiederhole ich.

»Natürlich. Denn ganz gleich, wie oft du beteuerst, irrelevante Aussagen zu ignorieren, stimmt es doch nicht ganz. Richter sind Menschen. Sie können eine Information nicht völlig verdrängen, nur weil sie aus formal-juristischen Gründen irrelevant ist. Das Gehirn arbeitet nicht so. Vor allem, wenn es der Verteidigung hilft. Sie würde niemals jemanden schuldig sprechen, von dessen Unschuld sie im tiefsten Herzen überzeugt ist, ganz gleich, ob diese Überzeugung auf relevanten oder irrelevanten Beweisen basiert.«

»Bennett.« Ich ergreife seinen Arm. »Du hast mir noch immer nicht erklärt, weshalb uns das hilft.«

»Es hilft uns, weil es da draußen einen Erpresserbrief gibt, für den wir keine Erklärung haben. Daher könnte es sein, daß ich mir irgend etwas einfallen lassen muß.«

»Etwas einfallen lassen«, sage ich nachdenklich. »Zum Beispiel irgendwelche tendenziösen, möglicherweise unsinnigen Anschuldigen äußern?«

Eine Fahrstuhltür öffnet sich für uns. »Natürlich, Jon. Wenn es unbedingt nötig ist.« Bennett betritt den wartenden Fahrstuhl. Ich lasse ihn an mir vorbeigehen und betrachte ihn einen Moment lang, ehe ich ihm in die Liftkabine folge.

27

Früher pflegte ich das Büro eines demokratischen Staatssenators immer hocherhobenen Hauptes zu betreten. Ich bin der Knabe, den sie stets mit einem Mindestmaß an Respekt behandeln, weil ich zum Team des Mehrheitsführers gehöre. Nach dem Dafürhalten einiger Senatoren bin ich auch für sie zuständig, indem ich Grant Tullys Interessen vertrete. Eher haben sie sich im Verlauf ihrer politischen Karriere auf die eine oder andere Weise auf mich verlassen. Zumindest kontrolliere und genehmige ich die Petitionen jedes demokratischen Senators, der sich zur Wahl stellen will. Für mehr als die Hälfte von ihnen habe ich ein oder zwei Herausforderer aus dem Feld geschlagen, ihnen sogar eine aufwendige Kandidatenkür erspart. Das ist das Gegengeschäft, das Mehrheitsführer Grant Tully mit seinen Mit-Demokraten im Senat macht – unterstützt mich, beweist mir eure Loyalität, und ich sorge dafür, daß ihr die nächste Wahl gewinnt: Ich sorge dafür, daß eure Nominierungsunterlagen fehlerfrei sind, ich helfe euch, Herausforderer in der Kandidatenwahl auszuschalten, und ich lasse euch Geld zukommen.

Jimmy Budzinski ist einer der Senatoren, die den Senator hinsichtlich seiner Aufforderung beim Wort nehmen, was heißt, daß er sich sehr oft auf mich verlassen hat. Während seiner drei Amtsperioden als Staatssenator im Südosten der City hatte Jimmy es bei jeder Kandidatenwahl mit Herausforderern zu tun. Das letzte Mal – vor zwei Jahren – stand Senator Budzinski in seinem schwersten Rennen. Die demographischen Daten hatten sich im Lauf der Jahre beträchtlich verändert, im wesentlichen dank des Zuzugs von Yuppies aus der Innenstadt, die nach einer Wohnalternative für die teuren Nordbezirke suchten. Die sozialistisch-konservative polnische Arbeitergemeinde wurde nun von den liberalen Typen der oberen Mittelschicht belagert. Eine örtliche Aktivistin, eine Feministin namens Anna Robbins, trat als progressive Alternative in der demokratischen Kandidatenwahl in Erscheinung.

Daher wandte Jimmy sich an mich, wie sie alle es tun. Zuerst einmal warf ich einen Blick auf Anna Robbins' Nominierungspapiere. Es stellte sich heraus, daß sie freiwillige Helfer einer Pro-Choice-Gruppierung angeheuert hatte, um Petitionen für ihre Kandidatur in Umlauf zu bringen. Sechs verschiedene Frauen gingen mit Petitionslisten herum und sammelten für die Kandidatin mehr als achthundert Unterschriften, weitaus mehr als die dreihundert, die nötig waren, um zur Wahl zugelassen zu werden. Aber niemandem war bewußt gewesen, daß drei dieser Frauen während einer anderen Wahl im Norden mit Petitionslisten für einen Pro-Choice-*Republikaner* umhergezogen waren. Stellen Sie sich bloß ihren Schrecken vor, als sie – durch eine von mir vorgebrachte Beschwerde – von einem staatlichen Gesetz erfuhren, das besagt, daß Helfer, die mit Listen für einen Wahlgang unterwegs sind, ausschließlich Petitionslisten für nur eine politische Partei zirkulieren lassen dürfen. Daher wurde jede von diesen drei Helferinnen beigebrachte Unterschrift – etwa vierhundert von den achthundert – automatisch gestrichen. Blieb mir nur noch die simple Aufgabe, bei etwa jeder vierten der noch vorhandenen Unterschriften irgendeine Beanstandung zu finden – daß die Person, die die Petition unterschrieben hatte, kein im Distrikt registrierter Wähler oder die Unterschrift nicht als Unterschrift, sondern in Blockbuchstaben erfolgt war. Als wir damit fertig waren, hatte Anna Robbins knapp unter zweihundertfünfzig zählbare Unterschriften und damit deutlich weniger als die geforderten dreihundert. Und Senator James Budzinski war der unangefochtene demokratische Kandidat für die Wiederwahl.

Es ist der von mir ungeliebteste Teil des Jobs, keine Frage, aber ich will mich nicht dafür entschuldigen. Es gehört zu meinem Job, und ich tue es. Und als Folge davon sind Leute wie Jimmy Budzinski mir etwas schuldig.

Ich bin draußen auf der Südostseite in Jimmys Bezirksbüro. Wie viele von ihnen wird es eher informell betrieben: ein oder zwei Helfer, die alles erledigen, vom Beantworten der Telefonanrufe und Kontrollieren der Umfragewerte bis hin zum Bestellen der Getränke für den Kühlschrank und Bezahlen der Heizungs- und Stromrechnungen. Als ich hereinkomme, ist eine übergewichtige Frau in einem weiten Baumwollpullover gerade damit beschäftigt, die widerspenstige Schublade eines Aktenschranks zu schließen. »Kann ich Ihnen behilflich sein?«

»Ich heiße Jon«, sage ich, ohne nachzudenken. Seltsam, daß ich nicht meinen Nachnamen nenne. Vielleicht aus Angst, daß sie ihn aus den Nachrichten kennt und einen hysterischen Anfall kriegt?

»Jon, kommen Sie rein!« Die Stimme dringt aus dem inneren Büro. Jimmys Stimme.

Er kommt mir entgegen, als ich sein Büro betrete. Jimmy ist untersetzt, neigt ein wenig zur Korpulenz. Er ist ein Zigarre rauchender Politiker, der auf rein persönlicher Ebene fast nur Freunde hat. Der Geruch im Büro ist ein Beweis für seine Liebe zum Tabak.

Er zerquetscht fast meine Hand und reißt mir den Arm aus dem Schultergelenk. »Mein Gott, Jon, was sie mit Ihnen anstellen, ist ein Verbrechen. Kommen Sie, nehmen Sie Platz.«

»Freut mich, daß Sie Zeit für mich haben, Jimmy.«

»Für Sie?« Er breitet die Arme in einer großzügigen Geste aus. »Ich bitte Sie.«

»Ich hatte schon fast erwartet, daß ich auf dem Weg hierher in einen Hinterhalt von Anna Robbins gerate.« Vielleicht ganz gut, Jimmy an meinen letzten Gefallen zu erinnern, ehe ich auf die Gegenleistung zu sprechen komme.

Er bleibt vor seinem Schreibtischsessel stehen und hebt die Hände in einer Geste, als flehte er zu Gott. »Ach, *die* meinen Sie. Sie gibt nicht auf. Zieht bereits durch die Nachbarschaft. Sagt, diesmal wäre sie schlauer.« Er deutet auf seinen Kopf, dann läßt er die Hand sinken.

»Bewirbt sie sich erneut?«

Jimmy läßt sich mit einem Aufatmen in seinen Sessel sinken. Rückenprobleme, wenn ich mich recht erinnere. »Tja, sie bewirbt sich wieder. Diesmal bin ich darauf vorbereitet.« Er reckt den Zeigefinger in die Luft. »Hören Sie, ich habe drei von der Sorte aufgestellt. Ich habe noch zwei Jahre Zeit, aber sie stehen schon bereit. Diane *Robinson*. Rose Sanchez. Und die dritte ist die beste – sie ist die Tochter eines meiner Polizeioffiziere – *Ann* Haley.« Er macht mit den Händen eine wiegende Bewegung. »Ich war bei ihrer Taufe dabei und kenne das Mädchen schon mein Leben lang.« Er klatscht erfreut in die Hände.

Ein klassischer Schritt für einen Amtsträger, der sich einem ernst zu nehmenden Herausforderer stellen muß. Überflute die Vorwahlen mit anderen Bewerbern, um die Stimmen gegen den Amtsinhaber aufzuteilen, halte deine Position und rette dich mit der Stimmenmehrheit. Es sieht so aus, als hätte Jimmy in jeder Hinsicht die Nase vorn – er hat jemanden mit einem ähnlichen Nachnamen gefunden und jemand anderen mit einem fast identischen Vornamen wie seine ursprüngliche Gegnerin. Anna Robbins wird wahrscheinlich auf dem zweiten Platz landen, aber es dürfte verdammt schwierig werden, Jimmy zu überholen.

»Also«, sagt er. »Sie waren so – wie heißt das Wort?« Er wedelt mit der Hand.

»Kryptisch?«

»Kryptisch, ja – Sie waren am Telefon so kryptisch.«

»Ich dachte, wir sollten uns lieber persönlich unterhalten.«

»In Ordnung.« Jimmy sieht mich aufmerksam an. »Dann verraten Sie mal, was ich tun kann.«

»Jimmy …« Ich beuge mich auf meinem Platz nach vorn und bemühe mich um einen intimeren, vielleicht sogar *flehenden* Tonfall. »Sie wissen, daß ich Sie niemals um etwas Unmögliches bitten würde.«

»Fragen Sie«, fordert er mich auf. »Dann sage ich Ihnen, was ich nicht tun kann.«

»Okay.« Ich reibe die Handflächen aneinander. »Haben Sie noch immer gute Kontakte zu den Leuten auf der anderen Seite der Grenze?«

»Was? In Summit County?« Sein Gesicht zeigt eine Mischung aus Verwirrung und Erleichterung. Dieses Thema scheint außerhalb seiner Erwartungen zu liegen. Was hat er wohl gedacht, worum ich ihn bitten würde, frage ich mich. »Klar, natürlich. Es ist ja keine zehn Minuten vom Büro entfernt. Ich sammle Geld für Aldridge, den Bürgermeister. Ich habe ein Golfturnier für ihn organisiert. Sie sollten ihn mal auf dem Platz erleben.«

Ich bringe ein Lächeln zustande. Er sieht mich gespannt an.

»Sie haben an jemand ganz speziellen gedacht.«

»An den leitenden Staatsanwalt«, gebe ich zu. »Kennen Sie ihn?«

»Kennen Sie ihn.« Es ist keine Frage; er macht mich nach. Er macht eine Handbewegung, als wolle er mich zur Seite wischen. »Maples«, sagt er. »Frankie Maples. Ich spiele mit diesem Knaben an die vier- bis fünfmal im Sommer.«

Golf, vermute ich. Gewöhnlich ließ Jimmy sich Zeit und gab ein oder zwei Anekdoten zum besten. Aber er hat offenbar schon genug über meinen Fall gelesen. Nicht die Zeit für zwangloses Geplauder. »Sie brauchen etwas.«

»Nur einige Informationen«, sage ich. »Ich würde gern einen Blick in eine Akte werfen.«

»Eine Akte – einen Fall?« Er hebt die Hände. »So etwas ist nicht öffentlich zugänglich.«

»Nun ja, einige vielleicht schon.« Genaugenommen bin ich mir in diesem Punkt absolut nicht sicher. Ich weiß nicht, was die Öffentlichkeit in bezug auf Polizeiakten sehen darf und was nicht. Aber die Akte, die ich im Sinn habe, ist mit ziemlicher Sicherheit vertraulich. »Es ist eine Jugendgerichtsakte«, komme ich heraus.

»An die wollen Sie herankommen«, sagt er.

»Ich möchte nur Zugang dazu haben. Einmal hineinschauen. Wir nehmen nichts heraus. Ich muß nur etwas sehen.«

»Wir«, sagt Jimmy. »Wer ist wir?«

»Ich werde es nicht sein. Nicht unter den derzeitigen Umständen.« Ich komme nicht mit der ganzen Wahrheit heraus und erkläre, daß eine der Bedingungen für meine Freilassung auf Kaution die ist, daß ich den Staat nicht verlassen darf. »Ein Ermittler. Ich nenne Ihnen seinen Namen, wenn Sie wollen.«

»Will ich?«

»Wahrscheinlich nicht. Hören Sie, Jimmy – eigentlich sind Jugendgerichtsakten versiegelt. In dieser Hinsicht ist es eine Bitte … um einen großen Gefallen. Abgesehen davon werden wir nichts tun, was irgendwelche Schwierigkeiten verursachen könnte. Jemand kann meinen Mann die ganze Zeit überwachen. Er wird nichts vernichten oder entnehmen. Er wird nur einen Blick hineinwerfen und sofort wieder verschwinden. Und ich verspreche Ihnen« – ich richte mich auf meinem Platz auf –, »Sie haben mein Wort, daß niemand jemals erfahren wird, daß wir dort waren. Diese Information wird niemals in einer Weise verwandt werden, die den Verdacht nahelegt, daß wir Zugang zu der Akte gehabt haben. Es wird keine solche Spur geben.«

Jimmy läßt den Kopf leicht nach hinten sinken. Er faltet

die Hände vor dem nicht gerade winzigen Bauch. »Ich nehme an, es hängt mit Ihrem Fall zusammen.«

Ich sehe ihn an. »Wollen Sie wirklich, daß ich darauf antworte?«

»Will ich?«

»Ich würde nein sagen.«

»Gut.« Er nickt gewichtig. »Ein Freund bittet um einen harmlosen Gefallen. Nur ein Blick.«

»Nur ein Blick.«

»Ich werde mit Frankie darüber reden.« Er nickt. »Wie machen wir es, wenn er einverstanden ist?«

»Ich bin da sehr flexibel.« Ich zucke mit den Achseln. »Vielleicht ist eine längere Suche notwendig. Es ist ein alter Fall, und ich kenne die Einzelheiten nicht. Ich weiß noch nicht mal mit Sicherheit, ob ich alle Namen kenne …«

»Jon.« Der Senator hebt eine Hand. »Mehr muß ich nicht wissen?«

Ich lächle mühsam. »Richtig.«

Jimmy beugt sich vor, stützt die Ellbogen auf den Tisch. Er wischt mit der Hand durch die Luft. »Es ist eine Schande, was die mit Ihnen machen«, sagt er. »Ich rufe meine Freunde an.«

28

Die hiesige Zentrale der Demokratischen Partei befindet sich in einem Gebäude, das zwei Häuser von Seaton, Hirsch entfernt ist. Wir haben eine halbe Etage von einem Schadensersatzanwalt gemietet, der uns einiges schuldig ist, da wir vor über zehn Jahren eine Schadensersatzrechtsreform blockiert haben, die von den Republikanern vorgeschlagen worden war. Die industrie- und unternehmensfreundlichen Republikaner wollten die Schadensersatzzahlungen und Schmerzensgelder begrenzen – laut ihrem jüngsten Vorschlag sollten die Schmerzensgeldsummen nicht über das Dreifache der medizinischen Kosten hinausgehen, die vom

Geschädigten infolge seiner Verletzung getragen werden müssen. Das heißt, daß Leute, die sich Verletzungen zuziehen, weil sie es für völlig okay halten, auf die Strom führende dritte Schiene einer U-Bahn zu pinkeln, vom betreffenden Verkehrsunternehmen keine zehn Millionen dafür fordern können, da man vergessen hat, sie zu »beschützen«. Dies würde eine empfindliche Einschränkung für das Schadensersatz-Business bedeuten, und zwar vor allem in dieser Stadt, wo sich die Jurys einen ganz besonderen Spaß daraus machen, es dem Big Business zu zeigen.

Daher kippt der Senat die Gesetzesvorschläge jedesmal, wenn das Repräsentantenhaus sie uns vorlegt. Und dafür erfreuen wir uns der tiefen Zuneigung aller Schadensersatzanwälte in der City, die pro Jahr um die drei Millionen Dollar in unsere Kassen einzahlen. Und wir haben diese wirklich gediegenen Räumlichkeiten.

Um den Tisch im Hauptkonferenzraum sitzen der Senator, sein Stabschef, Jason Tower, sein Pressemensch, Don Grier, und ich. Der perfekte Augenblick für mein Erscheinen, denn es gibt keine Kameras, alles läuft völlig unbemerkt im Hintergrund ab, und der Senator schätzt meine Meinung wahrscheinlich mehr als die jedes anderen.

Es ist ein Strategiegespräch. Wir sind gerade die Anzahl der Wahlkampfveranstaltungen durchgegangen, an denen der Senator in den kommenden sechs Wochen teilnehmen muß, sowie die Anzahl von Händen, die er schütteln muß, und haben festgelegt, welche Geldleute er besuchen sollte.

»Nun zu den Themen«, sagt Jason Tower. Jason gehört jetzt seit drei Jahren zum Stab des Senators. Er kennt das Leben des gewöhnlich armen, in einem Slum hausenden Afroamerikaners, denn er hat es geführt. Ein Leben in Sozialwohnungen mit einer starken Mutter und einem Bruder, der die kriminelle Laufbahn in einer der Straßenbanden eingeschlagen hat. Jason dagegen hatte ein Stipendium an der staatlichen Universität ergattert und daraus ein Prädikatsexamen in Sozialpolitik in Harvard gemacht. Danach arbeitete er als

Kongreßhelfer im US-Senat, bis er sich entschloß, wieder zu seinen Wurzeln zurückzukehren. Seine Haut ist kaffeebraun und glatt, er hat ein längliches, jungenhaftes Gesicht, sehr kurze, ein wenig bizarr aussehende Haare und trägt eine kleine, stahlgeränderte Brille. Bis auf seine ziemlich schiefen Zähne, die er mit einer dieser modernen durchsichtigen Zahnspangen behandelt, ist er ein relativ gutaussehender Bursche. Er hatte als Kind keinerlei medizinische Versorgung genossen, wie er mir mehr als einmal erzählte, und auch keine zahnärztliche Betreuung. Ich bin überrascht, daß er versucht, das Problem zu beseitigen. Er hat es immer wie eine Art Abzeichen getragen.

Der Senator atmet zischend aus und massiert seinen Nasenrücken. Ich weiß nicht, ob das ein Ausdruck der Müdigkeit während des lang andauernden Wahlkampfs ist oder ob er sich dagegen wappnet, einmal mit anhören zu müssen, wie wir eine seiner Wahlkampfpositionen zerpflücken.

»Wir haben den Steuerplan verschiedenen Zielgruppen vorgestellt«, sagt Jason.

»Lassen Sie mich raten«, sagt der Senator. »Sie hassen ihn.«

Don Grier lacht. Er ist von Beginn an beim Senator gewesen, eigentlich sogar schon früher, da er für Grants Vater, Simon Tully, gearbeitet hat. Daher darf er lachen, wenn andere es nicht dürfen.

»Sie waren nicht besonders glücklich darüber, nein«, sagt Jason.

»Nun«, erwidert der Senator, »habt ihr unseren Plan angeboten, die Schulen zu verbessern?«

Jason zuckt die Achseln und setzt zu einer Antwort an.

»Das ist unerheblich«, sagt Don. Er trägt einen leichten Baumwollpulli, rötlich-orange, der zur Farbe seiner Wangen paßt. »Sie können in Verbindung mit einer Steuererhöhung an die zwanzig verschiedene Vorteile aufzählen, aber am Ende interessiert die Leute nur, daß Sie ihre Steuern erhöhen.«

»Und einige dafür senken«, sagt Senator Tully. Er sieht Jason an. »Haben Sie ihnen wenigstens *das* erklärt?«

»Er hat es ihnen erklärt«, antworte ich für Jason. »Ich habe die Videos gesehen. Ich glaube, ein Mann hat den Nagel auf den Kopf getroffen. Er sagte: ›Die Liberalen sagen immer, daß sich etwas Gutes aus einer Steuererhöhung ergibt, aber was ich am Ende sehe, ist nichts anderes als eine höhere Steuerforderung.‹«

Der Senator schüttelt verärgert den Kopf, sagt aber nichts. Er hat sich überlegt, die Finanzierung des Schulwesens zu ändern. Im Augenblick bezahlen wir unsere Schulen nach dem lokalen Prinzip über die Vermögenssteuer. Daher verfügen reiche Gegenden mit höheren Vermögenswerten und somit auch höherem Einkommen an Vermögenssteuer über mehr Geld für ihre Schulen als arme Gegenden. Senator Grant Tully aber möchte die Ausbildung über die staatliche Einkommenssteuer finanzieren, so daß alle Schulen das gleiche Geld erhalten würden. Der Senator müßte dazu natürlich die Einkommenssteuer anheben, würde jedoch die Vermögenssteuer um den Betrag senken, der zuvor in die Bildung geflossen ist.

»Letzten Endes«, sagt Don Grier, »wird fast jeder mehr Steuern zahlen müssen, und der einzige Gewinn ist einer, den die meisten Leute gar nicht sehen oder gar schätzen können – nämliche bessere Schulen in der Zukunft.«

»Die Menschen bedanken sich vielleicht irgendwann bei Ihnen«, schließt Jason sich an, »aber möglicherweise wählen sie Sie erst gar nicht.«

»Don hat das Problem angesprochen.« Der Senator bewegt den Kopf hin und her, um seine Nackenmuskeln zu lockern. »Ein Steuerbescheid ist etwas, das man in der Hand halten kann, und etwas, das man anfassen kann, wirkt schwerer. Nach und nach die Schulen zu verbessern tut es nicht.«

Jason sieht den Senator an und vergewissert sich, daß er seine Überlegungen beendet hat. »Das Fazit ist, es läßt sich nicht verkaufen. Man sollte diesen Punkt nicht weiterverfolgen.«

Senator Tully faltet die Hände wie zum Gebet und läßt das Kinn auf die Fäuste sinken. »Ist das die allgemeine Auffassung? Von Ihnen dreien?«

»Ich spreche nur für mich«, sagt Jason.

»Ein absoluter Verlierer«, sagt Don.

Der Senator sieht mich an.

»Eine großartige Idee, die aber für diesen Zeitpunkt nichts taugt«, sage ich. »Darüber sollte man in der Mitte der Amtszeit nachdenken.«

»Die Mitte der Amtszeit«, wiederholt Senator Tully. »Ich verspreche den Wählern irgend etwas, und dann, nach der halben Amtszeit, komme ich ihnen mit einer neuen Idee.«

»Sie *schlagen* etwas Neues *vor*«, füge ich hinzu. »Das wäre nicht das erste Mal, daß jemand so verfährt.«

»Ich verstehe. Und was ist mit meinem Bildungsplan, wenn wir meine Idee verwerfen? Mit meinen Steuerplänen?«

»Finanzieren Sie erst die Ausbildung«, sagt Jason. Er bezieht sich auf einen Gesetzesentwurf, der von den Demokraten im Senat vorgelegt wurde. Danach sollen einundfünfzig Prozent jedes neuen Steuerdollars für das Bildungswesen verwendet werden. »Und keine Steuererhöhungen.«

Senator Tully droht seinem Stabschef mit dem Finger, ohne ihn anzusehen. »Das klingt wie ein vernünftiger Kurs, Jason. Ein sehr sicherer Kurs.« Er nickt Don zu. »Wollen Sie das auch?«

»Sie haben einige sehr gute Ideen zur Bildung, die Sie bereits skizziert haben.« Don kratzt sich den Bart. »Aber dieser Plan bringt Steuererhöhungen mit sich. Mir gefällt Jasons Idee.«

»Jon«, wendet der Senator sich an mich. »Don und Jason mögen ihre Idee. Was denken Sie darüber?«

»Ich bin nur Anwalt«, antworte ich. »Aber ich stimme ihnen zu.«

Der Senator wischt mit einer Hand über den Tisch. »Ihr drei haltet ja toll zusammen. Meine Superhirne. Verstehen Sie mich nicht falsch – etwa zehn Mitglieder der Parteiver-

196

sammlung haben mir im Grunde denselben Rat gegeben.«
Er meint die im Senat ansässigen Demokraten, von denen
viele, aus unterschiedlichen Gründen – sei es Abneigung gegen den jungen Senator oder der Wunsch, seinen Posten als
Mehrheitsführer übernehmen zu können, oder weil einige
Ämter neu besetzt werden müssen –, sich wünschen, daß er
die Gouverneurswahl gewinnt.

»Was denken Sie denn?« will ich von Grant wissen.

Der Senator schlägt mit den Handflächen auf die Tischplatte und springt auf. »Ich denke, ihr habt bloß Scheiße im
Kopf.« Er verläßt den Tisch und geht zum Fenster mit dem
Blick auf die Innenstadt, das Gerichtsgebäude und das Ver-
waltungszentrum. Wir drei blicken uns mit unbewegten
Mienen an, jeder zutiefst enttäuscht. Jasons Miene könnte
man sogar als erschrocken bezeichnen.

»Warum machen wir nicht fünf Minuten Pause«, schlage
ich vor. Jason und Don stürmen durch die Tür hinaus, wobei
Don Jason auf den Rücken klopft und ihm eine seiner Aufmunterungen zumurmelt, die ich schon wer weiß wie oft
gehört habe. Ich setze mich auf die Tischkante und sehe
Grant an. Sein Rücken bleibt mir zugekehrt, während er aus
dem Fenster blickt.

»Mach mich bloß nicht an«, sagt er.

»Das tue ich doch gar nicht. Ich will dir nur eine Frage
stellen.«

Grant dreht halb den Kopf, so daß ich sein Profil sehen
kann.

»Möchtest du dieses Rennen gewinnen oder nicht?«

»Was, zum Teufel, soll das denn heißen?«

»Du hättest mich feuern sollen«, sage ich. »Aber du hast
es nicht getan, und ich kann nicht ausscheiden, weil es eine
der Bedingungen meiner Kaution ist, daß ich bei dir bleibe.
Also müssen wir mit dieser Entscheidung leben. Laß uns
nicht noch einen Fehler machen.«

»Das tun wir nicht.«

»Zieh deinen Kopf mal für eine Sekunde aus deinem

197

Hintern, Grant. Der Plan ist eine gute Idee, aber es würde davon nichts anderes hängenbleiben, als daß du die Steuern erhöhen willst.«

Der Senator dreht sich um und lehnt sich an den Bücherschrank unterhalb des Fensters. »Ich bin jetzt nicht in der Stimmung für Diskussionen.«

»Dann sieh zu, daß du in die Stimmung kommst«, sage ich. »Du bist an diesem Punkt nicht besonders clever, Buddy. Das paßt gar nicht zu dir. Dieser Plan – wenn du jemanden beraten würdest, der Gouverneur werden will, würdest auch du ihm sagen, das Ganze wäre Mist. Du würdest ihn bestürmen, es nicht zu tun.«

Grants Gesichtsausdruck entspannt sich. Er bringt kein Lachen zustande und auch keine scherzhafte Bemerkung, aber seine entspannte Miene scheint zu signalisieren, daß er meinen Standpunkt erkennt und akzeptiert. »Es ist der richtige Plan«, sagt er.

»Vielleicht. Wahrscheinlich. Aber du wirst damit nicht gewinnen. Du bist damit nur irgendein Demokrat, der wieder mal die Steuern erhöhen will.«

»Und was bin ich, wenn ich deinen Rat annehme?«

»Mit ein wenig Glück in ein paar Wochen Gouverneur.«

»Ich soll sozusagen auf Katzenpfoten auf diesen Posten schleichen?«

Ich schüttle entrüstet den Kopf. »Rede ich gerade mit dem Knaben, der in den letzten zehn Jahren den Senat geleitet hat? Ist das dein erster Tag im Business?«

»Ich bin der alte«, sagt er. »Aber jetzt bewerbe ich mich nicht um einen Platz im Senat. Ich versuche nicht, eine Mehrheit zu halten. Ich bewerbe mich um den höchsten Posten. Ich soll führen, nicht folgen. Ich bin nur …« Der Senator hält inne und überdenkt seine Worte.

»Sag schon«, treibe ich ihn an.

Die Hände des Senators bleiben mitten in der Luft stehen und bilden einen Rahmen. »Das ist meine Sache. Etwas, von dem mir niemand sagen kann, wie ich es tun soll.«

Ich nicke zu Grant Tullys Worten. Ich verstehe. Er spricht von seinem Vater. Seinem Vater, dem ehemaligen Mehrheitsführer im Senat, der seinem Sohn Grant den Senatorensitz auf einem Silbertablett überreicht hat, der ihm den Weg geebnet hat, damit Grant Mehrheitsführer sein konnte, ohne sich diesen Posten wirklich zu verdienen, der sich um einiges öfter in Grants Geschäfte eingemischt hat, als Grant zugeben möchte, und ihm geraten hat, mit dem einen zusammenzuarbeiten und sich mit dem anderen anzulegen und diesen Gesetzesvorschlag abzulehnen und Geld an diese Wahlkampforganisation zu schicken, aber nicht an jene, und auch erst, wenn die Zahlen raufgehen.

Aber Simon Tully hat sich nie um den Gouverneursposten beworben. *Er hatte nie den Mumm*, hat ein Politiker mal gesagt, als ich in Hörweite war, da er nicht wußte, für wen ich damals schon arbeitete. Grant will mehr erreichen als sein Vater, und er sagt, daß er es nach seinen Bedingungen versuchen will. Ich hätte nicht erwartet, daß dies die Art ist, in der Grant gegen seinen Vater rebelliert. Ich habe mir immer vorgestellt, daß Grant die Politik ablehnen oder vielleicht irgendeinen selbstzerstörerischen Akt inszenieren könnte, um seine Karriere zu ruinieren. Aber er schlug einen anderen Weg ein. Er benutzt den Weg, der ihm von seinem Vater vorgezeichnet und freigeräumt wurde, aber er will Simon übertreffen, etwas erreichen, was sein Vater nie erreicht hat. So denken Politiker. Sie messen ihren Erfolg an Wahlen, an Stufen, die sie aufsteigen, an Ämtern, die sie innehaben. So zeigt ein Politiker seinem Politikervater, daß er besser ist als er.

»Es ist der richtige Plan«, sagt Grant. »Ich werde es nicht anders tun.«

»Das weiß ich.«

»Arme Kinder kriegen bessere Schulen. Und die meisten Leute spüren gar nichts von einer Steuererhöhung.«

»Dann machen wir es so«, sage ich. »Es wird der reinste Höllentrip werden, aber wir machen es so.«

Senator Grant Tully kehrt an den Tisch zurück, setzt sich und legt eine Hand auf meinen Oberschenkel. »So machen wir es«, sagt er.

29

»Hallo, Cal.« Ich öffne meinem Privatdetektiv die Tür. Er tritt ein und läßt den Blick durch mein Haus schweifen. Cal ist eine massige Erscheinung mit Doppelkinn und Narben auf den Wangen, von einer Akne während seiner Pubertät. Seine Nase ist dick und gerötet. Ein guter irischer Trinker, das weiß ich aus eigener Erfahrung. Er gehört zu denen, die auch im Winter schwitzen. Er trägt ein kurzärmeliges Golfhemd, und trotz der klimatisierten Luft glänzt seine Stirn feucht.

Wir sitzen eine Minute lang schweigend da. Cal stellt den Aktenkoffer ab und lehnt mein Angebot eines Drinks, durchaus auch etwas Alkoholisches, ab, was mir verrät, daß er nicht vorhat, lange zu bleiben.

»Tut mir leid, daß Sie herkommen mußten«, sage ich. »Aber ich habe etwas gegen Telefone.«

»Schon klar.« Cal wischt sich über den Mund. »Ich weiß nicht, wen Sie da draußen kennen, aber die Jungs in Summit County waren wirklich überaus kooperativ. Sie haben den ganzen Schuppen auf den Kopf gestellt. Und so viele alte Fälle liegen dort gar nicht herum.«

»Das hatte ich schon befürchtet.«

»Dieser wurde aber aufbewahrt«, sagt Cal. »Auf besondere Anordnung.«

»Wessen Anordnung?«

»Keine Ahnung. Irgendein Staatsanwalt. Er hat ›aufbewahren‹ auf den Deckel des Kartons gekritzelt.«

»Nicht erst vor kurzem, hoffentlich?« Ich schlucke. Gott helfe mir, wenn Daniel Morphew und seine Kumpels beim Bezirksstaatsanwalt schon von dieser Sache Wind bekommen haben.

»Entspannen Sie sich«, sagt Cal. »Es ist schon eine Weile her. Ich glaube – sie sagten mir, sie bewahren alte Akten fünfzehn Jahre lang auf. Bevor sie sie vernichten konnten, hat jemand also entschieden, sie liegenzulassen. Das passiert nicht immer, aber so ungewöhnlich ist es auch wieder nicht. Ich sah einige Kartons aus den sechziger Jahren.«

»Ich glaube, ich bin ein wenig paranoid.«

»Unter den augenblicklichen Umständen kein Wunder.« Cal nickt grimmig. »Übrigens«, sagt er. »Das hier bleibt doch unter uns, richtig?«

»Richtig. Das geht nicht durch die Firma oder über Bennett. Ich bezahle Sie selbst.«

»Nicht nötig.« Cal winkt ab. »Ich helfe gern einem Freund.«

Ich scheine sehr viele Freunde zu haben, die mir helfen wollen. »Das weiß ich zu schätzen.« Ich trommle mit den Fingern auf mein Knie. »Also – was haben Sie gesehen?«

»Der Karton war ziemlich leer«, sagt er. »Der Teil einer Abschrift war darin. Es sah so aus, als wäre das Blatt aus dem Hefter gerutscht.« Cal holt einen Briefumschlag in DIN-A-4-Format aus dem Aktenkoffer. »Nur eine Handvoll Papiere, das war alles.«

Ich starre den Umschlag an. Wie wenig ist von 1979 übriggeblieben … Ich lächle meinen Privatdetektiv matt an. »Sie haben keinen Blick darauf geworfen?«

»Offiziell? Nein.« Er beugt sich vor. »Inoffiziell … na ja, als ich die Seiten auf den Fotokopierer legte, sind mir ein paar Worte ins Auge gefallen. Ein oder zwei Namen habe ich erkannt.« Er mustert mich mit großen Augen. »Aber, Jonathan, mein Freund, hören Sie gut zu.« Sein Blick wird beschwörend. »Ich werde leugnen, jemals irgend etwas gesehen zu haben.«

Ich bedanke mich bei Cal, während ich ihn hinausbegleite. Ich bleibe zurück mit der Abschrift, die mich anstarrt. Ich lasse die Möpse durch die Hintertür hinaus, kehre auf die Couch zurück und kämpfe einen Moment lang mit meinen

Nerven. Ich öffne den Umschlag und hole das Papier heraus, drei Blätter von der Abschrift. Es sind Fotokopien. Die Originale liegen wahrscheinlich wieder in ihrem Karton. Auf einer Seite ist ein Teil von Cals Finger mit kopiert worden. Die Schrift ist eine altmodische Courier, ihre Wortzwischenräume wirken im heutigen Computerzeitalter irgendwie drollig.

Ich erkenne die ersten beiden Seiten sofort. Die Worte, sogar ohne irgendeinen Zusammenhang, springen aus meiner Erinnerung ans Licht.

den Raum betreten hatten?

A: Sie … hm … sie hat mich berührt.

F: Wo hat sie Sie berührt, Jon?

A: An meinen, äh, Geschlechtsteilen.

F: Berührte sie Ihren Penis?

A: Ja.

F: Was sonst noch, Jon? Was ist sonst noch passiert?

A: Sie tat das gleiche auch mit ihrem … äh … Mund?

F: Jon, wollen Sie damit sagen, daß sie Oralsex praktiziert hat?

A: Ja.

F: Hat sie Sie ausgezogen?

[Zeuge nickt.]

F: Bitte antworten Sie, so daß man Sie hören kann, Jon.

A: Ja, irgendwie schon, nehme ich an. Sie zog meine Hose herunter.

F: Haben Sie ejakuliert, Jon? Zu diesem Zeitpunkt?

A: Nein.

F: Was dann?

A: Dann hatten wir Sex, wissen Sie.

F: Können Sie uns die Position beschreiben, Jon? Ich meine, war sie oben?

A: Das war sie.

F: Sie war also oben. War das die ganze Zeit der Fall?

A: Ähm. Nein. Wir drehten uns um.

F: Und was geschah, als Sie sich umdrehten?

A: Wir fielen aus dem Bett. Sie stieß sich den Kopf.

F: Na schön. War sie okay?

A: Ja. Sie sagte nur, es täte weh.

F: Ihr Kopf tat weh.

A: Ja.

F: Hat sie darum gebeten, aufzuhören?

A: Nein.

F: Was hat sie gesagt?

A: Sie sagte, wissen Sie ..., hör nicht auf.

F: Waren das die Worte, Jon? Ihre genauen Worte?

A: Ähm. Nein.

F: Jon? Was waren ihre genauen Worte?

[Zeuge antwortet unverständlich.]

F: Jon, mir ist klar, daß das schwierig ist. Aber bitte sprechen Sie lauter. Was waren Ginas genaue Worte, nachdem Sie zusammen aus dem Bett gefallen sind?

A: Fick mich härter.

Ich schließe die Augen, schlucke krampfhaft. Ich erinnere mich an die Unterweisung durch meinen Anwalt genauso – sogar besser – wie an meine Worte bei der Anhörung. Gina zog meine Hose runter und sank auf die Knie. Sie war oben. All das sollte die Sache einvernehmlicher erscheinen lassen, auf keinen Fall wie eine Vergewaltigung.

Ich schleudere die Papiere grundlos in die Luft. Ich erinnere mich nicht an ein Wort, das ich unter Eid ausgesagt habe. Ich hatte nur zu der Melodie getanzt, die mein Anwalt spielte. Bereitwillig.

Das nächste Blatt fesselt mein Interesse. Auf den ersten Blick kann ich nichts damit anfangen. Ich erkenne das Dokument nicht wieder. Aber es ist auch schon eine Weile her ...

Nein, das habe ich noch nie gesehen. Es wurde mit Hand geschrieben.

Ich habe große Vorbehalte hinsichtlich der Schlußfolgerungen, die in diesem Ermittlungsverfahren gezogen wurden. Ich glaube, daß die Ergebnisse der Autopsie viel zu oberflächlich und wohlwollend interpretiert wurden. Ich glaube weiterhin, daß die Verstorbene sich unter keinen Umständen zu sexuellen Handlungen bereit erklärt haben konnte, wenn man sich ihren Rauschzustand vor Augen führt, selbst wenn ich bereit wäre, Mr. Solidays Version vom Ablauf der Ereignisse zu akzeptieren, was ich nicht tue. Ich glaube, daß Mr. Soliday und Mr. Cosgrove ihre Aussagen aufeinander abgestimmt und sich auf das Fehlen jeglicher Zeugen verlassen haben, um sich einer Anklage zu entziehen. Ich glaube, daß Mr. Soliday verhaftet und mindestens wegen sexueller Nötigung angeklagt werden sollte.

Diese Erklärung soll den Akten beigefügt werden. Ich lege sie eigenhändig zu den Akten, obgleich der Staatsanwalt sich geweigert hat, sie hinzuzunehmen.

Die Notiz ist mit einem undeutlichen Kringel unterschrieben, aber ich kann den Namen erkennen. Gary Degnan. Ich erinnere mich gut an ihn. Der Mann hatte die ganze Angelegenheit durchschaut.

Und er hat es aufgeschrieben.

Ich stehe von der Couch auf, meine Beine sind wacklig. Ich gehe einige Male im Zimmer auf und ab, ehe ich zur Couch zurückkehre und nach dem Telefonhörer greife. Ich wähle Cal Reedys Handynummer.

»Eine halbe Stunde, und schon fehle ich Ihnen«, sagt er.

»Ich brauche noch etwas«, sage ich. »Tut mir leid.« Ich erwarte eine Reaktion von ihm. Sosehr Cal Reedy nicht wissen will, was er nicht wissen will, ist ihm doch völlig klar, daß das, was in Summit County gelaufen ist, gegen die Vorschriften war. Er hat versucht, eine versiegelte Jugendgerichtsakte zu öffnen. Daher hätte ich Verständnis dafür, wenn er meine Bitte gar nicht hören will. Aber er wartet.

»Ich muß jemanden finden. Zwei Personen.«

Eine Pause. »Okay?«

»Ich will sie nur finden. Mehr nicht.«

»Geben Sie mir die Namen. Ich werde sie finden.«

»Der erste ist Gary Degnan«, antworte ich. »D-E-G-«

»Der Typ ist tot«, unterbricht Cal mich.

»Tot?«

»Ja. ich habe seinen Namen in irgendeiner Zeitung gese-hen, und der Mann, der mir da unten geholfen hat, kannte ihn. Er war so etwas wie ein Ermittler, stimmt's?«

»Stimmt.«

»Ja, er hat sich vor fünf Jahren zur Ruhe gesetzt und ist an Krebs gestorben, wie der Mann mir erzählte. Er meinte, vor etwa zwei Jahren.«

»Okay.« Ich atme aus. Es ist niemals eine gute Nachricht, wenn man erfährt, daß jemand gestorben ist. Und ich hätte mich sehr gern unter vier Augen mit diesem Mann unterhal-ten. Aber ich weiß auch, welche Schwierigkeiten dieser Er-mittler mir hätte machen können.

»Und der andere?« fragt Cal.

»Lyle Cosgrove.« Ich buchstabiere den Nachnamen.

»Ja, den Namen habe ich ebenfalls gesehen. Erzählen Sie, was Sie wissen.«

Ich gebe ihm alles weiter, woran ich mich erinnern kann. Aufgewachsen in Summit County. Ex-Sträfling. Vor kurzem entlassen.

»Bennett darf nicht wissen, daß ich mich nach ihm erkun-dige«, sage ich. »Er weiß über den Burschen Bescheid. Mög-licherweise hat er Sie schon auf ihn angesetzt.«

»Nein.«

Ich öffne die Hintertür und lasse die Hunde wieder ins Haus. »Tut mir leid, daß alles so geheimnisvoll ist, Cal. Ir-gendwann erzähle ich Bennett vielleicht davon.«

»He.« Cal lebt, was moralische Fragen angeht, in einer sehr strengen Schwarz-Weiß-Welt. Es gibt eine unsichtbare Grenze zwischen uns. Auf der einen Seite ist meine Tätig-keit, auf der anderen die seine.

»Ich weiß, ich weiß. Ich danke Ihnen.« Er meint, ich brauche mich nicht zu bedanken, und legt auf.

Es erscheint jetzt so offensichtlich, dieses Bedürfnis von mir. Das Bedürfnis, die Wahrheit zu erfahren. Ich habe 1979 weggeschaut, war bereit, Grant Tully und seinen Vater den Weg zu meiner Freilassung pflastern zu lassen. Es war nicht richtig, damals nicht und heute auch nicht. Ich hoffe, daß die Wahrheit obsiegt, daß Lyle Cosgrove die Wahrheit über mich gesagt hatte. Aber ich habe nie versucht, mich mit Cosgrove in Verbindung zu setzen, um mir die Bestätigung zu holen. Ich habe den Kopf in den Sand gesteckt. Jetzt wird es Zeit, ihn rauszuziehen. Und wenn ich erst einmal die Wahrheit kenne, ergibt sich für mich nur noch eine Frage.

Was dann?

30

»Willkommen zu einer neuen Ausgabe von *City Watch*. Ich bin Jackie Norris.«

City Watch ist eine Lokalsendung, eine der wenigen Sendungen im öffentlichen Fernsehen, die mit den Angeboten der großen Sender konkurrieren.

»Heute geht es wieder um die Gouverneurswahl.« Eine Grafik erscheint auf dem Bildschirm, Umfragezahlen. »Justizminister Langdon Trotter hält weiterhin einen überlegenen Vorsprung von vierzehn Punkten vor seinem demokratischen Herausforderer, Staatssenator Grant Tully.« Die Zahlen zeigen Trotter mit neunundvierzig Prozent, Grant mit fünfunddreißig, den Kandidaten der dritten Partei, Oliver Jenson, mit drei Prozent. »Die Zahlen zeigen praktisch keine Bewegung für Senator Tully seit den Vorwahlen am fünfzehnten März.« Auf dem Bildschirm werden jetzt die beiden Umfragen verglichen, die von damals und die von heute. Damals hatte Grant um sechzehn Prozent zurückgelegen.

»Bei mir im Studio ist heute der demokratische Kandidat

für den Gouverneursposten, Staatssenator Grant Tully. Senator, vielen Dank, daß Sie zu uns gekommen sind.«

Der Senator sitzt an der gegenüberliegenden gekrümmten Seite des halbrunden Tisches, eine Landkarte der City an der Wand hinter ihm. Er ist wie immer konservativ gekleidet, blauer Anzug, blaues Hemd, rote Krawatte. Er lächelt gewinnend. »Vielen Dank für diese sehr freundliche Einleitung«, sagt er voller Sarkasmus.

Jackie Norris gestattet sich ein leises Lachen, ehe sie wieder ernst wird. »Senator, warum kommt keine Bewegung in die Zahlen?«

Senator Tully nickt, als hätte er volles Verständnis für ihre Verwirrtheit. »Bis zur Wahl sind es noch zwei Monate, Jackie. Die Zahlen sind höchst unsicher, ganz zu schweigen von einer nicht unbedeutenden Anzahl unentschlossener Wähler. Die Wähler dieses Staates sagen, wir kennen Grant Tully noch nicht gut genug. Dieser Wahlkampf gibt mir die Gelegenheit, mich vorzustellen und ihnen bewußt zu machen, was ich erreicht habe.«

Jackie Norris wartet nicht lange, um auf die kontroversen Themen zu sprechen zu kommen. Das Schlimmste ist die Abtreibung, die für einen Demokraten das Beste sein müßte. Grant ist gegen die Abtreibung, wie zahlreiche andere Demokraten im Staat auch, mit dem feinen Unterschied, daß er das auch ganz offen zugibt, während die anderen es nicht wagen. Die Abtreibungsdebatte ist eins der Kernthemen, die Demokraten bei allgemeinen Wahlen benutzen, um den Republikanern beim Kampf um Wechselwähler eins über den Schädel zu geben, aber Grant weigert sich standhaft, seine persönlichen Überzeugungen zurückzustellen. Er erinnert die Fernsehmoderatorin daran, daß der Oberste Gerichtshof die Abtreibung ausdrücklich für rechtens erklärt habe und er diese Entscheidung natürlich respektiere, doch wenn man ihn nach seiner persönlichen Meinung frage, er jederzeit seine ablehnende Haltung zur Abtreibung kundtun werde.

Es sind keine sehr guten zwei oder drei Minuten. Grant

nimmt die gleiche Position ein wie Trotter, aber viele der Mitglieder der Grand Old Party in diesem Staat sind Pro-Life. Grants Ansichten haben viele demokratische Wähler abgeschreckt, die sich dadurch verraten fühlen, daß einer der ihren auf der falschen Seite steht. Daher könnten Frauen, die Pro-Choice sind, einen »zuverlässigen« Kandidaten wie Trotter dem Wendehals vorziehen.

Meine Erleichterung über einen Themenwechsel ist nur von kurzer Dauer. Jackie Norris möchte über die Todesstrafe sprechen. Ein weiterer kritischer Punkt für uns.

»Senator, viele meinen, daß Ihre Ansichten ein wenig unrealistisch sind. Fast zwei Drittel der Bevölkerung dieses Staates befürworten die Todesstrafe in irgendeiner Form.«

»Dann fragen Sie doch mal diese Leute«, sagt Grant, »ob sie auch dafür sind, jemanden mit dem Tod zu bestrafen, dessen Schuld nicht eindeutig nachgewiesen wurde. Wir haben in den letzten Jahren viel zu oft erlebt, daß unschuldige Menschen einer Exekution gefährlich nah gekommen sind. Kein System ist perfekt, Jackie. Aber wir müssen wissen, daß wir alles Menschenmögliche tun, um nur die Schuldigen zu verurteilen, ehe wir die Todesstrafe verhängen. Wir müssen außerdem dafür Sorge tragen, daß diese Strafe nicht unverhältnismäßig oft gegen Angehörige von Minderheiten verhängt wird. Aktuelle Studien zeigen, daß Afroamerikaner für die gleichen Verbrechen, die von Weißen begangen wurden, weitaus häufiger mit dem Tode bestraft werden.«

Nicht schlecht. Ein kurzes Zugeständnis an die Basis. Nichts wie weiter. Je weniger gesagt wird, desto besser. Ich kann mir jetzt schon Trotters Anti-Tully-Werbespot vorstellen. Ein Foto von einem reizenden Kind neben einem drohenden Kriminellen, der es ermordet hat, und dazu ein Kommentar aus dem Off, daß Senator Tully gegen die Todesstrafe für diesen brutalen Mörder ist.

»Wollen Sie damit ausdrücken, Senator, daß Sie sich ebenfalls für die Todesstrafe aussprechen würden, wenn das System zu Ihrer Zufriedenheit perfektioniert wäre?«

»Ich sage nur so viel: Die Todesstrafe ist heute Gesetz. Daher sollten wir wenigstens alles dafür tun, daß sie angemessen angewendet wird.«

»Aber, Senator.« Die Moderatorin klopft auf den Tisch. »Wenn die gesetzgebenden Körperschaften Ihnen ein Gesetz vorlegen, durch das die Todesstrafe vollständig abgeschafft würde ... würden Sie es unterschreiben? Würden Sie die Todesstrafe abschaffen, wenn es ganz allein nach Ihnen ging?«

Scheiße. Jetzt geht es los, Grant. Sag ihnen, daß ein von den Republikanern kontrolliertes Haus ein solches Gesetz niemals passieren lassen würde und wir das Gesetz achten müssen, so wie es ist. Und daß du meinst, das wirkungsvollste in dieser Situation wäre, die Reformen voranzutreiben, von denen du immer gesprochen hast ...

»Ich würde sie abschaffen«, sagt er, »weil ich nicht glaube, daß es rechtens ist, jemandem das Leben zu nehmen. Ich glaube, eine zivilisierte Gesellschaft sollte auf keinen Fall das offizielle Töten von Menschen billigen.«

Oh, Grant. Ich schleudere ein Kissen auf den Fernseher. Maggie blickt von der Couch hoch, wo sie es sich gemütlich gemacht hat, und legt den Kopf schief.

Der Mann hat Prinzipien. Dafür bewundere ich ihn. Aber er sollte in seiner Ausdrucksweise ein wenig diplomatischer sein. Man kann kein guter Gouverneur sein, ehe man Gouverneur ist.

»Kommen wir auf ein anderes Thema zu sprechen, Senator, nämlich auf ihren Chefberater Jonathan Soliday, der des Mordes beschuldigt wird.«

Ich schließe die Augen. Ich höre den Senator im Fernsehen mit einem einfachen »Ja« antworten. Meistens hat er jeden Kommentar zu diesem Komplex abgelehnt und basta. Ich hoffe, er bleibt bei dieser Linie.

»Gehört Mr. Soliday immer noch zu Ihrem Wahlkampfteam?«

»In gewissen Funktionen ja.« Der Senator nickt und zeigt

durch nichts, daß er glaubt, sich dafür entschuldigen zu müssen. »Jons erste Pflicht hat im Augenblick darin zu bestehen, daß er sich wirkungsvoll gegen diese unerhörten Anschuldigungen verteidigt. Er muß allen zeigen, daß er unschuldig ist. Aber er war als unser führender Anwalt immer ein wertvolles Mitglied dieses Wahlkampfteams, und unter diesem Aspekt ist er in der Lage, einiges zu unseren Bemühungen beizutragen, und das wird er auch tun.«

»Sie nennen die Anschuldigungen unerhört«, sagt Norris. »Sein Anwalt erklärt, daß dieser Prozeß durch massiven Einfluß des Büros von Justizminister Trotter zustande gekommen ist und daß der Justizminister unseren Bezirksstaatsanwalt angehalten hat, diese Anklage zu verfolgen, um Ihrem Wahlkampf Schaden zuzufügen. Was sagen Sie dazu?«

Die Augen des Senators verengen sich ganz leicht, was seine Art ist, Ernsthaftigkeit zu demonstrieren. »Ich sage, daß Jon unschuldig ist. Egal, weshalb er gerichtlich verfolgt wird, er ist unschuldig. Ich vertraue voll und ganz darauf, daß die Fakten genau das ergeben werden. Was sie *sonst* noch für uns bereithalten, sollten wir einstweilen außer acht lassen.«

Jackie Norris nickt. »Senator …«

»Jackie, wenn Sie nichts dagegen haben, würde ich gern noch etwas dazu sagen.« Der Senator deutet mit einem Finger auf den Tisch. »Mein Freund unterscheidet sich kein bißchen von allen anderen Bürgern dieses Staates – er hat als unschuldig zu gelten. Wenn die Menschen in diesem Staat jemanden haben wollen, der seinen Freund im Stich läßt, sobald er in Schwierigkeiten gerät und das Klima ein wenig rauher wird, sollten sie ihre Stimmen jemand anderem geben. Wenn die Menschen in diesem Staat jemanden wollen, der nicht für das einsteht, woran er glaubt, der regiert, indem er jeweils die Windrichtung prüft und ständig auf seine Umfragewerte schielt, sollten sie ihre Stimmen jemand anderem geben. Aber ich glaube, ein Gouverneur sollte Prinzipien haben und entsprechend seinen Überzeugungen han-

deln. Das kann ich meinen Wählern als Gouverneur versprechen.«

»Na schön, Senator, aber Mr. Soliday bleibt auf der staatlichen Lohnliste, nicht wahr? Er gehört noch immer zu
Ihrem Stab, oder?«

»Ja, in der Tat.«

»Meinen Sie, die Steuerzahler sollten das Gehalt von Mr.
Soliday bezahlen, nur weil Sie glauben, daß er unschuldig
ist?«

»Ich finde, jemand, der fälschlich beschuldigt wird, sollte
nicht seinen Job verlieren, ehe vor Gericht bewiesen wurde,
daß er schuldig ist. Was in diesem Fall nicht geschehen
wird.«

Jackie Norris wendet sich zur Kamera. »Wir sind gleich
wieder zurück mit weiteren Fragen an den demokratischen
Kandidaten für den Gouverneursposten, Grant Tully.«

»Verdammt.« Ich bohre den Kopf in das letzte Kissen, das
ich noch nicht in Richtung des Fernsehers geworfen habe.
Er hätte mich beurlauben sollen. Oder feuern. Der Senator
kann sich nicht als entschlossener Kämpfer gegen das Verbrechen aufspielen – was für seine Wahl ein wichtiger Punkt
ist – und sich gleichzeitig gegen die Todesstrafe aussprechen
und einen wegen Mordes Angeklagten in seinem innersten
Kreis dulden.

Praktisch gesehen, bin ich ein Mörder. Ich bin unschuldig, und ich werde es beweisen. Aber das ist Schönfärberei.
Ich bin für immer und ewig gezeichnet. Ich werde immer
der Typ sein, den sie wegen Mordes angeklagt haben. Mord-
verdächtige, die freigesprochen werden, werden stets als mit
einem Makel behaftet angesehen. Diese Sache wird mich immer verfolgen.

Er ist für mich aufgestanden. Er hat nichts entschuldigt
oder an die Vernunft appelliert oder sich hinter etwas versteckt, das praktisch so klar, aber gleichzeitig auch so unbe-
friedigend ist wie die Unschuldsvermutung. »Er ist unschuldig«, hat er gesagt. Es ist politisch genau das Richtige – was

sollte er sonst sagen, solange er mich für sich arbeiten läßt? Er glaubt es, und er behält mich bei sich und zahlt dafür politisch einen hohen Preis. Er hat mir sogar den Posten als Chefberater versprochen, falls er gewählt wird, einen Job, den ich vor einem Monat als absolut sicher angesehen hätte.

Was, zum Teufel, soll ich tun? Dieser Mann hat für mich seinen Hals riskiert, und zwar nicht nur einmal, sondern ein zweites Mal. Das erste Mal fast unfreiwillig als Teenager, indem er schnell und ohne zu zögern auf meine Notlage reagierte. Und diesmal hat er sich wieder auf meine Seite geschlagen, zweifellos nach Betrachtung seiner politischen Zukunft.

Ich schaue hinüber zu Jake, der sich auf der Couch neben Maggie niedergelassen hat. »Meint ihr, wir können uns mit einem Kassierergehalt durchschlagen?« Beide hocken jetzt auf den Hinterbeinen, die Köpfe vorgereckt, und fragen sich, ob ich sie zu einem Spaziergang oder einem frühen Abendessen eingeladen habe.

Es ist ja nicht so, als müßte ich eine Ehefrau oder gar eine Familie versorgen. Oder daß ich völlig ohne Geldmittel bin. Der Senator könnte etwas für mich tun, auch wenn er unter strenger Beobachtung steht. Ein hübscher parteiinterner Posten vielleicht oder eine Position in einer größeren Firma als Fachmann für Regierungsangelegenheiten. Ich würde keine Lobbyarbeit machen. Mein Gesicht würde nicht sehr freudig begrüßt werden. Aber ich könnte jeden zwischen den unzähligen Klippen hindurchlotsen, die einen in unserer Hauptstadt auf dem Weg zu gesetzgeberischem Erfolg erwarten.

Ich atme mit einem Seufzer aus und versuche, des Zitterns in meinen Gliedmaßen Herr zu werden. Ich hätte niemals angenommen, daß es so weit kommen würde. Aber so ist das bei einem Leben in der Öffentlichkeit. Wenn es kommt, dann kommt es verdammt schnell.

Das wäre das. Ich bleibe in der Firma beurlaubt und stehe dem Senator als eine Art Berater zur Verfügung – schließlich war das mehr oder weniger eine Grundbedingung für meine Freilassung auf Kaution. Aber wenn diese Angelegenheit vorüber ist, dürfte meine Karriere bei meinem besten Freund beendet sein.

31

Das Café ein paar Häuser von meiner Anwaltsfirma entfernt wimmelt von Studenten mit Laptops und Bechern mit teurem Java-Kaffee auf kleinen, kunstvoll verzierten Tischen. Früher mal ein verträumtes kleines Caféhaus, hat der Laden sich im Lauf der Zeit dank des freien Raums in der unmittelbaren Nachbarschaft ausgebreitet und ist zu einem regelrechten Kaffeetempel mit Internetanschluß gewachsen.

Ich bin ein wenig zu früh da, deshalb suche ich mir einen Platz in einer Nische und verteidige ihn eifersüchtig. Ich sitze auf einem mit Samt bezogenen, hochlehnigen Stuhl und stelle mir, sicherlich zum dreihundertsten Mal, die Frage.

Ist es nicht möglich, daß Gina Mason tatsächlich an einer Überdosis gestorben ist? Sie schlief ein, nachdem ich gegangen war, erbrach sich und erstickte. Das ist doch möglich. Oder?

Aber sicher. Natürlich. Wir hatten einvernehmlichen Sex, und dann schlief sie ein, vielleicht schon, bevor ich ging, vielleicht danach.

Aber wie paßt Lyle Cosgrove in diese Sache? Ist es ein reiner Zufall, daß der Mann, der mir 1979 ein Alibi lieferte, aus dem Gefängnis entlassen wurde, kurz bevor Dale Garrison starb, und etwa zur gleichen Zeit, als ich einen rätselhaften Erpresserbrief erhielt?

Bennett Carey entdeckt mich und winkt. Ich erwache aus meiner Trance. Zeit, mein früheres Problem vorerst ruhen zu lassen und mich dem aktuellen zuzuwenden. Ben deutet auf die Bar, ich forme mit dem Mund ein »schwarz«, und er holt Kaffee für uns. Er kommt mit den Tassen an unseren Tisch. Der Aktenkoffer hängt an einem Gurt über seiner

Schulter. Aus dem Seitenfach ragt ein einzelner Manila-Umschlag mit der Aufschrift »Lyle Cosgrove« heraus.

Ben stellt die beiden dampfenden Tassen auf den Tisch und setzt sich. Ich trinke tapfer einen kleinen Schluck und bin nicht überrascht, daß das Gebräu etwa genauso heiß ist wie flüssige Lava.

»Es gibt eine Menge zu besprechen«, sagt er. Er holt einen Schreibblock aus seinem Aktenkoffer und legt ihn auf den Tisch.

»Hallo, Ben.«

Er lächelt. »Die Todesursache, Jon.«

»Wir haben etwas?«

»Etwas. Nicht alles. Aber etwas.« Er nickt. »Mein Bekannter aus der Provinz hat eine Theorie.«

»Dale hat sich selbst erwürgt?« frage ich.

»Natürliche Ursachen, die Schlaumeier.« Er klopft auf den Schreibblock. »Kurz gesagt, er könnte auch ein Blutgerinnsel im Hals gehabt haben.«

»Das würde dein Freund aussagen?«

»Nun …« Ben windet sich. »Wenn du ihm eine Bibel in die Hand gibst, würde er auf Erwürgen tippen. Aber wir können eine Theorie vorbringen. Das ist um einiges besser als gar nichts. Und vielleicht bringe ich den Leichenbeschauer der County sogar dazu, mir beizupflichten.«

»Das wäre doch was.«

»Es gab schon Seltsameres«, sagt Ben.

»Okay. Was sonst noch?«

»Wir haben Vorladungen und Anfragen ausgeschickt«, sagt er. »Dales Telefonlisten und Kontoauszüge. Die Listen sollten nächste Woche vorliegen.«

Bennett greift in seinen Aktenkoffer und holt ein kleines Etui hervor. »Computerdisketten«, sagt er und läßt sie polternd auf den Holztisch fallen. »Alles von Dales Festplatte.«

»Meine Arbeit?« frage ich.

»Ich dachte, damit könntest du deine Zeit ganz gut nutzen. Öffne die Dokumente, und sieh sie dir an. Vielleicht findest du etwas.«

»Hat die Anklage sie schon gesehen?«

»Wer weiß?« Ben zuckt die Achseln. »Natürlich, wenn sie nicht ganz blöde sind. Sie suchen nach einem Beweis für Erpressung.«

»Sie haben ihn wohl nicht auf seinem Computer gefunden. Diesen Erpresserbrief, meine ich.«

Ben schüttelt den Kopf. »Falls es etwas gibt, das sie benutzen wollen, müßten sie es uns mitteilen. Ich denke eher an die anderen Leute, mit denen Dale zusammengearbeitet hat. Die Fälle, an denen er saß. An irgendwas, Jon, was für uns von Interesse sein könnte. Möglicherweise müssen wir irgend etwas konstruieren.«

»Aber wer würde einen ohnehin zum baldigen Sterben verurteilten Anwalt umbringen wollen?« frage ich geistesabwesend.

»Und dich als Täter hinstellen.«

»Gott, wie ich diese Formulierung hasse. Ich wurde verschaukelt, und Oswald war kein Einzeltäter.«

»Laß uns weitermachen«, sagt Ben. Keine Zeit für Selbstmitleid, will er damit ausdrücken. »Verdächtige. Ich habe Cal auf ein paar Leute angesetzt. Dieser hier« – er holt den »Lyle Cosgrove«-Hefter aus dem Aktenkoffer – »ist am vielversprechendsten.«

»Wer ist das?« frage ich ganz unschuldig.

»Lyle Cosgrove. Ich habe dir ja schon angedeutet, daß er wegen Gewaltvergehen vorbestraft ist. Saß zwölf Jahre wegen bewaffneten Raubüberfalls und kam kurz vor Dales Tod wieder raus. Legte Einspruch gegen seine Verurteilung ein mit der Begründung, daß Dale Mist gebaut habe. Demnach ist er gewalttätig, und er ist sauer auf Dale.«

»Gibt es noch etwas anderes in seiner Vergangenheit?«

»O ja.« Ben strahlt begeistert. »Er hat einen Cop verprügelt, als er Mitte Zwanzig war. Ließ sich auf einen Handel ein und kriegte nur anderthalb Jahre, weil er seinen

Komplizen verpfiff. Und eine Anklage wegen Vergewaltigung.«

Ich hebe den Kopf. »Vergewaltigung«, wiederhole ich.

»Als er neunzehn war«, sagt Ben.

Ich schließe die Augen. Tolle Gesellschaft, die ich damals hatte.

»Er gab eine geringere Straftat zu«, fährt Ben fort. »Körperverletzung. Saß deshalb knapp über ein Jahr.«

Mein Adrenalin sprudelt. »Irgendwas als Jugendlicher?«

Ben zuckt die Achseln. »Das Material ist versiegelt. Auf jeden Fall nicht zulässig, daher für uns nutzlos.«

»Unzulässig.« Ich versuche, beiläufig zu klingen. »Das wußte ich nicht.«

»Ja, du kannst das Material nicht benutzen. Außerdem ist der Typ jetzt über dreißig, daher liegt das Ganze zwanzig Jahre zurück, selbst wenn dort etwas zu finden wäre. Irrelevant. Es wäre sogar für unsere Strategie von Nachteil. Mal sehen.« Er blättert die Dokumente durch. »Als Jugendlicher hat er sich lediglich etwas zuschulden kommen lassen, wofür er seinen Führerschein hat abgeben müssen. Das nichts Kriminelles, und das ist allgemein bekannt. Dieser Kerl wurde innerhalb des ersten halben Jahres, seit er seinen Führerschein hatte, dreimal betrunken am Steuer erwischt. Er verlor die Fahrerlaubnis 1978 und bekam sie nicht mehr zurück.«

»Demnach ist er ein rechtschaffener Bürger«, sage ich. Ich bitte fast gelangweilt darum, mir seine Akte ansehen zu dürfen. Ben reicht sie mir. Ich schlage den Hefter auf und überfliege die zwei Seiten. Ich präge mir Lyle Cosgroves Adresse ein – 4210 West Stanton, Apartment 2D – und zeige Ben eine optimistische Miene. Also muß Ben ebenfalls Cal Reedy gebeten haben, Lyle Cosgrove ausfindig zu machen, und zwar nach mir. Noch hat Cal sich nicht bei mir gemeldet.

»West Stanton«, sagt Ben. »Das sind öffentlich geförderte Häuser. Das DOC bringt dort eine Menge Ex-Sträflinge unter.«

Er meint das Department of Corrections. Der Bewährungsausschuß des DOC hilft Sträflingen dabei, eine Unterkunft und einen Job zu finden, nachdem sie entlassen wurden.

Ben deutet auf den Hefter. »Es sieht so aus, als hätte Cosgrove in jener Nacht gearbeitet, und zwar die Spätschicht in einem Haushaltswarenladen mit Apotheke. Seine Schicht begann um sechs.«

»Dale ist nach sieben gestorben«, sage ich.

»Aber Cal konnte einen Blick auf die Anwesenheitsliste des Ladens werfen. Sie ist nicht mehr als ein Stück Papier mit einem Bleistift. Man muß dort nicht gerade eine Stechuhr bedienen.«

»Also hätte er lügen können«, sage ich. »Er kam zu spät und tat so, als wäre er pünktlich dort gewesen.«

»Das ist möglich.« Ben nickt. »Cal hat mit zweien der übrigen Angestellten gesprochen. Sie sagten, er wäre pünktlich gewesen. Sie wollten wissen, ob Cal Lyles Bewährungshelfer sei.«

»Demnach wäre es möglich, daß sie ihn decken.«

»Richtig. So müßte unsere Geschichte lauten.«

Ich schlage den Hefter auf und werfe abermals einen Blick hinein. Er richtet sich auf nichts Spezielles. Ich versuche Zeit zu gewinnen und die Sache durchzudenken.

»Dieser Kerl ist ein Gewohnheitskrimineller«, sagt Ben. »Er ist unser freier Stuhl.«

»Wie bitte?«

»Ach. Nur so eine Redensart. Es ist immer leicht, auf den leeren Stuhl zu zeigen. Auf jemanden, der sich nicht verteidigen kann.«

»Aber sie könnten Cosgrove vor Gericht laden. Dann könnte er sich selbst verteidigen.«

»Sicher, schon möglich«, pflichtet Ben mir bei. »Wir halten die Information über ihn so lange wie möglich zurück. Wir warten, bis der Prozeß weit fortgeschritten ist, und nennen dann erst seinen Namen.« Er reibt sich heftig die

Hände. »Am liebsten würde ich sein Innerstes nach außen kehren.«

»Du würdest gern?« frage ich. »Aber du tust es nicht?«

»Ich kann es nicht«, sagt er. »Noch nicht. Es ist ja nicht so, daß wir jetzt einfach sein Haus durchsuchen können.«

Ich lege den Kopf schief. Eine Idee, die mir nicht in den Sinn gekommen ist. »Denn sobald wir einen Durchsuchungsbeschluß beantragen, decken wir unsere Karten auf.«

»So könnte man es ausdrücken, ja.« Er lächelt. »Ich würde Cal einiges zutrauen, würden wir ihn losschicken. Aber das tun wir nicht.«

»Nein.« Ich bin sofort einverstanden. »Wir brechen nicht in ein fremdes Haus ein.« Ben nickt geistesabwesend. Ich räuspere mich und frage: »Aber nur aus reiner Neugier, wie würde er das machen?«

»Was machen?« Ben sieht mich an. »In sein Haus einbrechen?«

»Nur aus Neugier«, sage ich. »Ich meine, reingehen, so daß es nicht wie ein offensichtlicher Einbruch aussieht.«

Ben hebt die Augenbrauen. Er seufzt. »Ich nehme an, man versucht es mit irgendeinem Schwindel. Einige von den Typen, die ich verknackt habe …« Er lacht.

»Was haben die getan?«

»Tja, die behaupten immer, es ist einfacher, zur Vordertür reinzugehen und sich ganz normal zu benehmen. Und dann irgendeinen falschen Ausweis vorzuzeigen.«

»Ja, das denke ich auch.«

»Damals war ich gelegentlich in einigen dieser Mietskasernen«, sagt Ben. »Als ich noch als Staatsanwalt tätig war, machten die Hauswirte schon die Tür auf, kaum daß man ›DOC‹ oder ›Bezirksstaatsanwalt‹ sagte. Diese Ex-Sträflinge kriegen alle naselang Besuch von den Behörden.«

Ich speichere diese Information. »Das ist sicher lustig.«

»Aber in diesem Fall müssen wir uns einstweilen zurückhalten«, sagt Ben. »Wir dürfen uns nicht zu intensiv mit Mr. Lyle Cosgrove befassen, ehe der Staat seinen Beweisvortrag abgeschlossen hat. Erst dann verschicken wir Vorladungen, bitten darum, seine Räume durchsuchen zu dürfen, nehmen uns seine Akte vor und rücken ihm auf den Pelz.«

Ich sehe Bennett Carey an. »Und wenn der Typ unschuldig ist?«

»Verbringt er schlimmstenfalls einen unangenehmen Nachmittag mit mir und meinen Fragen.«

Ich klappe den Schnellhefter zu und schiebe ihn zu Ben hinüber. »Ich weiß, wie es ist, fälschlich beschuldigt zu werden«, sage ich. »Ich weiß nicht, ob ich möchte, daß auch ein anderer diese Erfahrung macht. Der Knabe ist sicher kein Heiliger. Das weiß ich. Aber er trinkt und setzt sich ans Steuer, als er sechzehn ist, und er überfällt zwölf Jahre später einen Haushaltswarenladen – das macht ihn noch lange nicht zum Mörder.«

»Einstweilen«, sagt Ben, »tun wir nichts anderes, als uns umzuschauen. Wir müssen jetzt noch keine Entscheidung treffen.«

»Ich weiß, Ben, aber …«

»Wir müssen jetzt nur entscheiden, ob du diesen Fall gewinnen willst.« Ben gibt sich keine Mühe, den Schlag zu mildern. Seine Augen fixieren mich.

»Ja, ich will diesen Fall gewinnen«, sage ich. Ich winke ihm zu. »Tu's. Knie dich rein.« Ich ergreife die Computerdisketten und hebe die Hand, um sie irgendwohin zu werfen, überlege es mir aber anders. Ich lege das Kästchen zurück auf den Tisch.

»Tut mir leid«, sage ich. »manchmal … manchmal gerate ich ein wenig in Panik.«

»Das verstehe ich. Du mußt mir vertrauen.«

»Ich glaube, ich sollte mal wieder Joggen gehen. Was machst du denn so, Ben? Wenn die Dinge um dich herum keinen Sinn zu ergeben scheinen?«

Ben überlegt einen Moment lang. Was soll er darauf antworten? Wie soll er einem Mandanten helfen, der fast verrückt wird vor Kummer und Angst? Er holt seine Brieftasche hervor. Dann zieht er einige Fotos aus einer Plastikhülle und wirft sie vor mir auf den Tisch. »Ich denke an sie«, sagt er.

Das sind seine Eltern, wie ich annehme, die Bennett bei einem Verkehrsunfall verloren hat, als er noch ein Kind war. Der Vater sieht aus wie Ben, nur nicht so muskulös. Seine Mutter ist auf dem Schwarzweißfoto ziemlich attraktiv, eine gerade Nase und auffällige Augen, langes, fließendes Haar. Das sollte mich nicht überraschen, wenn ich den Mann ansehe, der mir gegenübersitzt.

»Meine Eltern sind ebenfalls gestorben«, sage ich.

Ben nickt ernst. »Denkst du oft an sie?«

»Jeden Tag. Manchmal rede ich mit ihnen.«

»Klar.« Ben umfaßt seine Kaffeetasse, hebt sie aber nicht hoch. Männer sind nicht gut in solchen Gesprächen.

»Erinnerst du dich an deine Eltern?« frage ich.

»Eigentlich nicht.« Seine Augen verengen sich, als er in seinem Gedächtnis nachforscht. »Ich habe einen flüchtigen Eindruck von ihnen. Ich sitze auf dem Rücksitz des Wagens. Ich kann ihre Gesichter nicht sehen. Sie unterhalten sich über irgend etwas.« Er zuckt mit den Achseln. »Es ist nicht viel.« Er wacht aus seiner Trance auf und sieht mich an. »Ich komme darauf, weil ich an sie denke, wenn ich nervös bin. Ich denke daran, wie ihr Leben abrupt beendet wurde. Ich denke daran, wie verrückt das Leben sein kann, und dann stirbt man. Es ist einfach zu Ende.«

»Tröstet dich das?«

»Ja, irgendwie schon. Ich denke dann, daß wir viele Dinge zu ernst nehmen. Wir erkennen nicht das große Ganze. Und das beruhigt mich.«

Okay. Ich glaube, ich verstehe ihn. Bennett Carey und ich führen nicht das gleiche Leben, so viel ist zumindest sicher. »Stört es dich, wenn ich frage, Ben? Was hast du getan? Als sie gestorben sind?«

»Ich bin für eine Weile von einer Pflegefamilie zur anderen geschickt worden«, antwortet er. »Dann hatte ich eine Tante, die mich aufnahm. Ich erinnere mich kaum an all die anderen Leute. Meine Tante wurde irgendwie meine Mutter.« Er zeichnet mit dem Finger ein Muster auf die Tischplatte. »Sie hatte ebenfalls ein ziemlich hartes Leben. Aber sie war immer für mich da. Sie brachte mich zur Schule, lag mir ständig in den Ohren, ich solle meine Hausaufgaben machen. Alles ganz normal. Als ich vierzehn war, brachte ich eine Freundin mit nach Hause, und sie hat sie beinah aus dem Haus geworfen.« Ben lacht. »Sie wollte mich nur beschützen.«

»Tja.« Ich weiß nicht genau, was ich sagen soll. »Ich denke, man muß die schlimmen Dinge hinter sich lassen.«

»Ach?« Er sieht mich fragend an. »Ich denke, es ist ganz gut, wenn man sich an das erinnert, was einem genommen wurde. Das verleiht einem einen gewissen Überblick.«

»Ja?« Ich glaube, ich weiß, was er meint. Das Ganze erklärt Bennett Carey bis zu einem gewissen Grad. Er ist jemand, der über all die nötigen Hilfsmittel verfügt, um ein gesellschaftlich ausgefülltes Leben zu führen, sich aber statt dessen zurückzieht. Ich vermute, er hat Angst vor menschlicher Nähe.

Ben weist mit einem Kopfnicken hinter sich. »Verschwinden Sie, Mr. Soliday. Spielen Sie mit Ihren Hunden, oder rennen Sie um den See. Konzentrieren Sie sich zur Abwechslung mal auf etwas Schönes.«

Ich nehme seinen Rat an. Lege ihm auf dem Weg nach draußen zu einem freundschaftlichen Dankeschön eine Hand auf die Schulter.

»Und ich beschäftige mich mit den Bösen«, sagt er.

32

Heute hat die Sonne sich entschlossen, das erste Mal in diesem düsteren September am Himmel zu erscheinen, und so bin ich in einem langärmligen Oxfordhemd und einer langen Hose völlig overdressed. Ich gehe zum Maritime Club und schiebe mich an einem Typen in Livree vorbei. Dort trifft sich die Elite der City zu Zigarren und Drinks oder einer Runde Squash. Das Gebäude ist vierzehn Stockwerke hoch und verfügt über Hotelzimmer, Trainingsräume, Bibliotheken, Bankettsäle und Restaurants. Bis vor fünfzehn Jahren waren hier nur Männer zugelassen, und es gab jede Woche eine Damenunterwäsche-Show, die, wie man mir erzählte, jeden Freitag zu Mittag für ein volles Haus sorgte. Die Geschlechterbarriere fiel, als die erste Frau in der City in ein staatliches Richteramt gewählt wurde. Der Club verleiht automatische Mitgliedschaften an staatliche Richter, und sie wurden regelrecht überrumpelt, als die erste Frau die Robe anzog.

Heute gibt man sich um einiges liberaler. Der Maritime Club hat sogar zum ersten Mal eine Frau als Präsidenten. Doch es riecht dort immer noch nach traditionellem Männerbund der alten Schule. Tatsächlich riecht es nach Zigarren.

Simon Tully unterbricht ein Gespräch mit zwei Männern, als er mich in der Lobby entdeckt. Der Senator ist nun schon seit zehn Jahren pensioniert. Obgleich sein Mitwirken im politischen Auf und Ab der Stadt nicht aufgehört hat, ist er, was das Tagesgeschäft angeht, weitaus weniger aktiv als früher. Man kann die Erleichterung darüber fast an seinem gesamten Verhalten ablesen. Er ist beträchtlich lockerer geworden, zeigt sich sogar ab und an mit offenem Hemdkragen. Heute ist er nach einem Fitneßtraining frisch geduscht und mit einem blauen Baumwollhemd und einer sportlichen Hose bekleidet. Sein silbergraues Haar unterstreicht noch seine Sonnenbräune.

»Jon.« Ein fester Händedruck wie immer. Er begrüßt mich mit ernster Miene. Wir sind eigentlich nie besonders gut miteinander ausgekommen, erst recht nicht seit dem Vorfall im Jahr 1979. Es sagt eine ganze Menge über unser Verhältnis aus, daß ich mich nur an eine einzige menschlich warme Geste von seiner Seite seit dieser Zeit erinnern kann – und zwar vor zehn Jahren, als Grant die erste Vorwahl für Simons Sitz im Senat gewonnen und er mich bei der Siegesfeier umarmt hatte.

»Vielen Dank, daß Sie sich für mich Zeit genommen haben, Senator.«

»Aber das ist doch selbstverständlich. Sind Sie Mitglied?«

»Nein.« Ich war schon Dutzende Male als Gast hier, aber ich kann gern auf den monatlichen Beitrag verzichten.

»Wir müssen uns mal darum kümmern, daß Sie aufgenommen werden.« Es ist eine erstaunliche Geste von seiten des alten Herrn – nicht das Angebot als solches, sondern die Annahme, daß ich in der näheren Zukunft an etwas so Frivoles denken könnte wie an eine Clubmitgliedschaft. Simon legt mir eine Hand auf den Rücken und steuert mich hinüber zu einem Fahrstuhl. Wir steigen im siebten Stock aus und gehen zu einem Speisesaal. Am Freitag wird das Fehlen von Sakko und Krawatte großzügig toleriert, verrät er mir.

»Nun, Jon.« Simon schwenkt sein Glas Wasser, als wäre es edler Wein. »Es tut mir leid, von der Entwicklung der Dinge zu hören.«

»Danke, Senator, mir tut es auch leid.«

Die stahlblauen Augen des Senators glänzen in seinem gebräunten Gesicht. Simon Tully ist in Ehren ergraut, aber auch er kann nichts tun gegen die Falten um seinen Mund und das schlaffe Fleisch unterm Kinn. »Wir alle wissen natürlich, daß Sie vollkommen unschuldig sind. Daran zweifelt niemand.«

»Das finde ich sehr freundlich von Ihnen.«

»Wie kann ich Ihnen helfen?«

Ich überlege einen Moment, fange an und halte sofort wieder inne, während der Senator mich aufmerksam betrachtet. »Ich wollte Sie etwas fragen«, sage ich schließlich. »Es hat nichts mit meinem Fall zu tun. Es geht um etwas … anderes.«

»Okay.« Simon runzelt die Stirn, sagt jedoch nichts mehr.

»Es ist etwas, worüber wir nie richtig gesprochen haben. Nicht, seit es passierte.«

223

Simon hebt das Kinn, als wollte er verstehend nicken, obgleich ich den Verdacht habe, daß er sich nicht ganz sicher ist.

»Es geht um den Sommer, bevor Grant und ich aufs College gingen«, sage ich.

»Neunzehnhundertneunundsiebzig.« Der ehemalige Senator gibt dem heraneilenden Kellner mit einer Handbewegung zu verstehen, er wolle vorerst nicht gestört werden. »Was ist damit?«

»Offensichtlich«, sage ich, »hatten Sie und Ihr Sohn mich in dieser leidigen Sache überaus großzügig unterstützt. Ich hoffe, ich habe Ihnen und Grant hinreichend deutlich gemacht, wie dankbar ich Ihnen dafür bin.«

»Grant hilft seinen Freunden«, sagt Simon und nimmt sich völlig heraus.

»Ich vermute, es gibt in diesem Zusammenhang einige Informationen, die ich brauche.«

»Wenn ich Ihre Fragen beantworten kann, werde ich es tun.«

»Okay.« Ich stelle zu meiner Überraschung fest, daß ich hochgradig nervös bin. »Ich habe mich gefragt, welche Sicht Sie und Grant von den Ereignissen haben.«

»Für Grant kann ich nicht sprechen«, sagt er.

»Natürlich, klar.« Ich nicke verstehend. »Aber es ist doch möglich, daß er mit Ihnen darüber gesprochen hat.«

Simon Tully sucht sich in seinem Sessel eine bequemere Position. »Welche Frage genau wollen Sie beantwortet haben, Jon?«

Ich warte einen kurzen Moment. Ich hatte gehofft, ein Gespräch in Gang zu bringen, in dessen Verlauf ich allmählich zur Sache kommen könnte. »Okay. Hier ist meine Frage. Haben Sie und Grant ...« Mein Blick irrt umher. Ich senke die Stimme. »Haben Sie jemals gedacht ... daß ich schuldig bin?«

Simon strafft sich. Einen Moment lang scheint es, als wolle er darauf antworten. Dann legt er einen Finger auf den

Mund, was man als Aufforderung zu schweigen deuten könnte, aber wenn ich mich recht erinnere, war es eine typische Geste Simons, als er noch Mehrheitsführer im Senat war. Er blickt zur Seite und nickt. Fast augenblicklich erscheint ein Kellner wie aus dem Nichts neben ihm und erinnert damit an einen alten Mafiafilm. Die Analogie ist treffender, als man wahrhaben möchte. »Tim, Clubsoda für mich.« Er wendet sich an mich.

»Wasser ist völlig okay.«

»Und wir möchten zwei Haifisch-Sandwichs.«

Während Simon Tully offensichtlich der Frage ausweicht, geht mir der Gedanke durch den Kopf, daß ich noch nie Haifisch gegessen habe.

»Nun, Jon.« Simon klopft auf den Tisch. »Das ist eine schwerwiegende Frage. Und ich will Ihnen darauf eine Antwort geben. Aber darf ich zuerst erfahren, weshalb Sie das interessiert?«

»Fehler machen sich immer wieder unangenehm bemerkbar«, sage ich. »Ich möchte nur dafür sorgen, daß in diesem Fall niemand Schaden nimmt.« Ich nehme an, Simon versteht mich genau, und zwar meine Anspielung auf seinen Sohn und auf mich.

Ob er den Hintersinn meiner Frage versteht, läßt er sich nicht anmerken, aber das ist für Simon Tully nicht ungewöhnlich. »Um Ihre Frage zu beantworten«, sagt er, »mir wurde erklärt, daß Sie dieser jungen Frau kein Leid zugefügt haben. Grant war davon absolut überzeugt. Daher habe ich es als die Wahrheit akzeptiert. Und auf dieser Basis sind wir dann aktiv geworden.«

»Und Sie haben mir damit vielleicht das Leben gerettet«, sage ich. »Ich stehe tief in Ihrer beider Schuld. Aber ich frage mich, ob ich dieser Sache auf den Grund gehen kann.«

Simon gestattet sich den Anflug eines Lächelns, während ein anderer Kellner das Getränk vor ihm auf den Tisch stellt und ihn mit seinem ehemaligen Titel anredet. Er sieht mich an und wartet auf die Frage.

Sie kommt. »Haben wir jemals erfahren, wie die Version des anderen Jungen von den Ereignissen aussah?«

Er blickt mir in die Augen, als könnte er dort irgend etwas Besonderes erkennen. »Hat er seine Version von den Ereignissen nicht vorgetragen? Bei der Anhörung?«

»Das hat er. Ja.«

Simon nickt verständnisvoll. »Sie haben den Verdacht, daß es nicht die ganze Wahrheit war.«

»So in etwa.«

»Aha.« Der Senator zeichnet mit dem Finger geschwungene Linien auf die Tischdecke. »Und ist Ihnen schon mal der Gedanke gekommen, daß es Fragen gibt, die lieber unbeantwortet bleiben sollten?«

»Ich habe mehr als nur darüber nachgedacht«, antworte ich. »Ich habe damit gelebt. Zwanzig Jahre lang.«

»Solche Fragen können einen wirklich verfolgen.« Er hebt eine Hand. »Aber warum jetzt?«

Ebenso wie die restliche Öffentlichkeit weiß Simon Tully nichts von der Theorie, daß ich erpreßt werde. Die Anklage hat kein Sterbenswörtchen darüber verlauten lassen.

»Ich frage mich, wen die Frage umtreiben könnte.«

Wir kreisen um die Tatsache, daß ich an die Ereignisse in jener Nacht keinerlei Erinnerung habe. Nun, ich kreise auf jeden Fall. Es ist möglich, daß sogar Simon es nicht weiß – Grant könnte mein Eingeständnis einer Erinnerungslücke sogar vor seinem Vater geheimgehalten haben. Das war mir irgendwie klar. Grant hatte eine weitaus bessere Chance gehabt, die Hilfe seines Vaters in Anspruch nehmen zu können, wenn sein Vater daran glaubte, daß ich wirklich unschuldig war.

»Ich nehme an, das hat eine gewisse Bedeutung für die gegenwärtige Situation.«

»Dafür«, sage ich, »und für die Gouverneurswahl.« Ich zucke die Achseln. »Schuld durch zu große Nähe. ›Grant Tully kann sich noch nicht mal die richtigen Freunde aussuchen.‹ Etwas in dieser Richtung.«

Simon verzieht schmerzlich das Gesicht. »Nun, die Antwort ist, ich weiß es nicht. Ich habe nie danach gefragt. Was immer sich bei diesem anderen Jungen ergeben hat, ich habe davon keine Ahnung. Ich glaube, Sie erwarten zuviel von mir.«

Er teilt mir auf diese Weise mit, daß er mit der Koordination meiner Verteidigung nichts zu schaffen hatte. Er war nicht bei dem anderen Jungen gewesen, diesem Lyle. Er hatte auch nicht mit dem Leichenbeschauer und der Staatsanwaltschaft gesprochen.

Ich wünschte, ich könnte das glauben. Ich tue es nicht, nicht eine Nanosekunde lang. Aber es hat keinen Sinn, diesen Punkt weiterzuverfolgen.

»Sehen Sie.« Der ehemalige Senator kratzt sich am Kinn. Er wägt seine Worte genau ab. »Ich habe nie über Sie geurteilt, Jon. Ich halte immer das Beste von den Menschen. Was bedeutet, ich habe Grants Meinung, daß Sie dieser jungen Frau nichts angetan haben, bereitwillig übernommen – obgleich auch Grant das nicht genau wissen konnte und kann. Aber ob Sie dem Mädchen etwas getan haben oder nicht, ist ein ganz anderer Punkt, jedenfalls, soweit es mich betrifft. Viel wichtiger ist für mich, daß mein Sohn, ungeachtet der Umstände, in eine unangenehme Situation hineingezogen wurde. Er hat sich mit beträchtlichem Risiko für sich selbst für Sie verwendet. Damals und heute.«

»Das ist mir völlig klar, Senator. Das war es auch früher.«

Simon Tully schaut sich im Raum um, ehe er mich fixiert. »Mein Sohn hat ein besonderes Faible für Sie, Jon. Seit er seinen Bruder verlor, sind Sie zu seinem Ersatz geworden. Doch anstatt sein älterer Bruder zu sein, wie Clay es war, wurden Sie zu einem kleinen Bruder. Das habe ich niemals ihm oder jemand anderem gegenüber geäußert. Aber es stimmt. Er hat auf Sie aufgepaßt, als Sie in jenem Sommer in Schwierigkeiten gerieten, und ich vermute, daß er auch jetzt versucht, auf Sie aufzupassen.«

»Das stimmt«, gebe ich zu.

»Ich weiß nicht, ob Sie ihn in dieser Woche bei Jackie

Norris gesehen haben.« Ich nicke, ja. »Also verstehen Sie, was ich meine. Grant würde eher diese Wahl verlieren, als zuzulassen, daß irgend etwas an Ihnen hängen bleibt oder Sie sogar verurteilt werden.«

»Ja, das ist mir klar.«

Simon Tully studiert mich einige Sekunden. »Hören Sie, Jon«, fährt er fort. »Grant hat Sie niemals um etwas gebeten. Das würde er wahrscheinlich auch niemals tun. Ich würde es übrigens auch nicht. Aber Sie haben sich mit mir zum Essen verabredet und das Thema zur Sprache gebracht, daher möchte ich nun doch eine Bitte äußern.«

»Klar.«

Er beugt sich vor, und seine Stimme klingt ernst und eindringlich, fast feierlich. »Beschützen Sie meinen Sohn«, sagt er. Er lehnt sich zurück und nickt unserem Kellner zu, der wie auf ein Stichwort hin unsere Sandwichs serviert.

33

Eine andere Welt, keine zehn Meilen von dort entfernt, wo ich wohne. Auf der Südseite der West Stanton Avenue befindet sich eine Ziegelmauer. Sie bildet die Grenze des Friedhofs, der sich über den ganzen Block erstreckt, komplett mit Stacheldraht auf der Mauerkrone und überhängenden Baumästen. Laub ist auf den Bürgersteig und die Fahrbahn gefallen, doch es wurde größtenteils vom täglichen Straßenverkehr gegen den Bordstein geweht und vom abendlichen Nieselregen in den rissigen Asphalt der Fahrbahn gestampft. Im Norden steht ein wuchtiges Gebilde aus verwittertem Klinker, in der Theorie ein Apartmenthaus, doch eher eine Festung nach der Schlacht. Die einzige noch intakte Straßenlaterne spiegelt sich im Glanz der feuchten Straße wider. Eine Aura des Verfalls beherrscht diese vergessene Gegend sowie ein Gestank von Abfall, totale Leere. Ein Industriegelände, nachdem die Industrie sich verabschiedet hat.

Ich habe zwischen zwei Pkws geparkt, die zusammen über höchstens eine nicht verbeulte Tür verfügen. Ich knöpfe meinen Trenchcoat zu, klemme mir den Aktenkoffer unter den Arm und gehe mit hocherhobenem Kopf los – in einer solchen Nachbarschaft sollte man sich immer nur mit hocherhobenem Kopf bewegen –, starre aber stur geradeaus. Ich gehe an einem jungen Mann auf einer Bank vorbei. Er schläft im Sitzen, hat das Kinn in seiner Jacke vergraben, das Gesicht ist seit mindestens zwei Tagen nicht rasiert, und sein verfilztes Haar ragt unter einer Skimütze hervor. Zwei Männer mittleren Alters kauern vor dem Eingang zu 4210 West Stanton Avenue. Sie weichen auseinander, als sie mich entdecken. Es ist kein Zufall, daß ich einen Trenchcoat trage. Ein langer Mantel und ein Anzug bedeuten Amtsperson, entweder ein Cop oder ein Sozialarbeiter. Ich behalte die Hände in den Manteltaschen, um einen weiteren falschen Eindruck zu erzeugen – nämlich, daß ich eine Waffe besitze. Ich bedenke die Männer mit einem kritischen Blick, nicht drohend, aber um zu zeigen, daß ich alles unter Kontrolle habe. Ich habe keine Ahnung, was die beiden im Schilde führen, wenn überhaupt, doch es schadet nicht, bei ihnen diesen Eindruck zu hinterlassen.

Ich gehe durch die Tür und treffe auf einen kleinwüchsigen Mann hinter einem kleinen Schalter. Ein älterer Afroamerikaner mit einer Brille auf der Nase, einer zugeknöpften Wolljacke und einem rostfarbenen langärmligen Hemd. Er liest in einem Taschenbuch und mustert mich ausgiebig.

»DOC«, stelle ich mich vor. Ich öffne meine Brieftasche und lasse das Abzeichen heraushängen. Jedes Jahr veranstaltet das Department of Corrections für die Leute im Kapitol eine Führung durch eine Strafanstalt. Ich habe vor vier Jahren daran teilgenommen. Sie gaben uns Dienstmarken mit begrenzter Gültigkeitsdauer, die ich in einem Wust von Souvenirs und Erinnerungsstücken gefunden habe. Ich habe die Aufschrift BESUCHER weiß überpinselt und dafür ein Foto von mir aufgeklebt. Bei genauer Kontrolle würde die

Fälschung sofort auffallen, und ich müßte zusehen, daß ich mich irgendwie rausschwindle.

Aber der Mann wirft noch nicht einmal einen Blick auf die Marke. »Name«, fragte er, legt sein Buch beiseite und wendet sich zum Schlüsselbrett um.

»Cosgrove«, sage ich. »Zwei-D.«

Er reicht mir den Schlüssel, und ich steige hinauf in den zweiten Stock, wobei mein Herz arbeitet wie ein Dampfhammer. Lyle Cosgrove arbeitet heute in einer Apotheke etwa zwei Meilen von hier. Ich habe im Lauf des Tages dort angerufen und nach ihm gefragt, und man sagte mir, er wäre ab sechs Uhr dort zu erreichen.

Daher bin ich mir ziemlich sicher, daß niemand in der Wohnung ist, aber meine Nerven flattern ohnehin. Ich bin noch nie in eine fremde Wohnung eingedrungen. Wahrscheinlich bin ich darin auch nicht besonders gut. Zumindest ein Paar Handschuhe habe ich mitgenommen, um keine Fingerabdrücke zu hinterlassen.

Die Wohnung ist ein Studio, keine Wände bis auf die des Badezimmers. In einer Ecke steht ein ungemachtes Bett, davor liegen Kleider auf dem Fußboden. Ein Fernseher steht auf der anderen Seite des Raums auf einer umgedrehten Kiste, eine Schnur schlängelt sich über den schmuddeligen Teppichboden zur Steckdose in der Wand. Ein einziger Sessel – mit schwarzem Samt bezogen. Eine winzige Küche mit alten braunen Armaturen und einem riesengroßen Fleck auf den gesprungenen Kacheln. Demnach führt Cosgrove hier kein allzu paradiesisches Leben.

Ich schaue mich um, bin aber kaum überrascht, nicht sofort zu finden, wonach ich Ausschau halte. Falls es hier ist – und es ist ein ganz großes Falls –, wird es ganz sicher nicht offen herumliegen, vermute ich.

Neben dem Bett steht eine Kommode aus alter Eiche. Ich untersuche die Schubladen, schiebe eine Hand hinein und wühle darin herum. Ich suche nach Papieren. Nach irgend etwas, das sich auf mich oder auf Gina Mason bezieht. Ich gehe die fünf Schubladen ohne Erfolg durch und finde nur eine bescheidene Auswahl von Kleidern und Unterwäsche.

Eine Sporttasche steht in einer anderen Ecke des Raums neben dem Badezimmer. Ich sehe einen Schnellhefter mit einem amtlichen Emblem darauf. Er stammt vom Department of Corrections und trägt den Titel »Handbuch für Haftentlassene«. In beiden Deckeln befinden sich Taschen, die mit Dokumenten vollgestopft sind. Ich blättere sie durch. Eins enthält die Regeln für auf Bewährung entlassene Häftlinge. Regel Nummer eins, in Großbuchstaben, lautet: VERSÄUMEN SIE NIEMALS EINEN TERMIN MIT IHREM BEWÄHRUNGSHELFER! Ein weiteres Blatt Papier enthält eine Liste mit Betrieben, die bereit sind, Ex-Sträflinge einzustellen, die Nummer einer Beratungs-Hotline usw. Ich finde weitere Merkblätter – »Häufig gestellte Fragen«, »Was ist zu tun, wenn man verhaftet wird«, eine Liste von Rehabilitationsberatern und religiösen Hilfsdiensten. Dahinter steckt ein Zeitungsartikel, unsauber ausgeschnitten und vergilbt, vermutlich aus der *Daily Watch*.

TULLYS KRIEGSKASSE MIT DREI MILLIONEN GEFÜLLT

Es ist eine Meldung vom vergangenen Jahr, aus der hervorgeht, daß Grant Tully bereits eine ansehnliche Geldsumme für die Gouverneurswahl zusammen hat. Ein kleines Foto von Grant, nicht sehr schmeichelhaft. Im Artikel wird auch seine offizielle Ankündigung aus der Vorwoche erwähnt, sich um den Gouverneursposten zu bewerben. Wir hatten damals unsere Kasse offengelegt, um andere Mitbewerber abzuschrecken.

Demnach wußte Cosgrove über Grants Gelder Bescheid.

Ich überlege kurz, was ich mit diesem Artikel tun soll, und entscheide, ihn wieder zurückzulegen. Es hätte keinen Sinn, ihn an mich zu nehmen. Was soll ich tun, etwa damit zur Polizei rennen?

Mit bis zum Zerreißen gespannten Nerven gehe ich schnell die Papiere in der anderen Tasche durch. Dort sind Gerichtsdokumente, Anträge auf Haftentlassung mit Bewährung und der offizielle Bescheid, daß dem Antrag stattgegeben wurde. Ich zucke zusammen, als das Telefon klingelt, ein schrilles Geräusch von der anderen Seite des Zimmers, das bewirkt, daß ich die Dokumente aus dem Schnellhefter fallen lasse.

»Scheiße.« Beruhige dich, blättere sie schnell durch, und stecke sie zurück in den Hefter. Das erste Dokument war der Antrag auf Haftentlassung, Cosgroves handschriftliche Bitte, ihn aus dem Gefängnis zu entlassen. Ich halte ihn hoch, als mein Blick zum unteren Rand des Blattes wandert, wo der Anwalt unterschrieben hat.

Mit vorzüglicher Hochachtung vorgelegt
Dale T. Garrison
Rechtsbeistand des Antragstellers

Das Papier rutscht mir aus der Hand, und ich kippe in meiner kauernden Haltung beinahe auf den Rücken. Ich sehe aus keinem besonderen Grund auf und lasse meinen Blick durch den Raum irren.

Dale Garrison war also Cosgroves Anwalt für seine Anhörung vor dem Bewährungsausschuß. Dale hatte Lyle geholfen, vorzeitig entlassen zu werden. Wohl kaum ein Mordmotiv. Lyle hat Dale nicht aus Rache für seinen vermasselten Prozeß ermordet, nicht wenn Dale so nett war, seinen Einfluß beim Antrag auf Haftentlassung mit Bewährung geltend zu machen. Aber vielleicht hatte er ihn aus einem anderen Grund umgebracht.

Was viel interessanter ist: Sie haben noch vor kurzem miteinander gesprochen.

Ich kontrolliere schnell die Dokumente, die ich mir noch nicht angesehen habe, ganz unten im Stapel auf dem Fußboden. Eins ist ein zweiseitiger Brief mit dem Briefkopf von

Dales Kanzlei und seinem Stempel auf der Unterschrifts-
linie. Der Brief trägt das Datum vom 6. August 2000 – zwölf
Tage bevor Dale ermordet wurde.

Mr. Cosgrove,

*über unsere heutige Begegnung habe ich mich sehr gefreut.
Noch einmal herzlichen Glückwunsch zu Ihrer vorzeitigen
Haftentlassung. Ich schreibe Ihnen, um einen Punkt zu klären,
über den wir heute gesprochen haben und der mir große Sorgen
bereitet. Sie stellten mir eine präzise juristische Frage – nach
der Verjährungsfrist für Mord –, und ich antwortete Ihnen, daß
für Mord eine Verjährung nicht vorgesehen ist. Aber andere Bemerkungen aus Ihrem Mund warfen bei mir die Frage auf,
weshalb Sie diesen speziellen Punkt ansprachen.*

*Sie haben sich weder offen zu Ihren Absichten geäußert
noch den Grund Ihrer Frage angesprochen, und es stand mir
nicht zu, Sie danach zu fragen. Aber unser Gespräch über
die ferne Vergangenheit macht mich neugierig hinsichtlich
dessen, was Sie mit dieser Information zu tun gedenken. Lassen Sie mich Ihnen mit allem Nachdruck den Rat geben, daß
Sie nicht versuchen sollten, etwas auszugraben, das zwanzig
Jahre zurück liegt. Sie äußerten damals, und ich habe Ihnen geglaubt, daß Jon Soliday diese junge Frau nicht zum Sex gezwungen hatte und sie am Leben gewesen ist, als er ihr Haus
verließ. Ich glaubte Ihnen, und Sie leisteten einen Eid auf die
Richtigkeit Ihrer Aussage. Die Staatsanwaltschaft akzeptierte
Ihre beeidete Aussage, und andere Beweise bestätigten deren
Richtigkeit.*

*Wenn Sie nun die Absicht haben sollten, Ihre Aussage zu
ändern, könnten Sie wegen einer ganzen Reihe von Vergehen
zur Rechenschaft gezogen werden, darunter Meineid, Behinderung der Justiz und Verfälschung von Beweisen. Sie sollten
außerdem wissen, daß Jugendgerichtsverfahren stets vertraulich behandelt werden und daß die Offenlegung von dies-
bezüglichen Informationen ebenfalls zu einer Anklage führen
kann. Ich habe die dafür zuständige Gesetzgebung noch nicht*

überprüft, muß Sie aber auf die Möglichkeit aufmerksam machen.

Lassen Sie mich wiederholen, was ich Ihnen bereits in meinen Räumen klargemacht habe: Während unsere Gespräche durch das anwaltliche Verschwiegenheitsgebot geschützt sind, erstreckt sich dieses Gebot nicht auf Unterhaltungen zwischen Anwalt und Mandant in bezug auf zukünftige Vergehen. Sollte ich erfahren, daß Sie ein Vergehen im Zusammenhang mit den Ereignissen von 1979 planen, wäre ich gezwungen, unser Gespräch zu rekapitulieren und die Dinge so zu sehen, daß wir heute in meinem Büro über zukünftige Verbrechen gesprochen haben. In diesem Fall wäre ich auch gezwungen, den Inhalt unserer Unterredung offenzulegen. Zu diesem Zeitpunkt habe ich jedoch nicht den Eindruck, daß Sie irgendein zukünftiges Vergehen beabsichtigen, daher bin ich, solange nichts geschieht, das meine Meinung ändern könnte, an das anwaltliche Verschwiegenheitsgebot gebunden und behandele unsere Unterhaltung vertraulich.

Bitte lassen Sie sich durch den Kopf gehen, was ich Ihnen geraten habe. Sie sollten jetzt die Zukunft im Auge haben und nicht die Vergangenheit.

Mit freundlichem Gruß,
DALE GARRISON

Ich lege das Schriftstück behutsam auf den Fußboden und habe Mühe, einen klaren Gedanken zu fassen, mich nicht von der Lawine überrollen zu lassen. Ich gehe durch den Raum, hin und zurück, nervös, voll nackter Panik, ehe ich mich allmählich beruhige. Es dauert noch einige Zeit, bis Lyle nach Hause zurückkommt. Ich kann mich einen Moment hinsetzen und mir alles durch den Kopf gehen lassen.

Dale Garrison war 1979 der Anwalt von Lyle Cosgrove gewesen. Engagiert von den Tullys. Er hatte ihn die gleiche Geschichte erzählen lassen wie ich, und ich war freigesprochen worden.

Ich lese noch einmal den Brief auf dem Teppich und habe Angst, ihn zu berühren. Der Brief dient einem doppelten Zweck, einerseits Lyle davor zu warnen, mich zu erpressen, und zweitens, ihn selbst zu decken. Dale hatte Lyle 1979 »geglaubt«, als er erklärte, ich hätte nichts Unrechtes getan. Er »glaubt« es auch jetzt. Natürlich. Anderenfalls hätte er zum Meineid angestiftet. Er »fragt sich«, weshalb Lyle Cosgrove wissen möchte, wann ein Mord verjährt. Er »hat nicht den Eindruck«, daß Lyle vorhat, sich der Erpressung schuldig zu machen. Klar. Weil Dale es dann hätte melden müssen, und damit hätte er eine Lawine von Fragen an den Chefberater von Senator Grant Tully ausgelöst.

Lyle mußte Dale nach diesem Brief töten. Und er hat mich als Täter erscheinen lassen. Wenn man jemandem einen Mord in die Schuhe schieben will, wer eignet sich dann besser dazu als derjenige, der sich nicht wehren und auf einen selbst zeigen kann?

Schließlich gibt es für Mord keine Verjährung.

34

Zum ersten Mal seit meiner Verhaftung bin ich wieder in meiner Anwaltsfirma, Seaton, Hirsch. Kurz vor Mitternacht dorthin zu gehen ist ein wenig seltsam, aber Bennett hat mir die Aufgabe aufgetragen, die Dateien aus Dales Computer durchzuchecken, und ich bin nicht in der Verfassung, mich in diesem speziellen Moment von meinen Hunden ablenken zu lassen.

Ich falte den Brief auseinander, den Dale Garrison an Lyle Cosgrove geschrieben hat und den ich nach einigen Überlegungen mitgenommen habe. Ich fand sonst nichts in dem Apartment und verschwand so schnell wie möglich von dort.

Es ist möglich, daß ich Gina Mason nicht getötet habe. Aber auch das Gegenteil ist möglich. Vielleicht hat Cosgrove

Dale gegenüber angedeutet, daß er für ein hübsches Sümmchen aus dem Wahlkampffonds des Senators bereit wäre, in diesem Punkt zu lügen – mich hineinzuziehen. Cosgrove gehen Lügen leicht von den Lippen, oder etwa nicht?

Es ist möglich, daß ich sie nicht getötet habe. Selbst wenn ich es getan habe, wußte ich nicht, was ich tat. Bei normalem Verstand hätte ich so etwas niemals getan. Das paßt nicht zu mir. So einer bin ich nicht.

Auf der Festplatte des Computers befindet sich eine Anzahl von Dateien, die zu überprüfen sich nicht lohnt. Es sind Dateien, die keinerlei Aufschluß über mögliche Intrigen geben, die Dale Garrison gesponnen haben könnte. Also gehe ich weiter zu seinem Textprogramm und fange an, Dokumente aufzurufen. Genauso wie bei mir und wahrscheinlich jedem anderen sind Dales Fälle nach Ordnern organisiert. Ich finde schnell den Ordner »Cosgrove, Lyle« und sehe mir die Liste der darin abgelegten Dokumente an. Sie scheinen sich auf seine Vorbereitungen für die Anhörung vor dem Bewährungsausschuß zu beziehen. »Antrag.Bewährung.« »Info.Unterstützung.Antrag.Bewährung.« »Urkunde.Service.« Kein Hinweis auf einen Brief, jedenfalls nicht in dieser Liste. Daher öffne ich jede Datei im Ordner und lese sie durch. Keinen Brief.

Ich suche in der Liste der Ordner nach etwas wie »Korrespondenz«, wo Dale vielleicht seine Briefe abgelegt haben könnte. Aber es ergäbe keinen Sinn, Briefe nicht im jeweilig zugehörigen Fallordner zu speichern. Auf jeden Fall existiert kein Ordner für allgemeine Korrespondenz.

Dann komme ich auf die Idee, eine Volltextsuche zu starten, das heißt, jede Datei auf Dales System nach einer speziellen Formulierung oder einem Wort zu durchsuchen. Ich brauche eine Minute, um in Erfahrung zu bringen, wie man so etwas macht. Ich gehöre zu denjenigen, die zwischen der Generation, die nie einen Computer benutzt hat, und den Kids, die praktisch damit aufgewachsen sind, stehen. Ich bin ganz gut, aber sicher kein Meister. Ich finde das Fenster für

»Volltextsuche« und wähle die Funktion »Alle Dateien«. Ich sehe mir Dales Brief an, suche eine charakteristische Formulierung heraus und tippe die Worte für die Suche ein:

Verjährung für Mord

Der Zeiger auf dem Monitor verwandelt sich einen Moment lang in ein Stundenglas, dann erscheint das Ergebnis. »Nicht gefunden.« Also nichts dergleichen auf Dales Computer.

Dale hat den Brief entweder gelöscht oder gar nicht auf dem Computer geschrieben. Das erscheint einleuchtend. Es überrascht nicht, daß er dieses Thema mit einiger Diskretion behandelt hat.

Ich falte ein anderes Dokument auseinander, das ich bei mir habe, den Erpresserbrief, und suche eine treffende Formulierung:

Geheimnis kennt, von dem niemand etwas weiß

Das gleiche Ergebnis. »Nicht gefunden.«

Dale hat also den Erpresserbrief nicht geschrieben, zumindest nicht auf seinem Computer. Auch nicht überraschend, aber diese Bestätigung war nötig.

Bennett hat es übernommen, sich die »harten« Dokumente anzusehen – die Dokumente in Dales Fallordnern. Ich gehe in sein Büro und sehe nirgendwo die Kästen, dann fällt mir ein, daß wir uns im Konferenzraum ausgebreitet haben, um dort alle Informationen zusammenzutragen.

Der Konferenzraum ist perfekt aufgeräumt, was zu Bennett paßt. Ziehharmonikaordner sind an den Wänden entlang rund um den Raum aufgereiht. Es geht nur noch darum, den richtigen zu finden.

»Cosgrove, Lyle.« Leicht zu finden. Etwa sechs Hefter befinden sich im Ziehharmonikaordner. Einer trägt die mit Maschine geschrieben Aufschrift »Bewährung«. Ich blättere die Dokumente durch. Viele davon habe ich schon auf dem Computer gesehen. Da sind auch noch ein paar Briefe. Ansonsten nichts. Ich schaue in den anderen nach, ob ich irgend etwas finde, das sich auf 1979 bezieht, aber auch diesmal Fehlanzeige. Das ist so lange her, wahrscheinlich wurde alles gelöscht oder vernichtet.

Ich kehre in mein Büro zurück und fahre mit der Volltextsuche auf Dales Festplatte fort.

Soliday

Die Suche erbringt drei Dateien:

Memo an Tully

Termine

Termine

Ich öffne die erste Datei und finde das Memorandum, das Dale über das As angefertigt hat und das meinen Namen enthält:

Insgesamt schließe ich mich der Bewertung Jon Solidays an.

Ich frage mich, ob die Staatsanwaltschaft, ohne daß Grant oder ich uns dazu geäußert haben, herausbekommen hat, daß dieses Memo der Grund für meinen Besuch in Dales Büro war. Zweifellos haben sie dieses Dokument gefunden. Aber nichts hat sich daraus ergeben. Wir haben keinen Antrag an den Wahlausschuß gestellt, Trotter zu streichen, und wir werden es auch nicht tun. Dennoch – man sollte doch annehmen, daß sie in dieser Angelegenheit ermitteln. Vielleicht hatte Ben recht – vielleicht haben sie Dales Computer gar nicht durchsucht. Doch das ist schwer zu glauben.

Das zweite Dokument ist nur ein Satz:

Essen mit Soliday bei Carter's, Donnerstagmittag.

Das war das Essen, das wir geplant hatten und das dann auf Freitag verschoben wurde. Das nächste und letzte Dokument ist fast genauso kurz:

Soliday verschoben, Treffen um 19 Uhr, mein Büro.

Ich habe dieses verdammte Treffen nicht verschoben. Meine Sekretärin, Cathy, hatte mich davon informiert. Was hatte sie gesagt – »Garrison hat angerufen, um sich zu vergewissern« oder so ähnlich? Wenn man es sich recht überlegt, klang das, was Cathy sagte, so, als hätte ich um eine Verschiebung gebeten. Das ist nur ein Mißverständnis, aber ich muß mich bei Cathy genau erkundigen. Ich blicke wieder auf die Worte. Wenn man sie so liest, verraten sie nicht, wer die Verschiebung veranlaßt hat. Ich denke schon wie ein Strafverteidiger.

Ich schaue auf die Uhr. Kurz nach eins. Ich bin müde und habe gefunden, was ich suchte. Oder sollte ich lieber sagen, ich habe *nichts* gefunden, was ich nicht finden *wollte*. Wenn der Brief von Garrison an Cosgrove nicht in den Ordnern ist, weiß die Staatsanwaltschaft nichts davon. Damit bin ich im Vorteil und habe ein wenig Kontrolle über den Ablauf. Wenigstens das. Ich kann entscheiden, wann und wie ich diesen Beweis benutze. Oder ob ich ihn überhaupt verwenden soll.

35

Das Telefon klingelt kurz nach neun Uhr morgens. Ich habe verschlafen. Aber es ist ja nicht so, daß ich irgendwelche Termine oder Verabredungen habe. Ich kämpfe mich an den Möpsen vorbei und greife nach dem Telefonhörer.

»Hier ist Ben. Ich habe Neuigkeiten.« Die Aufregung in seiner Stimme ist kaum zu bändigen. Das ist bei Bennett Carey erstaunlich. »Erinnerst du dich an die Frau, deren Handy gestohlen wurde? Das Handy, über das du zu Dale zurückgerufen wurdest ...«

»Ja, natürlich.« Ich räuspere mich. »Souter oder so ähnlich?«

»Richtig. Joanne Souter. Cal Reedy hat gestern mit ihr gesprochen.«

»Und?«

»Ihre Handtasche wurde am Freitag aus einer öffentlichen Bibliothek gestohlen, an dem Freitag, an dem Dale starb. Am Spätnachmittag. Sie entfernte sich von ihrem Tisch, um etwas in den Regalen zu suchen, und irgend jemand ist mit der Tasche abgehauen.«

»Er wußte, daß er genügend Zeit hatte, um es zu benutzen«, sage ich. »Ehe sie die Telefongesellschaft anrief, um es sperren zu lassen.«

»Richtig«, pflichtet Ben mir bei. »Sie hat zuerst alles andere sperren lassen – die Kreditkarten, weißt du. All die Sachen, die in kürzester Zeit benutzt werden können. Das Handy machte ihr die wenigsten Sorgen. Etwa gegen sieben Uhr – das war drei Stunden nach dem Diebstahl – hatte sie gerade das Polizeirevier verlassen, wo sie den Verlust meldete. Aber jetzt kommt das Bonbon, Jon.«

»Dann laß mal hören.«

»Sie glaubt, sie habe den Kerl gesehen, der es getan hat. Ein komischer Typ, beschrieb sie ihn, irgendwie eine seltsame Erscheinung.«

»Was hat sie sonst noch gesagt?« Ich setze mich im Bett auf.

»Mittelgroß, Jeansjacke.« Ben macht eine kurze Pause. »Lange rote Haare, zu einem Pferdeschwanz gebunden.«

»Und das ist unser Mann?« frage ich.

»Die Beschreibung paßt genau auf Lyle Cosgrove. Bis hin zur Jeansjacke. Und es kommt noch besser.«

»Ich höre.«

»Man muß Cal einfach lieben«, sagt er, »Er hatte ein paar Fotos mit, darunter auch Lyle Cosgroves Polizeifoto. Sie hat Cosgrove als den Typen identifiziert, der das Handy gestohlen hat.«

»Heilige Scheiße.« Meine Hunde, alle beide, haben sich auf meinem Schoß breitgemacht.

»Lyle Cosgrove hat das Telefonat geführt, das dich in Dales Büro zurückgeholt hat«, sagt Ben.

»Oder jemand anderer war es«, sage ich. »Und Lyle hat den Mord begangen.«

»Richtig. Klar. Und stell dir vor – ein paar Tage später kriegt Joanne Souter ein Päckchen mit der Post. Sie öffnet es, und darin ist ihre Handtasche. Alles ist unangetastet. Bis auf das Handy, das ist weg. Also schließe ich daraus, daß Mr. Cosgrove sehr seltsame Prioritäten hat. Mord ist demnach okay, Diebstahl nicht.«

»Das beweist doch unseren Standpunkt«, sage ich. »Er hat die Handtasche nur gestohlen, um das Telefon zu benutzen.«

»Ich weiß.« Ich kann hören, wie Ben mit den Fingern auf den Schreibtisch trommelt. »Ich überlege, ob wir ihn als unentbehrlichen Zeugen suchen lassen sollen.«

»Was heißt das?«

»Oh – ich frage mich, ob wir ihn als unentbehrlichen Zeugen festsetzen lassen sollen.«

»Wir können die Polizei bitten, ihn festzuhalten?« frage ich.

»Ja. Sonst macht er sich aus dem Staub.«

»Wollen wir das? Ich dachte, wir wollten uns einstweilen bei ihm zurückhalten.«

»Ich weiß«, sagt Ben. »Aber das war, als er nicht mehr als ein brauchbarer leerer Stuhl zu sein schien. Jetzt glaube ich, daß wir unseren Täter haben.«

»Schön – aber brauchen wir ihn für irgend etwas in dieser Sache? Wir haben die Lady, die aussagen kann, daß Lyle das Handy gestohlen hat. Wir haben Aufzeichnungen, die beweisen, daß Cosgrove gerade entlassen worden war und einen Groll gegen Dale hatte. Wenn Lyle aussagt, wird er die ganze Angelegenheit einfach leugnen. Vielleicht ist es besser, wenn er – du weißt schon – der leere Stuhl bleibt. Wenn er sich nicht verteidigen kann.«

»Hm. Das ist ein Gedanke«, sagt Ben. »Außerdem brauchen wir so nicht unsere Karten aufzudecken. Wir warten, bis wir mit unserer Verteidigung anfangen, schicken ihm eine Vorladung und nehmen ihn uns vor. Damit hat die Anklage keinen Vorsprung.«

»Das klingt vernünftig«, sage ich. Ich bin mir in diesem Punkt meiner Motive nicht ganz sicher. Ich sage Bennett, er soll jetzt noch nicht den Blick auf Lyle Cosgrove lenken. Vielleicht schiebe ich das Unvermeidliche nur vor mir her. Aber ein objektiver Beobachter könnte meinen, ich hätte etwas ganz anderes im Sinn.

36

Senator Tully läßt sich hinter seinem Schreibtisch bei Seaton, Hirsch in den Sessel sinken. Die Müdigkeit liegt in seinen Augen und in seiner Körperhaltung. Er ist zum ersten Mal seit einer Woche wieder in der Stadt. Es ist Mittwochabend, und Grant will ein langes Wochenende im Süden verbringen. Meine einzige Gelegenheit also, ihn zu treffen.

»Wie läuft der Fall?« fragt er.

»Prima, glaube ich. Bennett stellt alles auf den Kopf.« Ich nicke und warte einen Moment. Der Zeitpunkt, um es zur Sprache zu bringen. »Es gibt da eine Sache, über die ich mit dir sprechen muß.«

»Okay.« Grant sucht in seinen Schreibtischschubladen nach Aspirintabletten.

»Bennett weiß nicht, daß Dale Garrison damals in Summit County Lyle Cosgrove vertreten hat.« Ich sage es beiläufig, als hätte ich die ganze Zeit über Garrisons Verbindung zu dem Prozeß von 1979 Bescheid gewußt.

Grant sieht mich an, als hätte ich die Hose runtergelassen. »Warum reden wir *darüber*?«

»Es stimmt, nicht wahr?« Ich bedränge ihn. »Garrison war Lyles Anwalt.«

»Lyle«, sagt der Senator und wischt sich über den Mund. »Mein Gott, ja.« Er sieht mich an. »Ja, Dale vertrat den Jungen. Das wußtest du nicht?«

»Ich habe völlig im dunkeln getappt«, antworte ich. Es wäre in all den Jahren, in denen ich hin und wieder mit Dale Garrison zusammengearbeitet habe, wohl niemals herausgekommen. Dale hätte nie die Gelegenheit gefunden, mir zu erzählen, daß er mir damals geholfen hatte.

»Okay, schön, es stimmt«, sagt Grant. »Aber ich kann mir nicht vorstellen, daß das wichtig ist.«

»Genau das ist es aber.« Ich lehne mich auf meinem Stuhl zurück, während der Senator auf weitere Erläuterungen wartet. »Es könnte wichtig sein.«

»Wie das?«

»Lyle Cosgrove hat jahrelang im Gefängnis gesessen«, sage ich.

»Wahrscheinlich gehörte er auch dorthin.«

»Aber er ist vor kurzem rausgekommen, Grant. Etwa einen Monat bevor Dale ermordet wurde.«

Grant muß das erst verdauen, wobei seine Miene völlig ausdruckslos bleibt. »Ist er der Kerl, der Dale umgebracht hat?«

»Ja, ich glaube, er hat's getan.«

»Warum?«

»Laß uns jetzt nicht zu sehr in die Details gehen«, sage ich. »Aber ich glaube, Lyle kam zum Schluß, jetzt sei der richtige Zeitpunkt, um sich an einen alten Freund zu wenden, der ihm finanziell unter die Arme greifen könnte.«

»Die Erpressung«, sagt Grant.

Ich schiebe den Brief über den Tisch.

Ich bin wohl der einzige, der das Geheimnis kennt, von dem niemand etwas weiß. Dafür sollten, wie ich finde, $ 250000 ausreichen. Ein Monat dürfte als Frist lang genug sein. Ich will keine Spekulationen über Ihre Geldquelle anstellen, aber ich denke, wenn jemand eine Möglichkeit finden kann, den Wahlkampffonds anzuzapfen, ohne daß jemand es bemerkt, sind Sie es. Ich könnte mich natürlich auch direkt an den Senator wenden. Wollen Sie das? Ein Monat. Versuchen Sie nicht, in dieser Sache mit mir Kontakt aufzunehmen. Ich werde beizeiten von mir hören lassen.

Ich fahre fort, während der Senator den Brief liest. »Lyle hat mich erpreßt. Er drohte damit, mein kleines Geheimnis bekanntzumachen, wenn ich ihm nicht Geld aus deinem Wahlkampffonds rüberschiebe. Er war sich darüber im klaren, daß du eine dicke Kriegskasse hast.«

Grant überfliegt das Dokument mit zusammengekniffenen Augen. Schließlich schaut er mich an. »Wie hängt Dale in dieser Sache drin?«

»Dale hat versucht, es ihm auszureden.«

»Woher weißt du das?«

»Ich weiß es einfach. Dale hat Cosgrove geholfen, vorzeitig aus der Haft entlassen zu werden. Sie unterhielten sich. Er erwähnte die Idee, und Dale hat versucht, ihn daran zu hindern. Also hat er Dale umgebracht.«

»Erzähl mir, woher du das weißt, Jon.«

»Nein.« Ich atme langsam aus.

Er sieht mich mißbilligend an. »Hat dieser Typ – Lyle –, hat er wieder versucht, mit dir Verbindung aufzunehmen? Kannst du mir nicht wenigstens soviel sagen?« Grant dreht den Erpresserbrief zwischen den Fingern hin und her. »Er sagt, er würde sich beizeiten melden.«

Ich schüttle den Kopf. »Ich denke, er wurde abgeschreckt, nachdem ich wegen Mordes an Dale angeklagt wurde.«

»Wo ist dieser Kerl? Lyle?«

»Er ist in der Stadt«, antworte ich. »Eine Bedingung der Bewährung.«

Grant schluckt krampfhaft.

»Keine gute Situation«, stelle ich fest.

Er lacht bitter und schüttelt den Kopf. »Nein, das finde ich auch.«

»Erzähl mir, was damals geschehen ist, Grant. Erzähl mir von 1979. Von dem ›Geheimnis, von dem niemand etwas weiß‹.«

Grant setzt die Frage zu. Er windet sich in seinem Sessel und bricht unseren Blickkontakt ab.

»Du und dein Dad, ihr habt Garrison engagiert, damit er Lyle vertritt.«

Er betrachtet mich nachdenklich einige Sekunden lang. Soviel kann er sicherlich zugeben. »Richtig.«

»Aber Lyle war nicht in Schwierigkeiten. Er brauchte keinen Anwalt.«

»Das war leicht für uns zu erkennen«, antwortet Grant. »Er wurde befragt.«

»Aber ihr habt ihm einen Spitzenanwalt besorgt, um ihn

unter Kontrolle zu haben. Der außerdem dafür gesorgt hat, daß wir beide das gleiche Lied singen. Jeder sagt, Jon Soliday ist unschuldig.«

Grant faltet die Hände und sieht mich an. »Ein Junge tut in dieser Situation alles, was er tun kann«, sagt er. »Er hätte dich in die Scheiße geritten, nur um sich selbst zu retten. Meinst du, das hätte die Polizei ihm nicht klargemacht? ›Gib uns den anderen Kerl, und wir lassen dich laufen?‹ Jon, daß wir ihm einen Anwalt besorgten, heißt noch lange nicht, daß wir ihn dazu gebracht haben zu lügen. Es heißt nicht, daß du irgend etwas Schlimmes getan hast.«

»Was hat Lyle denn der Polizei gesagt?« frage ich. »Bevor ihr Garrison für ihn engagiert habt?«

»Ich weiß es nicht.« Er zuckt mit den Achseln. »Wahrscheinlich hat er anfangs den Mund gehalten. Ich bin sicher, das war nicht seine erste Begegnung mit dem Gesetz. Er war nicht dumm.«

»Erzähl mir, was du weißt, Grant. Erzähl mir von meiner Verwicklung in die Affäre.«

»Ich habe gewußt, daß du unschuldig bist.« Die Worte kommen schnell. »Das war die einzig mögliche Schlußfolgerung.«

»Weil ich dein Kumpel war.«

»Weil du nicht dazu fähig bist. Ob betrunken oder stoned oder was auch immer.« Er wedelt mit der Hand. »Es besteht nicht mal eine vage Möglichkeit.« Er beugt sich vor und richtet einen Zeigefinger auf mich. »Hör mal, Jon, diese Erpressung – sie bedeutet nicht, daß Lyle damals gelogen hat. Erkennst du das nicht? Allein die Erwähnung dieses Falles würde an dir und mir etwas hängenlassen. Das weiß er. Er weiß wahrscheinlich auch, daß ich Gouverneur werden will. Und er weiß, daß keiner von uns beiden möchte, daß dieses Thema zu Sprache kommt.« Er lehnt sich in seinem Sessel zurück. »Das macht dich nicht zum Mörder.«

»Demnach hast du damals nichts gewußt?« frage ich. »Irgend etwas, das mich in die Sache verwickelte? Du hast nicht mit Lyle darüber gesprochen? Oder mit diesem anderen Typ – Rick?«

»Rick.« Grant schüttelt den Kopf. »Was für eine Bande, diese Kerle.«

»Irgendwas?«, wiederhole ich.

Der Senator steht auf, zieht sein Jackett aus, entfernt die Manschettenknöpfe und krempelt sich die Ärmel hoch. Er sieht aus, als hätte er während des Wahlkampfs ein paar Pfund zugelegt, was durchaus verständlich ist – Mangel an Bewegung und der allgegenwärtige Imbiß bei jedem Aufenthalt und Zwischenstopp. Er ist noch immer schlank, aber die Andeutung eines Bauchs quillt schon über seinen Hosenbund. »Du willst es wissen?« sagt er. »Okay.«

Ich schlage die Beine übereinander und wippe mit dem Fuß.

»Dieser Rick – oder wie haben sie ihn noch genannt, Ricochet? Also, dieser Typ hat mich nachher angerufen. Nachdem ich mit dir im Gefängnis gesprochen hatte. Ich kann mich an die Einzelheiten nicht mehr erinnern. Es ist schließlich – wie lange? – über zwanzig Jahre her.«

»Mach's kurz.«

Grant nickt. »Er redete wirres Zeug. Die Cops waren bei Lyle, und er drehte fast durch. Rick war der Lieferant von dem ... du weißt schon ...«

»Von dem Kokain.«

»Richtig.« Grant hängt für einen Moment dieser Erinnerung nach. Er redet mit ruhigerer Stimme weiter. »Rick wollte nichts damit zu tun haben, denn wenn dieses Mädchen an einer Überdosis gestorben war, könnte er Schwierigkeiten kriegen, da er den Stoff besorgt hatte. Und Lyle war ziemlich wütend, daß auch er befragt werden könnte.«

Ich spreize die Hände. »Also habt ihr eine Abmachung getroffen.«

»Aus deinem Mund klingt es so unheimlich.« Er schürzt die Lippen. »Ja, ich glaube schon. Ich hab ihm gesagt, er soll Lyle bestellen, daß wir ihm einen Anwalt besorgen und er bis dahin den Mund halten solle. Rick versprach ich, wir würden ihn aus der ganzen Sache heraushalten, solange – nur solange …«

»Solange Lyle sich anständig benimmt«, beende ich den Satz. »Solange Lyle Cosgrove mich entlastet, ist alles okay. Die Tully-Familien-Maschine wird sich um den Rest kümmern. Die Staatsanwälte, der Leichenbeschauer, all diese Leute werden überraschend freundlich mit Jon Soliday umspringen, und solange Lyle die ganze Sache durch seine Aussage untermauert, können wir am Ende alle beruhigt nach Hause gehen.«

Grants Unterkiefer zuckt, aber er antwortet nicht sofort.

»Die ganze Sache war von vornherein arrangiert«, fahre ich fort.

»Das heißt nicht, daß du ein Verbrechen begangen hast«, sagt Grant. »Haben wir unsere Beziehungen spielen lassen? Ja. Hat Dale mit Lyle eine bestimmte Version der Ereignisse einstudiert? Vielleicht, ich war nicht dabei – aber vielleicht. Aber wir haben das Ganze für einen Unschuldigen getan.«

»Das weißt du nicht.«

»Ich glaube es. Ich habe es immer geglaubt.«

Zu meiner Überraschung bin ich über diese Antwort erleichtert. Obgleich das Bild allmählich klarer wird, fühle ich mich irgendwie durch die Tatsache getröstet, daß Grant niemals ernsthaft angenommen hat, ich wäre schuldig.

»Okay.« Ich hebe eine Hand. »Okay.«

Grant bleibt sitzen und fährt sich mit der Hand durch die Haare. »Herrgott im Himmel. Demnach ist dieser Lyle jetzt der Hauptverdächtige?«

»Ich würde eine Menge Geld darauf verwetten.«

Er fährt mit den Händen durch die Luft. »Wunderbar. Super.«

»Bennett weiß nichts von 1979«, sage ich. »Oder von meiner Verbindung zu Lyle. Aber er weiß über Lyle ganz allgemein Bescheid. Er weiß, daß er gerade aus dem Gefängnis entlassen wurde, und er weiß offenbar, daß Lyle bei seinem Berufungsantrag erklärte, als er das letzte Mal verknackt wurde, sein Anwalt – Dale – habe Mist gebaut. Und jetzt gibt es eine Verbindung zwischen Lyle und dem gestohlenen Handy.«

»Demnach will Bennett Lyle Cosgrove als Schuldigen hinstellen.«

»Ja.«

Grant legt die Finger gegeneinander und stützt die Ellbogen auf den Tisch. »Und wenn er das tut, werden die Vorkommnisse von 1979 unweigerlich ans Tageslicht kommen.«

»Unweigerlich«, bestätige ich.

Der Senator läßt die Hände flach auf die Tischplatte fallen und summt – vielleicht ist es auch ein Stöhnen – vor sich hin.

»Ich hänge am Fliegenfänger, Grant. Ich werde eines Verbrechens beschuldigt, das ich nicht begangen habe, und ich muß dagegen tun, was immer ich kann.«

»Ich weiß, ich weiß.« Er atmet tief ein, sitzt für einen Moment völlig erstarrt da. In ihm muß eine heftige Schlacht toben. Einerseits ist da sein Wunsch, Gouverneur zu werden, und andererseits möchte er mir helfen. Es ist kein langer Kampf. »Heißt das, du wirst Bennett alles erzählen? Und das, was damals geschah, an die Öffentlichkeit bringen?«

»Es wird dir schaden«, sage ich. »Es geht mindestens um Schuld durch eine enge Verbindung. Und ich werde für dich noch mehr ein Klotz am Bein sein. Und wenn die Leute erst mal herumwühlen, kommen sie vielleicht auch noch auf die Idee, daß du mir damals geholfen hast. Vielleicht sogar einige juristisch nicht ganz saubere Dinger gedreht hast. Das könnte wirklich schaden.«

Er verzieht das Gesicht, als wäre das, was ich gerade gesagt habe, bedeutungslos. »Ich mache mir Sorgen wegen dir«, sagt er. »Wenn du das zur Sprache bringst, können sie dann noch immer behaupten, du hättest sie ermordet? Können Sie die Sache wiederaufrollen?«

»Natürlich können sie das. Ich wurde nicht freigesprochen. Es wäre keine doppelte Strafverfolgung.« Ich blicke zur Decke. »Das ist eine Verteidigungslinie, die ich in Erwägung ziehe. Ich schlage eine Mordanklage nieder, indem ich mir eine andere einbrocke.«

»Stimmt nicht.« Grants Antwort kommt so schnell, daß er mich beinahe unterbricht. »Du hast damals nichts getan. Mit diesem Fall werden sie niemals durchkommen.«

»Grant.« Ich setze mich auf meinem Stuhl so hin, als rede ich mit einem vierjährigen Kind. Das tue ich sicherlich nicht, aber wenn es um mich geht, behindert seine brüderliche, wenn nicht gar väterliche Seite oft sein Urteilsvermögen. »Der Bezirksstaatsanwalt ist Elliott Raycroft. Weißt du noch? Wenn er eine Chance wittert, eine Morduntersuchung gegen Senator Tullys Chefberater aufleben zu lassen – mit allen möglichen dramatischen Sensationen, der Vergewaltigung und Ermordung einer jungen Frau und mit dir irgendwo in den Kulissen ... meinst du, er würde auch nur eine Sekunde zögern? Selbst, wenn es am Ende zu nichts führt, wird es uns ruinieren. Und er wird dich ruinieren.«

»Wir lassen uns etwas einfallen«, entscheidet Grant.

Seine Ruhe entwaffnet mich. Ich will ihn schütteln. »Du meinst also, ich soll es tun«, sage ich. »Die ganze Geschichte erzählen? Auf Lyle Cosgrove zeigen, erklären, welche Verbindung zwischen uns besteht, anführen, daß ich erpreßt und verschaukelt wurde und daß ich keinen der beiden Morde begangen habe?« Diese kurze Aufzählung raubt mir fast den Atem. Ich stecke wirklich ganz tief im Schlamassel.

Grant Tully erhebt sich aus seinem Sessel und setzt sich in einen anderen direkt neben mir. »Wenn du das tun mußt, dann nur zu. Es klingt aus deinem Mund so schrecklich. Vergiß für einen Moment die Wahl, nur ganz kurz. Du erklärst, Lyle hätte dich erpreßt, Garrison habe nicht mitspielen wollen, also hat er ihn getötet und den Mord dir in die Schuhe geschoben. Erzähl ihnen, du hättest 1979 nichts getan, aber Lyle hätte dir gedroht, alles wieder aus der Versenkung zu holen, nur um dich zu besudeln.« Er öffnet die Hände. »Das funktioniert. Das klingt plausibel.«

»Und du verlierst das Rennen um den Posten des Gouverneurs«, sage ich.

»Oder du gehst lebenslänglich ins Gefängnis. Für ein Verbrechen, das du nicht begangen hast. Was ist schlimmer?«

Es ist schwierig, darauf etwas zu erwidern. Grant scheint total zufrieden zu sein. Er fand es schon immer sehr befriedigend, für mich den großen Bruder zu spielen.

Er kneift mich leicht in die Wange. »Und glaube bloß nicht, daß ich das Rennen verliere.«

Ich stoße einen tiefen Seufzer aus. »Wenn ich nur eine andere Wahl hätte …«

»Ich weiß.«

»… aber ich habe keine.«

»Ich weiß.«

Ich nicke, unfähig, noch mehr zu sagen. Ich stehe auf und gehe zur Tür. Ich bin fast schon im Flur, lege die Hand gegen den Türrahmen, als der Senator mich zurückruft.

»Müssen wir alles enthüllen?« fragt er.

Ich weiß, was er meint. Die Drogen. Das Kokain. Die Tatsache, daß Jon Soliday verschaukelt und ihm ein Mord angehängt wurde, ist die eine Sache. Die Tatsache, daß Senator Grant Tully vorher Kokain geschnupft hat, ist eine ganz andere. Die Befragung 1979 hatte offensichtlich ausschließlich auf mich abgezielt, und es gibt nicht den geringsten Beweis, der Grant mit einem Röhrchen in der Nase dastehen läßt.

»Nein«, antworte ich. »Ich erinnere mich nur daran, daß du ein paar Bier getrunken hast.«

Grant nickt mir zu. »Ist das okay?«

»Es wird genauso sein wie damals«, sage ich. »Ich erinnere mich, mit Lyle und Gina Drogen konsumiert zu haben. ich kann mich nicht erinnern, daß du oben bei uns warst. Du und Rick, ihr hattet nichts mit den Drogen zu tun.«

Grant erschauert. Er scheint deswegen Schuldgefühle zu haben, als ob die riesigen Gefallen, die er mir getan, und die Risiken, die er für mich auf sich genommen hat, überhaupt nichts zählten. Tatsache ist, daß ich mich sowieso ziemlich eng an das halten muß, was ich 1979 ausgesagt habe. Es ist die Story, die mir aus allem heraushilft.

»Ich muß Bennett über all das ziemlich bald informieren«, sage ich.

»Ich weiß.« Der Senator sieht mich nicht an. »Los, geh und gewinne den Prozeß.«

Ich bedanke mich bei ihm und wandere durch den Korridor. Ich bleibe kurz am Platz meiner Sekretärin Cathy stehen und schaue nach, ob Post für mich angekommen ist. Dabei gestatte ich mir einen kurzen Moment der Ruhe, damit die Hochspannung in meinem Körper sich ein wenig abbaut. Aus Senator Tullys Büro höre ich plötzlich eine heftige Bewegung und das Geräusch von Schnellheftern, die durch die Luft fliegen und gegen die Wand klatschen.

37

Heute ist Donnerstag. Mein Prozeß beginnt in gut einer Woche. Bennett arbeitet an unseren vorprozessualen Anträgen, hat damit alle Hände voll zu tun. Ich weiß nicht, wo die Zeit geblieben ist, aber wir befinden uns jetzt im letzten Stadium und haben nicht allzuviel vorzuweisen. Bennett hat die Idee von einer anderen Todesursache weiterverfolgt, aber von den verschiedenen Gerichtsmedizinern, mit denen er gesprochen hat, glaubt keiner, daß seine Theorie wahrscheinlicher ist als die naheliegende Schlußfolgerung – daß Dale erwürgt wurde.

Ich habe noch immer nicht mit Bennett über Lyle Cosgrove gesprochen. Ich habe eine Weile gebraucht, um die Tatsache zu akzeptieren, daß alles, wie anfangs angenommen, zusammenpaßt, nämlich, daß Lyle mich wahrscheinlich wegen meiner Vergangenheit erpressen wollte und Dale Garrison ihm in die Quere gekommen war. Ich vermute, ich hatte sowohl Grant Tully als auch mich selbst beschützt, indem ich versuchte, all das zu begraben. Aber jetzt ist klar, daß ich keine Wahl habe, und Grant hat sogar seinen Segen dazu gegeben.

Ich kümmere mich heute nachmittag um die Wäsche – nach fünf Wochen bin ich mittlerweile gezwungen, völlig durchlöcherte Unterhosen zu tragen –, als ich höre, wie die Möpse oben verrückt spielen. Ihre Klauen rutschen über die Fliesen in der Diele, während sie herumrennen. Ihr normalerweise gedämpftes Gebell klingt schrill und aufgeregt. Mit anderen Worten, jemand ist an der Tür. Ich ignoriere es zuerst, denn höchstwahrscheinlich ist der Besucher jemand, der für irgend etwas Werbung macht, und daran bin ich grundsätzlich nicht interessiert. Aber die Hunde veranstalten immer noch einen Riesenlärm, als ich die Treppe heraufkomme, daher lasse ich den Korb voller frisch gewaschener Unterhosen und Unterhemden fallen und gehe zur Tür.

Es ist Bennett Carey, und er sieht ziemlich abgekämpft aus. Ich öffne die Tür. »Hallo.«

Ben hat sich ausschließlich mit meinem Fall beschäftigt, hat Spuren verfolgt und verschiedene Anträge formuliert, um bestimmte Beweismittel auszuschließen. Im großen und ganzen, so berichtet er mir, gibt es nichts Kritisches. In diesem Fall kommt es allein auf meine Glaubwürdigkeit an und darauf, Lyle Cosgrove ausreichend zu belasten. Das einzige wichtige Beweismittel, das Ben aus dem Prozeß herauszuhalten versucht, ist der Erpresserbrief. Es gibt nichts, was Dale Garrison mit diesem Brief in Verbindung bringt, daher ist er ohne Bedeutung.

»Du hast gesagt, ich soll heute vorbeischauen«, sagt er. »Ich brauche mal eine Pause.«

»Klar, ist okay.« Ich bringe ihn ins Wohnzimmer. Er lehnt mein Angebot für einen Drink oder einen Imbiß ab. Ich lasse die Hunde nach draußen, damit sie uns nicht stören.

»Also, was liegt an?« fragt er und klatscht in die Hände, als ich ins Zimmer zurückkomme.

»Lyle Cosgrove.« Ich setze mich auf die Couch gegenüber seinem Sessel. »Wir müssen über ihn reden.«

»Okay …« Kein Zweifel, Ben kann meinen Gesichtsausdruck deuten. Er überlegt jetzt. Er hat sich wahrscheinlich sowieso schon die ganze Zeit gefragt, ob ich irgendwo eine Leiche im Keller habe, also irgend etwas, worauf der Erpresserbrief sich beziehen könnte.

»Ich hatte eigentlich vor, dir das alles schon früher zu erzählen«, fange ich an. »Ich hätte es tun sollen, das weiß ich. Zuerst war ich unschlüssig, denn mir war klar, sobald du die Information hast, wirst du sie in vollem Umfang benutzen – und ich war mir nicht sicher, ob ich das wollte. Aber das ist jetzt geklärt.«

Ben lehnt sich zurück und legt die Hände auf die Oberschenkel. Er scheint damit zu rechnen, daß ihm nicht gefallen wird, was ich zu erzählen habe. Er antwortet daher in einem deutlich eisigen Ton: »Dann spuck's aus.«

Ich massiere meine Hände. »Ich habe nie darüber gesprochen«, sage ich. »Ich … ich habe eine gemeinsame Vergangenheit mit Cosgrove.«

Bennetts Mund öffnet sich einen Spalt, aber er wartet ab. Seine Zunge scheint hektisch durch seinen Mund zu kreisen. Es ist keine gute Neuigkeit, die ich ihm auftischen werde.

Ich fange an, die Ereignisse vom Juni 1979 zu schildern – zumindest so weit, wie ich bereit bin, sie zu offenbaren. Grant und ich sind zu einer Party nach Summit County gefahren. Dort trafen wir Lyle Cosgrove, einen Typen namens Rick und Gina Mason. Ich lasse den Hinweis weg, daß wir nach Summit County fuhren, weil Grant in seiner unmittelbaren Umgebung kaum mit Kokain herumhantieren konnte, nicht der Sohn eines Senators, und daher jemanden jenseits der Staatsgrenze kennengelernt hatte, der ihm das Zeug beschaffte.

»Wie dem auch sei«, fahre ich fort, »wir sind also auf dieser Party. Lyle, Gina und ich gehen nach oben. Wir fangen mit Gras an. Wir waren ziemlich stoned – zumindest ich war es, denn ich hatte nicht viel Erfahrung mit dem Zeug. Dann taucht Lyle mit Koks auf. Um die Sache abzukürzen, als nächstes weiß ich, daß Mitternacht ist. Die Party ist vorbei. Ich bin ziemlich hinüber.«

»Wo ist Tully?« fragt Ben mit zusammengekniffenen Augen.

»Grant war nach Hause gefahren.«

»Aha, Grant fuhr nach Hause.« Ben überlegt. »Ohne dich?«

»Ja.«

»Und dieser andere Typ – Rick?«

»Mit Grant verschwunden. Hat ihn nach Hause gebracht.«

»Wo bist du hingegangen, Jon?«

»Na ja – ich ging mit Lyle. Zu Gina.«

Bennett senkt leicht den Kopf. Er beugt sich vor, eine Hand umklammert die Sesselkante, seine Augen glühen.

»Sie hat mich erwartet«, sage ich. »Ich … ich ging in ihr Schlafzimmer, und wir« – ich mache eine kreisende Handbewegung –, »wir hatten Sex.«

»Sie hat dich erwartet.«

»Genau wie ich es gesagt habe, Bennett. Sie hat mich erwartet.« Ich sammle mich und achte nicht auf den Schweiß auf meiner Stirn. Ich atme tief durch. »Sieh mal. Das war's. Wir hatten Sex, danach kehrte ich zum Wagen zurück, und Lyle brachte mich nach Hause.«

Mein Anwalt hat nichts von seiner Konzentration verloren. Kein Zweifel für ihn, meine Geschichte ist noch nicht zu Ende.

»Also … offensichtlich … nun, in dieser Nacht starb sie.«

»Sie *starb*?«

»Sie starb. Ich glaube, an einer Überdosis. Jedenfalls hat der Leichenbeschauer angenommen, daß es so passiert ist.«

Ben rutscht in seinem Sessel hin und her. Sein Gesicht ist eine Maske. »Er hat es … *angenommen*?«

»Es gab die Überlegung«, fahre ich fort, »ob sie womöglich getötet wurde. Vielleicht sogar vergewaltigt und anschließend ermordet.«

254

»Von?« Bennett kennt bereits die Pointe.

»Nun, von mir.« Ich atme aus. »Aber die Indizien lieferten dafür keinen Beweis. Sie untersuchten den Fall und schlossen die Akten. Ich wurde nicht angeklagt. Niemand wurde angeklagt.«

»Dann erzähl mal, was das heißt.« Bennett ringt die Hände, entweder vor Hilflosigkeit oder vor Wut, vielleicht von beidem etwas.

»Nun, ich denke, Lyle Cosgrove hat …«

»Dich erpreßt.« Bennett nickt. Sämtliche Farbe ist aus seinem Gesicht gewichen. Er schluckt krampfhaft. »Er hat damit gedroht, alles wieder hervorzuholen. Wenn du nicht die Kriegskasse des Senators anzapfst, offenbart er das schmutzige Geheimnis während der letzten Phase des Wahlkampfs.«

»So in etwa.«

»Und wie paßt Garrison da hinein?«

Ich schürze die Lippen. »Möchtest du ein Glas Wasser oder so?«

»Mir geht es gut. Wie paßt Garrison da hinein?«

»Garrison war damals Cosgroves Anwalt.«

Bennett blinzelt heftig. Die Enthüllungen kommen Schlag auf Schlag, und der Prozeß steht vor der Tür. »Also … Cosgrove ist damals ebenfalls überprüft worden.«

»Nun ja, sicher. Anfangs. Aber sie wußten, daß ich Sex mit ihr hatte. Ich war das einfachere Ziel.«

Ben läßt sich im Sessel zurücksinken und starrt zur Decke. »Garrison hat damals Jugendgerichtssachen bearbeitet?«

»Dale wurde von den Tullys engagiert, Ben.«

Er verzieht das Gesicht. »Demnach war Cosgrove mit Grant befreundet …«

»So kann man das nicht sagen«, unterbreche ich ihn. Ich will mich hier ganz vorsichtig ausdrücken, aber mein Anwalt muß wissen, was da draußen lauert. Ich senke unwillkürlich die Stimme. »Die Tullys haben ihn engagiert, um mich zu beschützen.«

255

Bennetts Augen, immer noch zur Decke gerichtet, schließen sich. Ich habe ihm eine ganze Menge erzählt. Er legt die Hände auf den Kopf und seufzt. »Wie formell war diese Untersuchung?«

»Sie haben eine sogenannte Befragung veranstaltet.«

»Dann war es eine formelle Sache.«

»Das vermute ich.«

»Mit Abschrift«, sagt Ben. »Mit Beweisen in den Akten. Und du wurdest verhaftet.«

»Alles richtig bis auf das letzte«, antworte ich. »Ich wurde nie verhaftet.«

Seine Augenbrauen steigen hoch. »Das war ja richtig zuvorkommend. Ich will noch nicht einmal wissen, *wie* das arrangiert wurde.«

»Besser nicht. Offen gesagt, ich weiß es selbst nicht.«

Bennett taucht schließlich aus seiner Trance auf. Er sieht mich an. Der vorwurfsvolle, scheltende Unterton in seiner Stimme hat sich noch nicht vollständig verflüchtigt. »Hat Cosgrove in dieser Sache ausgesagt?«

»Das hat er.«

»Und was?«

»Daß alles in Ordnung war. Er hat mich abgesetzt, damit ich zu Gina gehen konnte. Er kam, um mich zu holen, als er ungeduldig wurde, und ich gab ihr einen Abschiedskuß.«

»Du gabst ihr einen Abschiedskuß?«

»Das hat er gesagt.«

»Aber stimmt das auch?« will Ben wissen. »Du hast gesagt, du hättest *gedacht*, sie wäre am Leben gewesen, als du von ihr weggingst. Daher nehme ich an, daß du ihr keinen Abschiedskuß gegeben hast.«

Ich winke ab. »Tatsache ist, daß ich mich daran nicht erinnere, Ben. Okay? Ich erinnere mich nicht. Ich erinnere mich, daß ich bei ihr war – weißt du, ich erinnere mich an den Sex, zumindest irgendwie. Ich erinnere mich, wie ich durch ihr Schlafzimmerfenster nach draußen gekrochen bin – ich habe mir dabei das Knie angeschlagen, auch daran erinnere ich mich. Was dazwischen und nachher war, das weiß ich nicht. Ich entsinne mich nicht.«

Bennett studiert mich und versucht zwischen den Zeilen zu lesen, während er gleichzeitig all diese Informationen in sich aufnimmt. »Woran erinnerst du dich denn als nächstes?«

»Daß ich am Morgen aufwache.«

»Nein«, stößt er schnell hervor.

»Doch, so ist es.«

»Bist du ganz ehrlich zu mir, Jon? Du erinnerst dich an nichts, was danach war?«

»Nein, Ben. An absolut nichts.«

Er schaut auf seine Hand. »Erzählst du mir wirklich alles? Läßt du nichts aus?«

»Ben. Bei Gott, ich schwöre.«

»Du erinnerst dich daran, wie du durch das Fenster kriechst, und als nächstes liegst du morgens in deinem Bett?«

»Genau.«

Bennett stützt die Ellbogen auf die Knie und verschränkt die Hände. Er scheint zu beten. Seine Zunge gleitet über seine Lippen.

»Du hast Sorge, daß ich nicht wirkungsvoll entkräften kann, was Cosgrove sagen wird.«

Ben gibt darauf keine Antwort. Er ist noch immer damit beschäftigt, seine Gedanken zu ordnen. Gedanken an die Auswirkungen dieser Informationen auf den Prozeß. Gedanken an seinen Freund, seinen Boß während der letzten Jahre. Wie tief muß ich in den letzten zehn Minuten in seinen Augen gesunken sein? Schließlich erhebt er sich. Ben steht unsicher da, als wüßte er nicht, was er als nächstes tun soll.

»Ben«, sage ich. »Es tut mir leid, daß ich dir all das nicht schon früher gebeichtet habe. Aber ich bin nicht sicher, ob wir hier schon fertig sind.«

Bennett wendet sich zum Fenster, obgleich es so aussieht, als blicke er auf nichts Bestimmtes.

»Vielleicht machen wir später weiter«, biete ich ihm an.
»Ich komme später vorbei. Im Büro.«

Bennett nickt geistesabwesend, sagt jedoch nichts. Er öffnet betont vorsichtig die Tür und geht langsam über die Auffahrt. Meine Blicke folgen ihm durchs Fenster bis zu seinem Wagen. Er steigt ein, schaut dann jedoch zum Haus und läßt einen Blickkontakt zu. Er fragt sich zweifellos, was für ein Mensch das ist, der ihn in diesem Moment aus dem Haus ansieht.

Ich greife nach meinem Telefon, während Ben den Motor anläßt und wegfährt, und gebe eine Nummer ein. Cal Reedy meldet sich nach dem dritten Rufzeichen. »Cal, ich bin's. Ich habe noch etwas anderes. Suchen Sie einen Mann. Klar, Bennett weiß darüber Bescheid. Diese Suche könnte schwieriger sein, deshalb bezahle ich Sie. Ich bestehe darauf. Ihr reguläres Honorar. Ich kenne seinen Nachnamen nicht, das ist die Schwierigkeit. Ich bin mir noch nicht mal bei seinem Vornamen sicher. Er könnte auch tot sein, wenn Sie mich fragen. Oder im Gefängnis sitzen. Ich kann Ihnen nur ganz wenige Angaben machen.«

Ich höre Cal vor sich hin murmeln, während er Papier und Bleistift sucht.

»Summit County«, sage ich. »Neunzehnhundertneunundsiebzig. Vorname Rick. Spitzname Ricochet.«

38

Bennett Carey sieht besser aus, als ich ihn um sieben Uhr an diesem Abend in seinem Büro antreffe. Das heißt nicht, daß er richtig gut aussieht – Vierzehnstundentage, die mit den Vorbereitungen für den Mordprozeß gegen einen Freund ausgefüllt sind, können einen ziemlich mitnehmen, ganz zu schweigen von den Neuigkeiten, die ich ihm heute präsentiert habe. Aber er erscheint wenigstens nicht mehr wie völlig aus der Bahn geworfen.

»Ich habe mir einige Notizen gemacht«, begrüßt er mich. »Ich habe einige Überlegungen angestellt. Und ich habe einige Fragen.«

Ich nehme in seinem Büro Platz. »Tut mir leid, daß ich es dir nicht schon früher erzählt habe, ich war mir nicht sicher, daß dies in irgendeiner Verbindung zu 1979 steht, und ich hatte Angst, daß du es verwenden würdest, wenn ich es dir erzähle. Ich war mir nicht sicher, ob ich das wollte.«

»Hab schon verstanden«, sagt Ben. »Es war ein unkluger Schritt, aber ich hab's kapiert.«

»Okay.« Ich klopfe auf die Armlehne meines Sessels. »Willst du anfangen, oder soll ich?«

»Ich.« Ben nimmt einen Bleistift in die Hand und zieht seinen Notizblock heran. »Erkläre mir, warum Lyle Dale Garrison umgebracht hat.«

»Dale hat für Lyle vor kurzem eine vorzeitige Haftentlassung erwirkt. Dale war sein Anwalt. Also kannten sie sich.«

»Hm.«

»Und Dale wußte, was 1979 geschehen war. Wir werden nie erfahren, worüber Anwalt und Mandant sich unterhielten, aber Dale hatte offenbar einen ziemlich guten Durchblick.«

»Das stimmt.«

»Als Lyle aus dem Gefängnis kam, hat er Dale auf dieses Thema angesprochen.«

Ben hebt eine Hand. Stopp. »Willst du damit sagen, daß Lyle mit Dale darüber gesprochen hat, dich zu erpressen?«

»Ja. Nicht mit so vielen Worten. Aber Dale war klar, worum es ging, und hat versucht, es ihm auszureden.«

»Dale hat versucht …« Ben fixiert mich. »Woher weißt du das, Jon?«

Ich öffne meinen Aktenkoffer und hole den Brief von Dale an Cosgrove heraus. »Das wollte ich dir zeigen, ehe du wie in Trance mein Haus verlassen hast.«

Ben nimmt den Brief und betrachtet eingehend erst das

Papier, ehe er zu lesen beginnt. Es ist dickes Papier, im Drittel gefaltet, wie es per Post verschickt wurde. Das Original. Ich habe davon eine Kopie gemacht, die ich aufbewahre.

Mein Anwalt sieht mich an, will mich offenbar fragen, woher ich den Brief habe, doch ich sage: »Lies einfach«, und er gehorcht.

Mr. Cosgrove,

über unsere heutige Begegnung habe ich mich sehr gefreut. Noch einmal herzlichen Glückwunsch zu Ihrer vorzeitigen Haftentlassung. Ich schreibe Ihnen, um einen Punkt zu klären, über den wir heute gesprochen haben und der mir große Sorgen bereitet. Sie stellten mir eine präzise juristische Frage – nach der Verjährungsfrist für Mord –, und ich antwortete Ihnen, daß für Mord eine Verjährung nicht vorgesehen ist. Aber andere Bemerkungen aus Ihrem Mund warfen bei mir die Frage auf, weshalb Sie diesen speziellen Punkt ansprachen.

»Cosgrove wollte wissen, ob du noch immer wegen Mordes vor Gericht gestellt werden kannst«, sagt Ben kommentierend, während er weiter liest.

»Und er erfuhr, daß es möglich ist«, füge ich hinzu.

Sie haben sich weder offen zu Ihren Absichten geäußert noch den Grund Ihrer Frage angesprochen, und es stand mir nicht zu, Sie danach zu fragen. Aber unser Gespräch über die ferne Vergangenheit macht mich neugierig hinsichtlich dessen, was Sie mit dieser Information zu tun gedenken. Lassen Sie mich Ihnen mit allem Nachdruck den Rat geben, daß Sie nicht versuchen sollten, etwas auszugraben, das zwanzig Jahre zurück liegt. Sie äußerten damals, und ich habe Ihnen geglaubt, daß Jon Soliday diese junge Frau nicht zum Sex gezwungen hatte und sie am Leben gewesen ist, als er ihr Haus verließ. Ich glaubte Ihnen, und Sie leisteten einen Eid auf die Richtigkeit Ihrer Aussage. Die Staatsanwaltschaft akzeptierte Ihre be-

*eidete Aussage, und andere Beweise bestätigten deren Richtig-
keit.*

»Mein Gott«, murmelt Ben. »Er versucht, Cosgrove auf
seine Zeugenaussage von damals festzunageln. Er macht
Cosgrove klar, daß niemand ihm glauben würde, wenn er
dich belastet.«

»Richtig«, stimme ich zu. »Weil er unter Eid 1979 etwas
anderes ausgesagt hat und weil ›andere Beweise‹ die Richtigkeit der Aussage bestätigten.«

*Wenn Sie nun die Absicht haben sollten, Ihre Aussage zu
ändern, könnten Sie wegen einer ganzen Reihe von Vergehen
zur Rechenschaft gezogen werden, darunter Meineid, Behinderung der Justiz und Verfälschung von Beweisen. Sie sollten
außerdem wissen, daß Jugendgerichtsverfahren stets vertraulich behandelt werden und daß die Offenlegung von dies-
bezüglichen Informationen ebenfalls zu einer Anklage führen
kann. Ich habe die dafür zuständige Gesetzgebung noch nicht
überprüft, muß Sie aber auf die Möglichkeit aufmerksam machen.*

»Er droht Cosgrove«, fährt Ben fort.

»Mit Unfug«, erwidere ich. »Cosgrove kann für keins der
Vergehen heute vor Gericht gestellt werden. Die Verjährungsfrist für Meineid und Behinderung der Justiz ist längst
abgelaufen.«

»Ja, Dale blufft. Aber er hat recht, daß die Jugendgerichtsakten versiegelt sind. Man kann ziemlichen Ärger bekommen,
wenn man sich daran vergreift.«

*Lassen Sie mich wiederholen, was ich Ihnen bereits in meinen
Räumen klargemacht habe: Während unsere Gespräche durch
das anwaltliche Verschwiegenheitsgebot geschützt sind, erstreckt
sich dieses Gebot nicht auf Unterhaltungen zwischen Anwalt
und Mandant in bezug auf zukünftige Vergehen. Sollte ich*

erfahren, daß Sie ein Vergehen im Zusammenhang mit den Ereignissen von 1979 planen, wäre ich gezwungen, unser Gespräch zu rekapitulieren und die Dinge so zu sehen, daß wir heute in meinem Büro über zukünftige Verbrechen gesprochen haben. In diesem Fall wäre ich auch gezwungen, den Inhalt unserer Unterredung offenzulegen. Zu diesem Zeitpunkt habe ich jedoch nicht den Eindruck, daß Sie irgendein zukünftiges Vergehen beabsichtigen, daher bin ich, solange nichts geschieht, das meine Meinung ändern könnte, an das anwaltliche Verschwiegenheitsgebot gebunden und behandele unsere Unterhaltung vertraulich.

Ben nickt, während er weiterliest. »Man kann Dale nicht gerade vorwerfen, dämlich zu sein. Und recht hat er außerdem. Das Verschwiegenheitsgebot gilt nicht für Gespräche über zukünftige Vergehen. Dale sagt, wenn Sie versuchen sollten, Jon Soliday zu erpressen, gehe er zur Polizei.«

»Dale hat sich nach Kräften für mich eingesetzt. Und sieh dir an, was er dafür bekommen hat.«

Ben legt den Brief auf den Tisch. »Darf ich jetzt erfahren, woher du den Brief hast?«

Ich vermeide es, ihm in die Augen zu sehen. »Wenn ich dir sagen würde, ich habe den Brief in Dales Akten gefunden – die die Staatsanwaltschaft uns überlassen hat …«

»Dann würde ich sagen, du irrst dich. Es ist kein Nummernstempel darauf.« Auf dem unteren Rand jeder Seite, die die Staatsanwaltschaft uns übergab, war eine Nummer aufgestempelt, damit jede Seite eindeutig identifizierbar ist. Eine standardmäßige Prozedur, wenn Parteien die gleichen Dokumente besitzen. »Außerdem ist es ein Original und keine Kopie.«

»Richtig.«

»Also, Jon. Wo hast du den Brief her?«

»Wenn nun beim Fotokopieren der Dokumente für uns dieser durch einen Spalt gerutscht ist und sie am Ende das Original zu unseren Akten gelegt haben?«

»Jon.« Bennett schüttelte den Kopf. »Dieser Brief war gefaltet. Er kam aus einem Kuvert. So etwas würde niemals in Dales Büro liegen. Dies war der Brief, der an ...« Bennetts Kopf ruckt nach hinten. Ein langer, tiefer Seufzer dringt aus seiner Kehle.

Ich wage den Anflug eines Lächelns, nicht aus Überheblichkeit, sondern um anzuzeigen, daß er auf der richtigen Spur ist.

»Du hast ihn von Cosgrove«, sagt er.

»Der Hausmeister läßt jeden rein, der ›DOC‹ sagt.«

»O nein, Jon – ich wollte dir keinen Rat geben, wie du ...«

»Das weiß ich. Wirklich. Ich mußte nur sehen, worauf das alles hinauslief.«

»Demnach bist du in Cosgroves Haus eingebrochen und« – er greift nach dem Brief und wedelt damit – »hast ihn aus seiner Wohnung gestohlen?«

Ich zucke mit den Achseln. »Ich mußte wissen, ob er mich erpreßt.«

Ben rudert mit den Armen und steht aus seinem Sessel auf. »Ich meine ... dir ist doch klar, daß dieses Beweisstück nicht vor Gericht vorgelegt werden kann. Richtig? Wir können es nicht verwenden.«

»Ja, irgendwie war mir das schon klar«, sage ich. »Zu jenem Zeitpunkt schien es eine gute Idee zu sein. Ich war ein wenig in Panik.«

»Aus gutem Grund.«

»Sieh mal, Ben. Ich weiß, daß es falsch war. Aber ich stehe wegen Mordes vor Gericht. Alles was recht ist, ich habe keine schlaflosen Nächte, weil ich in Cosgroves Privatsphäre eingedrungen bin.«

Mein Anwalt studiert mich lange. In Anbetracht aller Möglichkeiten steht eine Gardinenpredigt für mich wegen dieser Sache auf seiner Liste nicht an erster Stelle. Er muß selbst noch eine Menge erledigen, ehe der Prozeß beginnt. »Demnach mußte Cosgrove Dale töten, um dich erpressen zu können. Denn wenn Dale davon erfahren hätte, hätte er Lyle angezeigt.«

»Richtig«, sage ich. »Ich glaube jedoch nicht, daß Dale es jemals gemeldet hätte, denn er wollte es genausowenig publik machen wie ich.«

»Aber Cosgrove hat das nicht gewußt.«

»Jetzt weißt du Bescheid, Ben. Cosgrove ist der Böse.«

»Ja. Donnerwetter.«

»Vielleicht sollten wir jetzt zu deinen Fragen und Kommentaren kommen«, schlage ich vor.

Ben nickt. Wir haben keine Zeit mehr, unser Schicksal zu bejammern. »Wie du willst.« Er blickt auf seinen Notizblock. »Unterhalten wir uns über die Anhörung von damals. Lyle Cosgrove hat ausgesagt, wie du gesagt hast. Er hat ausgesagt, du wärest zum Haus dieser jungen Dame gefahren ...«

»Gina«, werfe ich ein. »Gina Mason.«

»In Ordnung, du gingst zu Ginas Haus, und als er später erschien, um dich abzuholen, gab sie dir einen Abschiedskuß. Richtig?«

»Richtig.«

»Hast du eine Aussage gemacht, Jon?« Bennett scheint den Atem anzuhalten. Daß sein Mandant namentlich in den Akten auftaucht, ist wahrscheinlich nicht gerade das, was er sich wünscht. Vor allem, nachdem ich ihm vorher gestanden habe, daß ich mich an nichts erinnere.

»Ja, das habe ich. Und ja, ich habe ausgesagt, sie zum Abschied geküßt zu haben, um gleich deine nächste Frage zu beantworten. Ich habe ausgesagt, daß sie lebte und es ihr gut ging und sie lächelte und mir zum Abschied winkte.«

Bennett formt mit dem Mund ein kleines »O«. Donnerwetter. Sein Mandant ist für ihn ein wandelndes Rätsel.

»Du hast also unter Eid gelogen.«

»Es ist Meineid, wenn es eine Lüge war. Es hätte auch zutreffen können.« Als ich eingehender darüber nachdenke, krümme ich mich innerlich. Bennett hat es nicht eilig, mich zu trösten. Seine Einschätzung meiner Person sinkt immer tiefer.

»Ich muß diese Akte sehen«, sagt er.

»Da hast du Glück.« Ich greife in den Aktenkoffer und hole Kopien von den drei Seiten hervor, die einzigen drei Seiten, die in meiner Akte von 1979 noch vorhanden waren. Ich bemerke den Ausdruck auf Bens Gesicht. »Ich habe Cal auf die Suche geschickt.«

»Natürlich hast du das.« Die Überraschungen nehmen kein Ende.

»Die ersten zwei Seiten enthalten nicht viel.« Ich reiche sie ihm. »Meine Zeugenaussage. Nicht besonders schön.«

Er liest die Fragen und Antworten der jugendgerichtlichen Anhörung mit einem Ausdruck wachsenden Schreckens. Seine Hand legt sich auf den Mund. »Oralsex«, murmelt er. »Gina war oben. Ihr seid gestürzt.« Er schluckt. »Fick mich härter?«

»Das habe ich gesagt. Und du hast recht, ich kann mich an nichts von alledem erinnern.«

»Du hast dir eine Story aus den Fingern gesogen.«

»Ja.«

»Du wurdest bestens unterwiesen.« Er sagt das ohne einen Ausdruck von Tadel. Die Zeit ist knapp, arbeite mit dem, was du hast, wozu ein Arschloch von einem Mandanten gehört, der Informationen bis zur letzten Minute zurückhält. Bennett läßt die Papiere fallen.

»Das hier wird dir gefallen«, sage ich und reiche meinem Anwalt die letzte Seite. »Der Ermittler in dieser Sache hat es verfaßt und in die Akte gelegt, nachdem sie zusammengestellt und abgeschlossen wurde. Scheinbar hat er die ganze Sache durchschaut.«

Bennett greift nach dem Schriftstück und liest.

Ich habe große Vorbehalte hinsichtlich der Schlußfolgerungen, die in diesem Ermittlungsverfahren gezogen wurden. Ich glaube, daß die Ergebnisse der Autopsie viel zu oberflächlich und

265

wohlwollend interpretiert wurden. Ich glaube weiterhin, daß die Verstorbene sich unter keinen Umständen zu sexuellen Handlungen bereit erklärt haben konnte, wenn man sich ihren Rauschzustand vor Augen führt, selbst wenn ich bereit wäre, Mr. Solidays Version vom Ablauf der Ereignisse zu akzeptieren, was ich nicht tue. Ich glaube, daß Mr. Soliday und Mr. Cosgrove ihre Aussagen aufeinander abgestimmt und sich auf das Fehlen jeglicher Zeugen verlassen haben, um sich einer Anklage zu entziehen. Ich glaube, daß Mr. Soliday verhaftet und mindestens wegen sexueller Nötigung angeklagt werden sollte.

Diese Erklärung soll den Akten beigefügt werden. Ich lege sie eigenhändig zu den Akten, obgleich der Staatsanwalt sich geweigert hat, sie hinzuzunehmen.

»Er hat recht«, sagt Ben. »Jemand, der sich wie Gina in einem schweren Rauschzustand befindet, kann niemals und unter keinen Umständen in irgendwelche sexuelle Aktivitäten einwilligen.«

»Lautet so das Gesetz?«

»Ja.«

»Vielleicht war es damals noch nicht so. Damals, Ende der siebziger Jahre, konnten Beweise über ein Vergewaltigungsopfer eingebracht werden, die heutzutage nicht anerkannt würden.« Ich weiß das aus meiner Tätigkeit in den gesetzgebenden Körperschaften. Wir haben die entsprechenden Gesetze zweimal geändert, seit ich dort tätig bin. Wenn jemand wegen Vergewaltigung klagte und der Beschuldigte widersprach und meinte, das Opfer hätte eingewilligt, durfte sich die Jury dann den gesamten sexuellen Lebenslauf des Opfers anhören. Die Theorie besagt, daß jemand, der so unmoralisch war, früher schon vorehelichen Sex gehabt zu haben, höchstwahrscheinlich auch zu sexuellen Handlungen mit dem Angeklagten bereit gewesen sein muß. Das erinnert mich an die jugendgerichtliche Anhörung, während der der Staatsanwalt mehrere Erklärungen von Personen verlas, die mit Gina Mason geschlafen hatten. Nach unserer modernen

Denkweise wären die meisten solcher Beweise heutzutage gar nicht zugelassen.

»Nun ja.« Bennett reckt die Arme und zeigt mir dabei seine Handflächen. »Das ist nicht gut, Jon.«

»Ich weiß.«

»Sie werden es finden. Die Vertreter der Anklage.«

»Ja.«

»Allmächtiger Gott.« Er sackt in sich zusammen, brütet einen Moment vor sich hin, sammelt und ordnet die Informationen. Er runzelt die Stirn. »Zwei Fragen. Erstens, wie kann ein zwanzig Jahre alter Fall, der nie vor Gericht verhandelt wurde, immer noch irgendwo herumliegen?«

»So wie Cal es erklärt hat, vernichten sie alles nach fünfzehn Jahren, es sei denn, jemand verfügt, daß es liegenbleibt.«

Das erregt die Aufmerksamkeit meines Anwalts.

»Jemand hat speziell diesen Karton stehenlassen wollen«, füge ich hinzu.

»Wer? Wer?« Bennett weint fast.

»Irgend jemand hat eine Unterschrift draufgekritzelt. Cal konnte sie nicht entziffern. Aber er sagte, es wäre vor fünf Jahren passiert. Ich hielt das eher für irrelevant.«

»Irrelevant«, wiederholt Bennett und hustet.

»Du hattest eine zweite Frage.«

»Ja.« Er deutet mit einem Finger auf das Dokument. »Warum nur diese drei Seiten?«

»Na ja, sie sind aus der Abschrift rausgefallen.«

»Okay, schön. Aber wo ist dann der Rest der Abschrift?«

»Oh.« Ich zupfe an meinem Ohrläppchen, eine nervöse Angewohnheit. »Darüber habe ich gar nicht nachgedacht.«

»Sie wurde rausgeholt. Und zwar von irgend jemandem, der sich dafür interessiert hat.«

»Ich glaube, du wirst jetzt melodramatisch, Ben. Ja, es ist möglich. Aber dieses Papier könnte jetzt überall sein. Wahrscheinlich ist es in irgendeinem Müllhaufen vergraben.«

Ben kommentiert diese Möglichkeit mit einer wegwischenden Geste.

»Das wär's, Ben. Jetzt hast du alles. Und es läuft darauf hinaus, daß ich ganz schön in der Klemme stecke.«

»Dem kann ich nicht beipflichten.«

»Nein? Dann will ich es erklären. Es gibt ganz eindeutig jemanden, der mich mit dem Mord an Dale in Verbindung bringen kann. Lyle hat es getan. Wir haben ihn als Dieb des Handys, über das ich ins Büro zurückgerufen wurde. Wir wissen, daß er auf Garrison wütend war, weil er vor zwölf Jahren seine Verteidigung vermasselt hatte. Er hat sich bei seinem Antrag auf Berufung über Dale beklagt.«

»Richtig.«

»Und wir wissen, daß er mich erpressen wollte, aber daß Dale damit drohte, ihn bloßzustellen, falls er es täte.«

»Alles richtig«, gibt Ben zu.

»Aber da ist der Haken. Wenn ich Lyle mit hineinziehe, kommt zur Sprache, was 1979 passiert ist.«

»Ja, das wird es.«

»Und ich kann immer noch wegen Mordes angeklagt werden«, sage ich. »Die eine Mordanklage schlage ich nieder und handle mir eine andere ein.«

»Nicht sehr wahrscheinlich, Jon.« Bennett fährt mit der Hand über den Tisch. »Sie konnten es damals nicht beweisen und werden es heute erst recht nicht können.«

»Sei dir dessen nicht so sicher. Sieh mal, damals ... da habe ich den Kopf in den Sand gesteckt, aber ich bin mir ziemlich sicher, daß die Tullys einige Fäden gezogen haben. Ich glaube, sie waren beim Leichenbeschauer. Und ich glaube, sie haben sich mit dem Staatsanwalt arrangiert.«

»Du glaubst also«, faßt Ben zusammen, »wenn jemand noch einmal die Beweise durchgeht, faßt er vielleicht den Entschluß, dich doch noch vor Gericht zu stellen?«

»Ja, das tue ich. Und bedenke, wer unser Bezirksstaatsanwalt ist. Elliot Raycroft, Lang Trotters Lakai. Er wäre nur zu gern bereit, Summit County in jeder Hinsicht behilflich zu sein. Er ruiniert mich vollständig, falls ich nicht schon längst ruiniert bin. Und was immer Grant an Chancen in dieser Wahl gehabt hat – es ist aus und vorbei. Weil Grant mir geholfen hat. Oder zumindest, weil er dort war.«

Bennett lehnt sich in seinem Sessel zurück und nimmt eine professorenhafte Haltung ein. »Eins nach dem anderen. Zuerst könnten sie die Ermittlungen wieder in Angriff nehmen, aber sie würden nicht anklagen. Zweitens ... ich sage es nur ungern, aber Grant Tully wird diese Wahl nicht gewinnen, Jon. Kennst du schon das Ergebnis der Umfrage, die gerade durchgeführt wurde?«

»Nein«, muß ich zu meiner Schande eingestehen. Normalerweise bin ich der erste, der über so etwas Bescheid weiß. Was für einen Unterschied zwei Monate machen.

»Er ist bei zwanzig und hat nur noch fünf Wochen Zeit«, informiert Ben mich. »Er kommt sicher bis zum Ende noch dichter heran, aber er wird Lang Trotter nicht schlagen. Er ist erledigt.«

»Ich bin nicht bereit, das einzugestehen. Und ich bin weitaus weniger zuversichtlich als du, daß ich nicht wegen eines Mordes im Jahr 1979 angeklagt werde.«

»Jon, du mußt dir über eins im klaren sein. Der Erpresserbrief, dieser Brief von Garrison an Cosgrove – der beweist nur, daß 1979 etwas sehr Häßliches passiert ist. Das ist Grund genug für eine Erpressung. Es heißt nicht, daß du die Frau getötet hast.«

Er klingt wie Grant. »Du hast aber eine verdammt hohe Meinung von mir.« Ich fahre mir mit der Hand durch die Haare. »Ich bin mir nicht sicher, ob du das Ganze richtig einschätzt, Bennett.«

»Dann hilf mir auf die Sprünge.«

Ich mahle einige Sekunden lang mit den Kiefern. Er ist mein Anwalt, ich könnte ihm alles erzählen. Es sprudelt geradezu hervor, wie ein Herauskotzen des Undenkbaren. »Sieh dir das Ganze doch mal an – nicht als Freund, der nur das Beste von mir hält, sondern betrachte es als leidenschaftsloser Anwalt. Wenn Cosgrove nichts anderes gewollt hätte, als mich nur wegen dieses häßlichen Vorfalls zu erpressen, hätte er das tun können. Verdammt, er hätte damit direkt zum *Senator* gehen können. Das wäre viel plausibler gewesen. Er hätte sich nicht ausschließlich auf mich konzentriert. Und er hätte den Brief nicht so geschrieben, wie wir ihn kennen.«

»Wie hat er ihn denn geschrieben?«

»Erinnerst du dich? Er sagt, er sei ›der einzige, der das Geheimnis kennt‹, und könne sich direkt an den Senator wenden. Er droht nicht damit, das Geheimnis publik zu machen, er droht, damit zu *Grant* zu gehen. Und warum tut er das, Bennett?«

Mein Anwalt hebt ratlos die Hände.

»Weil Grant dachte, ich sei unschuldig, deshalb. Das hat er seinem Dad erzählt, das hat er mir gesagt, und wahrscheinlich hat er es auch Lyle gesagt. Aber Lyle kennt die Wahrheit. Und er verläßt sich darauf, daß ich ihm eine Viertelmillion Dollar zahle, damit Grant es nicht erfährt.«

»Er droht damit, dem Senator zu erzählen, daß du die Frau getötet hast.« Ben sagt es ganz leise.

Daß ich nichts darauf erwidere, ist Bestätigung genug.

»Und wer weiß, welche Beweise er hat, um das zu untermauern«, füge ich hinzu. »Vielleicht würde mein Wort gegen seins stehen, vielleicht aber auch nicht. Ich habe keine Ahnung. Wenn ich mit dem Finger auf ihn zeige, könnte er mich vernichten. Ich hänge ganz tief in der Scheiße, Ben. Die einzige Person, von der ich behaupten kann, daß sie Dale ermordet hat, hat ein Alibi. Es sei denn, ich bin bereit zu pokern. Seinen Bluff aufzudecken.«

Mein Anwalt sinkt in sich zusammen, als er begreift. »Schön – und wo stehen wir nun?«

»Das ist meine Frage an dich, Ben.« Ich atme tief durch. »Gibt es irgendeine Möglichkeit, Lyle mit dem Mord in Verbindung zu bringen, ohne daß 1979 zur Sprache kommt?«

»Ich …« Ben rudert hilflos mit den Händen. »Ich wüßte nicht, wie.«

»Was ist mit der Theorie vom Ex-Sträfling, der einen Groll

hegt? Er hatte ein Motiv – Dale hat seinen Prozeß vermasselt. Er stahl das Handy, was seine Beteiligung beweist. Er ist
gewalttätig und deshalb vorbestraft. Reicht das nicht?«

»Ja, Jon, vielleicht in einem Vakuum. Aber wenn wir Lyle
erwähnen, holen sie sein Vorstrafenregister hervor, und wer
weiß? Vielleicht bringen sie ihn mit dir in Verbindung.
Außerdem ... glaubst du nicht, daß Lyle selbst die Sache zur
Sprache bringt, wenn er ins Gericht geschleift wird – von der
Staatsanwaltschaft und nicht von uns? Er wird verkünden,
Jon Soliday hat 1979 diese Frau ermordet. Ich habe in diesem
Punkt gelogen, weil der Anwalt, Dale, den die Tullys für
mich angeheuert haben, es von mir verlangt hat. Aber Garrison und ich kannten die Wahrheit – daß Jon ein Mörder ist.
Also hat Soliday Dale Garrison aus dem Weg geschafft, um
das ›Geheimnis, von dem niemand etwas weiß‹, zu schützen,
und hat den Verdacht auf mich gelenkt. Er hat die ganze Zeit,
die ich im Gefängnis saß, gewartet, und als ich rauskam, hat
er Dale umgebracht und mich in eine Falle gelockt.«

Ein Augenblick der Stille, während mir das Blut ins Gesicht schießt. Er hat recht. Ich bin geliefert, solange Lyle
Cosgrove in der Nähe ist, um mit dem Finger auf mich zu
zeigen.

Bennett schlägt vor, wir sollten eingehend über diesen
Punkt nachdenken, doch er hat gerade erst davon erfahren,
während ich mich schon seit einiger Zeit damit herum-
schlage. Ich komme zum selben Schluß. Egal, was ich tue,
ich habe den Hals in der Schlinge, solange Lyle Cosgrove da
ist.

39

Der Stellvertretende Bezirksstaatsanwalt Daniel Morphew
betritt den Gerichtssaal mit einer Frau an seiner Seite. Die
Gerichtsdienerin, die an ihrem Tisch unterhalb und neben
dem Richterstuhl sitzt, blickt auf und fragt: »Sind im Fall
Soliday alle anwesend?«

Bennett und ich stehen auf. Morphew kommt herüber und macht uns mit seiner Begleiterin bekannt.

»Bennett Carey, Jon Soliday« – er deutet auf die Frau –, »Erica Johannsen.«

Wir schütteln uns die Hände. Sie scheint auf meinen Händedruck nicht anders zu reagieren als auf Bens. Sie ist fast genauso groß wie ich – knapp eins achtzig – und hat kurzes, mittelblondes Haar, ein markantes Gesicht und braune Augen.

»Erica wird den Prozeß führen«, sagt Morphew. »Es hat sich herausgestellt, daß ich mich nicht freimachen kann.«

Bennett nickt beiläufig. Aus irgendeinem Grund verspüre ich Erleichterung. Morphew ist ein hohes Tier, und selbst wenn er in letzter Zeit weniger Erfahrung im Gerichtssaal hatte sammeln können, ist es schon bedeutsam, daß er den Fall nicht länger bearbeiten will. Nicht, daß ich irgend etwas über Erica Johannsen weiß.

Heute ist Freitag, der 29. September. Mein Prozeß beginnt in drei Tagen. Wir sind zusammengekommen, um über technische Einzelheiten wie Logistik, Zeugenlisten und so weiter zu diskutieren.

»Die Richterin erwartet Sie in ihrem Zimmer«, sagt die Gerichtsdienerin, eine zierliche Rothaarige, die über den Rand ihrer tief auf der Nase sitzenden Brille blickt.

Wir begeben uns ins Richterzimmer. Richterin Bridges erwartet uns in ihrer schwarzen Robe.

»Meine Herren«, sagt sie.

Daniel Morphew stellt Miss Johannsen der Richterin vor. Richterin Bridges sagt: »Nett, Sie wiederzusehen.« Daher nehme ich an, daß sie einander kennen. Vielleicht waren sie früher Kolleginnen im Büro des Staatsanwalts. Das ist möglicherweise auch der Grund für den Wechsel des Anklagevertreters.

»Ich habe die Vorberichte gelesen«, sagt die Richterin. »Gibt es irgendwelche Änderungen?«

»Nicht, daß wir wüßten«, antwortet Johannsen.

Die Richterin liest die Papiere, die vor ihr liegen. »Sie rufen als Zeugen den ME« – sie meint den Medical Examiner, den ärztlichen Leichenbeschauer –, »einen Wachmann, einen Detective, eine Miss Joanne Souter und eine Miss Sheila Paul auf.«

Joanne Souter ist die Frau, deren Handtasche gestohlen und deren Handy benutzt wurde, um mich ins Büro zurückzurufen. Sheila Paul ist Dale Garrisons Sekretärin. Ihre Aussage wird im wesentlichen darin bestehen, daß sie Garrison noch lebend gesehen hat, als sie gegen siebzehn Uhr das Büro verließ, sowie aus der Bestätigung, daß ich und nicht Dale den Ort und Zeitpunkt unseres Treffen geändert habe.

Richterin Bridges blickt zur Staatsanwältin hoch. »Ist das alles, Miss Johannsen?«

»Ja, Euer Ehren.«

»Dann dürfte die ganze Angelegenheit nur ein paar Tage dauern.«

»Das ist richtig.«

»Okay.« Die Richterin blickt zu Bennett. »Herr Verteidiger.« Sie schaut auf ihre Papiere. »Die Verteidigung nennt den Angeklagten selbst sowie Senator Tully, Gabriel Alucina …«

Gabe Alucina arbeitet bei der HMO, die die Behandlung von Dales Lungenkrebs bezahlt hätte. Ich sage hätte, weil Dale den Krebs nach der eindeutigen Diagnose und einer erfolglosen Operation nicht weiter hatte behandeln lassen.

»… Dr. Roman Thorpe …«

Ein Onkologe, der Dale anfangs behandelt hatte.

»… und Justizminister Langdon Trotter.«

»Das ist richtig, Euer Ehren«, bestätigt Ben.

Die Richterin sieht beide Anwälte an. Beide Kandidaten für den Posten des Gouverneurs werden auf der Zeugenliste aufgeführt.

»Wir werden uns zu gegebener Zeit dazu äußern«, sagt Erica Johannsen. Sie bezieht sich auf unsere Nennung von Justizminister Trotter. Die Richterin wird zu diesem

Zeitpunkt nicht klären, ob die Zeugenaussage zulässig ist oder nicht, denn wir haben ihn noch nicht als Zeugen aufgerufen. Wir haben nichts anderes getan, als uns das Recht vorzubehalten, ihn aufzurufen, indem wir ihn als Zeugen nannten. Tatsächlich ist es möglich, daß wir ihn gar nicht für die Verteidigung brauchen. Wie Ben mir erklärt hat, verlangen die meisten Richter für die Zeugenauswahl der Verteidigung zu diesem frühen Zeitpunkt keine Begründung, da sie so gezwungen sein könnte, ihre Karten aufzudecken. Richter achten gewöhnlich das Recht der Verteidigung, ihre Karten so lange wie möglich verdeckt zu halten. Unter anderem bietet sich dadurch oft eine Möglichkeit, Prozesse vorzeitig durch Vereinbarungen zu beenden.

»Das akzeptiere ich«, sagt Richterin Bridges. »Und ich verfüge, daß die Zeugenliste einstweilen unter Verschluß bleibt. Mr. Carey, haben Sie irgendwelche Probleme damit, die Namen Ihrer voraussichtlichen Zeugen für sich zu behalten?«

»Nein, das ist in Ordnung«, antwortet Ben.

»Was sonst noch?« fragt die Richterin.

Ben räuspert sich. »Richterin, können wir Mr. Garrisons Computer im Gerichtssaal aufstellen?«

Die Richterin schaut fragend zur Staatsanwältin.

Erica Johannsen zuckt die Achseln. »Klar«, sagt sie. Ihr ist keinerlei Nervosität anzumerken. Ich habe keine Ahnung, wann man ihr die Zügel übergeben hat, aber ich würde wetten, daß es noch nicht lange her sein kann. Das würde ich zumindest gern glauben – daß im Büro des Staatsanwalts das totale Chaos herrscht.

»Ist das alles?«

»Ach ja, Richterin …« Die Staatsanwältin blickt auf ihre Notizen. »Entschuldigung, das hätte ich beinahe vergessen. Die Verteidigung hat beantragt, den Brief, den wir im Büro des Angeklagten gefunden haben, als Beweismittel auszuschließen.«

»Sie meinen den Erpresserbrief.«

»Das ist richtig.«

274

»Frau Staatsanwältin, ich werde mir die Argumente zu diesem Antrag am Montagmorgen anhören.«

»Darum geht es nicht, Richterin. Wir ziehen ihn als Beweismittel unter den gegenwärtigen Umständen zurück.«

»Sie wollen ihn nicht verwenden?«

»Richterin, offen gesagt, haben wir ihn nicht mit diesem Mord in Verbindung bringen können. Bis dahin ist er für uns nicht von Nutzen.«

»Vorausgesetzt, ich lasse es zu«, sagt die Richterin.

»Sicher. Ja. Und wir ermitteln noch in diesem Punkt. Wenn wir eine Verbindung schaffen können, würden wir um die Möglichkeit zu einem nachträglichen Beweisvortrag bitten. Ich möchte nur nicht, daß jemand mich einer unfairen Überraschung bezichtigt. Wenn wir den Brief mit diesem Mord in Verbindung bringen können, werden wir seine Relevanz zum gegebenen Zeitpunkt ausführlich begründen. Bis dahin haben wir nicht die Absicht, ihn zu verwenden.«

Die Richterin sieht zu Bennett. »Herr Anwalt?« Ein guter Richter möchte niemals eine möglicherweise umstrittene Entscheidung treffen, wenn er beide Seiten dazu bringen kann, sich zu einigen. Auf diese Weise kann seine Entscheidung von einem zweitinstanzlichen Gericht nicht widerrufen werden.

»Das ist in Ordnung«, sagt Ben. Und fügt hinzu: »Wenn der Verteidigung die gleiche Möglichkeit eingeräumt wird.«

Erica Johannsen sieht Ben überrascht an und überlegt. Ben deutet an, daß er möglicherweise den Erpresserbrief einbringen will, was im völligen Gegensatz zu seinem vorprozessualen Antrag steht, ihn auszuschließen. »Sicher, das ist okay«, sagt sie schließlich.

Bennett und ich haben uns lange mit diesem Punkt beschäftigt. Wir hatten erwartet, daß wir den Streit um die Zulassung des Erpresserbriefs ohnehin verlieren würden. Bennett wollte den Brief zu den Beweismitteln nehmen und ihn Lyle Cosgrove vor die Nase halten, wenn die Verteidigung mit ihrer Schlacht beginnen sollte.

»Dann wäre auch das geklärt«, sagt die Richterin. »Die Parteien kamen überein, die Zulassung des Erpresserbriefs zu diskutieren, wenn ein aktueller Anlaß für seine Verwendung vorliegt. Dann sehen wir uns alle am Montag wieder.« Die Nennung des Tages läßt meinen Magen spontan rumoren. Irgendwo in meinem Gehirn schlummerte der geheime Wunsch, daß die Richterin aus irgendeinem Grund entscheiden möge, der Prozeßtermin müsse verschoben werden. Auch wenn ich mir dadurch nur die Möglichkeit schaffen wollte, eine eventuelle Verurteilung weiter hinauszuschieben. Aber je mehr Zeit die Anklage hat, Beweise aus dem Jahr 1979 auszugraben, desto besser wird ihre Position mir gegenüber. Es ist möglich, daß sie niemals dahinterkommt. Es ist ja nicht so, daß ich verhaftet, geschweige denn verurteilt wurde. Ich wurde lediglich befragt, und das auch noch in einem Fall außerhalb der Staatsgrenzen. Und wie wahrscheinlich ist es, daß sie bis ins Jahr 1979 zurückgehen und Fälle suchen, die Dale bearbeitet hat?

Cal hat diesen »Rick« von 1979 noch nicht aufgestöbert. Ich denke, der Kerl war ein berufsmäßiger Drogenhändler, der sich möglichst unauffällig verhielt, vielleicht sogar einen falschen Namen benutzte. Wahrscheinlich sitzt er gerade in irgendeinem Knast, oder er lebt auf großem Fuß in Südamerika. Aber er war damals Lyle Cosgroves Freund, daher stehen sie vielleicht noch miteinander in Verbindung. Vielleicht steckt er auch irgendwie in dieser Sache drin.

Wir verlassen gemeinsam den Gerichtssaal. Bennett schreibt die richterlichen Verfügungen – an staatlichen Gerichten ist es üblich, daß die Anwälte die Verfügungen schriftlich niederlegen und sie den Richtern zur Unterschrift vorlegen. Während wir damit beschäftigt sind, schaut Erica Johannsen über Bens Schulter. Ich sage nichts. Daniel Morphew sieht aus, als sei er im Begriff, sich zu einem Termin zu verspäten. Nervös tritt er von einem Fuß auf den anderen.

Zusammen schlagen wir den Weg zum Fahrstuhl ein. Johannsen steigt vor uns allen aus, weil sie noch einen weiteren

Termin im Gericht hat. Zurück bleiben wir mit Morphew. Ben dreht sich zu ihm und streckt ihm die Hand entgegen. »Ich hatte mich schon so darauf gefreut«, sagt er.

Morphew starrt für einen Moment auf Bens Hand, als frage er sich, wo sie wohl plötzlich herkommt. Zögernd ergreift er sie. Einige Staatsanwälte verhalten sich Verteidigern gegenüber ein wenig seltsam. »Von jetzt an müssen Sie mit Erica reden«, sagt er. »Ich wasche meine Hände in Unschuld.« Er sieht mich an und sagt: »Viel Glück für Sie.« Gleichzeitig öffnet sich die Fahrstuhltür im fünften Stock.

»Das war seltsam«, sage ich zu Ben, während die Türen zugleiten.

Mein Verteidiger nickt ernst. »Die ganze *Sache* ist seltsam.« Ich muß mich beeilen, um mit Bennett Carey Schritt zu halten, während wir den Platz vor dem Gerichtsgebäude überqueren. Auf dem Platz geht es zu wie auf einer Kirmes, überall Menschen, die den verlängerten Sommer genießen. Ein Mann steht am südöstlichen Ende und jongliert mit Basebällen, vor sich einen Plastikbecher für Spenden. Ich habe ein wenig Kleingeld, das ich hineinfallen lasse.

Ich vermeide eine schwerere Verletzung, indem ich über ein Skateboard hinwegsteige, das mir in die Quere kommt. »Was hältst du denn für so seltsam an der ganzen Sache?« frage ich.

Bennett schüttelte geistesabwesend den Kopf. »Wie ich schon sagte, alles. Sie zaubern geradezu eine Absprache aus dem Hut. Und eine verdammt gute dazu.«

»Sie wollen unbedingt eine Verurteilung«, sage ich. »Egal, wie sie sie kriegen, ganz gleich, zu welchen Bedingungen. Es ist allemal besser, als den Prozeß zu verlieren. Vor allem für Trotter.«

»Das vermute ich auch.« Ben überquert beinahe eine rote Fußgängerampel. Ich halte ihn fest, und er erwacht aus seiner Trance. »Morphew steigt aus. Und aus seinem Mund klingt es, als wäre er unendlich angeödet. ›Ich wasche meine Hände in Unschuld.‹ Und sie lassen den Erpresserbrief

277

fallen wie eine heiße Kartoffel. Dabei haben sie vorher kein Sterbenswörtchen darüber verloren. Das Ganze ist höchst seltsam.«

»Schön, okay, Ben. Seltsam, vielleicht. Aber gut, stimmt's? Wenn sie eine Absprache anbieten, muß ihre Position nicht besonders gut sein. Hinzu kommt, daß der Spitzenmann aussteigt. Vielleicht verläßt er das sinkende Schiff.« Ich ergreife seinen Arm, um meine Worte zu unterstreichen. »Verdammt, sag mir endlich, daß es gut ist!«

Bennett bleibt abrupt stehen. Er hebt eine Hand und ballt sie zur Faust. Reinste Frustration. »Ein Prozeßanwalt mag keine Überraschungen«, sagt er. »Und um die Ecke können noch hundert andere auf uns warten.« Die Ampel springt um, und Bennett betritt den Fußgängerüberweg und läßt mich stehen.

40

Dunkelheit. Ein Mann sitzt aufrecht, nach Indianerart, schweigend in seinem leeren, pechschwarzen Haus. Man könnte auf Meditation tippen, aber ich war nie einer von der spirituellen Sorte. Hatte auch wenig für Religion übrig, sondern dachte mir stets, daß ich irgendwann sicher belohnt werde, wenn ich ein halbwegs anständiges Leben führe.

In der Dunkelheit sind Schatten. Das habe ich nie bemerkt. Kurz auftauchende, aber dramatische Variationen in der Schwärze. Die Temperatur sinkt, innerlich wie äußerlich. Der Geist befreit sich. Möglichkeiten tauchen auf, Kurven des Lebenswegs, die man sich bislang nie vorgestellt hatte. Die Entscheidung kommt nicht aus meinem Kopf, sondern aus meinem Herzen. Die Logik ist durchdacht. Am Ende ist es nur noch der Instinkt, der Überlebenstrieb, der uns aus tiefstem Inneren antreibt.

Mein Telefon klingelt. Ich will nicht rangehen, werfe aber einen Blick auf das Display und erkenne die Nummer des Anrufers.

»He, du.«

»Hallo, Tracy.«

»Hältst du die Ohren steif?«

»Ja. Tue ich.«

»Gut. Bennett ist ein guter Anwalt.«

»Ja.«

»Du mußt daran glauben, daß du gewinnst.«

»Das tue ich.«

»Bist du sicher, daß es dir gut geht?«

»Alles okay.«

»Ich wollte dich etwas fragen.«

»Schieß los.«

»Würde es dir gefallen, wenn ich dich besuchen käme?«

»Nicht nötig.« Hättest du mich das vor zwei Tagen gefragt, wäre meine Antwort ein wenig anders ausgefallen.

»Ich weiß, daß es nicht *nötig* ist. Aber du – es kann nicht so leicht sein, all das allein durchzumachen.«

»Du denkst an mich. Du betest für mich. Das ist genug.«

»Sicher, daß alles okay ist? Du klingst so merkwürdig.«

»Mir geht es gut.«

»Ich würde gern einen ganzen Haufen Leute wiedersehen. Jen und Krista habe ich seit Monaten nicht mehr gesprochen. Ich würde dich nicht ablenken. Ich könnte ein langes Wochenende nehmen. Wir könnten …«

»Ich will nicht, daß du mich so siehst.«

In dieser Feststellung steckt so viel, mehr, als sie begreift, als sie erfassen kann. Ich genieße Tracys Protest, beende aber das Gespräch und lege den Telefonhörer in meinen Schoß. Das war nicht ich. Aber vielleicht ist es das neue Ich. Ich starre in die Dunkelheit, entlocke ihr Vermutungen, denke das Undenkbare, klammere mich an die Vernunft und phantasiere, bis ich einschlafe.

Als ich aufwache, ziehe ich die Schuhe an und gehe nach unten.

41

Das bin nicht ich. Die Worte sind unsinnig und beängstigend vertraut und reichen in eine Zeit zurück, in der ich die Konsequenzen meiner Taten noch nicht richtig werten konnte. Das bin nicht ich.

Aber wir sind immer die Summe unserer Teile. Und niemand, nichts ist ein Widerspruch. So etwas gibt es nicht. Eine der grundlegenden Voraussetzungen muß falsch sein.

Das *bin* ich. Und vielleicht war ich es immer.

Die Reste des abendlichen Regens rinnen von der Markise von Avery's Pharmacy. Alle Kunden haben den Laden verlassen. Die Lichter im Laden sind erloschen, und jemand, der dort arbeitet, hat die Tür verriegelt.

Ich blicke auf die Uhr. Es ist zwei Minuten nach ein Uhr morgens, Samstag. Lyle Cosgrove hat seine Schicht um sechs begonnen und ist im Begriff, Feierabend zu machen. Ich habe ihn nur kurz im Laden gesehen. Das einzig Auffällige, was ich aus meinem Wagen auf der anderen Straßenseite erkennen konnte, war rotes Haar, zu einem Pferdeschwanz zusammengerafft und bis in den Kragen seiner Jeansjacke hängend.

1979 war er kahlköpfig gewesen. Und groß und muskulös, alles in allem eine ziemlich furchteinflößende Erscheinung. Ich konnte aus der Ferne an diesem Abend nicht viel von ihm erkennen, aber ihm fehlte jegliches großspurige Auftreten, als er zum Laden ging. Das Gefängnis kann den Geist eines Mannes brechen.

Eine junge Frau, Asiatin, kommt allein aus der Apotheke. Sie sollte eigentlich um diese Zeit nicht allein über die Straße in Richtung Südosten gehen, aber sie will nur zu ihrem Wagen, der auf dem Parkplatz gleich um die Ecke steht.

Lyle Cosgrove kommt aus dem Laden und bleibt stehen. Er blickt in meine Richtung, sieht mich aber nicht. Er

wölbt die Hände und zündet sich eine Zigarette an, schlägt
den Kragen seiner Jeansjacke hoch und marschiert in öst-
liche Richtung. Er schont sein rechtes Bein und humpelt
leicht.

Ich warte, bis er einen Block Vorsprung hat, ehe ich den
Motor anlasse. Ich verliere ihn schon nicht. Ich weiß, wo er
hingeht.

Ich falte das Memo von Cal Reedy an Bennett auseinander, das in knappen Daten die kriminelle Karriere Lyle Cosgroves enthält.

*Keine Jugendstrafen. Führerschein am 18. 12. 78 eingezogen
nach Verurteilungen wegen Fahrens unter Alkoholeinfluß am
24. 2. 78, 29. 8. 78 und einem Arrest am 4. 11. 78. Widersprach
in letztem Fall nicht der Anklage. Erklärte sich bereit, für fünf
Jahre auf den Führerschein zu verzichten.*

*Verhaftet wegen sexueller Nötigung am 19. 6. 81. Erklärte
sich schuldig der einfachen Körperverletzung. Saß fünfzehn
Monate im Gefängnis.*

*Verhaftet am 15. 4. 88 wegen bewaffneten Raubüberfalls.
Verurteilt am 28. 8. 88. Saß zwölf Jahre ab, vorzeitig auf Bewährung entlassen am 22. 7. 00.*

Eine Form von Logik treibt durch meinen Geist. Die unterschiedlichen Aspekte, die Auswirkungen, die brutale Ehrlichkeit, die in die Gleichung einfließen muß. Alle Wege
führen zu einer Schlußfolgerung. Lyle Cosgrove hat mich
am Haken. Mein Schicksal liegt in seiner Hand.

Ich habe keine Wahl.

Und dieses Arschloch hat Dale umgebracht. Das muß
doch auch etwas zählen.

Ich umklammere das Lenkrad, bis meine Knöchel weiß
hervortreten. Ein Tumult wallt in mir auf, eine Kombination aus Wut und Frustration und Angst, die meinen Denk-
prozeß benebelt, die logische Vernunft. Es liegt eine gewisse Freiheit im Abbau jeglicher rationaler Barriere, in der

Bereitschaft, sich einem Impuls zu unterwerfen. Vielleicht geschieht es immer so.

Ich habe versprochen, mein Leben lang den stummen Schwur einzuhalten, den ich Gina Masons kleinem Bruder gab – ein gutes und anständiges Leben zu führen und niemandem irgendwelchen Schaden zuzufügen. Statt dessen bin ich Grant Tully in die Welt der Verbrannte-Erde-Politik gefolgt, in der man moralische Siege erringen kann, aber nur, wenn man sich in die trüben Gewässer der Machtgier, des Neides und der Unaufrichtigkeit begibt. Und nun greife ich zum Gewand des zu Unrecht Beschuldigten, des Kämpfers für Gut *und* Böse – so weit ist es gekommen.

Wo liegt die Schuld? Wo ist das Bestreben, zu erfahren, was wirklich mit Gina Mason geschah? Wann gewann mein Überlebenswille Oberhand über alles andere? Aber diese letzte Frage ist leicht zu beantworten. Die Antwort ist: im Juni 1979. Als ich wußte, daß Grant Tully für mich alles regeln würde, es aber nicht akzeptieren wollte. Als ich log, anstatt die Wahrheit zu sagen und den Dingen ihren Lauf zu lassen.

Ich fahre die Avenue hinunter, beschleunige, bis ich an Lyle Cosgrove vorbeifahre, der allein auf dem Bürgersteig unterwegs ist. Ich murmele vor mich hin und schlage mit der Faust aufs Lenkrad. Ich fahre noch drei Blocks weiter und lenke den Wagen mit quietschenden Reifen auf einen Bankparkplatz. Ich bin nicht sehr diskret, nicht vorsichtig, und es gefällt mir. Ich fahre bis zu dem Bereich, der am weitesten von Straße und Bürgersteig entfernt ist, und schalte die Zündung aus. Schweigend sitze ich da, schwer atmend. Die Wut überrennt mich. Ich habe mich kaum so weit in der Gewalt, daß ich die Tür nicht mit lautem Knall zuschlage, als ich aussteige.

Ich versuche, meine sich unter heftigem Atmen hebende und senkende Brust unter Kontrolle zu bringen, während ich in der Dunkelheit des Parkplatzes vorwärts krieche und die Beleuchtung des Bürgersteigs vor mir durch den Schatten der vorbeigehenden Gestalt kurz gestört wird. Ich ersticke die Frage, die schreiend mit einer derart bösen, schneidenden Stimme in mir erklingt, daß ich die sich nähernden Schritte eines hinkenden Fußgängers fast nicht höre.

Was geschieht mit mir?

Oktober 2000

42

Showtime. Seit vier Stunden ist es Montag, der 2. Oktober.
Ich habe jede davon durchwacht. Ich gebe mich damit zufrieden, einstweilen im Bett zu bleiben, die Decke bis zum
Kinn hochgezogen, obwohl in der Stadt noch angenehm
milde Temperaturen herrschen.

Die Möpse teilen sich das Kissen neben meinem. Sie haben friedlich geschlafen und nur gelegentlich die Köpfe ge-
hoben, um sich zu fragen, was ich damit bezwecke, daß ich
im Bett sitze. Im Augenblick knurren und schnarchen sie
zufrieden.

Das Schnurlostelefon liegt in meinem Schoß. Ich habe die
Nummer teilweise fünf-, nein, sechsmal gewählt. Aber ich
will sie nicht mitten in der Nacht aufwecken.

Es tut mir leid, sage ich ihr abermals in der stummen
Dunkelheit. Es tut mir leid, daß ich nicht die Person war, für
die du mich gehalten hast. Es tut mir leid, daß ich dir vor-
gemacht habe, ich wäre jemand, der ich eigentlich gar nicht
war, und daß du fünf Jahre deines Lebens mit mir vergeudet
hast. Ich weiß, daß nichts nur schwarz und nur weiß ist. Ich
weiß, daß wir beide schuld sind. Aber ich bin bereit, die
großzügige Haltung einzunehmen. Ich war es, der den Ab-
stieg in Gang gesetzt hat. Ich habe nicht genug Zeit mit dir
verbracht. Ich gab dir das Gefühl, nicht begehrt zu werden.
Du warst nicht unerwünscht, du warst es niemals. Aber ich
war viel zu sehr auf mich fixiert, um zu begreifen, was ich dir
antat. Du hast versucht, es mir zu erklären, und ich habe
nicht zugehört. Und daher hast du aufgehört, mich zu lieben.

Ich entschuldige mich für alles, was ich getan habe. Aber

ich gebe dir dieses Versprechen. Ich werde mich nicht mehr entschuldigen. Von jetzt an ist alles anders. Ich werde nicht lügen. Wenn sie mich fragen, werde ich über nichts lügen. Ich lasse meinen Anwalt alles tun, um mich freizubekommen. Ich gebe nicht auf. Aber ich mache es jetzt auf die richtige Art und Weise.

43

»Jonathan Soliday ist des vorsätzlichen Mordes angeklagt«, eröffnet Erica Johannsen. »Er wurde beim Opfer – Dale Garrison – in dessen Büro angetroffen. Mr. Garrison war tot. Und als er entdeckt wurde, tat er das, was Mörder in dieser Situation meistens tun – er versuchte, sich herauszureden. Er versuchte, den hereinkommenden Wachmann davon zu überzeugen, daß Dale Garrison lediglich eingeschlafen sei. Er versuchte, den Wachmann aus dem Büro zu lotsen, ehe der die Wahrheit erkennen konnte – nämlich, daß Dale Garrison ermordet worden war.«

Es ist jetzt Nachmittag. Da es sich um einen Richterprozeß ohne Geschworene handelt, hatte die Richterin noch einige andere Dinge erledigt, ehe der Prozeß begann. Wir entschieden schließlich, nach dem Mittagessen anzufangen.

Erica Johannsen steht hinter ihrem Tisch im Gerichtssaal, trägt ein Fischgrätenjackett und einen langen schwarzen Rock. Sie spricht klar und sachlich über diese Ereignisse. Vielleicht liegt es daran, daß bei diesem Prozeß keine Jury zugegen ist, vielleicht ist es auch nur ihre Art. So oder so gereicht es ihr zum Vorteil. Es wird um so schwerer sein, zu behaupten, daß dieser Prozeß politisch motiviert ist und jemand verleumdet werden soll, wenn die Staatsanwältin sich so ruhig und nüchtern äußert.

»Wir werden Ihnen zeigen, daß der Angeklagte einen Termin mit dem Opfer zum Mittagessen am Donnerstag vereinbart hatte, diesen jedoch auf den Freitagabend nach Dienstschluß verlegte, um allein mit dem Opfer zu sein. Wir werden Ihnen zeigen, daß Dale Garrison durch Erwürgen getötet wurde. Wir werden Ihnen zeigen, daß ein Wachmann namens Leonard Hornowski den Angeklagten im Büro von Dale Garrison antraf und daß der Angeklagte Mr. Hornowski in bezug auf die stattgefundenen Ereignisse belogen hat. Und wir kennen einen letzten Punkt. Wir wissen, daß der Angeklagte sich als einziger mit Mr. Garrison in seiner Bürosuite aufgehalten hat, und zwar von dem Zeitpunkt, als er noch am Leben war, bis zu dem Moment, als er erwürgt wurde.«

Die Staatsanwältin entfernt sich von ihrem Tisch und geht in die Mitte des Saals. Ich hänge noch immer an etwas fest, das sie ziemlich zu Beginn gesagt hat – ich hätte das Treffen auf einen Zeitpunkt nach Dienstschluß verschoben. Das ist nicht wahr. Wir hatten die Absicht, uns am Donnerstag zum Mittagessen zu treffen, und aus Garrisons Büro hatte man mich angerufen und den Termin verlegt – auf sieben Uhr am Freitagabend. Ihre Version klingt einleuchtend. Ich wollte niemanden in der Nähe haben, um den Mord ungestört begehen zu können. Aber genau das ist nicht geschehen.

Erica Johannsen läßt sich nach einer kurzen Zusammenfassung auf ihren Platz nieder, alles in allem eine ziemlich simple Eröffnungserklärung. Aus ihrer Sicht ein sehr geradliniger Fall. Ich war der einzige dort und erzählte eine ziemlich dämliche Geschichte, als ich geschnappt wurde.

Ehe wir heute anfingen, informierte Bennett die Richterin darüber, daß er seine Eröffnungserklärung erst halten wolle, wenn die Verteidigung ihren Fall vorstelle. Daher ruft die Staatsanwältin ihren ersten Zeugen auf.

»Dr. Mitra Agarwal.«

Mitra Agarwal ist eine hochgewachsene, knochige Frau mit krausem, graumeliertem Haar, das in keiner erkennbaren Mode frisiert ist, sondern schlicht auf ihre Schultern herabfällt. Sie sieht aus wie eine typische Vertreterin der Welt der Wissenschaft und Gelehrsamkeit, völlig gleichgültig gegenüber ihrem Äußeren. Bekleidet ist sie mit einer gelben Bluse mit einer Spange am Kragen. Ihre Haut ist hellbraun und voller Sommersprossen, tiefe Falten furchen ihre Stirn. Eine Brille sitzt ziemlich tief auf ihrer Nase.

Erica Johannsen geht mit der Ärztin ihre Referenzen durch. Sie ist stellvertretende Leitende medizinische Leichenbeschauerin im Büro des für den Bezirk zuständigen Coroners. Seit über zwanzig Jahren im Dienst. Absolut kompetent und erfahren.

Als nächstes sagt Dr. Agarwal die grundlegenden Fakten des Falles auf – Aufnahme der Leiche Dale Garrisons im Leichenschauhaus, Durchführung der Autopsie, weitere Ermittlungen durch Aussenden eines Assistenten zum Tatort und den zuständigen Polizeiabteilungen. Sie beschreibt den Verlauf des Einschnitts und die Organe, die sie untersucht und bewertet hat. Die Richterin, die zweifellos während ihrer Tätigkeit als Anklägerin auch den einen oder anderen Gerichtsarzt in den Zeugenstand gerufen hat, scheint zu wissen, daß diese Informationen eigentlich übergangen werden können. Sogar ich verliere das Interesse. Bennett hatte gegen den Wunsch der Anklage, die Ärztin als Expertin zuzulassen, nichts einzuwenden.

»Und sind Sie, Doktor, im Verlauf der Autopsie hinsichtlich der Todesursache zu einem Ergebnis gelangt?«

»Das bin ich«, antwortet die Ärztin. Sie hat einen leichten indischen Akzent und spricht leise und bedächtig. »Die Todesursache war Ersticken durch manuelle Strangulierung.«

Erica Johannsen entfernt sich einen Schritt von dem Pult, auf dem ihre Notizen liegen. »Auf was stützen Sie diese Diagnose?«

Die Ärztin blinzelt, schiebt die Brille auf ihrer Nase hoch und wirft einen Blick in ihre Notizen. »Auf das Vorhandensein äußerer Anzeichen in Form von Hautabschürfungen und Blutergüssen am Hals. Auf innere Blutungen, angefangen bei Sternocleidomastoideus, Omohyoideus, Sternothyroideus und Thyreoglossus.« Sie macht Anstalten weiterzureden, hält dann jedoch inne. »Ich meine das, was wir die Halsmuskulatur nennen.«

»Also Hautabschürfungen und innere Blutungen im Halsbereich?«

»Das ist richtig.«

»Fahren Sie fort, Doktor.«

»Es gab Petechien in den Augenlidern. Mit anderen Worten, Blutungen.«

»All diese Befunde unterstützen Ihr Urteil?«

»Ja«, sagt Dr. Agarwal. »Es ist die einzige logische Diagnose.«

Die Staatsanwältin geht mit Fotos von Dale Garrison im Leichenschauhaus zu der Zeugin hinüber. Einige sind Ganzkörperaufnahmen, andere sind Nahaufnahmen, bei denen sich einem der Magen umdreht. Eine Aufnahme von seinen Augen, seinem Hals, seinem Gesicht. Doktor Agarwal bestätigt die äußeren Anzeichen für innere Blutungen.

»Okay.« Erica Johannsen kehrt zu ihrem Pult zurück. »Und haben Sie einen Todeszeitpunkt bestimmen können?«

»Ich würde sagen, der Tod ist im Laufe des Freitagabends, des achtzehnten August, eingetreten.«

»Worauf stützen Sie diese Feststellung?«

Die Ärztin blinzelt abermals und kneift dann die Augen zusammen. »Auf den Livor mortis, den Rigor mortis und den Algor mortis. Mit anderen Worten, auf den Gerinnungsgrad des Blutes, die Muskelstarre und den Abkühlungsgrad des Blutes. Einen genauen Todeszeitpunkt kann man nicht bestimmen. Bei einem Krebskranken wie dem Verstorbenen ist es im allgemeinen noch um einiges schwieriger.«

»Der Verstorbene hatte Krebs?«

»Jawohl. Er hatte Lungen- und Lymphdrüsenkrebs. Das wirkt sich auf den Rigor mortis aus, weil dieser bei Krebskranken nicht genau zu bestimmen ist. Und der Algor mortis – die Abkühlung des Blutes – ist ebenfalls weniger hilfreich, denn nach einer Faustregel kühlt der Körper pro Stunde um anderthalb Grad Celsius ab. Jedoch setzt dies eine normale Körpertemperatur voraus, was für einen Krebspatienten nicht unbedingt zutrifft. Wenn wir also …« Die Ärztin verstummt, als sie sieht, wie Ben aufsteht.

Bennett hebt eine Hand. »Ich wollte die Ärztin nicht unterbrechen«, sagt er. »Aber um die Zeit der Ärztin und des Gerichts nicht übermäßig in Anspruch zu nehmen – wir können uns sicherlich darauf einigen, daß der Zeitraum des Todes die Uhrzeit von sieben Uhr abends am achtzehnten August einschließt.«

Es ist eigentlich nur ein unwesentlicher Punkt. Es steht außer Zweifel, daß Dale gegen sieben Uhr tot war, denn das kann der Wachmann bestätigen. Aber für den Fall, daß ich nicht aussage – was niemals eine Garantie ist –, müssen sie einen früheren Zeitpunkt immerhin in den Bereich des Möglichen rücken.

Die Staatsanwältin wendet sich an die Ärztin. Diese nickt und sagt: »Gewiß.« Also meint Erica Johannsen: »Wir sind einverstanden.«

»Nur eine letzte Frage noch«, sagt dann die Anklägerin. »Bis zu welchem Grad von Gewißheit können Sie … ach, ich sage es ganz einfach. Wie sicher können Sie sich hinsichtlich Ihrer Diagnose der Todesursache sein?«

»Ich bin mir völlig sicher. Es gibt keine Alternative.«

Erica Johannsen bedankt sich bei der Zeugin und setzt sich. Ich erkenne einen Ausdruck von Erleichterung auf ihrem Gesicht.

Bennett kritzelt auf seinem Schreibblock herum, der Notizen aus seinem Gespräch mit dem Gerichtspathologen in der Provinz enthält. »Er hatte Blutungen in den Augenlidern«, sagt er, ohne hochzuschauen.

»Ja, die hatte er.«

»Und innere Blutungen in der Halsmuskulatur.«

»Ja.«

»Was ist mit dem Gehirn, Doktor?« fragt Ben. »Das Gehirn war doch deutlich angeschwollen, nicht wahr?«

»Ja, es gab zerebrale Ödeme«, sagt Dr. Agarwal.

»Und Gewebebrüche im Bereich des Hirnstamms?«

»Das auch.«

»Und daher kam es zum Ersticken.«

»Richtig.«

»Vielen Dank.« Bennett schreibt etwas auf. Nach einer kurzen Pause erhebt sich die Ärztin, um ihren Platz zu verlassen. Ben schaut lächelnd hoch. »Wir sind noch nicht ganz fertig, Doktor.« Sie läßt sich wieder zurücksinken, schlägt die Beine übereinander und lächelt verlegen.

Ben sagt: »Erklären Sie dem Gericht, was die Vena cava superior ist.«

Die Augen der Ärztin verengen sich ein wenig. Sie ist verwirrt. »Die Vena cava superior ist die Vene, die vom Herzen zum Kopf führt.«

»In ihr strömt das Blut vom Kopf zum Herzen.«

»Korrekt.«

»Okay. Wurde nicht in direkter Nähe der Vena cava ein Tumor gefunden?«

Die medizinische Leichenbeschauerin sieht Bennett einige Sekunden lang an, ehe sie die Brille hochschiebt und in ihren Notizen nachschaut. Während sie den Autopsiebericht überfliegt, spielt Ben mit seinem Kugelschreiber. Die Staatsanwältin blättert ebenfalls in ihren Papieren.

»Es gab dort einen«, sagt Dr. Agarwal schließlich. »Ein Tumor von etwa fünfeinhalb Zentimeter Durchmesser befand sich im Mediastinum – der Brusthöhle – in der Nähe der Vena cava superior.«

»Danke sehr. Und würden Sie bitte erläutern, was man unter einem Vena-cava-superior-Syndrom versteht?« Bennett läßt den Kugelschreiber fallen. »Aber bitte auch für einen Laien verständlich.«

Dr. Agarwal reckt den Kopf. Sie öffnet den Mund, hält jedoch inne, denkt für einen Moment ohne einen Anflug von Irritiertheit nach. Ihr Gesicht zeigt eher so etwas wie wissenschaftliche Neugier. »Das Vena-cava-superior-Syndrom ist eine Verstopfung der Vena cava superior.«

»Hervorgerufen durch ein Karzinom.«

»Das ist richtig.«

»Die Blutzufuhr wird abgeschnitten.«

»Oder teilweise blockiert.«

»Okay«, sagt Ben. »Aber bei Todesfällen wird sie völlig abgeschnitten.«

»Ja, das ist charakteristisch.«

»Und VCSS – so nennen Sie es doch, nicht wahr?«

»Natürlich kann man es so bezeichnen.«

»VCSS kommt am häufigsten bei Patienten vor, die an Lungen- oder Lymphdrüsenkrebs erkrankt sind, trifft das zu?«

»Das trifft zu.« Die Ärztin scheint einen heimlichen Blick auf ihre Notizen zu werfen.

»Genau die Krebsarten, die Dale Garrison hatte.«

»So ist es, ja.«

»Um es ganz einfach auszudrücken – ein karzinogener Tumor drückt auf die Vena cava superior und unterbricht, vollständig oder teilweise, den Blutzufluß vom Kopf.«

»Das ist richtig.«

»Und« – Ben hebt den Notizblock hoch und liest wörtlich vor – »bei einem durch VCSS ausgelösten Tod kommt es zu deutlichen vaskulären Gerinnungserscheinungen im Kopf und Halsbereich in Verbindung mit Petechien.«

»Das ist richtig.«

»Die bei Dale Garrison vorhanden waren.«

»Ja.«

»Und der Tumor, der die Vena cava superior beeinträchtigt, kann ziemlich klein sein, nicht wahr?« Ben liest abermals bedächtig von seinem Notizblock ab. »Nicht größer als eine Weintraube, zum Beispiel, vier, fünf Zentimeter im Durchmesser, nicht wahr?«

Die Ärztin antwortet mit halb geschlossenen Augen. »Ich glaube, das ist korrekt.«

»Okay. So weit.« Bennett klatscht leicht in die Hände. »VCSS wird von Blutungen im Halsbereich begleitet.«

»Ja.«

»Und auch in den Augenlidern?«

»Dazu kann es aufgrund von erhöhtem Venendruck kommen, ja.«

»Und vom Anschwellen des Gehirns – einem zerebralen Ödem.«

»Ja.«

»Was zu Gewebebrüchen im Hirnstamm führt.«

»Das ist richtig.«

»Was wiederum Ersticken zur Folge hat.«

»Ja.«

»Und all diese Erscheinungen, die ich gerade genannt habe – Blutungen in den Augenlidern und am Hals, Anschwellen des Gehirns, Gewebeschäden im Hirnstamm, das Vorhandensein eines karzinogenen Tumors an der Vena cava superior – all diese Dinge haben Sie im Verlauf der Autopsie in diesem Fall vorgefunden.«

»Ja, Sir. Was aber nicht heißt, daß ich VCSS für die Todesursache halte. Aber ja, Sie haben recht.«

Bennett faltet für einen Moment die Hände, läßt sie auf den Tisch sinken und sieht die Ärztin eindringlich an. Ihre Einschätzung paßt ihm offensichtlich ganz und gar nicht. »Sie können Ersticken infolge eines Vena-cava-superior-Syndroms als Todesursache nicht ausschließen, oder?«

»Ich erachte diese Theorie als unhaltbar«, sagt sie knapp. »Das Opfer starb infolge manueller Strangulierung.«

»Aber Sie können die andere Möglichkeit nicht vollkommen ausschließen?« Ben hebt die Hände.

»Ich würde sagen, es ist höchst unwahrscheinlich, aber vorstellbar.«

»Sie sagen, sie halten die Theorie vom Tod durch VCSS für *unhaltbar*?« Ben lehnt sich auf seinem Stuhl zurück. »Wie oft haben Sie schon einen Todesfall durch VCSS diagnostiziert?«

»Noch nie, glaube ich.« Die Ärztin runzelt die Stirn. »Ich führe nicht bei jedem Toten eine Autopsie durch, Sir.«

»Sie obduzieren bei Todesfällen mit zweifelhafter, gewöhnlich gewaltbedingter Ursache, richtig?«

»Und bei praktisch allen Kindern, die jünger als zwölf Jahre sind«, fügt die Ärztin hinzu.

»Sie haben noch nie VCSS diagnostiziert?«

»Nein, Sir, das habe ich nicht.«

»Haben Sie einen solchen Fall überhaupt schon einmal gesehen?«

Dr. Agarwal befeuchtet die Lippen und wühlt in ihrem Gedächtnis. »Einmal, im Rahmen einer akademischen Fortbildung. Vor rund zehn Jahren.«

»Oh.« Ben wirkt jetzt ein wenig herablassend. Er gestattet sich ein leises Lächeln. »Wie oft haben Sie denn schon Ersticken durch manuelle Strangulierung diagnostiziert?«

»Oh ... sehr oft.« Die Stimme der Ärztin hebt sich und strotzt vor Autorität.

»Ein Dutzend Fälle, Doktor?«

»Ich würde sagen, über dreißig, eher an die fünfzig.«

»Dreißig- bis fünfzigmal.« Bennett nickt zustimmend und wendet sich dabei zur Staatsanwältin um. »Und nicht einmal war ein VCSS dabei.«

»Es ist eine äußerst seltene Erscheinung«, sagt sie. »Vor allem bei einem Todesfall. Menschen sterben nicht sehr oft an VCSS. Es ist sehr gut therapierbar.«

Bennett strafft sich. »Doktor, ist Ihnen bewußt, daß der Verstorbene seinen Lungenkrebs nicht behandeln ließ?«

»Einspruch.« Erica Johannsen folgt Bennetts Beispiel und bleibt auf ihrem Platz sitzen. »Es gibt keine Grundlage für diese Behauptung.«

»Ich versuche es anders, Euer Ehren.« Bennett fixiert die Zeugin. »Dr. Agarwal, haben Sie irgendwelche Hinweise darauf gefunden, daß Mr. Garrison sich einer Chemo- oder einer Strahlentherapie unterzogen hat?«

»Ich glaube, nein.«

»Oder irgendeiner anderen medikamentösen Krebsbehandlung?«

»Ich fand keinerlei Hinweise, daß beim Opfer eine Krebsbehandlung stattgefunden hat.«

»Und würde es Sie überraschen, Doktor, daß auch keine Behandlung des VCSS stattgefunden hat, da der Verstorbene sich entschieden hatte, sich aus welchem Grund auch immer nicht wegen seiner Krebserkrankung behandeln zu lassen?«

»Einspruch«, meldet sich Johannsen. »Nicht beweisbare Vermutungen.«

Die Richterin denkt über den Einspruch nach, aber ehe sie eine Entscheidung trifft, kommt Bennett ihr mit einer Neuformulierung zuvor. »Doktor, ganz gleich, ob Sie annehmen, daß dies die Todesursache war ... müssen Sie mir nicht zustimmen, daß der Verstorbene an einem VCSS litt?«

Die Ärztin schürzt die Lippen und läßt sich mit der Antwort Zeit. »Ganz sicher existierte ein Tumor im Bereich der Vena cava superior. Ob er jedoch die VCSS in irgendeiner Weise beeinträchtigte, ist eine andere Frage.«

»Na schön, aber Sie können es nicht völlig ausschließen, oder?«

»Nein, ich kann nicht ausschließen, daß der Verstorbene daran gelitten hat. Ich gehe jedoch keinesfalls davon aus, daß das die Todesursache war.«

»Nur, weil Sie es bei keinem anderen Erstickungstod durch Strangulieren gefunden haben?«

»Das ist korrekt.«

»Und Sie stimmen mir zu, daß VCSS höchstwahrscheinlich tödlich verläuft, wenn es nicht behandelt wird?«

»Wie jede Krankheit ist es gefährlicher, wenn keine Behandlung stattfindet.«

Bennett wartet einen Moment, ergreift wieder den Kugelschreiber und überfliegt seine Notizen. »Ich danke Ihnen, Doktor.«

Erica Johannsen schießt von ihrem Sessel hoch. Sie hat wahrscheinlich nicht im entferntesten erwartet, daß wir die Diagnose anfechten würden. Bennett hat keinen Gerichtspathologen als Zeugen der Verteidigung genannt, teils um Dr. Agarwal im Kreuzverhör zu überraschen, teils weil alle

294

medizinischen Leichenbeschauer, die wir konsultierten, glaubten, daß viel wahrscheinlicher ein Tod durch manuelle Strangulierung angenommen werden müsse.

»Doktor«, fragt Johannsen und erhebt die Stimme, »halten Sie es für plausibel, daß der Verstorbene infolge eines Vena-cava-superior-Syndroms gestorben ist?«

»Nein, ich halte das für nicht plausibel.«

»Dann erklären Sie bitte dem Gericht, warum nicht.«

Die Ärztin wendet sich zum Richtertisch. »Zwei Gründe. Erstens wegen etwas, das der Verteidiger nicht erwähnt hat. Die Hautabschürfungen und Blutergüsse am Hals waren so schwerwiegend, daß ich nicht glaube, daß der Verstorbene sie sich selbst beigebracht haben könnte. Der zweite Grund ist, daß der Tod durch VCSS plötzlich eintritt, und meine Befunde schließen einen plötzlichen Tod aus. Die Hautabschürfungen am Hals konnten nicht durch ein kurzes, schnelles Umklammern des Halses erzeugt worden sein. Die Hände befanden sich erheblich länger am Hals. Es kam zu erhöhter Reibung, wodurch die Hautabschürfungen hergerufen wurden, was auf eine heftige Bewegung von Opfer und Täter schließen läßt – mit anderen Worten, Anzeichen für einen Kampf. Außerdem befanden sich Kragen und Krawatte des Verstorbenen nicht an Ort und Stelle. Sein Hemd war am Kragen aufgeknöpft.« Sie hebt eine Hand. »Es gibt zu viele Widersprüche. Dieser Mann starb an Erstickung durch manuelle Strangulierung.«

»Danke, Doktor.«

Die Richterin und die Zeugin warten auf Bennetts Erwiderung. Er faßt sich an den Hals. »Wollen Sie mal sehen, wie schnell ich meinen Kragen öffnen und mir an den Hals fassen kann?« fragt er.

»Nicht unbedingt«, sagt die Ärztin. Die Richterin lächelt. Jemand im Gerichtssaal lacht. Zum ersten Mal seit Beginn der Verhandlung wird mir die Anwesenheit von Zuschauern bewußt.

Ben läßt die Hände sinken. Sein Lächeln verfliegt. »Sie

haben zwei Gründe genannt, weshalb meine Theorie nicht funktionierte. Der eine war die Krafteinwirkung auf den Hals.«

»Das ist richtig.«

»Haben Sie noch nie von Fällen gehört, bei denen Menschen, die ersticken, sich an den Hals fassen?«

»Natürlich.«

»Und Sie schließen völlig aus, daß ein solcher Griff – ein schnelles, heftiges Umkrampfen des Halses – Hautabschürfungen und Blutergüsse hervorrufen kann? Sie behaupten, so etwas kann auf keinen Fall geschehen sein?«

Dr. Agarwal seufzt hörbar. »Man ist vielleicht in der Lage, an seinem eigenen Hals gewisse Spuren zu hinterlassen. Vielleicht sogar eine kleine Prellung. Aber ich würde nicht erwarten, daß es zu Hautabschürfungen kommt. Wir müssen außerdem berücksichtigen, daß dieser Mann aufgrund seiner Krebserkrankung ein wenig gebrechlich war. Und er war schon älter. Wir können einen großen Sprung machen, Sir. Ein gebrechlicher, kranker, älterer Mann, der an plötzlich durch VCSS ausgelöster Erstickung stirbt, kann auf keinen Fall derartige Erscheinung an seinem Hals hervorrufen.«

»Noch einmal – Sie schließen eine solche Möglichkeit kategorisch aus? Ja oder nein?«

»Er hätte außerdem gar nicht die Zeit dazu gehabt«, sagt sie. »Nicht, um den Kragen zu öffnen und sich derart kraftvoll an den Hals zu fassen. Ich würde sagen, daß unter den gegebenen Umständen die Wahrscheinlichkeit so unendlich gering ist, daß es sich gar nicht lohnt, sie überhaupt in Erwägung zu ziehen.«

Bennett kann nicht einfach abbrechen, daher kommt er auf die Zeitdauer zu sprechen. Die Leichenbeschauerin erklärt, daß der durch VCSS ausgelöste Tod innerhalb von einer bis drei Sekunden eintritt. Ja, es ist durchaus annehmbar, daß Dale genug Zeit hatte, die Spuren an seinem Hals zu erzeugen, aber es ist unwahrscheinlich, daß er es tat, während er von einem Blutstau befallen wurde. *Höchst* unwahr-

scheinlich, fügt sie hinzu, ehe Ben fortfahren kann. Ben begibt sich schnell auf sicheres Terrain – Dr. Agarwal war nicht
zugegen, daher könne sie gar nicht wissen, was Dale in welcher Reihenfolge und zu welcher Zeit getan habe. Es ist
nichts als Schönfärberei. Er will nur nicht völlig als Verlierer
dastehen. Das erkenne ich deutlich im Gesicht der Richterin. Es entspannt sich und büßt an Konzentration ein. Sie
hat das Interesse verloren. Die medizinische Leichenbeschauerin hat recht. Bens Theorie ist auf akademischer
Ebene ganz nett und sorgt für ein anständiges Kreuzverhör,
aber am Ende glaubt niemand, daß Dale Garrison eines
natürlichen Todes gestorben ist, nicht mit den Verletzungen
am Hals. Bennett gelingt es nur noch, Agarwal abschließend
das Eingeständnis abzuringen, daß ein durch VCSS hervor-
gerufener Tod vorstellbar wäre.

»Danke, Doktor, das ist alles.« Ben schreibt wieder auf
seinen Notizblock. Dr. Mitra Agarwal rafft ihre Papiere zusammen und verläßt den Zeugenstand. Ich kann mich eines
Gefühls der Enttäuschung nicht erwehren und versuche,
mich im stillen aufzumuntern. Wir hatten bei der ME nichts
zu verlieren. Unsere eigentliche Verteidigung ist die Wahrheit – selbst, wenn Garrison tatsächlich erwürgt wurde, geschah es nicht durch meine Hände.

Bennett sieht mich mit einem Pokergesicht an, nickt
jedoch knapp. Er würde mir unter keinen Umständen ein
Zeichen der Aufmunterung geben, selbst wenn die Richterin
nicht zugegen wäre, doch ich denke, daß seine Einschätzung
die gleiche ist wie meine. Ich lehne mich zu ihm und flüstere
»Gut gemacht!«, während die Richterin die Verhandlung für
heute unterbricht.

44

»Morgen ist der Wachmann an der Reihe«, sagt Ben. »Und
die Sekretärin. Vielleicht kommen wir sogar bis zum Detective der Polizei.«

Ich setze mich auf meinem Stuhl aufrecht. Ich bin mit Ben im Konferenzraum bei Seaton, Hirsch, um an diesem Abend den ersten Prozeßtag aufzuarbeiten. Unser Strategieraum sieht eher aus wie ein Lager für Aktenkartons und Schnellhefter.

»Morgen Abend ist die Debatte«, sage ich und meine die erste von drei Fernsehdiskussionen zwischen Grant Tully und Langdon Trotter. »Ich würde gern hingehen.«

»Aber nur, wenn es zeitlich zu machen ist«, sagt Ben. »Das mit dem Wachmann könnte eine große Sache sein.«

»Hast du was Gutes auf Lager?«

»Eigentlich nicht, nein. Ich weiß sowieso nicht, ob ich ihm heftig auf die Zehen treten muß.« Das Telefon in der Ecke des Konferenzraums klingelt. Ben geht hin und nimmt den Hörer ab. Dann dreht er sich zu mir um. »Es ist Cal Reedy.«

Ben setzt sich und erwartet unseren Privatdetektiv. Ungeduldig trommelt er mit den Fingern auf der Tischplatte.

»Ja oder nein«, sage ich. »Kauft die Richterin uns unsere Todesursache ab?«

»Nein«, sagt Ben. »Das ist mein Tip.«

»Meiner auch.« Ich reagiere enttäuscht, als ich die offizielle Einschätzung meines Anwalts höre.

Einen Moment lang sitzen wir schweigend da. »Was will Cal?« frage ich dann.

»Keine Ahnung, Jon.«

Cal Reedy stürmt in den Konferenzraum. Er trägt ein gelbes T-Shirt, eine schmuddelige Jeans und eine zerknautschte Baseballmütze. »Große Neuigkeiten«, verkündet er.

Bennett und ich warten auf die Nachricht.

»Lyle Cosgrove«, sagt er. »Cosgrove ist während der letzten beiden Schichten nicht zur Arbeit erschienen. Der Typ, der die Apotheke betreibt, muß es dem Bewährungshelfer melden, wenn er nur einen einzigen Tag fehlt. Aber der Typ hat ein Herz für solche Leute, vermute ich, daher hat er noch einen Tag gewartet. Dann erst hat er angerufen. Also ruft der Bewährungshelfer in seiner Wohnung an, keine Antwort ...«

»Cal, um Himmels willen«, sage ich.

»Er ist tot«, sagt Cal. »Sie haben ihn tot in seinem Apartment aufgefunden. Mausetot. Erwürgt.«

Zuerst rühren wir drei uns nicht. Mein Blick irrt zu Bennett Carey, der mich anstarrt.

»Sie glauben, er wurde schon vor ein paar Tagen getötet. Irgendwann Ende September.«

Ben flüstert etwas, das ich nicht verstehe.

Ich lehne mich auf meinem Stuhl zurück und habe Mühe, meine Nerven unter Kontrolle zu bringen.

»Sie haben auch alles mögliche Zeug gefunden«, fährt Cal fort. Er wischt sich den Schweiß von der Stirn, dann bemerkt er unsere Reaktion. »Ich habe immer noch ein paar Freunde bei der Truppe.«

»Aber Sie haben doch nicht in unserem Namen gefragt, oder?« sagt Ben.

»Nein, nein ... ich bitte Sie. Ich habe nur den Neugierigen gespielt.«

»Dann erzählen Sie, was sie gefunden haben«, fordere ich ihn auf.

Cal wendet sich an mich. »Einen verschlossenen Umschlag mit einem Damenhöschen.«

Mein Mund klappt auf. Cal war in diesem Fall schon so oft tätig gewesen, daß er wahrscheinlich weiß, was wir denken. Gina Masons Unterhose und sämtliche Beweise, die dazu gehören. Mir sagt diese Geschichte noch mehr. Sie sagt mir, daß Lyle bereit war, seine Erpressung mit mehr als nur seiner Aussage zu untermauern. Er hatte handfeste Beweise. DNS, Samen, Schamhaare, was auch immer. Andererseits habe ich bereits zugegeben, in jener Nacht mit Gina Sex gehabt zu haben.

»Sie haben auch einen Schlüssel zu einem Bankschließfach gefunden«, sagt Cal. Er hat sich mittlerweile in einem Sessel zwischen mir und Ben niedergelassen. »Sie werden in die

Bank gehen, in der sich das Schließfach befindet, und es durchsuchen.«

Ich schließe sekundenlang die Augen. Als nächstes erklingt Bens Stimme. »Ziehen sie eine Verbindung zwischen Cosgrove und Dale Garrison?«

»Nein.« Cals Stimme. »Nicht, soweit ich es sagen kann. Sie vermuten, daß es ein geplatzter Drogendeal oder vielleicht auch eine Rache für irgend etwas war, das Cosgrove getan hat, ehe er vor zwölf Jahren in den Knast ging. Er hat die meiste Zeit seines Lebens hinter Gittern verbracht. An solche Typen verschwenden sie nicht sehr viel Zeit.«

Ich öffne die Augen wieder. »Bleiben Sie dran, Cal? Versuchen Sie rauszukriegen, was in dem Schließfach liegt?«

Er klopft auf den Tisch. »Darauf können Sie sich verlassen, Partner.«

»Danke, Cal.« Der Detektiv erhebt sich und verläßt den Konferenzraum. Ich bin mit Bennett Carey allein, der sich wahrscheinlich fragt, ob er einen Mörder vor sich hat.

»Nun«, sagt er, »jetzt haben wir wohl unseren leeren Stuhl, nicht wahr, Jon?«

Ich senke den Blick und erspare mir eine Verneinung. Ich sehe nicht einmal meinen Anwalt an.

»Willst du mir irgend etwas sagen?« fragt Ben.

»Ja«, sage ich. »Verrate mir, inwieweit das unsere Strategie ändert.«

»Ach, du willst wissen, wie das unsere Strategie beeinflußt? Okay.« Ich kann hören, wie Bennett nervös auf seinem Platz herumrutscht. »Okay. Der Bezirksstaatsanwalt findet die Verbindung zwischen Lyle und Dale. Das wird bestimmt geschehen. Sie führen eine routinemäßige Überprüfung durch. Sie werden sehen, daß Lyle ein möglicher Verdächtiger für die Ermordung Garrisons war, und zählen zwei und zwei zusammen. Früher oder später fügen sie dich diesem Cocktail hinzu. Dann setzen sie sich intensiv mit der Idee auseinander, daß du Cosgrove getötet hast.«

Ich reibe langsam meine Hände gegeneinander und versuche, mich mit dieser Erkenntnis anzufreunden.

»Ich muß es wissen«, sagt Ben.

»Du mußt nur wissen, daß du meinen Freispruch erreichen sollst«, erwidere ich. »Kümmere dich mal um diesen Rick von 1979.«

»Rick? Meinst du, er steckt auch in dieser Sache drin?«

»Schon möglich.« Ich knirsche mit den Zähnen, als in mir wieder diese dunkle Wut hochsteigt. »Vielleicht hat Cosgroves Tod überhaupt nichts mit alledem zu tun. Der Typ war ein Ex-Sträfling. Er lebte unter Ex-Sträflingen. Vielleicht war es Rache. Vielleicht wurde nur eine alte Knastrechnung beglichen.«

»Ich muß es wissen«, wiederholt Ben.

Ich stehe auf und gehe zu Tür und sehe meinen Anwalt noch immer nicht an. »Gewinne diesen verdammten Fall«, sage ich ihm auf dem Weg nach draußen.

45

Als ich nach Hause zurückkomme, steht eine blaue Limousine in meiner Auffahrt. Ich erkenne sie nicht und sehe auch nichts durch das Seitenfenster auf der Fahrerseite, das mir Aufschluß über den Besitzer geben könnte.

Als ich zur Haustür gehe, ist sie nicht verriegelt. Ich öffne sie langsam und halte den Atem an. Die Hunde, Jake und Maggie, kommen aus der Küche angerannt. Ich höre das Kratzen ihrer Klauen, ehe ich ihre gedrungenen kleinen Körper auf mich zutraben sehe. Dann entdecke ich das Gepäck, den Reisesack, den ich vor drei Jahren zu Weihnachten gekauft habe, neben der Treppe im Flur. Daneben ein Paar hochhackige Schuhe.

Meine ehemalige Frau, Tracy Stearns Soliday, kommt aus der Küche und bleibt in der Türöffnung stehen. Sie trägt ihre Arbeitskleidung, einen cremefarbenen Rollkragenpullover, einen Rock mit Schottenkaro in gedeckten Farben und schlichten Schmuck. Ihr dunkles Haar, mittlerweile ein wenig länger, ist nach hinten gekämmt. Sie wirkt viel schlanker als in der Zeit, als wir verheiratet waren. Ihre Jochbögen, das Kinn, die Nase, alles erscheint viel klarer, definierter. Sie trägt keine Schuhe und hat die Ohrclips abgenommen.

Ihre grünen Augen blicken trotzig. »Ich habe bei dieser Sache auch etwas zu sagen«, erklärt sie.

»Und das wäre?«

»Ob ich herkommen und dich besuchen kann. Ich brauche deine Erlaubnis nicht.«

Mein Mund entspannt sich zu einem Lächeln. »Nein, die brauchst du wohl nicht.« Ich deute mit einer umfassenden Handbewegung auf den Raum. »Genaugenommen bist du ja noch immer an der Hypothek beteiligt.«

»Verdammt richtig, das bin ich.«

Ich atme schnüffelnd ein. »Sag bloß nicht, daß du gekocht hast.«

»Na ja, ab und zu tue ich das schon mal.«

Ich greife mir ans Herz und mime den Überraschten. Dabei versuche ich nur, Zeit zu gewinnen. Wir stehen noch immer durch den Raum getrennt einander gegenüber und sind uns noch nicht darüber im klaren, wie wir einander begrüßen sollen.

Sie sieht anders aus. Diese Frau, die ich während der letzten acht Jahre meines Lebens jeden Tag gesehen habe, sieht anders aus, als ich sie je gesehen habe. Besser, vermute ich, obgleich in mancher Hinsicht besser eigentlich schlechter bedeutet.

Irgendwie schaffen wir beide es in die Mitte des Raums. Ich übernehme die Führung und strecke einen Arm aus. Sie ist erleichtert, daß ich das Zeichen gegeben habe. Unsere Umarmung ist absolut platonisch. Nicht kurz, aber auch nicht intim, abgeschlossen durch einen freundschaftlichen Klaps auf den Rücken. Als wir uns voneinander trennen, fixiert sie mich prüfend. »Wir haben einander versprochen, daß wir immer Freunde bleiben würden. Haben wir das nicht versprochen?«

Ich lächle sie an. »Wir sind Freunde.«

»Was soll dann dieses ›Ich will nicht, daß du mich so siehst!‹? Du hast mir einen Schrecken eingejagt.«

Ich lege ihr eine Hand auf den Arm, gehe aber auf ihre Bemerkung nicht ein. »Du siehst gut aus, Tracy. Wirklich toll.«

Sie freut sich sehr über dieses Kompliment. Sie war niemals besonders eitel. Es ist auch nicht so, daß sie sich geschmeichelt fühlt. Sie ist nur froh, daß ich mich so unbeschwert und hinreichend wohl fühle, um so etwas zu sagen.

Sie erwidert das Kompliment, und ich lache über einen Gedanken in diesem Zusammenhang. »Ich habe graue Haare an den *Füßen*.« Seit ich verhaftet wurde, habe ich etwa zehn Pfund abgenommen. Ich kann es mir leisten, dieses Gewicht loszuwerden, aber ich bin älter geworden. Ich habe es am deutlichsten in meinen Augen gesehen, nicht etwa an Tränensäcken oder Falten, sondern an der Dunkelheit, die man in ihnen erahnen kann.

Sie erzählt mir, sie hätte einen Eintopf zubereitet, so daß ich für ein paar Tage etwas zu essen habe. Er sei in einer halben Stunde fertig. Sie holt eine Flasche Rotwein, und wir setzen uns. Die Hunde leisten uns sofort Gesellschaft. Jake erinnert sich an sie, aber er war immer mehr mein Hund gewesen. Maggie hat Tracy nie kennen gelernt, aber sie stürzt sich sofort auf sie und reibt das Gesicht in ihrem Schoß.

Ich fange an, indem ich Tracy frage, was sie so treibt, wie es ihr geht. Sie liefert mir einen knappen Abriß ihres Lebens an der Ostküste. Sie ist in der PR-Firma bereits befördert worden und hat jetzt die Position der stellvertretenden Direktorin inne. Seltsam, daß ich nicht einmal das wußte. Sie hat mich nicht angerufen, um es mir mitzuteilen. Sie hat sogar ein wenig Wahlkampfarbeit gemacht, eine Bürgermeisterwahl, was sie mir als Ironie des Schicksals präsentiert. Nach einigem Bohren informiert sie mich widerstrebend, daß es bei ihr wieder einen Mann gibt. Er ist Arzt, verrät sie mir, Chirurg, was ich mit einem Lächeln und einem heftigen Schmerz in der Magengrube quittiere. Sie sieht nach dem Eintopf und meint, es dauere noch eine weitere halbe Stunde, bis er fertig sei.

Sie beendet ihre Zusammenfassung, und wir beschäftigen uns für einen Moment damit, mit den Hunden herumzuschmusen. Plötzlich bin ich aus irgendeinem Grund nervös. Es gab so viele Dinge im Zusammenhang mit dem Scheitern unserer Ehe, die sich nicht erklären lassen. Vielleicht ist es aber auch so, daß den Gründen jegliche Bedeutung fehlt.

»Ich habe die schrecklichsten Dinge gedacht«, sagt sie. »Nachdem ich mit dir telefoniert habe. Du hast so gespenstisch geklungen.«

»Tut mir leid. Diese Sache ... sie ruft ziemlich seltsame Gefühle hervor.«

Sie legt eine Hand an die Stirn. »Ich habe nicht die geringste Vorstellung.«

»Wir werden diese Sache niederschlagen, Tracy. Das solltest du wissen.«

»Das weiß ich.«

»Nein, das weißt du nicht.« Ich lächle sie an. »Ich bin dir dankbar für die Anteilnahme. Aber die Beweise sind ziemlich schwach. Sie haben mich unter sehr ungünstigen Umständen erwischt. Aber sie haben kaum einen wirklichen Beweis. Und auch kein Motiv.«

Sie wartet ab, aber ich führe das nicht weiter aus. Sie sieht mich mit einem hoffnungsvollen Ausdruck an, und wir beten wahrscheinlich beide im stillen ganz verzweifelt, daß ich recht haben möge. Ihr Handy klingelt, und sie rennt zu ihrer Handtasche, um es auszuschalten.

»Erwartet dich jemand?« erkundige ich mich.

»Oh ... nein. Nein.«

»Na los, Trace, mach dir einen schönen Abend.«

»Nein, Jon. Es ist nur Krista.« Sie zuckt entschuldigend die Achseln. »Ich wußte nicht, wann du nach Hause kommen würdest. Oder ob du überhaupt in der Stimmung für

Gesellschaft bist. Ich weiß, du steckst mitten in dem Prozeß ...«

»Tracy.« Ich berühre ihre Hand. »Ich sollte mir wahrscheinlich ein wenig Schlaf gönnen. Der Prozeß, wie du schon sagtest. Vielen Dank für das Abendessen. Ich freue mich schon darauf, wieder einmal anständige Hausmannskost genießen zu können. Ich muß noch einige Akten durchgehen. Wie lange wirst du bleiben?«

»Keine Ahnung. So lange wie ... ach, ich weiß es nicht.«

»Du bist nicht geschäftlich hier«, sage ich. »Du hast dir freigenommen.«

»Tja, warum nicht?«

Ich schenke ihr das aufmunterndste Lächeln, das ich zustande bringe. »Das finde ich wirklich lieb von dir. Es war ... es war toll, dich wiederzusehen. Vielleicht können wir uns noch mal treffen, ehe du wieder abreist.«

»Sooft du willst. Du mußt es mir nur sagen ...«

»Okay. Super. Das werde ich. Ich habe ja deine Handynummer.«

»Nein, ich habe jetzt eine andere.«

Oh. Sie hat auch eine andere Handynummer. Seltsam, wie selbst die unwesentlichsten Dinge weh tun können.

Sie nennt mir ihre neue Nummer. »Ich wohne bei Krista.«

»Prima. Ich habe ihre Nummer.« Ich zwinkere ihr zu. »Geh und triff deine Freunde. Viel Spaß.« Ich stehe von der Couch auf, um das Geschehen zu beschleunigen.

Sie tut es ebenfalls, aber sie ist stur. »Ich bin hergekommen, um *dich* zu sehen, Jonathan. Ich möchte helfen.«

»Das hast du. Es bedeutet mir sehr viel.« Ich lege eine Hand aufs Herz. »Wirklich. Ich ... ich muß nur erst mal wieder zu mir selbst kommen.«

»Klar. Natürlich.«

Ich umarme meine Exfrau. Ich schließe die Augen und atme – so heimlich wie möglich – ihren Duft ein. Sie hat das Parfüm nicht gewechselt. Sie überläßt mir wieder die Führung. Ich könnte sie eine Stunde so halten, sie würde sich nicht wehren. Ich könnte in diesem Moment wahrscheinlich um alles bitten, und ich bin überzeugt, sie würde es mir gewähren.

»Ich rufe dich an«, verspreche ich.

»Ich denke gute Gedanken.« Sie faltet die Hände wie zum Gebet. Ich bringe Tracy Soliday zur Tür und schaue ihr nach, wie sie wegfährt. Dann kehre ich auf die Couch zurück und warte darauf, daß der hämmernde Schlag meines Herzens nachläßt.

46

Die Anklage ruft Leonard Hornowski in den Zeugenstand. Er ist der Wachmann, der mich in Dales Büro angetroffen hat.

Hornowski hat von Natur aus eine mürrische Miene. Vielleicht liegt es an den abwärts geneigten Enden seines Schnauzbartes, aber sie scheint zu seinem Auftreten zu passen. Er ist mehr als ernst, eher schon bedrückt. Seine Augen stehen dicht beieinander, voneinander getrennt durch eine schmale Nase, und er hat ein spitzes Kinn. Sein Haar ist glatt und steif, schokoladenbraun. Er wirkt adrett und scheint gut gebaut zu sein. Sein Hals ist dick mit deutlich hervortretenden Adern.

Er nennt seinen vollständigen Namen mit einem Unterton amtlicher Autorität. Seine Stimme ist kräftig und hat einen Anflug vom Akzent der Südstadt. Er wirkt hinsichtlich Physis und Energie fast ein wenig aufdringlich, und er scheint nervös zu sein.

Erica Johannsen führt ihn behutsam bis an den wichtigen Tag heran. Seine Schicht hatte um siebzehn Uhr begonnen und bis zum frühen Morgen gedauert. Der Sicherheitsdienst arbeitet ununterbrochen, jeden Tag, jede Nacht, an jedem Tag des Jahres.

»Konzentrieren wir uns auf die Ereignisse um sieben Uhr an diesem Abend«, sagt die Staatsanwältin. Auch diesmal steht sie wieder am Pult zwischen Anklage- und Verteidigertisch. Sie verspürt bei einem Prozeß, bei dem der Richter lediglich Fakten und Argumente bewertet, kein Bedürfnis nach dramatischer Standortwahl oder Gestik.

»Ich erhielt eine Funkmeldung von einer Störung im achten Stock.«

»Woher kam der Ruf?«

»Aus der Lobby.«

»Um welche Zeit war das?«

»Etwa halb acht.«

»War die Meldung etwas genauer als achter Stock?«

»Am Nordende«, sagt Hornowski.

»Und welche Büros befinden sich am Nordende des Gebäudes?«

»Die Kanzleibüros von Dale Garrison und die Büros einer Immobilienfirma.«

»Und wo waren Sie, als der Ruf Sie erreichte?«

»Im sechsten Stock. Ich fuhr mit dem Fahrstuhl rauf in den achten. Der Fahrstuhl befindet sich am Nordende, also stieg ich aus und ging zuerst zu der Immobilienfirma. Ich rüttelte an der Tür, aber sie war verschlossen.«

»Die Außentür war verschlossen?«

»Richtig.«

»Was haben Sie dann getan?«

»Ich ging zu Garrisons Büros.«

»War diese Tür verschlossen?«

»Nein, sie war unverschlossen. Daher ging ich hinein.«

»Erzählen Sie uns, was dann geschah.«

»Ich ging in die Lobby – ein Empfangsraum, nehme ich an. Niemand war dort, also ging ich weiter.«

»Haben Sie sich irgendwie bemerkbar gemacht?«

»O ja, das habe ich. Als ich reinging. Ich betrat den Flur und sah den Angeklagten im Eckbüro stehen. Ich ging zu ihm und betrat das Büro.«

»Was sahen Sie, als sie hereinkamen?«

»Ich sah einen älteren Herrn mit dem Gesicht auf seinem Schreibtisch liegen.«

»Was hat der Angeklagte getan? Oh, warten Sie.« Die Staatsanwältin hält kurz inne. »Sehen Sie die Person, die in diesem Büro stand, heute hier im Gerichtssaal?«

»Er ist dort.« Hornowski deutet auf mich.

»Die Identifikation ist bereits eindeutig erfolgt«, sagt Ben mit gelangweilter Stimme.

»Na schön, Mr. Hornowski.« Erica Johannsen blättert in ihren Notizen auf dem Pult. »Sie sind im Büro und sehen einen Mann am Schreibtisch sitzen, mit dem Kopf auf besagtem Schreibtisch?«

»Richtig.«

»Was tat der Angeklagte?«

»Er stand mitten im Zimmer. Er schien nervös zu sein. Und nicht sehr glücklich, mich zu sehen.«

»Antrag auf Streichung«, sagt Ben, ohne aufzustehen.

»Lesen Sie nicht seine Gedanken, Sir«, weist die Richterin den Zeugen zurecht. »Stattgegeben.«

»Haben Sie zu diesem Zeitpunkt mit dem Angeklagten gesprochen?«

»Das habe ich. Er hat gesagt, ich solle leise sein. Der Mann schlafe.«

»Wie haben Sie darauf reagiert, Mr. Hornowski?«

»Nun ... ich habe mir den Mann angesehen. Er hätte wohl schlafen können, aber so sah er mir nicht aus.«

»Was war denn ihr Eindruck?«

»Einspruch.«

Die Staatsanwältin deutet auf Bennett. »Die Verteidigung will wohl vorbringen, daß Mr. Garrison zu schlafen schien. Die Beobachtungen des Zeugen zu diesem Punkt sind durchaus von Bedeutung.«

Die Richterin lehnt den Einspruch ab.

»Ich brauchte ihn nur zehn Sekunden lang genau anzusehen und konnte erkennen, daß er nicht mehr atmete.«

»Sein Körper bewegte sich nicht?«

»Nein. Er machte keine Atemzüge.«

»Also gingen Sie zu ihm?«

»Ja, genau. Ich lief hin und zog ihn vom Schreibtisch hoch.«

»Und?«

»Und er war tot. Er war tot.«

»Und dann?«

»Ich befahl dem Angeklagten, sich nicht zu rühren. Und ich rief in die Lobby runter, sie sollten alle Leute raufschicken.«

»Hat der Angeklagte etwas zu Ihnen gesagt?«

»Er sagte mir, er hätte das Büro kurz verlassen, doch dann hätte der – dann hätte Mr. Garrison ihn ins Gebäude zurückgerufen. Und als er ins Büro gekommen sei, hätte Mr. Garrison ›geschlafen‹. Oder wäre tot gewesen.«

»Haben Sie den Körper aus seiner ursprünglichen Lage entfernt?«

»Nein, das habe ich nicht.«

»Hat der Angeklagte es getan?«

»Ja, das hat er. Er hat ihn aus dem Sessel gezogen und auf den Fußboden gelegt. Ich glaube, er tat so, als wollte er ihn wiederbeleben. Dabei hat er nur den Tatort verändert.«

Oh, natürlich, was sonst. Ich drehe mich zu Ben um, aber der schüttelt bedächtig den Kopf. Zeige niemals deine Gefühle, hat er mich beschworen.

Die Staatsanwältin stellt noch ein paar Fragen nach den folgenden Ereignissen mit der Polizei. Sie schließt, indem sie ihn fünfmal, jedesmal mit anderen Worten, fragt, ob außer mir und den Sicherheitsleuten sonst noch jemand in der Bürosuite war. Hornowski verneint das, keinesfalls, er wüßte nicht, wie. Er hätte jedes Büro überprüft, die Ausgänge kontrolliert und so weiter. Die Staatsanwältin setzt sich.

Ben steht jetzt auf und bleibt neben seinem Sessel stehen.

»Sie haben zehn Sekunden gebraucht, um zu erkennen, daß Mr. Garrison nicht schlief?«

»Ja, etwa so lange.«

»Sie mußten warten, um zu sehen, ob er atmete, ob seine Brust sich ausdehnte und wieder zusammenzog.«

»Richtig.«

»Es war kein Blut zu sehen, oder? Mr. Garrison hat nicht geblutet?«

»Nein.«

»Keine offenen Wunden?«

»Nein.«

»Aus Ihrer Perspektive keine äußeren Anzeichen, daß Mr. Garrison verletzt worden war?«

»Nein.«

»So, wie Mr. Garrison in seinem Sessel saß – die Arme verschränkt, den Kopf nach unten –, konnten sie seine Brust eigentlich gar nicht richtig sehen, oder?«

»Nein. Ich glaube, ich meine, wenn jemand atmet, bewegt er sich rauf und runter.«

»Aber Sie konnten von Ihrem Standort aus seine Brust nicht sehen?«

»Nein.«

»Und mein Mandant hatte dieselbe Perspektive, da er fast genau an der gleichen Stelle stand wie Sie?«

»Ja.«

»Und wenn mein Mandant einen kurzen Moment vor Ihnen ins Büro zurückgekommen war, hätte er keine zehn Sekunden Zeit gehabt, sich Mr. Garrison anzusehen, stimmt's?«

»Ich weiß nicht, wie lange er drin war.«

»Aber wenn er gerade erst ins Büro zurückgekehrt war«, sagt Ben. »Er sieht Mr. Garrison einen Moment lang, dann kommen Sie durch den Flur, und er sieht Sie an, stimmt's?«

»Richtig, so war es.«

»Als Sie zu ihm ins Büro kommen, kann mein Mandant zum ersten Mal einen zehn Sekunden langen Blick auf Mr. Garrison werfen. Richtig?«

»Ja. Wenn seine Geschichte stimmt.«

»Und Sie können nicht mit Sicherheit sagen, daß seine Geschichte falsch ist, oder, Mr. Hornowski?« Ben hebt eine Hand. »Sie haben keine Ahnung, oder?«

»Ich habe eine Meinung.«

»Aber Sie wissen es nicht, nicht wahr, Sir?«

»Nein, Sir, ich weiß es nicht.«

Ben läßt die Hände auf die Tischplatte sinken. »Sie haben nicht Ihre Pistole gezogen, oder?«

»Nein.«

»Als Sie nun festgestellt hatten, daß Mr. Garrison tot war, und meinem Mandanten sagten, er solle sich nicht rühren, hat er keinen Widerstand geleistet, oder?«

Hornowski dachte über die Frage nach. »Ich glaube, er hat eingesehen, daß er es besser bleiben lassen sollte.«

»Demnach waren sie nicht gezwungen, eine Waffe zu ziehen?«

»Nein, ich habe meine Waffe nicht gezogen.«

»Mein Mandant ist nicht geflüchtet?«

»Nein.«

»Er hat nicht versucht, sich gegen Sie zu wehren?«

»Gegen mich?« Der Zeuge grinst breit. Die Vorstellung scheint für diesen Gewichtheber total absurd zu sein.

»Er hat sich nicht gegen Sie zur Wehr gesetzt, oder doch, Sir?«

»Nein, Sir.«

»Er hat sogar versucht, Mr. Garrisons Leben zu retten, nicht wahr?«

»Er hat ihn vom Tisch gezogen und auf den Fußboden gelegt«, sagt der Zeuge. »Er hat den Tatort verändert und Garrison am ganzen Körper befingert, damit er später erklären konnte …«

»Richterin.« Ben deutet auf den Zeugen.

»Lassen Sie uns fortfahren«, sagt sie.

»Er hat eine Wiederbelebung mit Hilfe von Mund-zu-Mund-Beatmung versucht, nicht wahr, Mr. Hornowski?«

»Er hat … er tat zumindest so.«

»Er tat so?« Ben entfernt sich vom Tisch und geht auf den Zeugen zu. »Er pumpte Luft in seinen Mund und drückte auf seine Brust. Richtig?«

»Ja.«

»Mehr, als Sie von sich behaupten können, nicht wahr, Sir?« Ben richtet den Zeigefinger auf den Zeugen, als wolle er ihn damit aufspießen. »Sie standen bloß da, während mein Mandant versucht hat, sein Leben zu retten.«

»Ich sprach in mein Funkgerät und habe versucht, den Tatort zu sichern.«

»Da lag ein Toter, und John Soliday hat sich bemüht, ihn wiederzubeleben, und Sie sind mit Ihrem Funkgerät beschäftigt.«

»Ich habe einen Krankenwagen, die Polizei und weitere Leute vom Sicherheitsdienst gerufen.« Das Gesicht des Zeugen hat sich gerötet. Er scheint im Zeugenstand in Verteidigungshaltung zu gehen.

Ben setzt sich. »Das ist alles«, sagt er.

47

Bennett besteht darauf, daß ich etwas esse, aber ich will den Gerichtssaal nicht verlassen, daher schmuggelt er ein Sandwich herein. Der Gerichtssaal ist während der fünfundsiebzig Minuten, die die Richterin uns für die Mittagspause gewährt hat, ziemlich leer. Ich bin fast die ganze Zeit auf den Beinen, drehe langsame Runden um die Tische und die Geschworenentribüne und pfeife sogar irgendwann eine Melodie. Das ist eine nervöse Angewohnheit von mir, dieses Pfeifen, aber ich bin mir bewußt, daß es einen Eindruck von Entspanntheit, sogar Selbstvertrauen vermittelt.

Ich bin weder entspannt noch voller Selbstvertrauen. Ich dachte, wenn der Prozeß erst einmal angefangen hätte, würden die Nerven sich ein wenig beruhigen, aber die Wahrheit ist, die Dinge sind nicht unbedingt gut gelaufen. Nicht, daß es irgend etwas Welterschütterndes gegeben hat. Keinen schlagenden Beweis. Die Leichenbeschauerin hat eigentlich nicht geschadet, vermute ich. Daß Garrison erwürgt wurde, heißt nicht, daß *ich* ihn erwürgt habe. Und der Wachmann, na ja, der hat vielleicht ein wenig geschadet. Wenn die Richterin glaubt, daß ich eine Lügengeschichte erzählt habe, bin ich wohl geliefert. Aber genau betrachtet, war es nicht ganz dumm von mir, anzunehmen, daß Dale einfach nur geschlafen hatte. Mir kann lediglich die Frage schaden, *wer* ihn erwürgt hat.

Mein Gott, war das toll von ihr, in die Stadt zu kommen. Ich wußte, daß ich nicht viel Zeit haben würde, um sie zu sehen. Sie sah phantastisch aus. So frisch. Das ist das Wort. Anders. Es trägt in sich eine gewisse Distanz, beschreibt am Ende aber dieselbe Tracy, in die ich mich verliebt habe. Sie war sanft und gütig und liebevoll, auch nach allem, was passiert war. Am liebsten würde ich zum Telefon greifen, sie anrufen und mich mit ihr zum Mittagessen oder zum Abendessen verabreden. Ich komme mir vor wie ein Schuljunge.

Aber ich kann es nicht. Ich werde es nicht tun. Ich bin kein Schuljunge mehr, und wir haben beide keine weiße Weste. Sie hat ihr Leben weitergelebt, und darüber bin ich froh. Sie muß wissen, daß sie tat, was sie konnte, um mich durch diese Geschichte zu bringen. Aber mehr braucht sie nicht. Sie braucht mich nicht mehr. Sie will mich auch nicht mehr haben.

Ich reiße mich selbst aus der Trance und schaue zu meinem Anwalt, der am Tisch sitzt und einige Papiere liest. Er murmelt vor sich hin. Seine stahlblauen Augen sind zu Schlitzen verengt, seine Konzentration ist so intensiv, daß er gar nicht das Schriftstück vor ihm zu lesen, sondern an etwas völlig anderes zu denken scheint.

Ben ist ein ziemlich kräftiger Bursche und schleppt auf seinen Schultern eine ganz schöne Last mit sich herum, ohne daß man es ihm anmerkt. Aber es muß für ihn verdammt heftig sein, einen Freund gegen eine Anklage wegen vorsätzlichen Mordes zu verteidigen. Ganz zu schweigen davon, daß selbst bei seiner Erfahrung als Strafverteidiger dieser Fall bei weitem der größte ist, den er jemals bearbeitet hat.

Ich habe mich bisher noch nicht in ihn hineinversetzt. Mir ist bis jetzt nicht klargeworden, wie schwer das für ihn sein muß. Vielleicht hätte ich mir das eindringlicher durch den Kopf gehen lassen sollen. Vielleicht ist Bennett Carey total überfordert, so diszipliniert, so gut vorbereitet, so talentiert er auch sein mag.

Der Gedanke landet wie ein Boxhieb in meinem Magen und verursacht ein Chaos, so daß ich froh bin, zu Mittag wenigstens eine Kleinigkeit gegessen zu haben. Übersteigt der Fall vielleicht Bennetts Fähigkeiten? Verlange ich zuviel von ihm? Und viel interessanter ist – warum denke ich ausgerechnet jetzt daran?

»Zwei Minuten«, verkündet eine Gerichtshelferin, die in den Gerichtssaal kommt.

Ich schaue wieder zu Bennett. Er hat seine Vorbereitungen abgeschlossen. Aufrecht, den Rücken gegen die Stuhllehne gedrückt, sitzt er da, blickt zur Decke und atmet seufzend ein. Er scheint ziemlich ruhig zu ein. Innerlich angespannt und konzentriert, aber ruhig. Und seine Kreuzverhöre sind ja tatsächlich recht gut gelaufen.

»Du suchst offensichtlich Zuflucht im Gebet«, bemerke ich, als ich an den Tisch zurückkehre.

Ben lächelt und tätschelt meinen Arm. »Es läuft alles bestens, Jonathan.«

Ich setze zu einer Antwort an, will ein Gespräch über den Fortgang des Prozesses beginnen, das ich seit einiger Zeit mit mir selbst führe, als die Gerichtshelferin mit Richterin Bridges hereinkommt. »Ich bitte alle Anwesenden, sich zu erheben.«

Die Staatsanwältin ruft Sheila Paul in den Zeugenstand, Dale Garrisons ehemalige Sekretärin. Bennett hat sich vor ein paar Wochen mit ihr unterhalten und ihre Aussage als relativ harmlos bewertet. Sie bestätigt, daß Dale um fünf Uhr nachmittags lebendig in seinem Büro gesessen hat und ich derjenige war, der den Termin verschoben hatte.

Sheila Paul nimmt im Zeugenstand Platz und sieht sich mit wenig Interesse im Gerichtssaal um. Ihr Gesicht glänzt ein wenig, eine Folge ihrer sommerlichen Bräune. Offenbar hat sie deutlich abgenommen. Sie ist ziemlich klein, aber in ihren Wangen und an ihrem Kinn ist eine gewisse Schlaffheit zu erkennen. Sie hat ein starkes Parfüm aufgelegt, für meinen Geschmack ein wenig zu süß, dessen Duft sie umweht und in der Luft hängenbleibt, als sie auf dem Weg zum Zeugenstand an mir vorbeikommt.

Sie rutscht unbehaglich hin und her, bis die Staatsanwältin die erste Frage stellt. Dann beruhigt sie sich und antwortet mit einer Lautstärke, die ihre geringe Körpergröße Lügen zu strafen scheint. »Ich habe über zwanzig Jahre für Dale gearbeitet«, sagt sie zu Erica Johannsen.

»Können Sie Mr. Garrisons Anwaltstätigkeit ein wenig für uns beschreiben?«

Sie nickt ernsthaft. »In all den Jahren vorwiegend Strafrecht. Er war gelegentlich auch als Lobbyist tätig. Wenn die gesetzgebende Versammlung tagte, reiste er in die Hauptstadt, um Klienten zu werben.«

»Haben irgendwelche Helfer für ihn gearbeitet?«

Sheila Paul schüttelt den Kopf.

»Miss Paul, würden Sie bitte mündlich darauf antworten?«

»Nein«, sagt sie. »In dieser Zeit nicht – und auch nicht am Ende. Manchmal ließ er ein oder zwei Anwälte für sich arbeiten. Es gab auch noch andere Anwälte in seiner Kanzlei. Sie haben sich gelegentlich die Arbeit geteilt, waren aber keine Partner. Und dann war da noch eine Kanzlei im Haus, drei oder vier junge Anwälte, die ihre eigene Firma aufgezogen haben. Dale gab manchmal Fälle an sie weiter, wenn er keine Lust oder Zeit hatte. Oder er ließ sie ein wenig an seinen Fällen mitarbeiten. Er mochte diese jungen Leute. Er hat einmal gesagt, sie erinnerten ihn an die Zeit, als er angefangen hat.«

»Okay.« Die Staatsanwältin schaltet sich ein, um den Redefluß zu stoppen. »Also gab es zum Zeitpunkt seines Todes keine Mitarbeiter?«

»Nein.«

»Danke.« Erica Johannsen faltet die Hände und deutet damit auf die Zeugin. »Hat Mr. Garrison auch für Senator Grant Tully gearbeitet?«

Ich rutsche auf meinem Stuhl vor, achte aber darauf, nicht sichtbar auf die Namensnennung meines Chefs zu reagieren. Bennett reagiert überhaupt nicht, sondern beobachtet nur die Zeugin.

»Ja, sicher. Er war sein Berater, mehr als alles andere. Er wurde nicht dafür bezahlt. Aber er beriet den Senator in juristischen Fragen, seine persönlichen Angelegenheiten betreffend, und auch in politischen Dingen.« Sie zuckt mit den Achseln. »Der Senator hat ihn auf andere Art und Weise bezahlt.«

»Erklären Sie das bitte.«

Ich schaue zu Bennett, der sich weiterhin nicht rührt. Ich will ihn mit dem Ellbogen anstoßen, aber die Richterin ergreift jetzt das Wort. »Miss Johannsen, worin liegt die Relevanz dieser Fragen?«

Mein Herz macht einen kleinen Hüpfer. Unaufgefordert kommt die Richterin der Verteidigung zu Hilfe. Sie und auch jeder andere weiß, wie der Senator Dale Garrison »abgegolten« hat. Dale ist Lobbyist in der Hauptstadt und kann jederzeit zu Senator Tully gehen und Dinge regeln. Jeder Klient, der ein Gesetz durch den Senat bringen will, engagiert zu exorbitanten Honoraren jemanden wie Dale. Dale flüstert dem Senator etwas ins Ohr, und der Senator weist seine Mitdemokraten an, für einen Vorschlag zu stimmen – oder dagegen, je nachdem. Ich erinnere mich an einen Fall vor drei Jahren, als eine dieser zahllosen Lobbyistinnen in meinem Büro von irgendeinem Gesetzesvorschlag erzählte. Der Senator hatte den Vorschlag blockiert. Es war eine Order an den Vorsitzenden des Komitees, den Gesetzesvorschlag zu versenken, ihn nicht einmal zur Abstimmung zuzulassen. Ich übermittelte der Lobbyistin die Nachricht, und sie nahm es persönlich und stürmte wütend aus dem Büro. Aber eine halbe Stunde später rief der Senator mich an und gab grünes Licht für den Vorschlag. Ich erfuhr später, daß die Lobbyistin schnurstracks zu Dale Garrison gegangen war, nachdem sie mein Büro verlassen hatte.

Ich habe nie gewußt, welche Verbindung genau zwischen

Garrison und der Familie Tully bestand. Ich dachte immer, es hätte etwas mit Grants Vater Simon zu tun, kannte aber keine Einzelheiten. Der Grund war ich. Garrison tat den Tullys einen Riesengefallen – er hielt ein paar schlimme Zeitgenossen davon ab, mich in ein schlechtes Licht zu rücken und, zumindest indirekt, die Tullys gleich mit. Das ist eine ziemlich zynische Sicht, aber ich habe mich selbst nie für einen Idealisten gehalten.

»Ich ziehe die Frage zurück«, sagt die Anklägerin. Es kommt mir ziemlich seltsam vor, daß sie so schnell klein beigibt, zumal in einem Richterprozeß, wo man sich direkt an denjenigen wendet, der die Fakten bewertet. »Miss Paul, können Sie uns mitteilen, ob Mr. Garrison jemals mit dem Angeklagten, Jonathan Soliday, zusammengearbeitet hat?«

Die Zeugin blickt nicht in meine Richtung, ein Ausdruck ihrer Feindseligkeit mir gegenüber. Ich denke, das ist durchaus normal, nur mit dem kleinen Unterschied, daß ich unschuldig bin. »Ich habe Mr. Soliday nie persönlich kennengelernt«, sagt sie. »Ich weiß aus Dales Korrespondenz und aus Telefonaten, daß sie zusammengearbeitet haben.«

Erica Johannsen zieht die Notizen auf ihrem Pult zu Rate. »Also … ist Ihnen bekannt, daß der Angeklagte eine Verabredung mit Mr. Garrison hatte?«

»Ja. Sie sollten sich am Donnerstag, dem siebzehnten August, zum Mittagessen treffen.«

»Also am Tag vor seinem Tod?«

»Richtig.«

»Wurde diese Verabredung eingehalten?«

»Nein, das wurde sie nicht.« Zum ersten Mal nimmt Sheila Paul meine Anwesenheit zur Kenntnis. »Er rief an und verschob die Verabredung auf Freitagabend, sieben Uhr.«

»Einspruch.« Bennett steht auf. »Unbeweisbare Vermutung.«

»Stattgegeben.« Die Richterin mustert die Staatsanwältin mit hochgezogenen Augenbrauen.

Erica Johannsen geht zur Zeugin. »Miss Paul, haben Sie

wegen des Treffens am Donnerstag zum Mittagessen jemals einen Anruf erhalten?«

»Ja.«

»Wann?«

»Ich glaube, es war am Tag davor – am Mittwoch, glaube ich. Ja, ich denke, es war am Mittwochmorgen.«

»Hat der Anrufer sich identifiziert?«

»Ja. Er sagte, er sei Jon Soliday.«

»Einspruch, Euer Ehren.« Bennett steht wieder. »Hörensagen. Unbeweisbare Vermutung. Antrag auf Streichung.«

»Hörensagen?« meint die Staatsanwältin. »Es ist die Aussage des *Angeklagten*.«

»Stattgegeben, was die Vermutung betrifft«, sagt Richterin Bridges. »Sie haben nicht bewiesen, daß es die Aussage des Angeklagten war.«

Die Staatsanwältin legt einen Finger auf die Lippen. Vielleicht hat sie das offensichtliche Problem bei dieser Zeugenaussage gar nicht gesehen. Oder es war wie bei der Aussage der Ärztin, daß sie nicht mit einer Auseinandersetzung gerechnet hat. »Miss Paul, haben Sie, ungeachtet der Tatsache, wie der Anrufer sich identifiziert hat, seine Stimme erkannt?«

»Nicht richtig, nein.«

Neuer Versuch. Die Staatsanwältin beißt die Zähne zusammen und betrachtet die Zeugin. Nach außen hin wirkt sie ruhig und gelassen, aber ich weiß, daß sie ein wenig ins Schwitzen gerät. »Na schön, Miss Paul. Können Sie uns, abgesehen davon, wie der Anrufer sich identifiziert hat, erzählen, was er sonst noch gesagt hat?«

»Derselbe Einspruch.« Bennett steht entrüstet da. Er bringt den Einspruch vor, ehe die Zeugin antworten kann. »Hörensagen.«

Die Richterin blinzelt zweimal. »Ich will die Antwort hören.«

Die Zeugin ist sich nicht mehr sicher, wie die Frage lautete, nur, daß um ihre Antwort ein großer Wirbel veranstaltet wird. Sie antwortet fast kleinlaut und rechnet wohl damit, daß einer der Anwälte sich auf sie stürzt, wenn sie fertig ist. »Er bat darum, den Zeitpunkt seines Treffens mit Dale von Donnerstagmittag auf Freitagabend, sieben Uhr, zu verlegen.«

Nun, wir können so tief in die juristische Trickkiste greifen, wie wir wollen, die Richterin weiß auf jeden Fall, von wem die Zeugin redet – von mir. Niemand anderer hätte angerufen, um das Treffen von Donnerstagmittag auf Freitagabend zu verschieben. Aber dieser Anruf hat nie stattgefunden. *Sie* hatten *mich* angerufen, um den Termin zu ändern.

Ben beugt sich zu mir. »Sie wurde präpariert«, flüstert er. »Vor ein paar Wochen war ihr das alles nicht so klar.«

»Was haben Sie daraufhin getan, Miss Paul?«

»Ich habe Dale gefragt, ob Freitag um sieben okay sei.«

»Und wie war seine Reaktion?«

»Er hat gesagt, es sei okay, war aber nicht sehr glücklich darüber. Ich meine, wer trifft sich schon gern beruflich an einen Freitagabend mit jemandem?«

Genau meine Reaktion damals. Ich schreibe Bennett eine Notiz, daß wir noch einmal mit meiner Sekretärin reden müssen, um zu erklären, daß diese Version nicht zutrifft und Garrison den Termin geändert hat. Aber das erklärt nicht Sheila Pauls augenblickliche Aussage. Entweder sie verwechselt, wer von uns die Verabredung geändert hat, und erfindet eine Unterhaltung mit Dale Garrison, in deren Verlauf er sich verärgert über die Änderung geäußert haben soll, oder Lyle Cosgrove muß den Anruf gemacht haben.

Die Staatsanwältin kommt nun zum Todestag Dale Garrisons. »Können Sie sich an Dale Garrisons Termine an diesem Tag erinnern?«

Sheila Paul nickt. »Er mußte am Vormittag vor Gericht erscheinen, dann hatte er irgendwann am Nachmittag ein Treffen mit einem der Anwälte am Ende des Gangs, der gerade an einem Fall für uns arbeitete. Und das Treffen mit Mr. Soliday an diesem Abend um sieben.«

»Euer Ehren«, sagt Johannsen, »da wir auf Bitten der Verteidigung den Computer des Opfers hierhergebracht haben, möchte ich die Zeugin bitten, Mr. Garrisons Tagesplan von diesem Tag auf seinem Computer-Terminkalender zu verifizieren.«

Die Richterin blickt zu Bennett.

»Kein Einwand«, sagt er, »außer Zweifel an der Beweissicherung. Vorausgesetzt, Miss Johannsen kann das mit Hilfe anderer Zeugen bestätigen.«

»Vielen Dank, Herr Kollege«, sagt die Staatsanwältin. »Das tun wir.«

Nett, daß mein Anwalt so entgegenkommend sein kann. Das geschieht zum Teil aus alter staatsanwaltschaftlicher Kollegialität, nehme ich an, aber Ben scheint sehr wohl zu wissen, welchen Kampf er vom Zaun brechen kann. Es hilft nur der Richterin, ihn einzuschätzen und damit letztendlich auch mir.

Die Anklage hat den Computer an einen Beamer angeschlossen, so daß wir das Geschehen im Computer wie einen Film verfolgen können, ohne uns um den kleinen Monitor drängen zu müssen. Die Leinwand ist bereits aufgestellt, und ein Helfer erscheint mit dem Computer und der Festplatte auf einem fahrbaren Ständer aus einem Nebenraum. Er braucht einen Moment, um beides miteinander zu verbinden, und dann sehen wir das Monitorbild von Dale Garrisons Computer als Projektion. Der Hintergrund ist ein blauer Himmel mit weißen Quellwölkchen. Die verschiedenen Icons befinden sich auf der linken Seite des Schirms. Dale hat sich seine Maschine im großen und ganzen so eingerichtet wie ich meine in der Kanzlei.

Sheila Paul verläßt auf Aufforderung der Staatsanwältin den Zeugenstand und greift nach der Computermaus, um damit zu arbeiten. »Dale hat seinen Terminkalender auf dem Computer geführt«, sagt sie. »Genaugenommen habe ich ihn geführt. Ich habe ihm dann für jeden Tag einen Ausdruck angefertigt.« Der Mauszeiger bewegt sich zu einem

Icon, und ein neues Fenster klappt auf und zeigt den Computerkalender für diesen Tag.

Offensichtlich hatte Dale für heute einen Gerichtsauftritt geplant. Aber Sheila Paul bewegt die Maus schneller, als ich es je könnte, und geht zurück zu Dales Todestag, dem 18. August.

»Das ist der Tag«, sagt sie.

Eine übergroße Version eines Tageskalenders erscheint auf der Leinwand. Aufgeführt sind Termine am Freitag, dem 18. August, um neun, zwei, drei und, mit mir, um sieben Uhr.

»Dale hatte eine Anhörung vor Richter Radke zu einem Antrag auf Aufhebung eines Haftbefehls«, sagt Sheila Paul. »Das war um neun. Dann hatte er ein Treffen mit Jeff Caprice, einem der jungen Anwälte aus dem Haus. Das ›BK‹ heißt ›Bürokonferenz‹. Dann fand um drei ein Konferenzgespräch zu einem anderen Fall statt.« Sie hebt die Hand. »Dann war da das Treffen mit Mr. Soliday um sieben.«

»Miss Paul, kam jemand zwischen drei Uhr und Ihrem Feierabend ins Büro?«

»Nein«, sagt die Zeugin mit Nachdruck.

»Wann sind Sie gegangen, Miss Paul?«

»Kurz vor fünf. Ich mache gewöhnlich zwischen Viertel vor fünf und fünf Feierabend. An diesem Abend war es kurz vor fünf.«

»Also kam zwischen drei und etwa fünf Uhr niemand ins Büro?«

»Nein.«

»Wissen Sie, Miss Paul, ob im Laufe des späteren Tages noch ein anderer Besucher erwartet wurde?«

»Außer Mr. Soliday niemand.«

»Und als Sie gingen, waren nur noch Dale und Sie anwesend?«

»Ja, richtig.«

»Keine Kanzleigehilfen? Keine Sekretärinnen? Niemand?«

»Niemand außer Dale und mir.«

»Nun gut«, sagt Erica Johannsen. »Als Sie gingen, haben

Sie sich da ver...« Die Staatsanwältin bricht mitten im Wort ab. Sie wollte Sheila Paul fragen, ob sie sich von Dale verabschiedet hat, als sie ging. Angesichts der Ereignisse ist es hinsichtlich der Bedeutung dieses Augenblicks wahrscheinlich besser, die Frage etwas behutsamer zu stellen. »Miss Paul«, beginnt sie erneut, »haben Sie Mr. Garrison Bescheid gesagt, daß Sie Feierabend machen, als Sie gingen?«

Trotz der Neuformulierung der Frage erinnert Sheila Paul sich jetzt an die letzte Unterhaltung mit dem Mann, der zwanzig Jahre lang ihr Chef gewesen war. Noch bevor die Staatsanwältin die Frage beenden kann, holt die Zeugin ein Taschentuch aus der Handtasche. Ihre Augen glänzen, obgleich bisher noch keine Träne geflossen ist. Sie erstarrt einen Moment lang, zerknüllt das Taschentuch in der Faust, drückt die Faust gegen den Mund und atmet dann seufzend aus. »Ich habe ihm gesagt, daß ich gehe, und ihm ein schönes Wochenende gewünscht. Er hat mir das gleiche gewünscht. Er hat noch eine Bemerkung über meinen Mann gemacht ... wie ich ihn dazu bringen könnte, an diesem Wochenende endlich unsere Heizung zu reparieren. Dale hat immer solche Scherze gemacht.«

»Können Sie seine Erscheinung beschreiben?« fragte Erica Johannsen. »Seine Stimmung?«

»Er war wie immer«, sagt sie. »Brummig, aber nett. Und er sah auch aus wie immer.«

»Okay.« Die Stimme der Anklägerin ist kaum mehr als ein Flüstern. »Nur noch zwei Fragen, Ma'am, und wir sind fertig.«

Dale Garrisons Sekretärin macht eine Handbewegung mit dem Taschentuch.

Die Staatsanwältin geht auf und ab. Sie wartet einen Moment, ehe sie fortfährt. »Ihr Büro hat eine Vordertür, nicht wahr?«

»Ja.«

»Gibt es noch eine andere Tür?«

»Ja.« Sie putzt sich lautstark die Nase. »Entschuldigung. Ja. Es gibt noch eine Tür, die in den Flur führt.«

»Ist diese Tür verschlossen oder offen?«

»Von innen ist sie offen«, antwortet sie. »Von außen verschlossen.«

»Sind Sie sicher, daß sie von außen verschlossen ist?«

»Ganz sicher. Es ist ein automatisches Schloß. Damit die Anwälte eine Abkürzung zu den Toiletten auf dem Flur haben. Sie können vom Flur nicht ohne Schlüssel hineinkommen.«

»In Ordnung, Miss Paul. Vielen Dank.« Die Staatsanwältin setzt sich.

»Herr Verteidiger?« wendet die Richterin sich an Bennett.

Ben ist bereits aufgestanden. Er geht hinter dem Tisch der Verteidigung auf und ab. Es ist nicht nötig, sich dieser Zeugin ehrfurchtgebietend zu nähern. »Dale war ein guter Mann«, sagt er.

»Er war ein toller Mann.«

»Er hat vielen Leuten geholfen.«

»Das hat er.«

Bennett äußert hier Meinungen, was, sachlich betrachtet, unangemessen, aber letztlich harmlos ist. Doch wenn ich genau darüber nachdenke ... warum läßt mein Anwalt das Opfer so sympathisch erscheinen?

»Und nicht nur Leuten, die ihn bezahlen konnten«, sagt Ben. »Er hat sehr oft gratis gearbeitet.«

»Er war sehr großzügig mit seiner Zeit.«

»Seine Tür stand immer offen.«

Die Zeugin nickt. »Ja.«

»Wenn jemand ihn kurz sprechen wollte, bekam er die Gelegenheit.«

»Immer.«

Bennett steckt die Hände in die Taschen. Ehe heute Nachmittag die Verhandlung begann, hat er sämtliches Kleingeld aus der Tasche genommen, damit er nicht mit den Münzen spielt, wenn er aufsteht und durch den Gerichtssaal geht.

»Miss Paul, mir ist klar, daß Sie nicht wissen, was nach Ihrem Weggang in den Räumen der Praxis geschah, aber ist es nicht möglich, daß jemand zu Dale wollte und einfach vorbeikam? Das hätte doch durchaus passieren können, oder?«

323

»Natürlich.«

»Viele Leute kamen zu Dale, um sich Rat zu holen.«

»Sicher.«

»Und es war in solchen Fällen nicht unüblich, daß Dale den Betreffenden hereinbat.«

»Nein, ich glaube nicht.«

»Angesichts der Aufteilung der Büros und der Lage von Dales Büro war es doch durchaus möglich, hereinzukommen, ohne daß Dale es bemerkt haben müßte, oder?«

»Das stimmt.«

Ben nickt. Er legt die Hände auf die Stuhllehne. »Mr. Garrison war krank, nicht wahr, Miss Paul?«

»Ja.«

»Er litt an Lungen- und an Lymphdrüsenkrebs.«

»Richtig.«

»Wann hat er Sie darüber informiert?«

Sheila Pauls Blick irrt in eine Ecke des Raums. Anfangs glaube ich, daß sie dort etwas Bestimmtes sieht, doch wahrscheinlich versucht sie nur, sich zu erinnern. »Vielleicht … vor einem halben Jahr.«

Ben nickt. »Er war aber schon davor krank.«

Ein Lächeln huscht über das Gesicht der Zeugin. »Es war typisch für Dale, so etwas für sich zu behalten.«

»Miss Paul, wissen Sie, wie lange er schon krank war?«

»Ich glaube, vier Monate, bevor er es mir erzählte.«

»Dale hat den Krebs nicht behandeln lassen, nicht wahr? Er unterzog sich keiner Chemotherapie und keiner Bestrahlung?«

Miss Pauls Gesichtsausdruck verrät mir, daß sie mit Dale Garrison über diesen Punkt diskutiert hat. »Er hat miterlebt, wie seine Eltern an Krebs starben«, sagt sie. »Er meinte, die Behandlung hätte ihnen mehr zugesetzt als der Krebs selbst. Das wollte er nicht.«

»Dale hat doch auch erheblich abgenommen, nicht wahr?«

Die Zeugin konzentriert sich jetzt auf Bennett. Eher sollte man wohl sagen, sie schaut durch Ben hindurch. Sie hat keine üblen Absichten, hat nichts gegen mich und bestimmt auch keine Probleme mit einem Anwalt, der einen Mandanten vertritt. »Ja, er hat im vergangenen Jahr stark abgenommen.«

»Hat Dale jemals ...« Ben neigt den Kopf und hält inne. »Ich hasse es eigentlich, solche Fragen zu stellen.«

»Dale würde Ihnen sagen, machen Sie weiter«, sagt Miss Paul. Sie hält sich blendend. Ich wäre tief bewegt, wenn da nicht die Tatsache wäre, daß sie eine gute Zeugin der Anklage ist. Die Richterin wird große Mühe haben, ihre Glaubwürdigkeit in Frage zu stellen. Und das ist das Problem für mich, denn sie hat erklärt, es wäre meine Idee gewesen, das Treffen zu verschieben, und daß es unwahrscheinlich ist, daß zwischen ihrem Weggang und meiner Ankunft jemand das Büro betreten hat. Das sind Dinge, die die Richterin eigentlich nicht glauben sollte.

»Hat Dale jemals davon gesprochen, daß er sterben möchte?« fragt Ben.

Ich drehe mich zu meinem Anwalt um, ein klarer Bruch der Gerichtssaaletikette. Ich soll eigentlich der Richterin nicht meine Emotionen zeigen. Aber was für eine Frage. Doch Ben hat mit Miss Paul gesprochen, und er würde die Frage nicht stellen, wenn er nicht ...

»Manchmal«, sagt Sheila Paul.

»Er hatte Angst vor einem langsamen Tod«, sagt Ben leise.

»Ja, die hatte er.« Sie kichert verhalten, es ist eine Art bitteres Lachen. »Er hat gesagt, ihm sei klar, daß seine Zeit abgelaufen ist – so hat er nun mal gesprochen –, aber er wolle, daß es schnell geschieht.«

»Ist Ihnen jemals der Verdacht gekommen, er könnte an Selbstmord denken?«

»Einspruch.« Erica Johannsen steht verspätet auf und hebt eine Hand. »Die Zeugin ist nicht qualifiziert, in diesem Punkt eine Meinung zu äußern.«

»Ich frage nach der Meinung eines Laien«, sagt Ben. »Die Zeugin hat Mr. Garrison während des vergangenen Jahrs wahrscheinlich öfter gesehen als jeder andere. Weiß Dinge, die er gesagt hat, die er getan hat, kennt seine Gefühle, die er der Zeugin mitteilte. Mehr will ich nicht wissen.«

Die Richterin blickt für einen Moment starr geradeaus und beißt sich dabei auf die Unterlippe. »Ich weise den Einspruch ab.«

Bennett nickt der Zeugin zu. »Glauben Sie, daß er Selbstmord begehen wollte?«

»Nicht in dieser Formulierung, Herr Verteidiger«, ruft die Richterin.

»Danke, Richterin.« Ben sieht die Zeugin an. »Miss Paul, vermittelte Mr. Garrison Ihnen jemals den Eindruck, daß er wegen seiner Krankheit deprimiert war, daß er tatsächlich möglichst früh sterben wollte?«

Sheila Pauls Blick senkt sich, die Augen verdunkeln sich. Sie schluckt krampfhaft. Als sie wieder spricht, ist ihr Tonfall geradezu unheimlich monoton. »So war er normalerweise abends«, beginnt sie. »Wenn es dunkel wurde. Es hatte etwas mit der Dunkelheit zu tun. Er war dann sehr – ich weiß nicht, deprimiert. Er war noch nicht richtig krank. Aber er spürte es bereits ein wenig. Er aß nicht viel. Er verlor Gewicht. Er war ziemlich schwach. Ich glaube – er hat gesagt, er würde spüren, wie es kommt, wenn das überhaupt möglich ist. Aber er fühlte sich noch immer gut genug, um seine Arbeit fortzusetzen. Er hat sich ausgerechnet, daß er noch etwa ein halbes Jahr vor sich hatte. Er hat gesagt, er sei es leid, ständig das Ticken der Uhr zu hören. Er wolle einen schnellen Tod. Wie der Blitz, hat er immer gesagt.«

Erica Johannsen rutscht unbehaglich auf ihrem Platz herum. Die Aussage ist, zumindest teilweise, Hörensagen. Die Anklägerin überlegt bestimmt fieberhaft – die Richterin hat die Antwort zugelassen, daher wird sie sie wahrscheinlich berücksichtigen. Aber noch wichtiger ist, daß die Richterin die Worte der Zeugin gehört hat, selbst wenn sie diese im nachhinein nicht zuläßt.

»Miss Paul«, sagt Ben, »können Sie sich vorstellen, daß Dale jemanden engagiert hat, ihn zu töten?«

326

Das Unbehagen der Staatsanwältin hat sich gelegt. »Euer Ehren!« ruft sie und springt auf.

Die Richterin scheint die Frage zu mißbilligen. Sie sieht Bennett an wie eine Mutter ihr Kind, wenn es etwas Schlimmes getan hat. »Aufforderung zur Spekulation«, sagt sie mit Nachdruck. »Daher wird dem Einspruch stattgegeben.«

Bennett akzeptiert die Entscheidung kommentarlos und macht schnell weiter. »Hat Dale Ihres Wissens finanzielle Probleme gehabt?«

Nun bin ich derjenige, der Unbehagen verspürt. Das würde den Erpresserbrief erklären – daß Dale eine Viertelmillion Dollar brauchte. Die bessere Position für die Verteidigung ist, daß Dale kein Geld brauchte. Er war ein erfolgreicher Anwalt. Er hatte eine Mandantenliste, um die ihn die meisten Anwälte beneideten. Daher ergibt der Erpresserbrief keinen Sinn. Was hat Bennett vor?

»Nicht, daß ich wüßte«, sagt die Zeugin.

»Sie waren ihm auch immer bei seinem Scheckheft behilflich, nicht wahr, Miss Paul?«

Sie lächelt verschämt. »Ich habe seine Rechnungen bezahlt. Dale war in solchen Dingen nicht besonders gut.«

»Demnach kannten Sie seine Finanzen, zumindest auf seinem Girokonto?«

»Klar.«

»War er knapp bei Kasse?«

»Nein. Überhaupt nicht. Er hatte – so um die zwanzigtausend Dollar auf seinem Girokonto. Ich sagte ihm immer, er solle es anlegen, aber am Ende wurde es so etwas wie ein abgedroschener Witz. Sie wissen schon, welchen Sinn hat es denn … wenn ich …« Ihr Gesicht verzog sich schmerzlich.

»Und Sie haben von einigen Investitionen gewußt, nicht wahr?«

»Ja. Er besaß einige Investmentfondspapiere und so weiter. Ich bekam Statusmeldungen ins Büro und habe sie dort abgeheftet.«

»Sicher.« Bennett quittiert ihre Großzügigkeit mit einem

Lächeln. »Dale hatte über einhunderttausend Dollar in Investmentpapieren angelegt, nicht wahr?«

Die Zeugin blinzelt und senkt den Blick. »Es waren wohl eher hundertzwanzigtausend.«

»Er besaß zwei Häuser. Eins hier, eins unten in Florida.«

»Richtig.«

»Und auch noch zum Schluß hatte Dale eine Menge Mandanten, die täglich durch seine Tür kamen.«

»O ja.« Die Zeugin ist eifrig darauf bedacht, ihren Boß im besten Licht dastehen zu lassen. »Er hat Mandanten zu anderen Anwälten geschickt und dafür eine Art Provision bekommen.«

»Schön.« Bennett geht jetzt auf und ab. »Er hatte also genug Geld zur Verfügung und zahlreiche Mandanten, und er gab kein Geld für die Behandlung seiner Krebserkrankung aus. Richtig?«

»Ja.«

»Miss Paul, Sie kannten Dale Garrison also sehr gut. Können Sie sich einen Grund denken, wieso er zweihundertfünfzigtausend Dollar brauchte?«

»Nein«, sagt die Zeugin, während die Staatsanwältin aufspringt.

»Einspruch!«

»Das habe ich ihnen schon gesagt …«

»Aufforderung zur Spekulation!«

»… als sie mir den Erpresserbrief zeigten.«

»Miss Paul«, sagt Richterin Bridges, »mir ist schon klar, daß sie beide gleichzeitig reden, aber wenn jemand Einspruch einlegt, möchte ich, daß Sie abwarten, bis ich eine Entscheidung getroffen habe, ehe Sie antworten. Klar?«

»Tut mir leid«, sagt Sheila Paul. »Als Sie mir diesen Brief zeigten …«

»Miss *Paul*«, sagt die Richterin. »Ich habe noch nicht entschieden.«

Die Zeugin senkt kleinlaut den Kopf.

Die Richterin mildert ihren strengen Gesichtsausdruck.

»Ich denke, die Frage ist zulässig. Also, Miss Paul« – die Richterin lächelt kurz –, »beenden Sie bitte, was Sie sagen wollten.«

Ich lächle auch. Das läuft ja prima.

Sheila Paul setzt erneut an. »Als die Staatsanwälte mir dieses Dokument zeigten – in dem Dale angeblich sagt, daß er soviel Geld braucht –, ergab das für mich keinen Sinn. Wofür hätte er Geld brauchen sollen?«

Bennett schürzt die Lippen. »Vielleicht, damit jemand ihm dabei helfen konnte, sein Leiden zu beenden?«

»Herr Verteidiger.« Die Richterin braucht keine Aufforderung von der Anklägerin, die schon wieder aufgesprungen ist, aber schweigt. »Nächste Frage.«

Bennett hebt die Schultern. »Eigentlich bin ich fertig, Euer Ehren. Danke, Miss Paul.«

Die Richterin sieht die Staatsanwältin an, und die meint, sie habe keine zusätzlichen Fragen.

Die Richterin ordnet einige Papiere auf ihrem Tisch und wendet sich an die Anwälte. »Ich muß heute nachmittag einige wichtige Dinge erledigen«, sagt sie. Sie wirft dann einen Blick auf ihren Terminplan für morgen, wie ich vermute. »Und ich bin morgen für einen Teil des Vormittags verhindert«, sagt sie. Richter an Strafgerichten haben oft Probleme, genügend Zeit für einen Prozeß zu erübrigen. Beklagte haben den Anspruch auf einen zügigen Prozeß, daher müssen Richter nach Möglichkeit Anhörungen dazwischenschieben, um die jeweiligen Fälle voranzutreiben. Weil in unserem Fall keine Jury vorhanden ist, kann Richterin Bridges das Abstimmen ihrer sonstigen Termine auf unseren Prozeß ein wenig flexibler gestalten. »Warum kommen wir nicht morgen vormittag um elf wieder zusammen?«

Beide Anwälte meinen, elf Uhr sei wunderbar. Erica Johannsen teilt der Richterin noch mit, sie glaube den Vortrag der Anklage morgen abschließen zu können.

Als die Richterin ihren Platz verläßt, stehen wir alle auf. Der zweite Tag meines Prozesses ist vorbei. »Das war doch nicht schlecht, oder?« flüstere ich Ben zu. Alles in allem haben wir die Hälfte ihres Beweisvortrags ohne allzu große Schäden überstanden.

Bennett entspannt sich zum ersten Mal. Er stößt einen tiefen Seufzer aus, während die Zuschauer hinter uns den Saal verlassen. Ich versuche, seine Empfindungen abzuwägen – zufrieden gegen enttäuscht –, aber er ist Bennett, wie er im Buche steht, nämlich unerschütterlich. Erica Johannsen klappt ihren Aktenkoffer zu und verschwindet. Nicht lange, und Ben und ich sitzen allein im Gerichtssaal. Draußen werden einige Pressevertreter warten, aber aufgrund der Gerichtsvorschriften können sie uns hier drinnen nicht belästigen.

»Sie schließen morgen am frühen Nachmittag ab«, sagt Ben. »Also haben wir eine lange Nacht vor uns.« Selbst Ben scheint zuzugeben, was ich bereits glaube – daß die Richterin nach Abschluß des Vortrags durch die Anklagevertretung wohl kaum ein für uns günstiges Urteil fällen wird. Was bedeutet, daß ich aussagen muß. Wir einigen uns darauf, uns in der Kanzlei zu einem Arbeitsessen und einer Nacht der Vorbereitung zu treffen. Ich folge ihm durch die Tür des Gerichtssaals. Er wird mein Schild sein, hinter dem ich mich durch die Reportermeute kämpfe. Ich setze mein Fernsehgesicht auf – Kopf hoch, ruhig und selbstsicher, aber nicht herausfordernd – und tippe sacht auf Bens Rücken, um ihm zu signalisieren, daß ich bereit bin.

48

Die erste von drei Debatten während des Rennens zwischen Trotter und Tully findet heute abend statt. Die Liga der Unabhängigen Wähler sponsert und veranstaltet sie in einem Saal in der City. William Gadsby, ein örtlicher Nachrichtensprecher, fungiert als Moderator. Er spaziert auf der Bühne herum und murmelt Sätze vor sich hin und bereitet seine

Fernsehstimme vor. Er reicht mir eine Hand, ohne auf meine derzeitige prekäre Situation einzugehen, was mir ganz recht ist. Ich habe im Laufe der Jahre schon Dutzende Mal mit Bill gesprochen, war sogar mehrmals in seiner Sendung. Seine besten Jahre sind vorbei, aber er ist eine Institution bei den Lokalnachrichten.

Langdon Trotter und Grant Tully halten sich in Räumen hinter der Bühne auf. Sie rekapitulieren mit ihren Beratern ihre Texte und werden von den PR-Leuten zurechtgemacht.

Es ist Dienstagabend. Ben und ich haben lange gearbeitet, und wir brauchen eine Pause. Oder zumindest ich brauche eine, und Ben wollte mitkommen. Die Polizei hat Lyle Cosgrove, soweit ich weiß, noch nicht mit mir in Verbindung gebracht, aber ich rechne damit, daß die Bombe jeden Moment platzt.

Ich habe mir lange überlegt, daran teilzunehmen, bin aber am Ende meinem ersten Impuls gefolgt und hierhergekommen. Eine willkommene Ablenkung. Außerdem ist dies der entscheidende Moment des Wahlkampfs. Lang Trotter hat den Umfragen zufolge einen soliden zweistelligen Vorsprung. Grant Tully muß ihn heute schlagen. Das ist auf keinen Fall genauso wie damals bei Lincoln und Davis. Aber die Wähler müssen Grant als ihren Gouverneur sehen. Form geht meiner Meinung nach vor Substanz, und wenn man Grants Substanz betrachtet – ich spreche von seiner Position bei der Steuererhöhung –, hoffe ich, daß er formmäßig unangreifbar ist.

Ich gehe rüber zu Langdon Trotters Seite und klopfe an die Tür. Mir öffnet Maribelle Rodriguez, eine von Trotters Pressetanten. Wir sind immer gut miteinander ausgekommen. Ich habe schon immer darauf geachtet, mit allen Leuten in der Hauptstadt gut auszukommen.

»Jon, wie geht es Ihnen?« Maribelle nimmt meine Hand in beide Hände. Sie benutzt ein Parfüm, das mich an eine frühere Freundin erinnert, etwas mit einem Erdbeerduft. Vielleicht ist es ihr Shampoo, wenn ich es recht betrachte. Ihre Hände aber sind ausgesprochen weich.

Es ist schwierig für mich, diese Frage zu beantworten, wie wir beide wissen.

»Ich wollte Sie anrufen, wirklich, ich hatte es vorgehabt. Ich meine, es ist schrecklich ...«

»Ich finde das sehr nett, Mari.«

»Ich meine, Politik ist Politik, aber wir alle mögen Sie sehr.« Sie hält noch immer meine Hand und schüttelt sie. »Ich hoffe das Beste.«

»Dann sind wir schon zwei«, sage ich. Maris Lachen ist übertrieben. »Ich hatte überlegt, ob ich Langdon mal hallo sagen kann.«

»Nun ja ...« Sie blickt über die Schulter. »Vielleicht nach der Debatte.«

Eine Stimme dringt aus dem Raum. »Jon Soliday wartet auf niemanden.« Lang Trotter. Mari läßt mich ein, und der Justizminister steht auf. Er sieht aus wie ein Broadway-schauspieler, ein Schminkumhang bedeckt seine Schultern, auf den Wangen ist ein Hauch von Rouge zu sehen. Sein Haar ist adrett gekämmt und gescheitelt – viel zu makellos, meiner Meinung nach. Ein halbes Dutzend Leute, von denen ich die meisten erkenne, ziehen sich in den Hintergrund zurück, während Lang näher kommt. Der Raum ist so groß, daß wir ein wenig auf Distanz bleiben können, und Trotter findet den idealen Abstand und bleibt stehen.

»Jon.« Man kann über ihn sagen, was man will, aber Lang Trotter ist einfach charmant. In seiner Anrede schwingt ein Ton mit, der beim Angesprochenen den Eindruck hinterläßt, im Augenblick sei nichts wichtiger als er. Mit mir scheint er jedoch im Augenblick seine Schwierigkeiten zu haben.

»Ich wünsche meinen Gegnern immer alles Glück«, sage ich. Das war Langs Ausspruch, als ich ihn im Imbißrestaurant sah.

Er nimmt die Bemerkung mit einem großzügigen Lachen an. »Jon.« Er wird wieder ernst und gibt ein theatralisches Seufzen von sich. Er sieht mich nicht an. Er wirkt geistesabwesend. »Wissen Sie, ich würde so etwas nicht tun«, sagt er in Richtung Fußboden. »Ich meine, was Ihre Anwälte behaupten. Ich würde niemals jemanden anweisen, jemand anderen aus politischen Motiven anzuklagen.«

Unter normalen Umständen hätte ich gelacht. Lang Trotter hat sein ganzes Leben lang Leute wegen eines politischen Vorteils angeklagt. Jeder Fall ist politisch oder hat zumindest das Potential dazu. Man weiß nie, wann ein Fall schlichter häuslicher Gewalt sich zu einem Doppelmord steigert, und jeder erinnert sich und fragt, weshalb der Bezirksstaatsanwalt die Klage wegen Körperverletzung fallenließ, als man doch den Schützen hätte einsperren können. Hinterher ist man immer schlauer.

»Ich habe es gehört«, sage ich. Ich sehe ihm ins Gesicht, aber er vermeidet den Blickkontakt.

Trotter legt eine Hand auf meine Schulter und schiebt mich zur Tür. »Ich hoffe, Sie gewinnen den Prozeß, Jonathan, wirklich, das tue ich.«

Ich nicke und strecke ihm eine Hand entgegen. Wir schütteln uns die Hände. Ich halte seine Hand einen winzigen Augenblick länger fest, als angemessen ist. Das erzeugt das erwünschte Resultat. Lang Trotter sieht mich an.

»Wir haben vielleicht ein oder zwei Überraschungen in petto«, sage ich. Ich lasse seine Hand los und winke Maribelle beim Hinausgehen zu. Ich finde Bennett Carey drüben in Grant Tullys Raum und informiere ihn, daß ich mir die Debatte zu Hause ansehe.

49

»Ich möchte damit beginnen, das Publikum zu Hause und hier im Auditorium zur ersten von drei Debatten im Rennen um den Posten des Gouverneurs willkommen zu heißen.« Moderator Bill Gadsby sitzt an einem Tisch mit einem einzigen Mikrofon. Beide Kandidaten werden vorgestellt.

Wir haben stundenlang über das Format verhandelt. Die Republikaner – Trotters Leute – wollten, daß die Kandidaten nebeneinander an Rednerpulten stehen. Das war ihr Wunsch, weil Lang Trotter, ein kräftiger, eins achtzig großer Mann, Grant überragt, der nicht annähernd so groß ist und neben ihm eher schmächtig wirkt. Wir müssen den Eindruck von Unerfahrenheit vermeiden, der bei einem achtunddreißig Jahre alten Staatssenator mit einem leider ausgesprochen jungenhaften Aussehen entsteht, und wenn sie nebeneinander stehen, ist der Vergleich für uns nicht sehr schmeichelhaft. Was uns betrifft, wollten wir Kamerapositionen von oben und von vorn mit der Hoffnung, die kleine kahle Stelle auf Trotters Kopf einzufangen.

Trotter wünschte sich außerdem spontane Fragen aus dem Publikum, sofern sie sich kritisch zu den vorbereiteten Manuskripten äußern. Trotter wollte das aus zwei Gründen. Zum einen hat er das Gefühl, daß er in der direkten Auseinandersetzung besser ist. Grant Tully gilt genau wie sein Vater als guter politischer Strippenzieher im Hintergrund, hervorragend geeignet für die Position des Mehrheitsführers, aber nicht unbedingt fähig, argumentativ aus der Hüfte zu schießen. Der andere Grund für Trotters Wunsch war die Hoffnung, daß irgendwer im Publikum Grant Tully nach mir fragen könnte, seinem Spitzenberater und Angeklagten in einem Mordprozeß.

Meines Erachtens macht Grant ohne Manuskript eine gute Figur, aber am Ende haben wir uns auf das folgende Format geeinigt: Die beiden Männer sitzen auf Hockern, mit Gesicht zum Publikum, jeder ein Mikrofon in der Hand; wir kennen die Fragen nicht genau, aber die allgemeinen Themen wurden uns genannt.

Dies, hier und heute, ist Grants Chance, den zweistelligen Rückstand in den Umfragen wettzumachen. Offen gesagt weiß ich nicht, weshalb Trotter uns diese Debatten geschenkt hat. Er hätte im Fall einer Weigerung von den Zeitungen einiges an Kritik einstecken müssen, aber am Ende vom Mangel an öffentlichen Auftrittsmöglichkeiten für Grant sicherlich profitiert. Ich an seiner Stelle hätte jeglichen gemeinsamen Auftritt mit dem Konkurrenten abgelehnt.

»Bill, ich möchte Ihnen und der Liga der Unabhängigen Wähler für die Gelegenheit danken, mich direkt an die Menschen in diesem herrlichen Staat wenden zu können.« Langdon Trotter erhebt sich von seinem Hocker und hält das Mikrofon, als wäre es eine Verlängerung seiner Hand. Ich werde sofort unruhig. Dieser Kerl trieft geradezu vor Selbstvertrauen und Macht und ist der perfekte, robuste, weißhaarige, mit sonorer Baritonstimme gesegnete Volksvertreter, um diesen Staat zu führen. »Und bei Senator Tully, daß er an dieser Veranstaltung teilnimmt.«

Die Kameras richten sich jetzt auf Grant. Er lächelt dankbar und hebt eine Hand. Mir fällt augenblicklich auf, daß Trotter weitaus telegener ist.

»Ich möchte diesen Staat ins einundzwanzigste Jahrhundert führen, und ich möchte Ihnen erläutern, warum.« Langdon Trotter braucht nicht viel Make-up, er verfügt über eine attraktive Sonnenbräune. »Dies ist ein prächtiger Staat. Ich habe mein ganzes Leben hier verbracht und möchte niemals von hier weggehen. Aber wir haben hier noch einiges zu erledigen. Die Menschen fühlen sich auf den Straßen und in ihren Häusern noch immer nicht sicher. Sie haben das Gefühl, daß die Regierung ihnen zu viel von ihrem Geld abnimmt. Die Menschen, wie auch die kleinen Unternehmen, finden, daß die Regierung sich viel zu sehr in ihre ureigenen Angelegenheiten einmischt. Wir haben nur wenig Vertrauen, daß die Schulen unsere Kinder hinreichend auf ihr Leben als Erwachsene vorbereiten. Und es gibt zu viele Gefahren für unsere Kinder – zum einen Tabak, zum anderen obszöne Songtexte und gewalttätige Videospiele und Filme, die jeden normal empfindenden Menschen schockieren.«

Ein netter Start für einen Republikaner auf der Suche nach einer gemäßigten Position. Er wird ganz sicher seine ablehnende Haltung zur Waffenkontrolle und zur Abtreibung, zwei der umstrittensten Themen in unserem Staat, nicht offen kundtun. Da Trotter während der Vorwahlen keinerlei Opposition hatte, mußte er sich nicht zu weit nach rechts hinauslehnen. In diesem Fall hätte er sich nämlich weitaus leidenschaftlicher für den uneingeschränkten Waffenbesitz und gegen die Legalisierung der Abtreibung aussprechen müssen. Nein, er hält sich lieber an die allgemeineren Themen – niedrigere Steuern, mehr Polizei, Ausweitung des Rauchverbots. So schafft man es, zum Gouverneur gewählt zu werden. Wenn es nur irgend jemandem gelänge, Grant Tully dies klarzumachen.

»Er ist gut«, sagt Ben. Er hat mich auf der Fahrt vom Auditorium begleitet. Wir haben heute nacht noch einiges an Arbeit zu erledigen.

»Der Justizminister und ich sind uns hinsichtlich der Ergebnisse einig, die wir erreichen möchten«, sagt Grant Tully und erhebt sich ebenfalls vom Hocker, »aber wir wollen unterschiedliche Wege einschlagen.« Der Senator trägt ein blaues Hemd und eine rote Krawatte. Seine Haartolle ist aus der Stirn straff nach hinten gekämmt, so daß er unter den gegebenen Umständen ein wenig reifer wirkt. »Ich will sichere Straßen, aber das erreichen wir meiner Meinung nach nicht durch Ausweitung der Todesstrafe, sondern durch Waffenkontrolle, mit der wir jugendlichen Banden die Waffen abnehmen. Ich wünsche mir bessere Schulen, aber das möchte ich nicht erreichen, indem ich weniger Lehrer einstelle oder die staatliche Finanzierung der Schulen kürze, die schlechte Leistungen erbringen. Gerade diese Schulen sind es nämlich, die das Geld am dringendsten brauchen. Die Lehrer in solchen Schulen mit Kindern, die ständig in ganz normalen Tests durchfallen, weil sie zu Hause keinerlei Unterstützung finden oder es sich nicht erlauben können, ein normales Frühstück einzunehmen, brauchen eine Einstellungssicherheit und unsere Hilfe am meisten. Mr. Trotter und ich sind uns darin einig, daß wir unsere Kinder vor der Abhängigkeit von Tabak schützen müssen, aber auch in diesem Punkt unterscheiden sich unsere Wege zum Ziel. Der Justizminister möchte die Gelder aus den Schadensersatzprozessen gegen die Tabakindustrie als Steuervergünstigungen zurückfließen lassen. Ich hingegen finde, wir sollten die Gelder direkt einer sinnvollen Verwendung zuführen. Geben wir sie dorthin, wohin sie gehören – nämlich in Gesundheitsprogramme und Präventivmaßnahmen, um unsere Kinder davon abzuhalten, jemals mit dem Tabakkonsum anzufangen.«

Nicht schlecht. Ich hoffe, er kämpft für die Waffenbesitzkontrolle so entschieden, wie wir es ihm eingebleut haben. Das ist das Thema, an dem sich heute abend die Geister scheiden werden, zumindest das, das uns Stimmen einbringen kann. Trotters Siegerthema sind die Steuern. Der Justizminister hat sich für eine Kürzung der Einkommenssteuer stark gemacht, was ziemlich lachhaft ist, wenn man bedenkt, daß nur etwa drei Prozent des Einkommens von staatlicher Seite besteuert werden. Aber der Senator hat sich dagegen ausgesprochen und eine Steuererhöhung befürwortet, um die finanzielle Unterstützung der Schulen im Staat zu verändern. Heute abend muß er das den Bürgern überzeugend verkaufen, sonst ist die Sache gegessen.

Der Senator beendet seine einführenden Worte. Bill Gadsby holt ein Blatt Papier hervor. »Die erste Frage gilt dem Thema Steuern.«

»Die erste Frage bezieht sich auf den unangenehmsten Punkt von Senator Tullys gesamtem Programm«, sage ich zu Ben.

»Justizminister Trotter, seien Sie bitte so nett, und fassen Sie Ihre Pläne für die staatliche Einkommenssteuer zusammen.«

»Vielen Dank, Bill.« Lang Trotter rutscht wieder von seinem Hocker. Vielen Dank ist genau richtig. An Trotters Stelle würde ich den Moderator jetzt küssen. »Wir zahlen in diesem Staat zu viele Steuern. So einfach ist das. Die Wirtschaftsentwicklung hat sich verlangsamt, und die Menschen versuchen, sich etwas nebenbei zu verdienen, um die Schulkleidung für ihre Kinder zu bezahlen oder um sich fürs Alter

337

ein wenig auf die hohe Kante zu legen. Ich möchte ihnen dabei helfen.« Trotter nickt ernsthaft. »Ich will Sie nicht mit irgendwelchen phantastischen Formeln einwickeln. Hier ist mein Steuerplan, schlicht und einfach. Ich möchte jedem Steuerzahler fünfhundert Dollar zurückgeben. Egal, wieviel Sie an Steuern zahlen, wer immer Sie sind, egal, welchen Alters, welcher Rasse, welchen Geschlechts. In diesem Staat wird der durchschnittliche Steuerzahler mit sechzehnhundert Dollar an staatlichen Abgaben belastet. Diesen Betrag möchte ich um mehr als dreißig Prozent kürzen.«

Das ist ziemlich gut. Das hat er vor heute abend niemals gesagt. Er hat immer ganz allgemein von Steuersenkungen gesprochen, sich aber niemals so eindeutig geäußert.

»Das war klasse«, stellt Ben fest.

»Jawohl.«

»Senator Tully?«

Grant lächelt auf seine übliche entspannte Art. »Ich bin ebenfalls für niedrigere Steuern. Nur sollen sie fair sein. Und wenn ich fair sage, meine ich fair für unsere Kinder. Ich spreche von den Schulen. Von der Bildung, der Erziehung. Zur Zeit wird unser Schulsystem vorwiegend über die Vermögenssteuer finanziert. Das sind Kommunalsteuern. Daher nehmen die reichen Gegenden in diesem Staat hohe Vermögenssteuern ein und haben, was kaum überrascht, auch bessere Schulen. Die ärmeren Regionen dieses Staates verfügen über geringere Einnahmen an Vermögenssteuer und leiden daher finanziell teilweise große Not. Wenn ich also von meinem Steuerplan spreche, meine ich damit eine grundlegende Änderung der Finanzierung unseres Ausbildungssystems. Ich möchte die Schulen über die Einkommenssteuer und nicht die Vermögenssteuer finanzieren. Wenn ich daher von einer bescheidenen Erhöhung der Einkommenssteuer spreche, sollte jedem klar sein, daß ich im gleichen Maß die Vermögenssteuer senken will. Wer also in einem reichen Teil des Staates lebt, wird mehr Einkommenssteuer und weniger Vermögenssteuer zahlen. In den ärmeren Regionen wird die

Einkommenssteuer generell steigen, aber die Schulen werden mehr Geld zur Verfügung haben. Der Justizminister ist ein kluger Politiker, und er glaubt, wenn er in seinen Werbespots erklärt, ich würde die Einkommenssteuer erhöhen, daß Sie, die Wähler, den anderen Teil der Geschichte dann völlig vergessen – nämlich die Kürzung der Vermögenssteuer.«

Bla-bla-bla. Ich habe ihn *hundert*mal, wir *alle* haben ihn hundertmal gewarnt, diese Position zu beziehen. Er hat sie vor ein paar Wochen publik gemacht, und sie hat ihm nicht einen einzigen Punkt eingebracht. Man kann über die Vermögenssteuer reden, so lange man will, doch am Ende ist es nichts als ein weißes Rauschen, aus dem sich nur ein einziger klarer Ton herauskristallisiert: *Senator Tully möchte die Einkommenssteuer erhöhen, Justizminister Trotter möchte sie senken.*

Deshalb bewundere ich Grant. Dieser Bursche sagt, was er denkt. Aber kann er seinen Plan nicht erst dann offenlegen, wenn er im Amt ist? Muß er fünf Millionen Zuschauern erklären, daß er ihre Einkommenssteuer erhöhen will? Ich bin der Ansicht, daß sein Plan Hand und Fuß hat. Ich denke, es ist ein hervorragender Weg, das bildungsmäßige Ungleichgewicht zu beseitigen, indem das arme Ende angehoben wird, ohne dem reichen Ende allzu weh zu tun. Aber als Wahlkampfslogan rangiert es etwa im Bereich von »Laßt uns die alten Leute ordentlich ausnehmen!«.

»Das nächste Thema ist die Verbrechensbekämpfung«, sagt der Moderator. »Bitte erläutern Sie Ihre Standpunkte hinsichtlich Strafgesetzgebung und Todesstrafe.«

Ich schließe die Augen. Diesmal beginnt Grant. Härtere Gesetze für Sexualverbrecher und Drogenhändler. Eine kurze Erwähnung, die Todesstrafe abzuschaffen, aber dafür in verstärktem Maß lebenslange Gefängnisstrafen ohne vorzeitige Haftentlassung einzuführen. Stärkere Bemühungen auf dem Gebiet der Rehabilitation. Alles kann auf folgende Formel reduziert werden: Grant Tully ist gegen die Todesstrafe.

»Nun, ich bin *für* die Todesstrafe«, sagt Lang Trotter. »Weil ich daran glaube, daß sie Verbrechen verhindert. Ich

habe als Bezirksstaatsanwalt von Rankin County sechzehn
Jahre lang Gewaltverbrechen verfolgt, und ich weiß, was es
bedeutet, die Todesstrafe zu verhängen und zu vollstrecken.«

Er ist gut. Er wird gewinnen. Ich wünschte, jemand würde
ihm die Frage stellen: »Herr Justizminister, stimmt es, daß
Ihre Bewerbungsunterlagen ungültig sind? Und daß Sie sich
gar nicht zur Wahl stellen dürfen?« Aber der Zeitpunkt, bis
zu dem wir noch gegen seine Papiere Einspruch hätten einlegen können, ist längst verstrichen. Lang Trotter hat keine
Ahnung, wie dicht er davorstand, seine Gouverneursträume
auf Grund eines Formfehlers begraben zu müssen.

Oder weiß er es?

Es ist zuerst nur ein leises Klingeln in meinem Gehirn,
dann ein hektisches Ordnen der Details. Ich verlasse meinen Sitzplatz im Wohnzimmer und gehe zur Hintertür, um
frische Luft zu schnappen. Die Hunde folgen mir in den
kleinen Garten und tollen herum. Ich gehe auf und ab,
während ich angestrengt nachdenke. Die Abendtemperatu-
ren sind niedrig, aber mein Blut scheint zu kochen.

Ich lasse die Hunde draußen und kehre freudig erregt ins
Wohnzimmer zurück. Bennett scheint nicht bemerkt zu haben, daß ich draußen war.

»Ich bin froh, daß du sitzt«, sage ich.

Ben konzentriert sich auf die Debatte. »Wo warst du?«

»Vergiß die Debatte«, sage ich. »Möchtest du deine Eröff-
nungsansprache hören, wenn die Verteidigung ihre Arbeit
aufnimmt?«

Das weckt seine Aufmerksamkeit. »Na klar.«

»Dann laß mich dir eine Geschichte erzählen, mein
Freund.« Ich stelle mich vor den Fernseher und forme mit
den Händen einen Rahmen. »Ich entdecke bei Lang Trotters
Bewerbungsunterlagen einen Fehler, richtig?«

»Richtig.«

»Ich erzähle Dale davon.«

»Richtig.«

»Aber wir entscheiden, diese Information nicht zu benutzen, um Trotter aus dem Rennen zu werfen. Wir würden als ziemlich bösartig und hinterhältig dastehen, und die Republikaner würden ihn durch einen gemäßigteren Kandidaten ersetzen.«

»Ja.«

»Es funktioniert also nicht, das As öffentlich auszuspielen. Dann kommt die Überlegung auf, es privat einzusetzen. Trotter die Information vertraulich zukommen zu lassen und ihn dazu zu bringen, die Wahl zu schmeißen.«

»Richtig.«

»Dale weiß, daß ich in diesem Punkt Hemmungen habe. Er weiß, daß diese Idee mir nicht gefällt. Und er weiß, daß Grant am Ende genau das tun wird, was ich ihm rate.«

»Klar. Prima.«

»Jetzt haben wir also das As draußen, nicht wahr? Dale weiß, daß das Tully-Lager es nicht ausspielen wird. Aber es ist immer noch vorhanden. Richtig?«

»Richtig.«

»Also beschließt *Dale*, es einzusetzen.«

Dank dieser neuen Information wird Bennett endlich hellhörig. »Dale benutzt es? Wie?«

»Warte einen Moment.« Ich eile in die Küche und hole den Ordner mit meinem Fall. Ich fische den Erpresserbrief heraus und reiche ihn Ben.

Ich bin wohl der einzige, der das Geheimnis kennt, von dem niemand etwas weiß. Dafür sollten, wie ich finde, $ 250 000 ausreichen. Ein Monat dürfte als Frist lang genug sein. Ich will keine Spekulationen über Ihre Geldquelle anstellen, aber ich denke, wenn jemand eine Möglichkeit finden kann, den Wahlkampffonds anzuzapfen, ohne daß jemand es bemerkt, sind Sie es. Ich könnte mich natürlich auch direkt an den Senator wenden. Wollen Sie das? Ein Monat. Versuchen Sie nicht, in dieser Sache mit mir Kontakt aufzunehmen. Ich werde beizeiten von mir hören lassen.

Ben liest ihn, als täte er es zum ersten und nicht zum hundertsten Mal.

»*Dale* hat diesen Brief *Lang Trotter* geschickt«, sage ich, kaum fähig, meine Erregung im Zaum zu halten. »Er sagt zu Trotter, gib mir eine Viertelmillion, oder ich erzähle es Senator Tully.«

Bennett nickt, während er den Brief erneut liest. »Dale tut so, als hätte *er* das As gefunden.«

»Richtig! Als wäre er der einzige, der darüber Bescheid weiß. Und so wird es bleiben, wenn Trotter ihm die geforderte Summe gibt.« Ich deute auf den Brief. »Der ›Wahlkampffonds‹ ist *Trotters* Fonds, nicht Grants.«

Bennett läßt sich diese Theorie durch den Kopf gehen und ist für mich die Stimme der Vernunft. »Das haut bis zu einem gewissen Grad hin, Jon. Ich akzeptiere, daß Trotter damit ein Motiv hätte, Garrison umzubringen. Ich akzeptiere auch, daß Trotter unter Umständen durchaus dazu bereit ist.«

»Verdammt, ja.«

»Okay, okay, aber Moment mal.« Bennett ist ganz behutsam. Meine Begeisterung ist offensichtlich. Er möchte mir meine Parade nicht auf einen Schlag verhageln. »Wie willst du erklären, daß *du* ein Exemplar des Erpresserbriefs erhalten hast? Und wie willst du Lyle Cosgroves Beteiligung begründen?«

»Folgendermaßen, Bennett Carey.« Ich glühe geradezu vor Eifer. »Trotter war '92 gewählter Justizminister.«

»Ich glaube schon, ja.« Ben nickt.

»Und davor war er für die Dauer von vier Amtsperioden als Bezirksstaatsanwalt in Rankin County tätig.«

»Ja.«

»Also war er 1976 Bezirksstaatsanwalt.«

»Hm-hm.«

»Und auch 1979.«

Ben dreht sich halb um und sieht mich an. Die Erwähnung dieses speziellen Jahres weckt seine Aufmerksamkeit. »Ja, und?«

342

»Diese Staatsanwälte«, sage ich, »bei denen geht's doch zu wie bei einem Damenkränzchen, nicht wahr?«

Bennett zuckt die Achseln. »Keine Ahnung.«

»Vielleicht hat sich nach den Ereignissen von 1979 einiges rumgesprochen. Vielleicht hat der Staatsanwalt von Summit County gequatscht. Ich meine, daß Simon Tully seine Beziehungen eingesetzt hat, um den besten Freund seines Sohns zu beschützen? Das muß doch eine ganz heiße Neuigkeit gewesen sein.«

»Wäre das nicht schon früher rausgekommen, wenn der Staatsanwalt von Summit County geredet hätte?«

»Nicht unbedingt, Ben. Es war eine Jugendgerichtssache, richtig? Die kann man nicht einfach so an die Öffentlichkeit bringen. Ein Reporter darf nichts davon drucken.«

Ben verzieht den Mund. »Aber der Bezirksstaatsanwalt in Summit County? Er soll mit Trotter geredet haben?«

»Klar«, sage ich, und meine Erregung nimmt zu. »Der Staatsanwalt da draußen ist ein Golfkumpel von Jimmy Budzinski. Summit County liegt gleich hinter der Staatsgrenze. Und Trotters County, Rankin, liegt im Osten des Staates, genau südlich von uns. Praktisch vor der Tür.«

Ben faltet die Hände. »Du glaubst also tatsächlich, Trotter hat rausgekriegt, was damals passiert ist – das mit dir und Grant?«

»Ja, vielleicht.«

»Und soll nun was tun? Dich erpressen?«

»Nein.« Ich schüttle heftig den Kopf. »Nein, nein. Er hat die Information für einen Zeitpunkt gespeichert, an dem sie sich als nützlich erweisen könnte. Er hatte schon lange ein Auge auf den Posten des Justizministers geworfen. Er wußte, daß Simon Tully mit Grant große Pläne hatte – das wußte jeder. Wahrscheinlich hat er sich gedacht, daß seine und Grants politische Pfade sich irgendwann mal kreuzen würden. Daher hat er damals sein Wissen für sich behalten. Und auf den richtigen Moment gewartet.«

»Und in all den Jahren«, sagt Ben, »war Grant Tully für

Trotter völlig bedeutungslos. Er saß drüben im Senat. Er war keine Gefahr.«

»Aber jetzt ist er eine.«

»Donnerwetter.« Ben sieht sich nach einem Notizblock um. Er schreibt seine Gedanken gern auf.

»Trotter hatte wahrscheinlich die Absicht, die ganze Sache einen Monat oder so vor der Wahl an die Öffentlichkeit zu bringen«, sage ich. »Grant hätte keine Zeit mehr für eine effektive Schadensbegrenzung gehabt.« Aufmerksamkeit heischend hebe ich einen Finger. »Aber dann hat sich die Landschaft verändert. Jetzt erpreßt Garrison ihn mit dem As. Trotter muß Dale aus dem Weg räumen. Er ist der ganz Schlaue und fängt an zu planen. Er schickt mir den Erpresserbrief, tötet Garrison und hängt mir die Sache an. Die Geschichte dazu lautet: Jon Soliday hat aus dem Jahr 1979 ein Geheimnis, das Dale Garrison publik machen wollte, also brachte er ihn um. Er erwischt zwei Fliegen mit einer Klappe, Ben. Das As geht mit Dale Garrison in Rauch auf, und Grants Spitzenberater wird wegen Mordes angeklagt.«

»Und Lyle Cosgrove?«

»Lyle Cosgrove – Trotter weiß auch über ihn Bescheid, Ben. Wahrscheinlich hat dieser Mistkerl die verdammte Akte aus dem Jahr 1979 in seinem Besitz.« Ich schnippe mit den Fingern. »Trotter ist der Bezirksstaatsanwalt, der den Aufbewahrungsvermerk auf die Akte gekritzelt hat, damit sie nicht vernichtet wird.«

Selbst in seiner Rolle als Advocatus diaboli räumt Ben diese Möglichkeit ein.

»Also benutzt er Cosgrove, um Garrison zu töten«, fahre ich fort, wobei meine Stimme vor Erregung zittert. »Das ist brillant. Er benutzt den Burschen aus dem Jahr 1979, um die Drecksarbeit zu erledigen. Danach beseitigt er Cosgrove. Damit stehe ich noch viel schlechter da. Es ist clever. Verdammt, es ist geradezu genial.«

»Und er ist sich sicher, daß Cosgrove es tut?«

»Na klar ist er sich sicher. Langdon Trotter ist der Justizminister. Lyle Cosgrove hat ein Drittel seines Lebens im Gefängnis verbracht. Wenn Trotter sagt: ›Spring!‹, fragt Cosgrove nur: ›Wie hoch?‹«

Bennett schnippt mit den Fingern. »Das Dokument auf Dales Computer. Über das As. Das, worüber die Staatsanwälte kein Sterbenswörtchen haben verlauten lassen?«

Ich fasse mir an die Stirn. »Daran habe ich nicht gedacht.«

»Aber es erscheint völlig plausibel«, sagt Ben und springt auf. »Trotter denkt, daß Dale – und nur Dale! – über das As Bescheid weiß, klar? Das war die Grundlage von Dales Erpressung. Trotter denkt, er tötet Dale, das As ist weg, und alle blicken auf dich. Alle glauben, Dale hätte dich mit dem Vorfall aus dem Jahr 1979 erpreßt.«

»Richtig.«

»Aber dann findet die Staatsanwaltschaft dieses Memo auf dem Computer. Elliot Raycroft zeigt es als treuer Diener seines Herrn Lang Trotter.«

Ich richte einen Zeigefinger auf Ben. »Demnach weiß Trotter, daß auch ich und der Senator Bescheid wissen. Das As ist mit Dale Garrison nicht verschwunden.«

»Also.« Ben macht eine Handbewegung. »Trotter versucht, die Sache so schnell wie möglich aus der Welt zu schaffen. Deshalb läßt er dir von Elliot Raycroft einen einmaligen Handel vorschlagen. Den besten Handel, den er dir anbieten kann.«

»Und ich lehne ab.«

»Und du lehnst ab. Also bittet er Raycroft, den Erpresserbrief nicht zu erwähnen. Und plötzlich zieht die Staatsanwaltschaft den Brief als Beweisstück zurück.«

»Deshalb also«, murmele ich.

»Ja, deshalb. Und deshalb ist Dan Morphew aus dem Fall ausgestiegen. Darauf möchte ich fast wetten. Er hat protestiert. Der Bursche ist ein aufrechter Kerl. Ihm paßt es nicht, wenn man ihm vorschreibt, wie er seine Fälle führen soll. Sie setzen eine neue Anklägerin ein, Erica Johannsen, und lassen sie in dieser Sache wahrscheinlich im dunkeln tappen.«

»Also werden sie diese Erpressungsgeschichte nicht erwähnen«, sage ich. »Sie wollen eine simple Geschichte ohne Motiv – ich war der einzige am Tatort, ich habe den Wachmann belogen, wer sonst könnte der Täter sein?«

»Und Lyle Cosgrove?« fragt Ben. Ich glaube, er kennt die Antwort, aber er spürt, wieviel Spaß es mir macht, dieses Garnknäuel zu entwirren.

»Lyle Cosgrove deutet auf 1979 hin«, sage ich. »Jetzt wurde er ermordet, und die Staatsanwaltschaft wird die richtigen Fragen stellen. Sie bringt uns drei – Lyle, Dale und mich – mit 1979 in Verbindung. Damit hat sie ihre Story.«

»Wenn du daher nach alldem versuchst, Lang Trotter zu beschuldigen«, sagt Ben, »ist das nichts anderes als ein Verzweiflungsakt von jemandem, der zwei Menschen ermordet hat, um ein häßliches Geheimnis zu begraben.«

»Trotter hat Dale und Cosgrove umgebracht.« Ich sage das mehr zu mir als zu Ben.

Ben geht jetzt auf und ab. »Ich vermute, daß wir in Kürze von der Staatsanwaltschaft etwas ganz anderes zu hören bekommen. Sie wird sicherlich den Erpresserbrief als Beweisstück einführen wollen. Und sie wird über 1979 sprechen. Trotter wird dich noch tiefer hineinreiten, und er kommt einen Monat vor der Wahl mit einer Sensationsgeschichte über seinen Gegner heraus.«

Ich spüre, wie aus Gründen, die ich nicht erklären kann, eine Riesenlast von meinen Schultern genommen wird. Ich habe gewußt, daß ich Dale nicht umgebracht habe, also unschuldig bin. Und es ist mehr als die Tatsache, daß ich das Rätsel gelöst habe. Ein Gefühl der Erlösung erfüllt mich.

Ben sieht mich jetzt an. »Wolltest du deshalb heute abend zu der Debatte gehen?«

Ich zucke mit den Achseln. »Schon möglich. Ich hatte es mir noch nicht so klar zusammengebastelt, aber irgend etwas beschäftigte mich. Ich wollte herausfinden, ob er mir in die Augen sieht.« Ich schüttle den Kopf. »Er tat es nicht. Er zog seine übliche Charme-Nummer ab, wollte im Grunde aber nichts mit mir zu tun haben.«

»Kein Wunder«, sagt Ben und wirft einen Blick auf den Fernsehschirm. »Du weißt, daß wir das alles nicht beweisen können. Wir schaffen vielleicht einen begründeten Zweifel, aber ...«

»Wir beweisen es«, sage ich, während ich mir ansehe, wie Justizminister Langdon Trotter betont offen und vertrauenerweckend in die Kamera lächelt.

50

Erica Johannsen bittet vor Beginn der Verhandlung an diesem Morgen um ein Gespräch im Richterzimmer. Die Richterin bittet uns zu sich und hört sich an, was Johannsen zu sagen hat.

»Richterin, wir wünschen eine Vertagung«, sagt Johannsen.

»Weshalb?« Die Richterin sucht etwas in einer Schublade.

»Euer Ehren, wir haben soeben Kenntnis davon erhalten, daß eine Person, die eine wichtige Rolle in diesem Fall spielt, ermordet wurde. Sein Name ist Lyle Cosgrove.«

»In Ordnung«, sagt die Richterin. »Dann erzählen Sie mir von Lyle Cosgrove.«

»Euer Ehren, Mr. Cosgrove wurde soeben ermordet aufgefunden. Er war ein Mandant Mr. Garrisons und wurde vor kurzem aus dem Gefängnis entlassen. Wir glauben, er war am anderen Ende der Handyverbindung mit Mr. Soliday um den Zeitpunkt des Mordes.«

»Was bringt Sie zu dieser Auffassung?«

»Weil die Person, deren Handy gestohlen wurde, eine Beschreibung des Diebs lieferte, die auf Mr. Cosgrove paßt.«

»Und Sie wollen jetzt Zeit, um weitere Ermittlungen anzustellen«, sagt Richterin Bridges.

»So ist es. Wir sind sicher, daß wir Mr. Cosgrove mit Mr.

Soliday in Verbindung bringen können. Noch ist es uns nicht gelungen.« Sie sieht Bennett und mich an. »Das von der Verteidigung angestrebte schnelle Verfahren kann sich auf neunzig Tage erstrecken. Wir haben fast fünfzig Tage Zeit, ehe die Frist abläuft. Wir würden jedoch nur eine oder zwei Wochen brauchen, das würde uns reichen.«

»Herr Verteidiger?« Die Richterin sieht Bennett an.

»Reine Verschleierungstaktik«, sagt Ben. »Sie beschäftigen sich seit dem ersten Tag mit Lyle Cosgrove. Er ist ein kürzlich entlassener Sträfling. Sie haben ihn sofort nach Mr. Garrisons Tod überprüft. Wirklich, Richterin, er ist der erste, um den sich jeder halbwegs fähige Ermittler kümmert. Er plädierte nach seiner letzten Verurteilung auf unzureichende anwaltliche Vertretung, als er seinen Revisionsantrag stellte – er beklagte sich über Mr. Garrison. Sie nahmen ihn aufs Korn und entschieden, sicherlich aus einleuchtenden Gründen, daß er nicht ihr Mann war. Und sie befragten diese Frau, deren Handy vor einigen Wochen gestohlen wurde. Sie hatten eine Beschreibung von der Person, die offenbar Mr. Cosgrove ähnlich sieht, noch bevor mein Mandant verhaftet wurde.« Ben zuckt die Achseln. »Es gibt nichts Neues in diesem Punkt. Wenn Cosgrove verdächtig ist, hätte er es schon lange sein müssen. Die Tatsache, daß er jetzt tot ist, ändert nichts hinsichtlich seiner möglichen Beteiligung an diesem Fall. Es ist der offensichtliche Versuch, Zeit zu gewinnen, denn sie wissen, daß sie im Augenblick gegen das Argument des begründeten Zweifels nicht ankommen.«

»In Ordnung, Herr Verteidiger«, sagt die Richterin. »Miss Johannsen?«

»Wir wollen der Möglichkeit nachgehen, daß Mr. Soliday diesen Mann ermordet hat, Euer Ehren. Das ist ganz gewiß eine neue Entwicklung.«

»Nein, in *diesem* Fall ist sie es nicht.« Die Richterin deutet mit dem Zeigefinger auf die Schreibtischplatte. »Sie können Mr. Soliday später dieses Verbrechens beschuldigen und anklagen, wenn Sie es beweisen können. Das verändert jedoch nicht diese Person – Mr. Cosgrove –, und es ändert nichts an seiner Verbindung zu Mr. Garrisons Tod. Ich stimme Mr. Carey zu. Entweder ist er darin verwickelt oder nicht. Wenn er es ist, hatten Sie ausreichend Möglichkeit, es nachzuweisen.« Sie schüttelt den Kopf. »Ich verlege den Prozeßtermin nicht. Wir fahren fort.«

»Dann stellen wir den Antrag, die Freilassung auf Kaution zu widerrufen, Euer Ehren«, sagt Johannsen.

Die Richterin strafft sich. »Frau Staatsanwältin, wollen Sie mir noch mehr Beweise hinsichtlich der Beteiligung des Angeklagten am Tod dieses Zeugen präsentieren?«

»Das alles ist soeben erst passiert.« Erica Johannsen hebt mit einer flehenden Geste die Hände. »Wir beschuldigen den Angeklagten des Mordes und glauben, daß er möglicherweise einen zweiten Mord begangen hat. Sie haben in Kautionsfragen einen weiten Ermessensbereich, Euer Ehren. Wir erklären nichts anderes als …«

»Ich werde die Freilassung auf Kaution nicht widerrufen.« Die Richterin schüttelt den Kopf. »Wenn Sie mir Beweise vorlegen können, werde ich sie mir ansehen. Aber diese Person wurde von Ihnen nicht einmal als Zeuge benannt. Und jetzt erklären Sie mir, er sei unentbehrlich für Sie, und sein Tod solle dem Angeklagten angelastet werden? Nein. Da müssen Sie mir schon mehr und Besseres anbieten.«

»Ich möchte noch etwas anderes bemerken, wenn ich darf, Richterin.« Ben beugt sich vor. »Unter anderem bewerten Sie auch die Fakten. Ich denke, daß die Staatsanwaltschaft versucht, Ihre Bewertung zu beeinflussen. Sie behauptet, daß mein Mandant einen Mord begangen hat, dessen er noch nicht einmal beschuldigt wurde. Wegen dem er noch nicht einmal *befragt* wurde. Ich würde deshalb auf Verfahrensfehler plädieren, doch genau das will die Staatsanwaltschaft.«

»Das ist mir klar, Herr Verteidiger.«

»Gestern wurde dieser Lyle Cosgrove noch nicht einmal auf der Zeugenliste erwähnt. Und jetzt soll er ein unentbehrlicher Zeuge sein? Das ist er natürlich nicht, und Miss Johannsen weiß das. Sie suchte nur eine weitere Gelegenheit, um meinen Mandanten einen Mörder zu nennen. Ich denke, wir wurden soeben in übelster Weise in ein schlechtes Licht gerückt.«

»Mr. Carey«, erwidert die Richterin, »ich kann Ihnen versichern, daß ich in keiner Weise negativ beeinflußt wurde. Dies wird bei meinen Überlegungen keinerlei Rolle spielen. Und jetzt lassen Sie uns hinausgehen.«

Ich achte darauf, voller Selbstvertrauen aufzutreten und mich nicht durch die Tatsache beeinflussen zu lassen, daß jeder im Richterzimmer wahrscheinlich glaubt, ich hätte Lyle Cosgrove umgebracht. Die Richterin hat vielleicht gewisse Zweifel. Die Staatsanwältin nicht. Und Bennett ... nun, er würde nicht allzuviel auf meine Unschuld verwetten.

Oh, wie dicht stand ich davor, es an jenem Abend zu tun, als ich ihm folgte und darauf wartete, ihn auf dem Bürgersteig zu erwischen. Ich war vielleicht einen Meter von Lyle Cosgrove entfernt, als er an mir vorbeihumpelte. Ich war von Haß erfüllt. Ich war verbittert und wütend, und da war ein Mann, den ich mit meiner Wut treffen konnte. Ich war bereit, ihn zum Sündenbock zu machen. Sein Tod wäre die Beseitigung eines gegenwärtigen Problems gewesen und die Lösung, wenn nicht gar Eliminierung eines weiteren in der Vergangenheit.

Ich war bereit, Lyle Cosgrove mit bloßen Händen umzubringen, gleich dort auf dem Bürgersteig. Er näherte sich mir mit gemütlichen Schritten. Er pfiff leise vor sich hin, kein Lied, das ich kannte, aber auf jeden Fall etwas Unbeschwertes. Ich roch den Tabakqualm an ihm. Sein Gesicht, beleuchtet von der matten Helligkeit der Straße und des Parkplatzes, erschien blaß und mickrig. Seine Augen blickten flackernd in meine Richtung, während ich in der Parkplatzeinfahrt stand. Er nickte mir ohne ein Zeichen von Unruhe zu. Ich denke, er hatte im Gefängnis weitaus mehr zu fürchten gehabt als einen mittelgroßen Mann, der einen Parkplatz verläßt. Er begann wieder zu pfeifen, und ich stand stocksteif da, während er seinen Weg fortsetzte.

Ich wischte mir die Stirn ab und atmete langsam aus. Es war in vieler Hinsicht ein völlig harmloser Moment, zwei Menschen, die kurz voneinander Notiz nahmen, während jeder seiner Wege ging. Aber ich lernte in diesen fünf Sekunden etwas über mich selbst, oder genauer gesagt, ich wurde an etwas erinnert. Ich habe geglaubt, ich könnte unter bestimmten Umständen einen Menschen umbringen, aber ich kann es nicht. Ich hatte die Möglichkeit und die Gelegenheit und konnte es nicht. Ich wurde nicht von der Vernunft getrieben. Ich dachte überhaupt nicht. Ich machte mir über Moral oder die Wahrscheinlichkeit, erwischt zu werden, keinerlei Gedanken. Ich war jenseits solcher Überlegungen, handelte rein instinktiv – und mein Instinkt hielt mich zurück.

Ich genoß einen kurzen Moment der Erleichterung und Freude dort auf dem Bürgersteig, konnte nicht genau erklären, was Cosgrove getan hatte oder welche Gefühle mich leiteten, mich davon abhielten, ihm das Leben zu nehmen. Mein Geist war wenige Augenblicke vorher dunkel und kalt gewesen. Ich war darauf vorbereitet, ohne Vernunft zu handeln, und doch hatte ich plötzlich unbewußt das Menschliche in diesem schmächtigen, sündigen Mann erkannt.

Die Anwälte und ich verlassen das Richterzimmer und kehren in den Gerichtssaal zurück. Ben und ich sehen einander an, sagen jedoch nichts. Das ist genau das, was Ben prophezeit hat.

Die Richterin nimmt hinter ihrem Tisch Platz. »Rufen Sie Ihren nächsten Zeugen auf, Miss Johannsen.«

»Das Volk ruft Brad Gillis.«

Brad Gillis sieht aus wie ein Citycop, ein echter Cowboy. Ich habe nichts gegen den Mann. Er war ziemlich anständig zu mir, nicht herablassend und voreingenommen. Noch ehe er den Mund aufmacht, weiß ich, daß er ein guter Zeuge der Anklage sein wird.

Aber er hat heute nicht viel zu sagen. Fast die ganzen Beweise gegen mich bestehen aus dem, was geschah, ehe die

Polizei erschien. Es gibt keine Diskussionen über die Beweisstücke. Sie fanden ein paar Haare von mir an Dale, aber ich hatte schließlich versucht, ihn durch Mund-zu-Mund-Beatmung zu retten. Sie fanden keine Hautreste unter meinen Fingernägeln, aber sie haben mich auch erst einige Tage nach seinem Tod verhaftet, daher hätte ich genug Zeit gehabt, mögliche Spuren zu beseitigen. Am Ende gibt es keinen Zweifel, daß ich dort war. Offen ist nur, was ich dort tat.

»Zu beweisen, daß der Angeklagte am Tatort war, erschien nicht vordringlich«, erklärt er. »Schließlich wurde er dort angetroffen und hat seine Anwesenheit während des anschließenden Verhörs zugegeben.«

»Nichtsdestotrotz«, sagt Erica Johannsen, »haben Sie den Tatort untersucht.«

»Ja, natürlich«, antwortet Gillis. »Aber als uns der Notruf erreichte, bestand nicht der geringste Grund anzunehmen, daß ein Mord begangen wurde. Es war möglich, aber genauso möglich war, daß ein älterer Mann unerwartet gestorben war. Wir mußten auf das Ergebnis der Autopsie warten. Daher unterhielt ich mich einige Minuten lang mit dem Angeklagten und ließ ihn dann gehen.«

»Erzählen Sie uns, was gesagt wurde.«

»Der Angeklagte erklärte, er habe das Gebäude ein paar Minuten lang verlassen, um jedoch wieder zurückzukehren, nachdem er vom Opfer angerufen worden war.«

»Von Mr. Garrison?«

»Das sagte er aus. Mr. Garrison habe ihn, den Angeklagten, angerufen.«

»Auf dem Handy des Angeklagten?«

»Ja.«

»Hat der Angeklagte Ihnen sein Handy gezeigt?«

»Ja, und ich habe die Telefonnummer aufgeschrieben.« Der Detective nennt meine Handynummer. Bennett hat bereits bestätigt, daß dies meine Nummer ist und die Telefonlisten den Tatsachen entsprechen. Der Detective führt aus, daß er die Daten meines Handys überprüft hat. Tatsächlich wurde ich am 18. August 2000 um 19:22 Uhr von einem Handy, das Joanne Souter gehört, angerufen.

»Haben Sie auch die Telefondaten für Mr. Garrisons Büro überprüft, Detective?«

Johannsen reicht dem Detective die Telefonlisten der Anwaltskanzlei von Dale Garrison. Wir haben auch ihre Echtheit bestätigt. Sinnlos, Dingen zu widersprechen, die sie beweisen können.

»Demnach wurden von keinem Telefon in der Kanzlei des Opfers nach sieben Uhr an jenem Augustabend irgendwelche Gespräche geführt?«

»Richtig.«

Die Staatsanwältin erwähnt dann, daß Dale kein Handy besaß.

»Wenden wir uns Joanne Souter zu. Haben Sie mit ihr gesprochen?«

»Das habe ich.«

»Was haben Sie über ihr Mobiltelefon erfahren?«

»Es ist früher an diesem Tag, dem achtzehnten August, gestohlen worden. Und zwar wurde ihre Handtasche entwendet, und das Handy befand sich darin. Die Tasche wurde in einer öffentlichen Bibliothek gestohlen.«

»Na schön. Hat Miss Souter die Person, die ihre Handtasche stahl, beschreiben können?«

»Das hat sie«, sagt Gillis.

Ich blicke zu Ben, der keinerlei Anstalten macht, Einspruch einzulegen. Wir haben diese Zeugenaussage anerkannt und stimmen ohnehin der Tatsache zu, daß Lyle Cosgrove der Dieb des Handys war.

»Sie sagte aus, der Dieb habe rotes Haar und einen Pferdeschwanz gehabt. Außerdem trug er eine Jeansjacke.«

»Ich möchte Ihnen ein Foto zeigen, Detective.« Die Staatsanwältin geht hinüber und reicht Bennett ein Foto von Lyle Cosgrove aus seiner Polizeiakte. Es ist in Farbe und zeigt sein rotes Haar.

»Detective, wurde dieses Foto Miss Souter gezeigt?«

Gillis nickt, ja. »Ich selbst war damit gestern bei ihr.«

»Was hat sie gesagt, als sie es sah?«

»Sie meinte, er könne es gewesen sein.«

Johannsen sieht Bennett an. »Können wir uns darauf einigen, daß dies ein Foto von Lyle Cosgrove ist?« Sie sagt es mit offensichtlicher Abscheu. Es ist jetzt offensichtlich, daß wir über Lyle Cosgrove schon eine ganze Weile Bescheid wissen, und das gefällt ihr gar nicht.

»Das räumen wir ein.« Na klar tun wir das.

»Danke, Mr. Carey.« Sie läßt das Foto den Beweisstücken hinzufügen.

»Nun gut. Kehren wir zum Tatort zurück, Detective. Sie haben mit dem Angeklagten gesprochen. War zu diesem Zeitpunkt noch jemand anwesend?«

Gillis schaut in seinen Notizen nach und rattert die Namen der Wachmänner herunter.

»Sonst noch jemand?« fragt Johannsen. »Anwälte, Kanzleihelfer, Sekretärinnen?«

»Niemand sonst«, antwortet er. »Mr. Soliday war die einzige Person im Büro bei dem Opfer.«

»Okay. Irgendwann entschied der Leichenbeschauer der County auf Mord, richtig? Ersticken durch manuelles Strangulieren.«

»Das ist richtig. Daraufhin kehrte ich in Mr. Garrisons Büro zurück.«

»Warum?«

»Ich mußte mir sein Büro noch einmal ansehen. Mich über mögliche Zugänge und Fluchtwege informieren.«

»Erzählen Sie.«

»Es gibt nur einen Eingang zum Büro. Die Vordertür. Es gibt zwei Ausgänge. Einen durch die Vordertür, der andere ist eine Seitentür für Personen, die in den Flur wollen, meistens zur Toilette. Aber das ist kein Eingang und nicht ohne Schlüssel zu benutzen.«

»War das Reinigungspersonal schon dort gewesen?« fragt

sie. »An diesem Abend. Dem Achtzehnten. Vor Mr. Garrisons Tod.«

»Nein, noch nicht. Wir haben das überprüft. Das Personal erschien erst, als ich bereits dort war.«

»Haben Sie mit den anderen Personen gesprochen, die in diesen Büros arbeiten?«

»Das habe ich. Niemand war am Freitag um sieben auch nur in der Nähe der Büros.«

»Niemand«, wiederholt Johannsen, »außer dem Angeklagten.«

»Das ist richtig.«

»Danke, Detective.« Erica Johannsen geht zum Tisch der Anklage und scheint mit ihrem Auftritt recht zufrieden zu sein. Ich blicke zur Richterin, die es zu einem winzigen Augenkontakt mit mir kommen läßt. Es scheint nur eine unbewußte Geste zu sein, aber ich kann das Gefühl nicht abschütteln, daß sie aufgibt. Dieser Ausdruck auf ihrem Gesicht, so kurz er auch zu erkennen war. Sie denkt, ich habe Dale getötet. Das Gefühl der Bedrohung ist plötzlich geradezu überwältigend, und während Bennett Carey sich zum Kreuzverhör erhebt, sehe ich ihn mit einer Hoffnung an, die ich bisher nie empfunden habe, mit einer Verletzbarkeit, so klar und fühlbar, daß ich unwillkürlich zu zittern beginne.

51

»Detective Gillis«, beginnt Ben. »Es gibt also zwei Ausgänge aus Mr. Garrisons Büroflucht.«

»Ja.« Gillis schlägt ein Bein über das andere, legt aber ansonsten trotz Kreuzverhör seine übliche gelassene Haltung an den Tag. Er war schon oft genug im Gericht. Er weiß, wie er sich verhalten muß.

»Dieser Seitenausgang, den Sie erwähnten – man braucht keinen Schlüssel, um das Büro auf diesem Weg zu verlassen, nicht wahr?«

»Um hinauszugehen? Nein. Nur wenn man vom Flur wieder reingehen will.«

»Wenn also jemand im Büro gewesen wäre, hätte er hinausgehen können, wann immer er wollte.«

»Das ist richtig.«

»Haben Sie diesen Ausgang auf Fingerabdrücke untersucht, Detective?«

»Ich … anfangs nicht, nein.«

»Als Sie dort eintrafen, waren Sie sich nicht sicher, ob es überhaupt ein Mord war, oder?«

»Das ist richtig.«

»Und Sie sind sich noch immer nicht ganz sicher, nicht wahr?«

»Das habe ich nicht gesagt, Sir. Ich vertraue auf die Befunde des Leichenbeschauers.«

»Okay«, sagt Ben. »Aber an Mr. Garrisons Todestag haben Sie die Ausgänge nicht auf Fingerabdrücke untersucht.«

»Nein. Ich habe das Ganze nicht unbedingt als Schauplatz eines Verbrechens angesehen.«

»Haben Sie später versucht, Fingerabdrücke zu sichern?«

»Das Reinigungspersonal war bereits vier- oder fünfmal dort gewesen, ehe wir zurückkamen. Es hatte keinen Sinn.«

»Sie haben das Büro nicht gesichert?«

Gillis lächelte. »Rückblickend betrachtet, wünschte ich, ich hätte es getan. Es war kein Tatort. Viele Menschen arbeiten dort, und ich wollte sie nicht daran hindern, die Büros zu betreten, ohne zu wissen, welches Ergebnis die Autopsie erbracht hatte. Die Situation war ziemlich ungewöhnlich.«

»Das verstehe ich.« Ben gewinnt gar nichts, wenn er auf den Zeugen eindrischt. Das ist nicht der richtige Weg. »Also wurden alle Fingerabdrücke, die es vielleicht gegeben hat, vom Personal weggewischt, das täglich das Gebäude reinigt.«

»Ja, Sir.«

Bennett bleibt stehen und stützt die Hände auf die Hüften. Einen Moment lang bin ich mir nicht sicher, ob er seine nächste Frage vergessen hat – er arbeitet ohne Notizen –,

356

aber es stellt sich vielmehr heraus, daß er eine Entscheidung getroffen hat. Er geht zum Tisch der Verteidigung und schlägt einen Aktenordner auf, der dort liegt.

»Detective, im Zug der Ermittlungen zum Tod von Mr. Garrison haben Sie auch das Büro meines Mandanten durchsucht, nicht wahr?«

»Ja, das habe ich.«

»Und Sie fanden in der obersten Schreibtischschublade einen Brief.«

Erica Johannsen springt auf. »Euer Ehren, ich hatte den Eindruck, daß wir über den Brief noch …«

»Ich führe ihn nicht als Beweisstück ein, Euer Ehren«, unterbricht Ben die Staatsanwältin. »Ich habe nur ein paar Fragen dazu. Danach habe ich vielleicht auch nachgewiesen, daß er als Beweisstück zugelassen werden kann. Allerdings kann ich dazu ohnehin keinen Antrag stellen, nicht, solange die Anklage vorträgt.«

»Außerdem fällt er aus dem Rahmen«, sagt Johannsen. Das Kreuzverhör soll sich nur mit den Themen befassen, die in der direkten Befragung zur Sprache kamen.

»Ich könnte jederzeit bei unserem Vortrag darauf zurückkommen«, antwortet Ben. »Ich könnte auch den Detective aufrufen. Aber dies ist ein Richterprozeß, Euer Ehren. Und im Interesse der prozessualen Ökonomie schlage ich vor, diesen Punkt jetzt gleich zu erledigen.«

Die Richterin scheint Bedenken zu haben. Sie stützt das Kinn in die Hand und denkt nach. Sie ist eine wirklich phantastische Frau, auch wenn sie offenbar überzeugt ist, daß ich einen Mord begangen habe.

Ben interpretiert das Schweigen als Zustimmung. »Falls der Einspruch auf die Relevanz abzielt, Euer Ehren, kann ich Ihnen versichern, daß sich die Relevanz erweisen wird. Ob der Brief zugelassen werden kann, steht jetzt nicht zur Debatte.«

»Ich glaube, ich bin ein wenig überrascht, daß *Sie* jetzt über den Brief sprechen wollen«, sagt die Richterin. »Aber das heißt nicht, daß Sie es nicht dürfen. Fahren Sie fort. Miss Johannsen, Sie können Ihre Erwiderung in Form eines Kreuzverhörs zu diesem Punkt vorbringen.«

Ich sehe Erica Johannsen an, die wie jeder Anwalt nur ungern in einem Streitgespräch den kürzeren zieht. Sie ist sehr aufmerksam, scheint aber nur wenig besorgt zu sein. Ich weiß, der Bezirksstaatsanwalt hat die Entscheidung getroffen, die Erpressungstheorie nicht weiterzuverfolgen, und ich weiß jetzt auch, warum – wegen der Person, auf die er hinweist, nämlich jemanden, der dem Bezirksstaatsanwalt lieb und teuer ist. Und ich weiß, daß Dan Morphew als leitender Staatsanwalt aus dem Fall ausgestiegen ist, weil er sich geweigert hat, sich auf Beschränkungen einzulassen. Aber ich frage mich, wieviel Erica Johannsen darüber weiß. Hat sie selbst geglaubt, was sie der Richterin vor Prozeßbeginn erklärt hat? Daß sie den Erpresserbrief nicht einbringen wird, weil sie ihn nicht mit mir in Verbindung bringen kann? Oder hat sie nur den Bezirksstaatsanwalt decken wollen? Hat man sie ausgewählt, weil sie unerfahrener ist und Anweisungen von oben nicht in Frage stellt und keine Ahnung hatte, was man im Schilde führte, als man von ihr verlangte, den Erpresserbrief zu ignorieren? Oder hat man sie genommen, weil sie bereit ist, das schmutzige politische Spiel dieses Falles mitzuspielen?

Weiß sie, was Bennett vorhat?

»Danke, Richterin.« Bennett bringt dem Detective eine Kopie des Erpresserbriefs, nachdem er Kopien an die Staatsanwältin und die Richterin verteilt hat. »Ich habe dieses Dokument nur zur Identifikation als Beweisstück der Verteidigung Nummer eins bezeichnet. Detective, ist dies eine Kopie des Briefs, den Sie in Mr. Solidays Schreibtisch gefunden haben?«

»Ja.«

»Bitte lesen Sie ihn für das Protokoll vor.«

Detective Gillis liest den Text laut vor. Es ist die erste öffentliche Vorstellung des Erpresserbriefs.

Ich bin wohl der einzige, der das Geheimnis kennt, von dem niemand etwas weiß. Dafür sollten, wie ich finde, $ 250 000 ausreichen. Ein Monat dürfte als Frist lang genug sein. Ich will keine Spekulationen über Ihre Geldquelle anstellen, aber ich denke, wenn jemand eine Möglichkeit finden kann, den Wahlkampffonds anzuzapfen, ohne daß jemand es bemerkt, sind Sie es. Ich könnte mich natürlich auch direkt an den Senator wenden. Wollen Sie das? Ein Monat. Versuchen Sie nicht, in dieser Sache mit mir Kontakt aufzunehmen. Ich werde beizeiten von mir hören lassen.

Eine deutlich hörbare Reaktion von der Galerie. Das ist eine heiße Neuigkeit, ganz gleich, ob sie begreifen, um was es geht. Und es wird sicher noch heißer.

»Das Exemplar, das sie im Büro meines Mandanten gefunden haben«, sagt Ben, »ist es das einzige Exemplar?«

»Das weiß ich nicht.«

»Wer hat dieses Schriftstück verfaßt?«

»Wenn ich raten müßte ...«

»Nicht raten. Sagen Sie, ob Sie es genau wissen.«

»Genau weiß ich es nicht.«

»Wissen Sie, wer diesen Brief abgeschickt hat?«

»Nein.«

»Wie hat Mr. Soliday ihn erhalten?«

»Mit der Post, nehme ich an.« Der Zeuge bemerkt Bens bohrenden Blick. »Ich kann es nicht mit Sicherheit sagen.«

»Der Brief ist an keine bestimmte Person adressiert, nicht wahr?«

»Es heißt dort nicht ›Lieber Jon Soliday‹, wenn Sie das meinen.«

»Ich *meine*, daß Sie nicht wissen, für wen er gedacht war.«

»Ich glaube, ich kann es nicht mit letzter Sicherheit entscheiden, aber ich kann zwischen den Zeilen lesen.«

»Also«, sagt Ben, »Sie wissen nicht mit Sicherheit, wer ihn geschrieben hat, wer ihn abgeschickt hat, wie viele Kopien existieren oder an wen er gerichtet ist, nicht wahr, Detective?«

»Es gibt nur zwei Personen, die Zugang zum Wahlkampffonds des Senators haben«, sagt Gillis. »Daher ist es ziemlich klar, daß der Brief für den Angeklagten bestimmt war.«

»Der Wahlkampffonds des *Senators*«, sagt Bennett. Er tritt näher an den Zeugen heran. »Steht in dem Brief etwas vom Wahlkampffonds des *Senators*? Oder steht dort nur Wahlkampffonds?«

Die Richterin blickt auf ihre Kopie des Briefs und nickt langsam.

Der Detective liest ebenfalls. »Offensichtlich«, sagt er mit leiserer Stimme, »ist nur von einem Wahlkampffonds die Rede.«

»Demnach könnte es sich um *jeden* Wahlkampffonds handeln.«

»Nun ja … theoretisch schon.«

»*Theoretisch?*« Ben rudert mit den Armen und schaut den Zeugen verwundert an. »Detective, ist Ihnen bewußt, daß Hunderte von Wahlkämpfen im Zusammenhang mit den allgemeinen Wahlen vom November 2000 stattfinden? Vom Präsidenten über den Senat und den Kongreß bis hin zu Dutzenden staatlicher und kommunaler Wettrennen?«

»Einen Moment mal, Sir.« Der Detective hebt eine Hand. »Wir reden hier von zweihundertfünfzigtausend Dollars in der Wahlkampfkasse. Damit dürften eine ganze Reihe lokaler Wahlkämpfe wegfallen. Nehmen wir uns den nächsten Satz des Briefs vor: ›Ich könnte mich natürlich auch direkt an den *Senator* wenden.‹ Das engt doch das Feld erheblich ein, oder?«

Ben nickt. »Würde das auch den Wahlkampffonds von Justizminister Langdon Trotter ausschließen?«

Weitere Unruhe im Gerichtssaal, genug, um die Richterin zu einem Ordnungsruf zu veranlassen. Richterin Bridges, selbst durch Wahl auf ihren Posten berufen, setzt sich aufrecht. Erica Johannsen beginnt hektisch auf ihrem Notizblock zu schreiben – ich kann noch immer nicht einschätzen, wieweit sie über die politischen Verwicklungen in ihrem eigenen Büro im Zusammenhang mit dieser Wahl orientiert ist.

Detective Gillis scheint als einziger von der Erwähnung des Justizministers völlig unberührt zu bleiben. »Ich denke, das würde es nicht, jedenfalls nicht vollständig.«

»Er bewirbt sich um den Posten des Gouverneurs. Das wissen Sie sicher, Detective.«

»Natürlich.«

»Und ich nehme weiterhin an, daß Sie dem Gericht mitteilen können, wieviel Geld sich in *seiner* Wahlkampfkasse befindet.«

»Das kann ich nicht.«

»Nein?« Bennett geht langsam auf den Zeugen zu. »Nun, Detective, als Sie am Anfang Ihrer Ermittlungen standen, wollten Sie sich doch hinsichtlich potentieller Tatverdächtiger alle Möglichkeiten offenhalten. Richtig?«

»Das ist richtig. Was *begründete* potentielle Tatverdächtige betrifft.«

»Nun, Detective, erzählen Sie mir jetzt bloß nicht, daß Sie aus heiterem Himmel zu dem Schluß gekommen sind, es müsse sich bei dem erwähnten Wahlkampffonds um den von Senator Grant Tully handeln. Sie werden doch ganz gewiß auch Justizminister Trotters Wahlkampffonds überprüft haben.«

Der Detective scheint leicht zu erröten, wahrscheinlich das Äußerste, das man von ihm als Schamreaktion erwarten kann. »Ausgehend von der Tatsache, daß Ihr Mandant sich im Besitz des Briefs befand und Zugang zum Wahlkampffonds hat und sein Boß den Titel eines Senators trägt – nun ja, ich zog daraus einen logischen Schluß.«

»Wer hat Sie angewiesen, sich nicht um Langdon Trotter zu kümmern?« fragt Ben. »War es der Bezirksstaatsanwalt, Elliot Raycroft, sein politischer Verbündeter?«

»Einspruch ...«

»Diese Frage ist gestrichen«, sagt die Richterin, doch ihre Worte klingen dabei nicht allzu streng.

»Jemand hat Ihnen untersagt, Langdon Trotter unter die Lupe zu nehmen«, sagt Ben.

»Das ist nicht wahr«, widerspricht der Zeuge. »Das stimmt einfach nicht. Wir konzentrierten uns auf die Person, die plausibel erschien, und auf den Wahlkampffonds, auf den sie Zugriff hatte.«

»Das war aber bemerkenswert unvoreingenommen von Ihnen, Detective.«

»Diese Bemerkung wird gestrichen, Mr. Carey. Bitte fahren Sie fort.«

»Sie wollten Langdon Trotter in Ihre Ermittlungen einbeziehen, nicht wahr, Detective?«

»Nun, Sir, nein, ich …«

»Jemand hat Sie angewiesen, es zu unterlassen, oder, Detective?«

»Nein, Sir.« Wenn überhaupt, scheint Detective Gillis sich über Bennett zu amüsieren. Seine Selbstsicherheit erzeugt den gewünschten Eindruck, fürchte ich, steigert seine Glaubwürdigkeit für die Richterin und schwächt uns. »Es gibt keine Verschwörung, das kann ich Ihnen versichern. Ihr Mann hatte den Brief. Ihr Mann arbeitet für den ›Senator‹. Ihr Mann hat Zugriff auf einen beträchtlichen Wahlkampffonds. Es stimmt, ich kann Ihnen nicht erklären, wer ihm den Brief geschickt hat oder ob davon noch ein weiteres Exemplar existiert, aber das nur deshalb, weil Ihr Mandant es mir nicht sagen wollte.«

Das sollte eigentlich das Ende von Bens Befragung sein. Aber es wäre ein schreckliches Ende. Ben spürt das ebenfalls. Er geht für einen Moment auf und ab und hofft, eine zündende Idee zu haben. Schließlich kommt er zum Tisch der Verteidigung, um sich mit mir zu beraten. Er fragt mich, ob mir noch irgend etwas einfällt, aber in Wirklichkeit will er Zeit gewinnen und die ziemlich guten Antworten von Gillis so weit wie möglich zurückschieben. Schließlich blickt Ben auf und erklärt, er sei fertig.

Die Staatsanwältin erhebt sich wieder. »Detective Gillis, wieviel Geld befindet sich in der Wahlkampfkasse von Staatssenator Grant Tully?«

»Millionen«, antwortet er. »Ich hätte den genauen Betrag sicherlich ermittelt, aber mir war nicht bewußt, daß wir darüber sprechen würden …«

362

»Und dieses ›Geheimnis, von dem niemand etwas weiß‹, Detective. Sie sehen das in dem Brief?«

»Ja.«

»Haben Sie den Angeklagten gefragt, was dieses Geheimnis sein könnte?«

»Das habe ich, ja.«

»Hat er es Ihnen mitgeteilt?«

»Einspruch!« Ben springt auf. »Der Angeklagte hat das im Fünften Zusatz zur Verfassung verbriefte Recht zu schweigen, ohne daß dies gegen ihn ausgelegt werden kann.«

»Stattgegeben«, sagt die Richterin und mustert die Staatsanwältin mit gerunzelten Augenbrauen.

»Haben Sie *Senator Tully* gefragt, ob er von irgendeinem Geheimnis weiß?«

»Das habe ich.«

»Was hat er geantwortet?«

Ein weiterer Einspruch wegen Hörensagens, den Bennett Carey nicht vorbringt.

»Er hat gesagt, er wisse von keinem Geheimnis«, antwortet Gillis.

»Und das ist doch der springende Punkt dieses Briefs, nicht wahr, Detective? Es ist ein Geheimnis, das der Senator nicht kennt, und eine Drohung, es ihm zu erzählen.«

»Das …«

»Einspruch«, sagt Ben. »Aufforderung zur Spekulation.«

»Ich lasse die Frage zu«, sagt die Richterin. »Und ich verstehe, worauf Sie hinauswollen, Miss Johannsen.«

»Detective«, fährt die Staatsanwältin fort, »haben Sie festgestellt, daß dem Wahlkampffonds von Senator Tully irgendwann Beträge in der Gesamthöhe von zweihundertfünfzigtausend Dollar entnommen wurden? Oder daß ähnlich hohe Beträge an Dale Garrison gezahlt wurden?«

»Nein, das habe ich nicht«, antwortet Gillis. »Ich habe auch einen solchen Betrag auf keinem der Konten von Mr. Garrison gefunden.«

»Nein, das haben Sie nicht. Statt dessen haben Sie Mr. Garrison tot aufgefunden, nicht wahr?«

»Das ist richtig. Und das ist viel effektiver, als eine Viertelmillion Dollar zu zahlen.«

Die Richterin blickt zu Bennett, der gegen die Bemerkung keinen Einspruch einlegt. Die Bemerkung nutzt auch uns, so lange es Lang Trotter war, der den Mord beging, und nicht ich.

Die Staatsanwältin setzt sich. Dafür erhebt Bennett sich wieder. »Detective, haben Sie Langdon Trotter je gefragt, was das ›Geheimnis, das niemand kennt‹, sein könnte?«

»Ich habe nie mit ihm gesprochen, nein.«

»Sie ermitteln noch immer in diesem Fall, nicht wahr, Detective?«

»Ich … Nun, genaugenommen ist die Akte noch nicht geschlossen.«

»Werden Sie noch mit Langdon Trotter sprechen und ihm diese Frage stellen?«

Der Detective seufzt hörbar. »Diese Frage kann ich Ihnen im Augenblick nicht beantworten.«

Bennett schüttelte den Kopf und setzt sich.

»Miss Johannsen«, sagt die Richterin, »haben Sie Ihren Vortrag abgeschlossen?«

»Die Anklage ist soweit fertig, Euer Ehren.«

»Ich werde mir Mr. Careys Anträge morgen früh anhören«, sagt die Richterin, ehe sie die Verhandlung vertagt.

Wir stehen alle auf, während die Richterin ihren Platz verläßt. Ich ergreife Bennetts Arm. »Sie hat dich praktisch eingeladen«, sage ich und beziehe mich darauf, daß die Richterin unseren Antrag auf ein direktes Urteil angesprochen hat. Diesen Antrag stellt die Verteidigung am Ende des Beweisvortrags durch die Anklage mit dem Argument, die Beweise seien so dürftig, daß die Richterin ein Urteil fällen solle, ohne meine Verteidigung gehört zu haben. Genau das wäre in meinem Sinn: den Fall zu gewinnen, ohne daß Lyle Cosgrove oder die Ereignisse von 1979 in irgendeiner Form zur Sprache kommen.

364

Bennett ist ernst, was nach einem erfolgreichen Kreuzverhör einigermaßen überraschend erscheint. Er reagiert nicht, bis das Gescharre und Gemurmel im Gerichtssaal einen Höhepunkt erreicht hat. »Das ist so üblich«, sagt er. »Sie weiß, daß ich den Antrag stelle, mehr nicht.« Er beugt sich zu mir. »Wir werden den Fall nicht schmeißen. Das sollte dir bewußt sein. Also frage ich dich noch einmal: Willst du noch immer in den Zeugenstand?«

Bennett und ich haben diese Idee stundenlang durchgekaut. Trotz aller Theorien über Langdon Trotter könnten wir auf eine formelle Verteidigung verzichten und argumentieren, daß die Beweise einen begründeten Zweifel nicht ausschließen.

Aber ich habe den Drang jedes unschuldigen Angeklagten. Ich möchte meine Aussage machen. Ich möchte die Anschuldigung zurückweisen. Ungeachtet jeder juristischen Strategie, jeder richterlichen Disziplin, ruft die Tatsache, sich nicht in eigener Sache zu Wort zu melden, ein Stirnrunzeln hervor. Ich will in diesem Prozeß nicht den Eindruck erwecken, als würde ich mich verstecken.

»Ja«, sage ich. »Ich möchte noch immer aussagen.«

Bennett dreht sich zu mir um und legt eine Hand auf meinen Arm. »Grant Tully kann seine eigenen Schlachten schlagen, Jon. Tu, was immer du tust, nur für dich.«

Unsere neue Verteidigung, die darin besteht, Langdon Trotter hineinzuziehen, ist nicht perfekt. Wir werden nicht beweisen können, daß Trotter Cosgrove dazu gebracht hat, für ihn zu arbeiten. Wir werden nicht beweisen können, daß Dale sich mit der Neuigkeit über das As bei Trotter gemeldet hat. Es gibt wahrscheinlich noch sehr viel mehr, was wir nicht beweisen können. Bennett hat durchaus recht mit der Vermutung, daß mir dieser Punkt deshalb besonders gefällt, weil er Grants Konkurrenten attackiert und seine Wahlchancen verbessert.

»Ich will aussagen«, erkläre ich mit Nachdruck.

»Du weißt, daß wir dann über alles reden werden. Wirklich alles. Es ist die einzige Möglichkeit, wie wir alles erklären können.«

»Das weiß ich.« Ben und ich haben dieses Gespräch schon unendlich oft geführt, auch gestern abend und heute morgen. »Es sei denn, du glaubst, daß wir schon jetzt gewonnen haben«, füge ich hinzu. »Ich meine, jetzt, da ihr Beweisvortrag abgeschlossen ist. Wir haben alles gehört. Meinst du, wir können schon jetzt gewinnen? Haben wir für einen begründeten Zweifel gesorgt?«

Bennett Carey schluckt krampfhaft. Er macht ein paar heftige Atemzüge und blinzelt nervös, während er sich den bisherigen Verlauf des Prozesses noch einmal durch den Kopf gehen läßt. »Ich glaube nicht«, meint er schließlich.

»Ich auch nicht«, pflichte ich ihm bei. »Dann laß uns unseren Auftritt planen. Wir haben eine lange Nacht vor uns.«

»Wir sagen alles«, meint Ben.

»Ja«, sage ich. »Wir sagen alles. Und ich meine alles, Ben.«

Er weiß nicht, was ich meine.

»Ich erzähle nicht die Geschichte, die 1979 erzählt wurde. Ich sage die Wahrheit, so, wie ich mich daran erinnere.«

»Also, Jon …«

»Ich bin keine siebzehn mehr«, erwidere ich. »Und ich werde mich auch nicht so verhalten. Ich werde morgen die Wahrheit sagen, Ben. Und was passiert, passiert.«

Bennett nimmt die letzten Worte mehr als mein Freund denn als mein Anwalt auf. Er schürzt die Lippen und nickt bewundernd. Das brauche ich nicht. Ein erwachsener Mensch sollte nicht dafür beglückwünscht werden, daß er die Wahrheit sagt. Es ist schon fast zu spät, um die Dinge endlich abzuschließen. Es wird Zeit, Fehler zu korrigieren.

52

Zum ersten Mal heute, um kurz vor sieben Uhr abends, lese ich die *Daily Watch*. Die Schlagzeile bezieht sich auf die Debatte von gestern abend zwischen Trotter und Tully. Die oberste Zeile lautet KANDIDATEN MESSEN SICH, dazu Bilder der beiden während der Debatte. Danach teilt sich der Text und behandelt die Position jedes Kandidaten getrennt. Der Bericht über Langdon Trotter hat die Überschrift EINE KONSERVATIVE VISION. Grand Tullys Position ist mit TULLY VERTEIDIGT STEUERERHÖHUNG überschrieben. Das verrät mir genug, ehe ich zum Bericht auf den folgenden Seiten weiterblättere. Dazu gehört auch das Ergebnis einer Blitzumfrage, der zufolge Grant Tully nun solide 21 Prozent hinter dem Justizminister liegt. Er hat in der Debatte vier Punkte verloren. Das heißt, er hat dafür Prügel bezogen, daß er die Wahrheit gesagt hat.

»Wenn möglich, erledigen wir morgen dich und den Senator. Wir haken euch beide an einem Tag ab.« Ben hat den Mund voller Popcorn. Er sitzt in seinem Sessel im Konferenzraum der Anwaltsfirma. »Die Richterin hat uns den ganzen morgigen Tag geschenkt. Wir tischen der Anklage an einem Tag alles auf, was wir haben, und lassen ihr nur wenig Zeit, alles zu sortieren. Dann beenden wir unseren Vortrag, und sie hängen fest.«

»Das erscheint unfair«, sage ich. »Für die Anklage. Nicht, daß ich mich deshalb beklagen möchte.«

»Oh, Erica wird Zeter und Mordio schreien. Aber wir brauchen sie nicht über alles zu informieren. Es ist ja nicht so, daß wir neue Zeugen einführen oder ein Alibi zimmern. Das müßten wir vorher ankündigen. Außerdem haben sie heute gehört, wie ich Lang Trotter erwähnt habe. Sie wissen, daß wir ihn aufs Korn nehmen.«

Ich öffne den Mund zu einem nervösen Gähnen. Dann strecke und recke ich die Arme, um das Zittern zu beseitigen. »Ich kann nicht glauben, daß wir das tatsächlich tun«, sage ich. »Grant bezieht eine Tracht Prügel.«

»Ich bin seine Aussage mehrmals durchgegangen«, erwidert Ben. »Er ist bereit. Wir haben alles ziemlich gut vorbereitet. Und *Lang Trotter* bezieht Prügel«, fügt er hinzu. »Wenn wir es richtig anfangen.«

Bens Handy klingelt. »Hallo, Cal«, meldet er sich. Er

lauscht einen Moment lang, seine Augen weiten sich, ehe er die Sprechmuschel zuhält. »Sie haben zehntausend Dollar in bar in Lyles Bankschließfach gefunden«, sagt er. »Er hat das Fach eine Woche vor dem Mord gemietet.«

»Trotter hat ihn bezahlt«, sage ich. »Er hat das Geld dort versteckt, anstatt es auf sein Konto einzuzahlen. Wir müssen Trotters Bankunterlagen, sein Wahlkampfgeld, alles unter die Lupe nehmen.«

Ben nickt, hört aber noch zu. »Okay. Okay. Versuchen Sie es weiter. Engagieren Sie, wen immer Sie brauchen. So viele Leute, wie Sie wollen. Wir brauchen alles, was Sie zutage fördern, und wir brauchen es gestern.« Er deckt erneut die Sprechmuschel zu und meint zu mir: »Bisher kein Glück hinsichtlich einer Verbindung zwischen Trotter und Garrison.« Dann wieder ins Telefon: »Ist das alles, Cal? Okay, was ist das Beste zum Schluß? Sie ... Sie *haben* ... und?«

»Zehntausend steuerfrei ist eine Menge für einen Berufsverbrecher mit einem Niedrigstlohnjob in einer Apotheke«, sage ich zu Ben, obgleich er sich auf das konzentriert, was sein Gesprächspartner ihm zu erzählen hat.

»Nein«, sagt Ben ins Handy. »Cal, ich habe keine ...« Bens Gesicht verfärbt sich. Er schließt die Augen. Sein Mund öffnet sich halb. Er gibt einen kehligen Laut von sich. Er sieht aus, als hätte jemand einen Stöpsel gezogen und ihm die Luft rausgelassen.

»Was ist?« Ich stoße ihn vorsichtig an.

»Sind Sie sicher?« fragt Ben. »Hundertprozentig?« Eine weitere Pause. Ben sagt nichts mehr. Er klappt sein Handy zu und legt es behutsam auf einen Stapel Papier auf dem Tisch.

»Erzähl schon«, bitte ich. »Na los, Ben, was ist ...«

»Rick«, sagt er.

Mein Herz setzt für einen Schlag aus. »Cal hat Rick gefunden?«

»Sozusagen.« Ben legt eine Hand auf den Tisch, um sich abzustützen.

»Sozusagen? Was soll das ...« Ich verfolge, wie Bennett die Hände vors Gesicht schlägt. »Er ist tot, nicht wahr?«

Bennett blickt zwischen den Fingern hindurch. Er nickt.

»Mein Gott, dieser Kerl.« Ich schlage mit der flachen Hand auf den Tisch. »Trotter hat sie alle ausgelöscht. Dieser Kerl macht vor nichts halt. Er ...«

»Trotter hat ihn nicht umgebracht.« Bennett richtet sich auf und schaut mir in die Augen. »Das war ich.«

Es dauert einen Moment, um sicher zu sein, daß ich meinen Freund richtig verstanden habe, einen weiteren, um mich an die Person zu erinnern, die, eine Woche bevor Dale Garrison ermordet wurde, in sein Haus eingebrochen war. »Brian O'Shea«, sage ich. »Brian O'Shea ist Rick ... warte ...« Ich lasse die Hände auf den Tisch sinken. »Oh, um Gottes willen.« Ich strecke eine Hand aus. »Verstehst du, Ben? Brian O'Shea ist Rick O'Shea. Ricochet.«

»Brian ›Rick‹ O'Shea«, sagt Ben.

»Das ist ein Spitzname, der höchsten einem Kind einfallen würde«, sage ich. »Na ja, Brian oder Rick oder was auch immer ... warum ist er in dein Haus eingebrochen?«

Bennett hebt mit einer hilflosen Geste die Hände.

»Trotter hat O'Shea genauso benutzt wie Cosgrove«, sage ich. »Er benutzt die Typen von 1979, um die Morde zu verüben. Damit alles auf mich hinweist. Und der Senator in einem schlechten Licht erscheint.« Ich deute auf Ben. »O'Shea hatte vor, dich zu töten«, sage ich.

»Schon möglich«, sagt Ben. »Mich zu töten oder mich fertigzumachen.«

»Trotter wollte Garrison eine Nachricht wegen der Erpressung schicken«, sage ich. »Er hat sich jemanden aus Garrisons und unserer Umgebung ausgesucht. Er wollte Garrison zeigen, wie es laufen wird. Gewalt. Schmerzen. Tod. Aber dann hat sich die Geschichte umgedreht. Du hast O'Shea getötet, nicht so, wie es eigentlich gedacht war. Daher ist die Botschaft nicht angekommen. Trotter mußte

Garrison aus dem Weg schaffen. Nur so konnte er sicherstellen, daß das As nie publik gemacht würde.«

»Aber warum *ich*?« flüstert Ben.

»Du erschienst plausibel«, antworte ich. »Ich konnte es nicht sein, denn er hätte mich später noch dringend brauchen können – ich bin der Typ, dem er den Mord an Dale anhängen will. Und du lebst allein. Du gehörst zur Anwaltstruppe. Dale kennt dich. Es erscheint logisch, Ben.«

Bens Gesichtsausdruck ist nur schwer zu deuten. Er denkt angestrengt nach, aber ich glaube nicht, daß er die einzelnen Punkte des Falls miteinander zu verbinden versucht. Ich glaube auch nicht, daß er mir überhaupt zuhört. Ich glaube, ihm wird zum ersten Mal klar, daß der Mann, der in sein Haus eingebrochen ist, tatsächlich ein Killer war. Bens Schüsse waren gerechtfertigt. Nicht nur vor dem Gesetz, sondern auch vor Bens Gewissen.

Auch darüber bin ich froh, aber ich interessiere mich für akutere Dinge. »Ben, hör zu«, fange ich an. »Ich weiß, die ganze Geschichte – die Nacht des Einbruchs – wieder hochzukochen … das kann für dich nicht gerade leicht sein. Aber ich brauche dich jetzt.«

Bennett wacht blinzelnd aus seiner Trance auf und sieht mich an. Gleichzeitig winkt er ab. »Ich bin okay.« Sein Gesicht ist gerötet; die Augen sind rot unterlaufen. Wenn überhaupt, dürfte er jetzt endgültig das Messer gegen Langdon Trotter gewetzt haben.

»Ich brauche dich morgen für zwei Dinge«, füge ich hinzu. »Ich brauche dich, um die Richterin von meiner Unschuld zu überzeugen.«

»Und wozu sonst noch?«

»Um den Senator am Ende sauber dastehen zu lassen«, antworte ich. »Er hat schon genug Probleme.«

53

Als ich nach dem Gespräch mit Bennett das Büro verlasse, klingelt mein Handy. Ich reagiere nicht schnell genug, habe aber eine Nachricht auf meiner Mailbox. Sie kommt von Tracy. Sie teilt mir mit, sie sei mit ihren Freundinnen unterwegs und habe vergeblich versucht, mich zu erreichen. Sie wolle sich nur erkundigen, wie es mir gehe. Sie sei jetzt in der Bar des Washburn und habe Verständnis dafür, wenn ich dazu keine Lust hätte – sie sei schließlich nicht allein dort –, aber das Angebot stehe.

Ja. Das wäre eine richtige Sensation für ihre Freundinnen. Das Erscheinen eines Mordverdächtigen auf der Party. Wir könnten uns über Theorien unterhalten, über Gerichtsentscheide, die Auswirkungen auf die Gouverneurswahl. Vielleicht können wir auch Spekulationen über bestimmte Details anstellen, zum Beispiel darüber, wie es ist, vierzig Jahre in einem Zuchthaus verbringen zu müssen.

Mir kommt der Gedanke, daß Tracy wieder in ein Verhaltensmuster verfällt, das vor etwa zwei Jahren begann, als unsere Ehe sich anschickte, in Richtung Abgrund zu rutschen. Als sie mich gezielt zu irgendwelchen Anlässen einlud und genau wußte, daß ich ablehnen würde. Daß sie gar nicht wollte, daß ich erschien, sich aber verpflichtet fühlte, mich wenigstens zu fragen.

Aber ich glaube es nicht. Sie ist meinetwegen in die Stadt gekommen. Und was soll sie tun, wenn ich sie nicht zurückrufe? Bei ihrer Freundin Krista herumsitzen und den Kopf hängenlassen? Sie soll sich ruhig ein wenig Spaß gönnen. Sie hat es verdient. Es wird Zeit, daß sie das Leben genießt.

Ich ertappe mich dabei, wie ich die Taxis ignoriere, die abbremsen, wenn sie an mir vorbeifahren. Ich gehe in Richtung Osten zum See. Der Spaziergang ist eine angenehme Abwechslung. Es ist für Oktober ungewöhnlich mild, und trotz der starken Winde, für die unsere Stadt berüchtigt ist, herrscht kaum mehr als eine leichte Brise.

Das Washburn Hotel sieht aus wie ein herausgeputztes Bahnhofsgebäude. Der Bau ist eine Pracht, ein vierzig Stockwerke hoher Palast am See. Das Innere läßt einen an einen Vergnügungspark denken, zu viel passiert hier auf viel zu engem Raum. Es gibt ein Restaurant, eine Lounge, eine Automatenspielhalle, einen Salon.

Die Lounge hat eine recht große Bar mit einem innen liegenden, gartenmäßig gestalteten Freiluftbereich mit Tischen und Stühlen. Es herrscht reger Betrieb mit rund zwei Dutzend Gästen in der Gartenanlage und einer dicht umlagerten Bartheke drinnen.

Ich gehe langsam auf den Eingang zu. Der Türsteher kümmert sich nicht um mich. Ich bleibe neben ihm stehen und schaue mich um. Auf den ersten Blick entdecke ich sie nicht und stelle dies mit einer gewissen Erleichterung fest. Doch dann sehe ich Tracy. Sie sitzt mit drei Freundinnen in einer Nische.

Sie sieht wie immer phantastisch aus, in Schale für einen Abend in der Stadt. Ihre Freundinnen Krista, Stephanie und Katie leisten ihr Gesellschaft. Sie sind alle Mitte dreißig, alle verheiratet. Stephanie hat zwei kleine Mädchen, Krista und ihr Mann versuchen ihr Glück seit etwa zwei Jahren. Seit der Scheidung habe ich mit keiner von ihnen gesprochen. Ich glaube nicht, daß dafür irgendwelche Animositäten verantwortlich sind. Es liegt wahrscheinlich nur am Mangel an Gesprächsstoff, seit ihre Freundin, meine Frau, die Stadt verlassen hat.

Sie lacht, wie sie es immer tut, indem sie den Kopf nach hinten legt und ein Strahlen ihr Gesicht aufleuchten läßt. Zwei Männer versuchen sich an die Gruppe heranzumachen, vermutlich ist Tracy das Ziel, doch ihre Körpersprache verkündet Gleichgültigkeit.

Morgen wird alles anders sein. Ein schreckliches Geheimnis wird aus meiner Vergangenheit aufsteigen, ein Geheimnis, das nicht einmal Tracy kennt. Es hat wohl eine gewisse Bedeutung, daß ich es ihr nie erzählt habe – daß ich immer gewußt habe, etwas Schlimmes getan zu haben, und daß ich mich meiner Frau nie vollständig offenbart habe. War es das? Habe ich sie ausgeschlossen? Meine Emotionen versteckt? Ich denke nicht zum ersten Mal darüber nach, aber ich komme immer zum gleichen Ergebnis: Daß es unmöglich ist, das Ganze rückblickend zu betrachten und die Ursache zu finden. Weil alles mit allem zusammenhängt.

Es gibt im Leben keinen Rückspulknopf. Wie alle anderen auch würde ich einiges anders tun, falls ich Gelegenheit dazu erhielte. Die Frage ist, was würde ich anders tun? Alles scheint zum gegebenen Zeitpunkt wichtig zu sein, alles hat einen gewissen Vorrang. In der Rückschau verschmelzen die unzähligen Gesetzesvorschläge und Konferenzen und Geheimabkommen und Wahlen zu einem bedeutungslosen, verschwommenen Schemen, aus dem sich lediglich die Tatsache herausschält, daß meine Frau mich verlassen hat.

Das ist zuviel. Überlastung. Es ist einfach so, daß ich mich jetzt mit dem Prozeß beschäftigen muß, keine Zeit habe, unserer Vergangenheit nachzutrauern. Nein, in Wahrheit habe ich die ganze Zeit über genügend Raum für Gedanken an Tracy gelassen, sogar noch mehr, seit sie wieder in der Stadt ist. Und ich denke nicht über die Vergangenheit nach. Sondern über unsere Zukunft. Und das macht mir Angst. Außerdem kann der Wind sich drehen, und ich lande im Gefängnis. Welchen Sinn hat es dann, über unsere Zukunft nachzugrübeln?

Ich nicke dem Türsteher zu, der einen Typen vor sich sieht, der nicht reinkommen will.

»Nicht gefunden, wen Sie suchen?« fragt er.

Ich sehe wieder zu Tracy. Sie hört einer ihrer Freundinnen zu, die ihr gerade etwas erzählt. Sie hebt die Hand und bricht in schallendes Gelächter aus. Sie war schon immer eine gute Zuhörerin.

54

Der erste Tagesordnungspunkt heute ist der Antrag der Verteidigung auf ein direktes Urteil. Ben bittet damit die Richterin, die vorgelegten Beweismittel als derart unzureichend einzustufen, daß der Prozeß beendet werden kann. Richterin Bridges läßt Bennett Carey rund zehn Minuten lang seine Argumente über die Mängel im Beweisvortrag der Anklage vortragen. Sie unterbricht ihn nicht und setzt ein recht passables Pokergesicht auf, aber man kann leicht erkennen, in welche Richtung sie tendiert. Vor allem, als sie die Anklage bittet, nichts darauf zu erwidern.

»Es gibt überzeugende Beweise für einen Mord«, beginnt sie. »Tod durch Strangulieren. Es ist zu diesem Zeitpunkt unwidersprochen, daß Mr. Soliday der einzige war, der die Strangulation hätte durchführen können. Nichts davon ist schlüssig bewiesen. Ich habe von seiten der Verteidigung keinerlei Gegenbeweise gesehen oder gehört. Aber der Antrag wird abgelehnt. Mr. Carey, wenn Sie eine Verteidigung vorbringen wollen, können Sie jetzt mit Ihrer Einführungserklärung beginnen.«

Meine Hoffnungen sinken rapide, nicht vor Überraschung über die Entscheidung, sondern aufgrund der Worte der Person, die als einzige über die in diesem Fall vorgetragenen Fakten entscheidet. Richterin Bridges ist sozusagen meine Jury. Sie hat überzeugende Beweise für eine Strangulierung gefunden und glaubt, daß ich die einzige am Tatort anwesende Person war. Wir können Motive konstruieren, soviel wir wollen, werden es aber niemals schaffen, Lyle Cosgrove oder Langdon Trotter zu mir und Dale Garrison ins Büro zu holen. Jedenfalls so lange nicht, wie Cal Reedy nichts wirklich Gutes aufstöbert.

»Danke, Richterin, ich würde wirklich gern mit meiner Einführung beginnen.« Bennett erhebt sich und knöpft sein Jackett zu. Ich möchte mehr als alles andere jetzt die Augen schließen und das Kommende aussperren. Aber es ist unser

Auftritt, und so unangenehm es auch werden mag, ich muß Richterin Bridges in die Augen schauen.

»Ich werde zwei Geschichten erzählen«, fängt Ben an. »Sie scheinen nichts miteinander zu tun zu haben. Aber die Beweise werden zeigen, daß sie dennoch zusammenhängen. Und zwar sehr eng.«

Ben sucht sich einen Standort in der Mitte des Raums. »Lassen Sie uns in den Sommer des Jahres 1979 zurückgehen. Jon Soliday und sein bester Freund, Grant Tully, sind siebzehn Jahre alt. Sie haben soeben die Highschool abgeschlossen. Sie machen einen Ausflug nach Summit County, über die Staatsgrenze. Sie besuchen eine Party, von der sie gehört haben. Dort treffen sie eine männliche Person, die weder Jon noch Grant je zuvor gesehen haben. Der Name dieser Person ist Lyle. Wir kennen jetzt den vollständigen Namen – Lyle Cosgrove.«

Die Richterin hebt den Kopf. Ein Name, den sie erst vor kurzem gehört hat. Ein Mann, der ermordet wurde. Ich höre vom Tisch der Anklage das Rascheln von Papier, das Kratzen eines Bleistifts. Dort wird hektisch geschrieben. Ich glaube nicht, daß Erica Johannsen über diese Dinge Bescheid weiß. Vielleicht hat Langdon Trotter es noch nicht für nötig befunden, der Bezirksstaatsanwaltschaft dieses Material zuzuleiten. Vielleicht überrascht es sie auch nur, daß *wir* diese Dinge zur Sprache bringen.

»Lyle hat eine Freundin namens Gina. Gina Mason. Und da ist auch noch eine weitere Person. Sie trägt den Namen Rick. Sie ist unter dem Spitznamen ›Ricochet‹ bekannt.« Ben zuckt mit den Achseln. »Also haben wir Jon Soliday, Grant Tully, Lyle, Rick und Gina. Und sie tun das, was junge Leute kurz vor Zwanzig oder Anfang Zwanzig tun. Sie feiern eine Party. Sie trinken Bier. Einige – nicht alle – konsumieren sogar Drogen.«

Ben macht einen Schritt zur Seite. »Der Abend geht zu Ende, und die Leute trennen sich. Die junge Frau, Gina, verließ die Party allein. Rick fuhr Grant nach Hause. Zurück blieben Lyle Cosgrove und Jon Soliday.«

Ich halte den Atem an. Ich werde soeben mit dem Mann in Verbindung gebracht, der vor kurzem ermordet aufgefunden wurde. Die Geschichte muß so anfangen, zumindest chronologisch, aber der erste Eindruck auf die Richterin dürfte nicht sehr positiv sein.

»Wie sich herausstellt, fuhren Lyle und Jon zu Ginas Haus. Jon Soliday hatte einen schweren Rausch. Er war so berauscht wie noch nie zuvor. Er hatte nur wenig Erfahrung im Umgang mit Bier und überhaupt keine im Umgang mit Drogen. Er bekam nicht allzuviel mit. Aber als Lyle Cosgrove vor Ginas Haus anhielt und zu Jon sagte, er solle hineingehen, war Jon sofort einverstanden. Er ging hinein.«

In meinen Eingeweiden entsteht ein Brennen. Die Presse auf der Galerie ist mucksmäuschenstill, aber im Augenblick explodiert eine Bombe nach der anderen. Drogen. Weitere schlimme Dinge warten. Es heißt in der Politik, daß die Karriere erst beendet ist, wenn man entweder mit einem lebenden minderjährigen Jungen oder einer toten Frau erwischt wird. Nun, da wäre schon mal die tote Frau.

»Jon wurde von Gina willkommen geheißen. Sie fühlten sich zueinander hingezogen. Und sie taten das, was Teenager in solchen Situationen schon mal zu tun pflegen. Sie wurden miteinander … intim. Sie hatten in ihrem Zimmer sexuellen Kontakt.«

Das ist aus Sicht eines Klatschreporters die reinste Goldader. Das Kritzeln der Stifte auf Papier – hinter mir und am Tisch der Anklage – klingt wie ein Grundrauschen, während mein Verteidiger fortfährt.

»Während Jon das Haus verließ, stieg Lyle Cosgrove, der Junge, mit dem er gekommen war – sie waren noch halbe Kinder – aus dem Wagen und ging zum Haus, um Jon mitzuteilen, es sei allmählich an der Zeit, nach Hause zu fahren. John war sowieso schon im Aufbruch begriffen. Daher verließ er den Schauplatz mit Lyle. Zwei Tage später, Jon Soliday hatte einen Sommerjob übernommen, erhält er Besuch von zwei Polizisten. Dort erfährt er zum ersten Mal, daß diese junge Frau, Gina Mason, in jener Nacht gestorben ist. Und zwar«, fügt er schnell hinzu, »wie später vom medizinischen Leichenbeschauer festgestellt wurde, an einer Überdosis.«

Gemurmel entsteht hinter mir, und zwar so laut, daß Richterin Bridges um Ruhe bitten muß. Das in aller Öffentlichkeit zu hören macht es nur noch schlimmer. Was für eine häßliche Affäre, und was für ein tragisches Ende.

»Es kommt zu einer Untersuchung«, fährt Ben fort. »Die Polizei und die Staatsanwälte in Summit County ermitteln. Sie ermitteln die Möglichkeit eines Mordes und einer Vergewaltigung. Sie reden mit Lyle Cosgrove. Sie sprechen mit Jon Soliday. Sie bewerten die medizinischen Beweise. Und sie kommen zu dem Schluß, daß die junge Frau an einer Überdosis gestorben ist. Es gab keinen Mord. Und keine Vergewaltigung. Eine sehr unglückliche Situation, aber keine kriminelle.«

Die Untertreibung des Jahres, wie der Richterin sicher nicht entgehen dürfte. Sie schickt einen säuerlichen Blick in meine Richtung. Mein Herz klopft wie wild. Sie wird mich hassen, ehe sie irgend etwas hört, das mich entlastet.

»Lyle Cosgrove wurde übrigens bei dieser Ermittlung von einem Anwalt beraten. Es war der gleiche, der 1988 für ihn tätig war, als er verschiedener Gewaltverbrechen beschuldigt wurde. Und es war der Anwalt, der für ihn in diesem Jahr eine vorzeitige Haftentlassung auf Bewährung erwirkte – Dale Garrison.«

Für einen kurzen Moment ist die Richterin so verblüfft, daß sie den Lärm in ihrem Gerichtssaal nicht zu bemerken scheint. Sie sieht die Staatsanwältin aus irgendeinem Grund fragend an. Ich tue es ebenfalls. Erica Johannsen winkt jemanden zu sich, eine Gerichtshelferin oder jemanden von der Staatsanwaltschaft. Sie flüstert erregt mit der Person. Schließlich ruft die Richterin die Anwesenden im Gerichtssaal zur Ordnung.

Ben hält einen Moment lang inne, kehrt zum Tisch der Verteidigung zurück und trinkt einen Schluck Wasser. Er blickt durch mich hindurch, wischt sich den Schweiß von der Stirn und nimmt wieder seine Position in der Mitte des Saals ein.

»Die Affäre dringt nicht an die Öffentlichkeit, weil die Jungen minderjährig sind«, fährt er fort. »Aber in Polizeikreisen ist es der Klatsch des Tages. Der Sohn des Mehrheitsführers im Senat, Simon Tullys, an einem solchen Skandal beteiligt, egal, in welcher Form? Das ist die Sensation überhaupt. Ob der Staatsanwalt in Summit County mit seinen Staatsanwaltskollegen darüber redet? Jede Wette. Und wer gehört zu den Leuten, die davon erfahren? Der damalige Bezirksstaatsanwalt von Rankin County – Langdon Trotter.«

Ich zwinge mich, ganz ruhig zu atmen. Tränen treten in meine Augen, aber ich bleibe ganz ruhig. Im Gesicht der Richterin sind Entsetzen und Neugier zu sehen. Sie beugt sich vor, stützt das Kinn in die Hände. Die Presse hinter mir dürfte es kaum noch auf den Plätzen halten. Jetzt haben wir auch noch Langdon Trotter mit hineingezogen. Aber wir werden niemals beweisen können, daß Lang Trotter von dem Vorfall von 1979 gehört hat. Wir können es annehmen, wissen es aber nicht mit letzter Sicherheit. Und das ist der Knackpunkt unserer Theorie. Wenn Lang Trotter nichts von den Ereignissen im Jahr 1979 erfahren hat, hatte er auch keine Ahnung, wie er Rick und Lyle einsetzen konnte. Also wird es auch nicht plausibel erscheinen, daß Trotter hinter den Morden steckt. Was wiederum auf mich als einzigen Täter hinweisen wird.

»Trotter kann mit dieser Information nichts anfangen«, fährt Ben fort. »Es ist ein abgeschlossener Fall des Jugendgerichts. Aber er speichert die Information. Er behält die Beteiligten – Lyle und Rick – im Auge. Er wartet auf den Zeitpunkt, an dem die Information sich als nützlich erweisen kann.« Er hebt die Schultern. »Das ist die erste Geschichte. Und jetzt die zweite.«

Okay. Wenigstens greifen wir jetzt an. Nichts wie weiter.

»Dieses Jahr«, sagt Ben. »Gouverneurswahl. Justizminister Langdon Trotter schafft den Sieg in der Vorwahl der Republikaner. Niemand tritt gegen ihn an. Niemand wirft einen Blick auf seine Bewerbungsunterlagen. Aber als Senator Grant Tully die Vorwahl der Demokraten gewinnt, *schaut* sein Anwalt, Jon Soliday, sich die Papiere an. Und was findet er? Er findet einen Fehler. Einen schlimmen Fehler. Einen tödlichen Fehler. Langdon Trotter hat dem Wahlausschuß nicht die originale Bewerbungserklärung vorgelegt. Er hat eine Fotokopie eingereicht.«

Erica Johannsen versteht das Ganze wahrscheinlich gar nicht. Richterin Bridges schon. Sie mußte eine solche Erklärung einreichen, als sie sich um den Richterposten bewarb. Aber sie versteht vielleicht nicht die juristische Seite, die Ungültigkeit der Papiere.

»Die Tatsache, daß er nicht das Original seiner Bewerbung eingereicht hat, macht die gesamte Bewerbung ungültig«, erklärt Ben. »Und ohne die Erklärung, als Kandidat antreten zu wollen, ist die gesamte Kandidatur hinfällig.«

Die Richterin nickt.

»Und das war nicht nur Jon Solidays Schlußfolgerung, des wahrscheinlich größten Experten für Wahlrecht in diesem Staat. Es war auch die Schlußfolgerung eines anderen Anwalts, den Senator Tully konsultiert hat ...«

Die Richterin hätte den Namen zusammen mit Bennett aussprechen können.

»Dale Garrison.«

Ben kommt herüber zum Tisch und greift nach einer Kopie von Dales Memo über das As. »Beweisstück der Verteidigung Nummer zwei zur Identifikation«, sagt er. »Wir legen zu diesem Zeitpunkt ein von Dale Garrison verfaßtes Memorandum vor. Es befindet sich in Mr. Garrisons Computer. Die Anklage hatte es schon die ganze Zeit in ihrem Besitz. Allerdings ist bemerkenswert, daß sie es niemals erwähnt hat.« Er dreht sich um und sieht Erica Johannsen vielsagend an. Sie hat den Kopf gesenkt und schreibt etwas, sieht aber hoch, als Ben sie anspricht, und scheint nicht genau zu wissen, wie sie reagieren soll.

379

»Also steht die Information Grant Tully zur Verfügung. Er weiß, daß er damit seinen Gegner aus dem Rennen werfen kann. Und was tut Grant Tully nun mit dieser Information? Er berät sich mit Jon Soliday, und sie kommen zu einer Entscheidung. Sie entscheiden, nichts zu tun. Gar nichts. Sie entscheiden, daß es ein Fehler wäre, einen Kandidaten für den Posten des Gouverneurs wegen eines Formfehlers auszuschalten. Sie hätten es tun können. Nichts hätte sie daran hindern können. Aber sie tun es nicht. Und das teilen sie Dale Garrison mit. Sie erklären ihm, diese Information bleibe unter Verschluß.«

Das ist ziemlich gewagt ausgedrückt, aber in seiner Wirkung relativ harmlos.

»Doch die Geschichte ist an dieser Stelle nicht zu Ende, Euer Ehren. Weil Dale Garrison noch immer die Information hat. Und was tut er?« Ben kehrt zum Tisch zurück und hebt den Erpresserbrief hoch. »Er wendet sich an den republikanischen Kandidaten Langdon Trotter. An den Mann, dessen Bewerbungsunterlagen unzureichend sind.« Bennett wedelt mit dem Brief. »Er teilt Langdon Trotter mit, daß er über diesen Fehler Bescheid weiß. Und daß für eine Viertelmillion Dollar das ›Geheimnis, von dem niemand etwas weiß‹, ein Geheimnis bleibe. Oder daß er es dem Senator verrate – Senator Tully.«

Die Richterin hat in ihren Unterlagen gesucht und liest jetzt den Erpresserbrief.

»Dale Garrison erpreßt den Justizminister. Geben Sie mir zweihundertfünfzigtausend Dollar, sonst erzähle ich Senator Tully von Ihren ungültigen Bewerbungsunterlagen. Aber mit Geld bringt man niemanden endgültig zum Schweigen, nicht wahr? Es könnte weitere Forderungen geben. Der einzige Weg, einen Erpresser zum Schweigen zu bringen, ist, ihn zu töten.«

Der Laut hinter mir ist weniger ein Murmeln als ein kollektives Aufstöhnen. Die Richterin ist wie erstarrt. Während dieses Verfahrens und auch vorher schon hat sie beide Seiten gewarnt, abenteuerliche Anschuldigungen vorzubringen. Die Tatsache, daß die Richterin jetzt nicht einschreitet, bedeutet, daß die Behauptungen für sie eine gewisse Logik haben. Außerdem ... wie kann sie uns davon abhalten, es zu begründen, wenn wir genau das beweisen wollen?

»An diesem Punkt erweist sich die Information über 1979 als nützlich«, sagt Ben. »Lyle Cosgrove wurde vor kurzem aus dem Gefängnis entlassen. Er ist ein gewalttätiger Berufsverbrecher. Und er besitzt keinen Penny. Er arbeitet zum Niedrigstlohn in einer Apotheke. Justizminister Langdon Trotter kommt zu ihm und bietet ihm Geld dafür an, daß er einen älteren Mann tötet, der kaum Gegenwehr leisten wird. Er nimmt das Geld. Er hat keine Ahnung, weshalb ausgerechnet er ausgewählt wurde. Es gibt eine Menge Ex-Sträflinge, die ihn möglicherweise empfohlen haben können. Lyle Cosgrove weiß nur, daß er endlose Jahre im Knast verbracht hat und nie mehr dorthin zurückkehren will, und als der leitende Justizbeamte des Staates ihm befiehlt, etwas zu tun, tut er es. Erst recht für zehntausend Dollar.«

Die letzte Bemerkung erregt die Aufmerksamkeit der Richterin am meisten. Alles andere könnte reine Spekulation sein, aber die Erwähnung einer konkreten Geldsumme verrät der Richterin, daß wir dafür Beweise haben.

Bennett nickt zufrieden. »Langdon Trotter wußte sehr genau, weshalb er Lyle Cosgrove als Mörder auswählte. Denn falls die Beweise jemals auf Cosgrove hinweisen sollten, kämen auch die Ereignisse von 1979 zur Sprache und würden seinem Konkurrenten im Rennen um den Gouverneursposten schaden.« Bennett reckt zwei Finger in die Höhe. »Zwei Fliegen mit einer Klappe. Der Erpresser ist aus dem Weg geschafft, und sein Gegner wird verleumdet.«

Bennett hebt die Arme in einer theatralischen Geste. »Die Vorbereitungen waren einfach. Zuerst fertigt er eine Kopie des Erpresserbriefs an und sendet sie an Jon. Damit befindet der Brief sich schon mal in Jons Besitz. Dann kommt sein Plan. Der Justizminister hat seine Helfer und Möglichkeiten.

Er findet heraus, daß Dale Garrison an einem Donnerstag mit Jon Soliday zum Mittagessen verabredet ist. Dieses Treffen läßt der Justizminister auf Freitag, den achtzehnten August, sieben Uhr abends, verschieben. Wie er das tut? Ganz einfach. Er ruft Garrisons Sekretärin, Sheila Paul an, tut so, als wäre er Jon und nennt den neuen Termin. Dann meldet er sich telefonisch bei Jons Sekretärin und zieht dort die gleiche Nummer ab. Weder Dale Garrison noch Jon Soliday haben das Treffen verschoben. Jeder denkt, der andere habe es veranlaßt.«

Die Richterin schürzt die Lippen. Möglich, daß wir hier einiges an Boden gewonnen haben.

»Am Tag von Dale Garrisons Tod – Freitag, achtzehnter August – stiehlt Lyle Cosgrove auf Anweisung des Justizministers das Mobiltelefon einer Frau namens Joanne Souter. Er braucht ein nicht identifizierbares Handy. Cosgrove versteckt sich an diesem Abend in Dale Garrisons Büro, und zwar irgendwann zwischen fünf und sieben Uhr. Wie Sheila Paul, Mr. Garrisons Sekretärin, ausgesagt hat, hätte jemand problemlos das Büro betreten können, ohne daß Dale Garrison etwas davon bemerkte.«

Ich schaue zur Richterin, der im Augenblick wichtigsten Person im Saal. Sie ist nicht sehr erfreut. Ich nehme an, die Ursache ist nicht Unglaube – ich hoffe es zumindest. Dieser Fall wird größer und größer. Beide Kandidaten für das höchste Amt des Staates sind in irgendeiner Weise in diesen Fall verwickelt; einer wird sogar des Mordes beschuldigt. Das bedeutet weitere Schlagzeilen. Scheinwerferlicht. Nicole Bridges ist eine relativ neue Richterin, die, wie fast jeder Richter im Staat, irgendwann einmal in einem Berufungsgericht residieren, wenn nicht gar einen Posten an einem Bundesgericht bekleiden möchte. Dieser Fall ist ihr dabei keine große Hilfe. Wenn sie einen makellosen Prozeß führt, wird sie nur wenig Lob einheimsen. Doch wenn irgend etwas schiefgeht, wird es allein auf sie zurückfallen. Vor allem, wenn der Eindruck entsteht, daß einige Dinge außer Kontrolle geraten sein könnten. Und das ist das Schlimmste, was man von einem Richter sagen kann. Und jetzt kommen wir und feuern jede Menge Anschuldigungen ab, die sich unter Umständen nicht beweisen lassen. Sie kann nicht allzuviel tun. Wir müssen die Beweise vorlegen. Aber je mehr sie zu hören bekommt, desto schlimmer dürfte ihr Absturz ausfallen, wenn wir nichts davon belegen können.

Was mich zu einer anderen Überlegung bringt. Wenn sie mich freispricht, gibt es keine Revision dieses Prozesses. Sie sagt »nicht schuldig«, und alles ist sofort zu Ende. Wenn sie mich verurteilt, könnte das Revisionsgericht an diesem Prozeß einiges auszusetzen haben, und es gäbe ganz gewiß Zeitungsmeldungen darüber. Bei einem Freispruch wäre alles für sie viel einfacher. Ich frage mich, ob ihr dieser Gedanke nicht auch schon gekommen ist.

»Also versteckt Cosgrove sich im Büro und wartet«, fährt Ben fort. »Er wartet darauf, daß Jon Soliday erscheint und wieder geht. Dann tötet er Dale Garrison. Alles wie geplant. Er erwürgt Garrison. Das dürfte nicht allzu schwierig gewesen sein. Er tut, was der Justizminister von ihm verlangt. Außerdem hat Cosgrove schon seit längerem eine Rechnung mit Mr. Garrison offen. Immerhin wirft er ihm vor, ihn 1988, als er verurteilt wurde, nicht konsequent genug verteidigt zu haben. Daher hat er durchaus auch persönliche Motive, die Tat zu begehen.«

Bennett hebt einen Finger. »Nach dem Mord, der nur wenige Minuten gedauert haben dürfte, benutzt Cosgrove das von ihm gestohlene Handy und ruft Jon Soliday an. Weit ist Jon noch nicht gekommen. Höchstens zwei Blocks, mehr nicht. Er bittet Jon, ins Büro zurückzukommen. Um die Unterhaltung fortzusetzen. Jon wird Ihnen bestätigen, daß die Verbindung sehr schlecht war. Er konnte seinen Gesprächspartner kaum verstehen. Also, was weiß Jon? Er hat keinen Grund, zu diesem Zeitpunkt mißtrauisch zu sein. Er ist der Überzeugung, daß Dale Garrison ihn angerufen hat, daher kehrt er in dessen Büro zurück.«

Bennett geht ein paar Schritte.

»Lyle Cosgrove verläßt das Gebäude, ehe Jon erscheint. Und als Jon das Büro aufsucht, ist Dale genau dort, wo er war, als Jon ihn verließ. An seinem Schreibtisch. Nur ... diesmal liegt sein Kopf auf der Tischplatte. Was denkt Jon, als er Mr. Garrison sieht? Ich meine, während der ersten zwei, drei Sekunden? Er denkt, daß ein siebzig Jahre alter Mann, von einer schweren Krebserkrankung gezeichnet, um sieben Uhr abends nach einer langen Arbeitswoche eingeschlafen ist.« Bennett zuckt die Achseln. »Genau das denkt er. Aber im gleichen Moment, als er das Büro betritt, kommt Mr. Hornowski, der Wachmann, durch den Flur. Und nachdem sie Mr. Garrison einen Moment lang betrachten – etwa zehn Sekunden, wie Mr. Hornowski meinte –, stellen sie fest, daß irgend etwas nicht in Ordnung ist. Jon« – Bennett deutet auf mich – »versucht, seinen Kollegen wiederzubeleben. Er versucht es mit Mund-zu-Mund-Beatmung, mit Herzmassage, mit irgend etwas, um Dale Garrison wach zu kriegen. Er hat versucht, ihm das Leben zu retten. Er hat ihn nicht getötet.«

Bennett geht auf die Richterin zu. »Aber es sieht ganz übel aus, nicht wahr? Mit dem Verstorbenen im selben Büro zu sein, hm? Deshalb hat Langdon Trotter es so arrangiert. Und jetzt steht der Chefberater seines Konkurrenten vor Gericht. Der Justizminister räumt den Erpresser aus dem Weg *und* verbessert auf einen Schlag seine Wahlchancen. Perfekt. Oder ich sollte lieber sagen, fast perfekt. Es gibt nur noch einen, der den Plan vereiteln könnte. Lyle Cosgrove. Der jetzt tot aufgefunden wurde.«

Bennett faltet die Hände wie zum Gebet. »Euer Ehren, Jon Soliday hat Dale Garrison nicht getötet.«

Ben nimmt Platz und greift nach seinem Wasserglas. Erica Johannsen erhebt sich. »Euer Ehren ... das war zuviel ... Mr. Carey hat eine ganze Litanei von Anschuldigungen vorgebracht. Das alles ist völlig neu für uns. Ich bitte daher um eine Unterbrechung.«

Von seinem Platz aus ergreift Ben das Wort. »Es gibt nichts, worüber die Anklage hätte informiert werden müssen, Euer Ehren. Es gibt kein Alibi. Es gibt keine neuen Zeugen. Langdon Trotter steht auf unserer Liste. Und offen gesagt, finde ich die Einschätzung, daß das alles überraschend kommt, ein wenig seltsam. Das Memorandum über die Bewerbungsunterlagen des Justizministers befand sich längst im Besitz der Anklage. Wenn sie in diesem Zusammenhang nicht ermittelt hat, ist das bestenfalls als Nachlässigkeit zu bewerten. Schlimmstenfalls als etwas anderes.«

»Mr. Carey …«, setzt die Richterin an.

»Es gibt keine Überraschung, Euer Ehren. Nichts Unfaires. Wir brauchten unsere Theorie zu diesem Fall nicht vorzeitig kundzutun.«

»Wir unterbrechen für eine halbe Stunde«, entscheidet die Richterin. »Danach, Mr. Carey, können Sie Ihren ersten Zeugen aufrufen.«

»Danke, Euer Ehren.«

»Und, Mr. Carey«, fügt die Richterin hinzu. »Nichts von dem, was Sie in Ihrer Eröffnung vorgebracht haben, hat Beweiskraft. Ich hoffe, daß Sie jede Ihrer Behauptungen mit Fakten untermauern werden.«

»Natürlich, Richterin«, erwidert Ben. Er sieht mich an, und wir fragen uns beide, wie wir das schaffen wollen.

55

»Die Verteidigung ruft Senator Grant Tully.«

Ich höre das leise Echo des Namens ganz hinten im Gerichtssaal – offenbar der Gerichtsdiener, der den Namen durch den Flur ruft. Ich drehe mich um. Im Gerichtssaal halten sich etwa ein Dutzend Presseleute auf.

Grant Tully befindet sich bereits seit zwei Stunden im Gebäude. Er wollte nicht den Reportern in die Hände fallen, die Bennetts Einführungserklärung gehört haben. Statt dessen kam er mit Hilfe eines Richters, dem er irgendwann in der Vergangenheit zu seinem Posten verholfen hat, durch den privaten Richtereingang herein. Danach hat er im elften Stock im Büro des Bezirksregistrators gewartet, eines guten Freundes des Senators.

Grant Tully sieht aus wie immer – wie ein ganz normaler, durchschnittlicher Mensch. Er ist attraktiv und jugendlich, aber er strahlt, wahrscheinlich wegen seines Alters, keine Macht aus wie die grauhaarigen Vertreter der alten Schule. Das ist gut für mich. Er ist eine solide, aber zurückhaltende Erscheinung. Die Richterin erweist Grant allen nötigen Respekt, begrüßt ihn und verhält sich ausgesprochen höflich. Sie wurde zwar nicht mit Grants Hilfe gewählt, doch Grant Tully könnte ihr jede Menge Schwierigkeiten machen, wenn ihm danach wäre. Er könnte zum Beispiel mit dem leitenden Richter des Bezirksgerichts sprechen, der die Richter auf die jeweiligen Gerichtssäle verteilt. Und wenn jemand es wollte, würde Richterin Bridges in Zukunft Nachtdienst schieben und sich mit Drogenhändlern herumschlagen müssen.

Bennett führt den Senator durch einige Aufwärmübungen – Name, Rang und Seriennummer. »Soweit ich weiß, stehen Sie mitten im Wahlkampf«, sagt Ben. »Warum kommen wir also nicht gleich zur Sache?«

Grant setzte seine für die Öffentlichkeit bestimmte Miene auf. Was jetzt kommt, dürfte ziemlich weh tun, aber er wird es überstehen.

»Juni 1979«, sagt Bennett. »Sie und Jon Soliday sind siebzehn Jahre alt.«

»Das ist richtig.«

»Sie fahren in eine Stadt in Summit County, jenseits der Staatsgrenze.«

»Korrekt.«

»Sie haben sich dort anläßlich einer Party mit ein paar Leuten getroffen, nicht wahr?«

»Ja. Und zwar mit einem gewissen Lyle, einem gewissen Rick und einer jungen Frau namens Gina.«

»Nachnamen?« fragt Ben.

»Die Nachnamen habe ich nicht erfahren«, antwortet er.

»Ist dieser ›Lyle‹, den Sie erwähnten, jemand namens Lyle Cosgrove?«

»Das weiß ich nicht. Es ist durchaus möglich.«

Bennett will nicht weiter auf Rick eingehen – von dem wir wissen, daß er Brian O'Shea ist, der Mann, der in Bens Haus eingebrochen ist. Er hat Ricks wahre Identität auch nicht in seinem Einführungsvortrag genannt. Wir brauchen nicht näher darauf einzugehen, und es gibt bereits genug Dinge, zu denen wir uns nicht eingehender äußern müssen.

»Na schön«, sagt Ben. »Also, Senator, am Ende des Abends haben Sie die Party verlassen?«

»Ja.«

»Mit wem?«

»Mit Rick, glaube ich. Es ist schon ziemlich lange her.« Grant war nicht sehr erfreut gewesen, als er erfuhr, daß Ricks Name in diesem Fall auftauchte. Aber er konnte nichts dagegen tun.

»Sie haben die Party zusammen mit Rick verlassen?« fragt Ben. »Oder mit Lyle?« Er scheint für einen kurzen Moment leicht verwirrt zu sein. Immerhin mußte er eine ganze Menge Informationen über 1979 in ziemlich kurzer Zeit verarbeiten.

»Ich ging mit Rick«, sagt Grant.

»Sind Sie sich dessen ganz sicher? Sie erinnern sich, mit Rick in Ihrem Wagen weggefahren zu sein?«

»Daran erinnere ich mich. So gut, wie man sich nach einer derart langen Zeit an so etwas erinnern kann.«

»Okay.« Ben stellt die nächste Frage leise. »Hatten Sie getrunken?«

»Ja, das hatte ich. Ich hatte Bier getrunken.«

»Aber Rick nicht?«

»Nein.«

»Also hat Rick Sie nach Hause gefahren.«

»Genau.«

Wähler werden wohl kaum durch die Tatsache geschockt, daß ein Siebzehnjähriger Bier getrunken hat. Es sieht so aus, als kämen wir voran, ohne Grant weh zu tun. Dabei gibt es eine ganze Menge, das ihm schaden könnte.

»Was war mit den anderen?« fragt Ben. »Gina, Lyle und Jon?«

»Sie haben die Party getrennt verlassen.«

»Warum sind Sie nicht mit Jon gegangen?«

»Ich hatte mitgekriegt, daß die junge Dame Jon zu sich eingeladen hatte.«

»Sie meinen Gina Mason.«

»Gina, ja.«

»Wer hat Ihnen das gesagt? Daß Gina wollte, daß Jon zu ihr kam?«

»Keine Ahnung, Mr. Carey. Einer von den Jungen. Lyle oder Rick.«

»Und was geschah dann?«

Grant zuckt die Achseln. »Ich fuhr nach Hause.«

»Nur, um es ganz klar zu machen, Senator. Sie und Rick nahmen den Wagen. Jon und Lyle nahmen Lyles Wagen. Gina war vor Ihnen allen schon nach Hause gegangen.«

»Das ist richtig.«

»Aber Gina hatte Jon zu sich nach Hause eingeladen?«

»Ja.«

»In Ordnung. Nun, erfuhren Sie irgendwann, daß die junge Dame, Gina Mason, in dieser Nacht gestorben war?«

»Das erfuhr ich. Mir tat es natürlich zutiefst leid.«

»Haben Sie mit der Polizei über den Vorfall gesprochen?«

»Ich habe mit jemandem von der Polizei gesprochen. Ja.«

»In Ordnung. Wissen Sie zufälligerweise, ob Mr. Cosgrove befragt wurde?«

»Soweit ich weiß, wurde er befragt.«

»Wissen Sie, ob Mr. Cosgrove einen Anwalt hatte?«

»Ja. Mr. Cosgrove – den ich damals nur als Lyle kannte – hatte einen Rechtsanwalt. Dale Garrison.«

»Wie kam es, daß er Dale Garrison engagierte?«

»Er fragte mich, ob ich ihm jemanden empfehlen könnte. Ich nannte ihm Dales Namen.«

388

»Senator, wie war Ihre damalige Position? Hatten Sie irgendeine Meinung hinsichtlich Jons Schuld oder Unschuld?«

Grant fährt mit der Hand durch die Luft. »Ich bin nicht dabeigewesen, daher wußte ich es nicht. Aber erstens war Jon Soliday mein bester Freund, jemand, dem ich vertraute und den ich achtete. Und jemand, der eine solche Gewalttat nicht vollbringen könnte. Niemals. Und zweitens war mir klar, daß er einen Vollrausch gehabt hatte. Ich habe nicht geglaubt, daß er zu einer solchen Tat fähig war. Ich glaubte es damals nicht, und ich glaube es heute nicht.«

»Senator, ist Ihnen dieser angebliche Erpresserbrief bekannt?«

»Das ist er.«

»Okay«, sagt Ben. »Senator, wir sollten etwas klären. Ich will Ihnen dieses Beweisstück zeigen.« Ben verläßt seinen Platz, greift nach dem Erpresserbrief und verteilt Kopien an die Richterin und den Zeugen. »Bitte lesen Sie den Brief.«

Grant gehorcht.

»Nun, Senator – Sie kennen diesen Brief?«

»Ja, vage.«

»Dazu habe ich eine Frage, Sir. Ist es möglich, daß dieser Brief sich auf etwas bezieht, das 1979 geschehen ist?« Ben macht einen Schritt in Richtung Zeugenstand. »Ich meine, ist es möglich, daß Dale Jon damit drohte, Ihnen etwas über 1979 zu erzählen, das Sie noch nicht wußten? Ein Geheimnis?«

»Einspruch!«, meldet sich die Staatsanwältin. »Spekulation.«

»Stattgegeben.«

»In dem Brief wird der ›Senator‹ erwähnt, Euer Ehren.«

»Das macht Ihre Frage nicht weniger spekulativ, Sir«, sagt Richterin Bridges. »Fahren Sie fort.«

Bennett hängt für einen kurzen Moment fest. Er sammelt sich und sucht nach einer angemessenen Frage.

»Senator, wir wissen, daß Mr. Garrison im Jahr 1979 Lyle Cosgroves Anwalt gewesen ist.«

»Ja, das wissen wir.«

»Okay. Ist es möglich, Senator, daß Mr. Garrison damit

drohte, Ihnen zu erzählen, daß Jon sich 1979 tatsächlich eines Verbrechens schuldig gemacht hat?«

»Einspruch!« Erica Johannsen springt auf. »Aufforderung zur Spekulation.«

»Nein, das ist es nicht«, fährt Ben ihr schnell in die Parade. »Die Antwort des Senators wird das beweisen.«

»Ich werde die Antwort streichen, wenn sie spekulativ ist.« Die Richterin nickt Grant zu. »Senator.«

Grant erwidert das Kopfnicken der Richterin und wendet sich dann wieder Bennett zu. »Es gibt nichts im Jahr 1979, worüber Jon, Dale und ich nicht längst gesprochen haben. Wir alle wissen, daß es eine winzige Möglichkeit gibt, daß irgend etwas zwischen Jon und der jungen Dame passiert ist – wenn man Jons Rauschzustand bedenkt. Eine überaus winzige Möglichkeit. Aber wir alle glauben, daß Jon nichts Schlimmes getan hat.«

Dieses Gespräch hat niemals stattgefunden. Grant schützt mich.

»Aber könnte nicht genau das der springende Punkt sein, Senator?« sagt Ben. »Sie glaubten nicht, daß er sich irgend etwas hat zuschulden kommen lassen. Aber vielleicht wußte Dale etwas ganz anderes?«

»Dale hat sehr wohl gewußt, daß ich kein Interesse daran hatte, die Vergangenheit wiederaufleben zu lassen. Ich habe ihm und Jon unmißverständlich klargemacht, daß das, was in der Vergangenheit passiert war, auch dort bleiben sollte. Dale hat sehr wohl gewußt, daß ich über dieses Thema nicht sprechen würde. Jon wußte das ebenfalls. Es gab keine Drohung.«

Auch das stimmt nicht, aber es ist nicht allzuweit von der Wahrheit entfernt. Und niemand wird der Aussage widersprechen.

»Ist es möglich, daß Dale damit drohte, die Tatsache zu enthüllen, daß Sie in die Affäre verwickelt waren, wenn auch nur am Rande? Ich meine, es ist nicht gerade die angenehmste Situation, Senator. Immerhin bewerben Sie sich um den Posten des Gouverneurs. Ist es möglich, daß Dale zur Sprache bringen wollte, daß es in der Vergangenheit einen Vorfall gegeben hat, in dessen Zusammenhang eine junge Frau starb, vielleicht sogar vergewaltigt und ermordet wurde, und Sie und Jon Soliday in irgendeinem Zusammenhang damit standen? Schuld durch indirekte Beteiligung?«

»Nein, das ist nicht möglich«, antwortet Grant. »Dale ist einer meiner engsten Freunde gewesen. Auch meines Vaters. Und noch etwas, Mr. Carey, wenn Dale in Geldverlegenheit gewesen wäre, hätte ich ihm ausgeholfen. Er hätte mich nur darum bitten müssen.« Grant schüttelt den Kopf, als wäre der Gedanke absolut lächerlich. »Dale Garrison hat weder mich noch Jon Soliday jemals erpreßt. Das ist absurd.«

»Na schön, Senator. Wechseln wir das Thema. Reden wir über die Gouverneurswahl. Die Vorwahlen.«

Grant berichtet, daß er und Trotter für die Gouverneurswahl nominiert wurden, daß ich mir Trotters Bewerbungspapiere angesehen und dabei einen Fehler gefunden habe.

»Wie Jon mir erklärte«, sagt Grant, »waren Mr. Trotters Unterlagen wertlos. Die Bewerbung muß ›unterschrieben‹ sein, und eine Fotokopie einer Unterschrift ist keine Unterschrift. Es ist im Grunde nicht mehr als ein leeres Blatt Papier.«

Die Richterin runzelt die Stirn. Sie läßt sich dieses juristische Problem ebenfalls durch den Kopf gehen.

»Was bedeutet, daß der Justizminister von der Wahlliste hätte gestrichen werden können, wenn Sie es gewollt hätten?«

»Jawohl.«

»Haben Sie zu Jons Bewertung eine zweite Meinung eingeholt?«

»Ich würde es keine zweite Meinung nennen. Jon kennt sich auf diesem Gebiet besser aus als jeder andere. Ich würde es als andere Perspektive bezeichnen.«

»Wessen Perspektive?«

»Dale Garrisons.«

»Hat Dale Garrison ein Memorandum zu diesem Thema verfaßt?«

»Ja.«

391

»Euer Ehren, ich stütze mich auf Mr. Garrisons Computer, wenn dies der Anklage lieber ist.« Ben wedelt mit einer Kopie des Memos über das As. »Beweisstück der Verteidigung Nummer zwei zur Identifikation.«

»Die Kopie ist in Ordnung«, sagt Johannsen. Ben hat ihr das Schriftstück während der Pause gezeigt. Sie hat es mit der entsprechenden Datei im Computer verglichen. Ben verteilt jetzt Kopien an alle.

»Das ist das Memo«, stellt Grant fest. »Dale war sich mit Jon einig. Der Fehler bei den Bewerbungspapieren war tödlich.«

»Wie ist das Memorandum zu Ihnen gelangt?«

»Dale hat es per Boten in unser Büro geschickt. Ich glaube, es war an Jon adressiert.«

»Wann war das, Senator?«

»Am vierten August.«

»Und wie kommt es, daß Sie sich so genau an dieses Datum erinnern?«

»Als Dale das Päckchen mit dem Memo schickte, legte er auch eine Geburtstagskarte für mich bei. Ich glaube sogar, daß Sie, Mr. Carey, es mir gegeben haben. Ich habe eigentlich am zehnten August Geburtstag. Ich weiß noch ganz genau, ich habe gedacht, daß Dale um sechs Tage zu früh dran ist. Dieser Gedanke ging mir durch den Kopf, ich erinnere mich genau.«

Ich entsinne mich, die Geburtstagskarte gesehen zu haben. Damit steht das Datum fest. Das ist wichtig für uns, weil wir das Datum so weit wie möglich vor Dales Tod schieben müssen. Wir brauchen Zeit, damit Dale Trotter erpressen, Trotter sich an Lyle Cosgrove wenden und den Erpresserbrief an mich schicken und dann Dale töten konnte. Dale hat das Memo am 4. August an uns geschickt und ist am 18. August gestorben. Trotter hatte demnach zwei Wochen Zeit, alles zu planen und auszuführen.

»Also, Senator.« Ben verschränkt die Hände vor dem Bauch. »Zu diesem Zeitpunkt hatten Sie die Möglichkeit, gegen Mr. Trotters Bewerbungsunterlagen Einspruch einzulegen.«

»Die hatte ich, ja.«

»Sie hätten Ihren Konkurrenten aus dem Feld schlagen können.«

»Ja, das hätte ich tun können.«

»Haben Sie Einspruch eingelegt?«

»Nein. Das habe ich nicht. So wollte ich nicht Gouverneur werden. Die Wähler verdienen das Recht auf eine Wahl.«

»Wurde das Dale mitgeteilt?«

»Das wurde es. Ich habe es ihm selbst gesagt. Und Jon hat es ihm ebenfalls gesagt. Er wußte, daß wir diese Sache nicht benutzen würden.«

Das stimmt nicht ganz. Grant sagt wieder zu meinen Gunsten aus.

»Wann war das, Senator? Wann haben Sie Dale Garrison erklärt, daß Sie gegen Mr. Trotters Papiere keinen Einspruch einlegen würden?«

»Ich erinnere mich nicht an das genaue Datum«, antwortet der Senator. »Aber es war vor meinem Geburtstag. Ich habe mich bei dieser Gelegenheit nämlich für die Karte bedankt und gesagt, bis zu meinem Geburtstag dauere es noch ein paar Tage. Wir haben Scherze darüber gemacht. Es gebe Geburtstage, die man am liebsten ausfallen lassen würde, und so weiter.«

Diese Unterhaltung hat natürlich nie stattgefunden. Wir dachten immer noch darüber nach, ob wir das As einsetzen sollten. Grant improvisiert an dieser Stelle – er lügt ganz eindeutig für mich. Sicherlich heiligt für ihn der Zweck die Mittel – eine Position, die er schon vorher zu meiner Verteidigung eingenommen hat.

»Demnach haben Sie zwischen dem vierten August und Ihrem Geburtstag, dem zehnten, Dale erklärt, er solle dieses Thema nicht weiterverfolgen.«

»Genau.«

»Haben Sie diesen Punkt mit Nachdruck vertreten?«

»Sogar sehr. Ich habe gesagt, wir werden keinen Einspruch

gegen Langdon Trotters Nominierungspapiere einlegen. Ende der Diskussion.«

»Hat Mr. Garrison dem widersprochen?«

»Im Gegenteil«, sagt Grant. »Er meinte, ich täte genau das Richtige.«

»Einspruch wegen Hörensagens«, meldet sich Erica Johannsen.

»Das ist kein Hörensagen, Richterin«, erwidert Ben. »Ich zeige nur Dales Position. Dale Garrison war froh, daß Senator Tully die Information nicht benutzen wollte, weil Dale Garrison damit die Möglichkeit hatte, Justizminister Langdon Trotter zu erpressen.«

»Abgewiesen«, sagt die Richterin. Sie sieht die Staatsanwältin an. »Kein Hörensagen.«

Ben fährt fort. »Ist Ihnen bekannt, Senator, ob Dale beschloß, dieses Wissen auf andere Art und Weise zu benutzen? Das Wissen über Mr. Trotters Nominierungspapiere, meine ich?«

»Nein, das ist es nicht.«

»Wissen Sie, ob Dale Garrison die Information dazu benutzt hat, den Justizminister zu erpressen?«

»Nein, das weiß ich nicht, Mr. Carey.«

»Können Sie uns versichern, daß Dale Garrison nach Ihrem Gespräch davon ausging, daß Sie diese Information nicht benutzen werden?«

»Einspruch«, sagt Erica Johannsen. »Der Senator soll sich zu den Absichten einer dritten Person äußern.«

»Stattgegeben.«

»Okay«, sagt Ben. »Nun, haben Sie Mr. Garrison mitgeteilt, daß Sie die Information nicht benutzen werden?«

»Das ist Hörensagen«, sagt die Staatsanwältin.

»Wenn das ein Einspruch ist, gebe ich ihm statt.«

Ben steckt die Hände in die Taschen. »Okay. Mehr habe ich nicht.«

Die Richterin schaut auf die Uhr. Viertel vor elf. Zu früh für die Mittagspause. »Miss Johannsen?«

»Danke, Euer Ehren.«

Ich lehne mich zu Ben hinüber. »Haben wir alles, was wir brauchen?«

Ben nickt. Grant hat die Möglichkeit ausgeräumt, daß einer von uns beiden wegen der Vergewaltigung erpreßt wurde. Und er hat klargemacht, daß Dale Garrison wußte, wir würden das As nicht einsetzen – was ihn in die Lage versetzte, Trotter zu erpressen.

Die Staatsanwältin erhebt sich langsam. Ich hätte mehr Zorn von ihr erwartet. Aber ich denke, daß diese Frau nicht an den schmutzigen Begleitumständen des Falles interessiert ist. Ich denke, daß Erica Johannsen nur den Schuldigen finden will. Sie will nicht um jeden Preis gewinnen. Ich hätte niemals gedacht, so etwas einmal über einen Staatsanwalt zu sagen. Vielleicht überdenkt sie sogar den ganzen Fall.

»Senator Tully«, beginnt sie, »Sie wissen nicht, ob Langdon Trotter mit dem Erpresserbrief etwas zu tun hat oder nicht?«

»Das habe ich mehrmals betont.«

»Sie können nicht die Möglichkeit ausschließen, daß dieser Brief tatsächlich für den Angeklagten geschrieben wurde?«

»Ich habe klarzumachen versucht, daß das keinerlei Sinn macht.«

»Aber ganz sicher wissen Sie nicht, was dieses ›Geheimnis, von dem niemand etwas weiß‹, sein könnte, nicht wahr, Senator?«

»Nicht mit Sicherheit.«

»Und genau das ist der Punkt, nicht wahr? Daß Sie es nicht wissen. Aber der Erpresser wollte es Ihnen mitteilen.«

»Wenn Sie das sagen«, meint Grant. »Es ist nicht unmöglich.«

»Demnach könnte dieser Brief von Dale Garrison an den Angeklagten geschrieben worden sein. Ist es nicht so?«

»Abgesehen von der Tatsache, daß es jeglicher Logik entbehren würde? Ja, es wäre möglich.«

»Demnach ist es auch möglich, daß dieses ›Geheimnis‹ nichts mit der Kandidatur zu tun hat.«

»Wie ich schon sagte.«

Die Staatsanwältin zieht ihre Notizen zu Rate. »Senator, Sie können sich nicht genau an das Datum des vierten August als an den Tag erinnern, an dem Mr. Garrison das Dokument per Boten an den Angeklagten geschickt hat, oder?«

»Ich habe gesagt, daß ich mich sehr wohl an dieses Datum erinnere.«

»Wegen der Verbindung mit Ihrem Geburtstag?«

»Richtig. Ich entsinne mich, daß Mr. Carey mir den Brief übergab und wir Witze machten, weil Dale die Karte viel zu früh geschickt hat.«

»Gut«, murmelt Ben.

Die Staatsanwältin ist für einen Moment hilflos und versucht, ihre Notizen zu entziffern. »Und was diese andere Sache betrifft, Senator, diesen Mord von 1979 …«

»Ich glaube, der Befund lautete auf Tod durch Überdosis, Miss.«

Die Staatsanwältin quittiert diese Klarstellung mit einem Lächeln. »Wollen Sie dem Gericht damit andeuten, daß es Ihnen egal wäre, wenn Sie erführen, daß Mr. Soliday diese junge Frau tatsächlich getötet hat?«

»Das habe ich nicht gesagt. Ich habe gesagt, daß ich nicht geglaubt habe und nicht glaube, daß er eine solche Tat begangen hat. Aber außerdem war ich nicht an etwas interessiert, das vor über zwanzig Jahren geschehen ist. Ich kenne Jon Soliday als rechtschaffenen Mann. Als anständigen Menschen. Als guten Freund. Falls damals in jener Nacht irgend etwas passiert sein sollte, wobei die Tatsache zu berücksichtigen ist, daß Jon noch sehr jung und berauschter war, als ich ihn jemals erlebt habe, dann würde ich ihm wohl verzeihen. Ich würde ihn wahrscheinlich beschimpfen und ihm eine Gardinenpredigt halten. Aber ich würde ihm verzeihen. Aber die Mutmaßung, er könne etwas Schlimmes getan haben, ist äußerst gewagt. Die Justizbehörden in Summit County sind zu einem anderen Schluß gekommen.«

Erica Johannsen nickt. »Und Sie würden ihn noch immer als Ihren führenden Anwalt beschäftigen? Selbst wenn er ein Mörder wäre?«

Grant läßt sich genauso wie die Medienvertreter auf der Galerie die Frage durch den Kopf gehen. »Jon ist mein Chefberater. Ich habe nicht die Absicht, das zu ändern.«

»Und wenn Sie die Gouverneurswahl gewinnen, werden Sie den Angeklagten zum leitenden Berater des Gouverneurs befördern?«

»Ja. Natürlich.«

»Wußte der Angeklagte das?«

»Ja, ich glaube, Jon wußte das.«

»Und wenn Sie erfahren würden, daß Ihr Anwalt an einem Mord beteiligt war, würden Sie Ihre Entscheidung, ihn bei sich zu behalten, noch einmal überdenken?«

Eine gute Frage von der Staatsanwältin. Was kann Grant schon darauf antworten? »Das ... mit dieser Frage habe ich mich noch nicht auseinandergesetzt«, antwortet er.

»Demnach ist es möglich, Senator, daß Sie den Angeklagten feuern würden, wenn er 1979 einen Mord begangen hätte und Sie darüber von jemandem aufgeklärt würden?«

Grant atmet tief ein. »Ich habe Ihnen erklärt, ich würde verzeihen. Weil er berauscht und noch sehr jung war. Aber ich bin absolut davon überzeugt, daß er nichts Schlimmes getan hat.«

»Ihm verzeihen, okay. Aber zulassen, daß er eine der höchsten Positionen in der Verwaltung des Staates einnimmt? Senator, wollen Sie diesem Gericht etwa erklären, Sie würden einen Mörder als Chefberater beschäftigen?«

»Ich glaube, darauf kann ich keine eindeutige Antwort geben.«

»Wenn Sie genau wüßten, daß er einen Mord begangen hat, zu irgendeinem Zeitpunkt in seinem Leben, würden Sie ihm doch kündigen, oder?«

»Einspruch«, sagt Ben. »Diese Frage wurde bereits beantwortet.«

»Fahren Sie fort«, sagt die Richterin. »Abgewiesen.«

»Ich würde das gewiß in Erwägung ziehen«, gibt Grant zu. Was soll er sonst sagen? Er steht praktisch vor dem gesamten Staat im Zeugenstand. Wie kann er da garantieren, daß er einen überführten Mörder beschäftigt?

»Na schön, Senator. Demnach ist es möglich, daß der Angeklagte seinen Job verloren hätte, wenn Sie etwas in dieser Art erfahren würden. Es ist möglich.«

»Ich denke, es wäre möglich.«

»Und wenn die Information an die Öffentlichkeit gelangte, würde der Angeklagte wohl kaum in irgendeinem Staat einen neuen Job finden, oder?«

»Das weiß ich nicht.«

»Würden Sie ihm bei der Arbeitsuche helfen, Senator? Würden Sie einem Mörder und Sexualverbrecher bei der Suche nach einem neuen Job helfen, solange es kein Job bei Ihnen ist?«

»Er ist ein Freund«, sagt Grant. »Ein Freund, der einen Fehler gemacht hat, als er noch sehr unerfahren war. Er war jung und verwirrt und hatte einen schweren Rausch. Er wußte nicht ...« Der Senator verschluckt den Rest des Satzes. Im Saal ist es totenstill.

»Mein Gott«, murmelt Ben. Ich erstarre auf meinem Stuhl. Grant begreift plötzlich, was er gesagt hat. Er hat es nicht hypothetisch formuliert. Er hat es wie eine Tatsache behandelt. Ich habe Gina Mason getötet. Was weiß er, das er mir nie gesagt hat?

»Was ich sagen will ...«, fährt er fort.

»Der Angeklagte hat den Mord begangen, nicht wahr?« fragt die Staatsanwältin. »Sie haben es gerade gesagt.«

»Nein«, widerspricht Grant und beugte sich vor. »Nein. Ich wollte sagen, würde ich erfahren, daß es so wäre, würde ich Jon noch immer als meinen Freund betrachten.«

»Mich interessiert nicht, was Sie sagen wollten, Sir. Bitte beantworten Sie meine Frage. Sie stehen unter Eid. Wissen Sie, daß der Angeklagte diesen Mord begangen hat?«

Grant zögert keine Sekunde. »Nein, das weiß ich nicht.«

»Hat irgend jemand Ihnen je erzählt, daß der Angeklagte einen Mord begangen hat?«

Grant sieht mich an.

»Einspruch!« ruft Ben. »Hörensagen.«

»Es geht nicht um den Wahrheitsgehalt der Aussage«, sagt Erica Johannsen und geht auf den Senator zu. »Es geht ausschließlich um seine persönliche Einstellung. Das ist die ganze ...«

Die Richterin hebt die Hand. »Einspruch abgewiesen.«

Erica Johannsen wendet sich mit neuer Entschlossenheit dem Senator zu. »Bitte beantworten Sie die Frage, und bedenken Sie dabei, daß Sie unter Eid stehen. Senator Tully, hat irgend jemand Ihnen je erzählt, daß Jon Soliday 1979 diese junge Frau ermordet hat?«

Grant befeuchtet seine Lippen. Die Stille im Saal ist ohrenbetäubend und wird nur vom Dröhnen meines Pulsschlags übertroffen.

»Nein«, sagt er.

»Wissen Sie mit Sicherheit, daß er keinen Mord begangen hat?«

»Ich glaube schon.«

»Und wenn Sie erfahren sollten, daß der Angeklagte tatsächlich einen Mord begangen hat, würden Sie noch einmal darüber nachdenken, ob Sie ihn weiter in Ihrem Stab beschäftigen. Es wäre möglich, daß Sie ihm kündigen.«

»Ich denke, das wäre möglich.«

»Und Jon Soliday hat das gewußt, nicht wahr, Senator?«

»Einspruch«, sagt Ben. »Für diese Frage gibt es keinerlei Grundlage.«

Erica Johannsen setzt sich, während die Richterin dem Einspruch stattgibt. »Ich bin fertig«, sagt sie.

»Mr. Carey?« fragt die Richterin. »Eine Erwiderung?«

»Ein paar Fragen«, sagt Ben.

Die Richterin schaut auf die Uhr. »Mehr als fünf oder zehn Minuten?«

»Wahrscheinlich.«

»Dann sollten wir Mittagspause machen. In einer Stunde kommen wir wieder zusammen.«

56

Bennett und ich besprechen uns kurz mit Grant im Gerichtssaal, während die Presse draußen wartet.

»Ich konnte nicht bis zum letzten gehen«, sagt Grant. »Tut mir leid, Jon.«

»Natürlich konntest du das nicht«, erwidere ich. »Du kannst schließlich nicht zugeben, daß du einen Killer in deinem Stab beschäftigen würdest.«

»Sie haben Ihre Sache gut gemacht«, sagt Ben. »Ich stelle ein paar Fragen, um den Eindruck zu mildern.«

»Und, he!« Grant klopft mit dem Handrücken gegen mein Hemd. »Das mit dem Versprecher tut mir leid.«

»Kein Problem«, sage ich und verkneife mir die Frage, ob er in diesem Moment vielleicht die Wahrheit gesagt hat. Ich kann mich im Augenblick nicht mit allem auseinandersetzen.

Wir entscheiden, daß es besser ist, nicht zusammen gesehen zu werden. Wir treffen uns erst im Gerichtssaal wieder. Ben und ich drängen uns durch die Reportermeute. Sie hatte mit Bens Eröffnungserklärung und Grants Zeugenaussage einen grandiosen Tag. Die Ereignisse werden heute abend in den gesamten USA in den Nachrichten auftauchen. Der Kandidat einer Gouverneurswahl des Mordes beschuldigt. Der andere Kandidat in die Sache verwickelt. Die ganze Nation wird sich über uns kaputtlachen.

Was diese Wahl betrifft, ist wohl alles klar. Grant Tully ist erledigt. Wir werden niemals beweisen können, daß Langdon Trotter des Mordes an Dale Garrison schuldig ist, es sei denn, wir finden eine Pistole, aus deren Lauf noch der Rauch aufsteigt. Aber dazu ist Trotter einfach zu clever. Wir sorgen vielleicht für einen begründeten Zweifel, aber Trotter wird unsere Behauptungen als verzweifelte Bemühungen eines Verbrechers werten, der alles versucht, um der Strafe zu entgehen. Wir werden bestenfalls ein leises »Nicht schuldig!« von Richterin Bridges kriegen, und Trotter wird dieses Urteil drehen, wie immer er will. Schlimmstenfalls verbringe ich den Rest meines Lebens im Zuchthaus.

Aber zweifellos hat Grant Tully, ganz gleich wie nebensächlich, eine Rolle bei dem ungeklärten Ereignis im Jahr 1979 gespielt. Er hat nie darüber gesprochen, hat es niemandem erzählt. Und man kann sich denken, daß die Tullys weitaus mehr getan haben, als Lyle Cosgrove den Anwalt Dale Garrison zu empfehlen. Sie haben ihn engagiert und nach Summit County geschickt, um mich rauszukämpfen. Ich weiß es jetzt und wußte es schon die ganze Zeit. Das Rennen um den Gouverneursposten ist vorbei. Und Grant, der das zweifellos erkannt hat, entschuldigte sich tatsächlich gerade bei *mir*.

Und ich habe noch nicht einmal Zeit, mich deshalb irgendwie mies zu fühlen.

Ben und ich fahren zum Maritime Club, wo Grant uns für die Dauer von zwei Wochen einen kleinen Konferenzraum reserviert hat. Wir haben ihn bis jetzt nicht gebraucht, aber wir dachten, der Zeitpunkt könnte kommen, daß wir ein wenig Ruhe und Ungestörtheit brauchen würden, und nach den Eröffnungen von heute ist ein Privatclub so ziemlich der einzige Ort, an den wir uns zurückziehen können.

Ben hat gewußt, daß es heute nötig sein würde, und Sandwichs eingepackt, Truthahn mit Senf. Wir sitzen auf Stühlen mit lederbezogenen Rückenlehnen, ignorieren die kunstvollen Schnitzereien und den kleinen Flügel und sehen aus wie zwei Menschen, die Gespenster gesehen haben.

»Was für ein verrückter Vormittag«, sage ich, während Ben das erste Sandwich aus dem Zellophanpapier wickelt. »Meinst du, sie glaubt es?«

»Ich denke, sie findet es plausibel«, antwortet er. »Alles klingt einleuchtend. Aber das ist nicht das Problem. Wir müssen es noch glaubhafter erscheinen lassen. Wir brauchen

Fakten. Aber die haben wir nicht, noch nicht. Und wir brauchen sie schnell.«

Bennett hat erst gestern Vorladungen rausgeschickt. Wir wollten die Anklage nicht zu früh über unsere Theorie – Langdon Trotter als Täter – informieren und mußten also warten. Wir sind hinter allem her. Hinter Trotters Kontoauszügen, und zwar denen seiner persönlichen Konten, seiner Firmenkonten und seiner politischen Konten. Hinter seinen Telefonlisten von zu Hause, seinem Büro, seinem Wahlbüro, seinem Handy – wir brauchen einen Anruf zu oder von Dale Garrison oder Lyle Cosgrove oder Brian »Rick« O'Shea. Ben hat sogar dem juristischen Recherche-Service eine Vorladung geschickt, den jeder in der Stadt benutzt. Sämtliche Aufträge von Langdon Trotters Anwälten in der fraglichen Zeit sollen genau unter die Lupe genommen werden. Wir hoffen, einen Suchvorgang zu finden, in deren Zusammenhang die Begriffe »Bewerbungsunterlagen« oder »Original« oder »Kopie« oder andere auftauchen – irgend etwas, das beweist, daß Lang Trotter sich mit diesem Punkt eingehender befaßt hat, nachdem Dale Garrison seinen Erpressungsversuch gestartet hat. Wir ignorieren die Tatsache, daß die Verschwiegenheitspflicht uns diese Information unzugänglich macht, hoffen aber, daß allein der Hinweis darauf von Lang Trotters Seite die Richterin uns ein wenig gewogener stimmt. Ich erkenne jetzt viel klarer, weshalb Bennett sich einen Prozeß gewünscht hat, in dem die urteilsfindende Institution auch über die Stichhaltigkeit von vorgelegten Beweismitteln entscheidet.

»Lang Trotter ist nicht Justizminister geworden, weil er dumm ist«, sage ich. »Wir werden nichts zutage fördern.«

»Sag das nicht, Jon.« Er reicht mir ein durchweichtes Sandwich. »Und außerdem brauchen wir lediglich einen begründeten Zweifel.«

»Sie hält mich für den Mörder.« Ich will in das Sandwich beißen, bringe aber nicht genügend Appetit auf. »Sie glaubt, ich bin ein Mörder, und die Staatsanwältin hat ihre Sache verdammt gut gemacht – wenn Grant es verstanden hat, gibt es für ihn keine andere Wahl, als mich in die Wüste zu schicken.«

»Das würde er niemals tun«, widerspricht Ben.

»Wahrscheinlich nicht«, stimme ich ihm zu. »Aber das kann er nicht in der Öffentlichkeit zugeben.« Ich schüttle den Kopf. »Ich hatte das Motiv und die Gelegenheit. Die Richterin weiß über beides Bescheid. Sie weiß, daß ich die einzige Person im Büro war, und zwar weiß sie es von mir selbst – ich habe es vor der Polizei ausgesagt. Und sie weiß über 1979 Bescheid, weil *wir* es ihr gesagt haben.«

»Sie hätten es sowieso herausgekriegt«, sagt Ben. »Es war nur eine Frage der Zeit. Sie hatten dich bereits mit Lyle in Verbindung gebracht. Im Zuge weiterer Ermittlungen wären sie auch auf 1979 gestoßen. Und sie hätten den Vermerk über deine Vorführung gefunden. Du warst ein Tatverdächtiger, Jon, auch wenn du nicht ordnungsgemäß verhaftet wurdest. Wir sehen besser aus, wenn wir ganz offen mit dieser Geschichte umgehen und zeigen, daß wir nichts zu verbergen haben.«

»Wir haben auch nichts zu verbergen.« Ich schleudere das Sandwich quer durch den Raum. Dann springe ich von meinem Stuhl auf. »Verdammt, wir haben Grant soeben die Wahl vermasselt und wahrscheinlich nichts gewonnen. Wir können Trotter nichts anhängen. Die Richterin wird mich bestimmt schuldig sprechen.«

Ben mustert mich einen Moment lang mit vollem Mund.

Ich lasse mich auf den Klavierhocker sinken. »Entschuldige das mit dem Sandwich.«

»Ich habe auch nicht viel Appetit.« Er wickelt sein Sandwich wieder ein. Dann reibt er sich die Hände. »Jon, du möchtest, daß ich alles tue, was nötig ist, um zu gewinnen. Genau das tue ich. Und ich werde es weiterhin tun. Wir werden gewinnen.«

»Wie zum Teufel kannst du das behaupten?« Ich atme aus, und es klingt, als entweiche Luft aus einem prall gefüllten Ballon. Die Decke im Raum weist ein Ziermuster auf, wahrscheinlich etwas Italienisches. Meine Frage ist rein rhetorisch.

Im Augenblick kann mein Anwalt mir darauf nur sehr wenig erwidern.

»Ich gehe nach dieser Sache weg, Jon.«

Ich sehe meinen Verteidiger erstaunt an. Das hatte ich nicht erwartet.

»Ich kündige und verlasse die Stadt.«

»Wann hast du dich dazu entschlossen?«

Er zuckt mit den Achseln. »Keine Ahnung. Eigentlich denke ich schon die ganze Zeit darüber nach.«

»Und wohin gehst du? Was hast du vor?«

»Keine Ahnung. Auf jeden Fall raus aus der großen Stadt. Vielleicht finde ich irgendwo einen Job als Staatsanwalt. Ich weiß es nicht.«

»Ich könnte dich vielleicht dringend brauchen.«

»Wofür – für eine Revision? Du wirst nicht schuldig gesprochen, Jon. Wir gewinnen.«

»Warum willst du dann weg? Wenn du gewinnst, bist du eine Berühmtheit.«

»Mein Name wird Gift sein. Ich habe Lang Trotter fertiggemacht, oder zumindest habe ich es versucht. Wer will mich noch haben?«

»Das ist naiv. Jede Anwaltskanzlei in der Stadt zum Beispiel. Heute abend schon werden CNN und die *Times* und das *Wall Street Journal* Berichte bringen. Du wirst ein Star sein.«

»Das ist nicht mein Stil.« Bennett lächelt verhalten. »Es ist vermutlich ein ziemlich seltsamer Zeitpunkt, es dir zu sagen. Aber du solltest es wissen. Du sollst auch wissen, daß ich glaube, daß du unschuldig bist und Gina Mason nicht getötet hast. Das glaube ich ganz fest.«

»Nun … danke.«

»Und ich verspreche dir, wir werden diese Anklage niederschlagen.«

Ich stehe vom Klavierhocker auf und setze mich neben meinem Anwalt auf die Couch. »Ehe wir uns voneinander verabschieden, könnten wir vielleicht über mein Kreuzverhör sprechen. Ich glaube, ich bin als nächster dran.«

Bennett nickt und holt einige Papiere aus seinem Aktenkoffer. »Zuerst werde ich dich fragen, ob du Dale Garrison getötet hast. Wie lautet die Antwort?«

»Nein, ich habe Dale Garrison nicht getötet«, sage ich. »Und dann drehe ich mich zur Richterin um und sage das gleiche. Und dann sage ich: ›Richterin, ich schwöre bei Gott, daß ich es nicht getan habe.‹«

Bennett lächelt. Das letzte war meine Idee. Zuerst gefiel es ihm nicht so gut, aber seine erste Regel ist, daß es natürlich und spontan wirken muß, daher war er einverstanden.

»Wir sind bereit, Jon«, sagt er. »Wir sind es hundertmal durchgegangen.«

»Okay«, sage ich. »Du hast recht.«

Bennett starrt ins Leere. »Weißt du was, Jon? Du bist wahrscheinlich der beste Freund, den ich jemals hatte.« Er sieht mich an. »Ich nehme an, das überrascht dich. *Mich* überrascht es jedenfalls. Anfangs habe ich dich noch nicht einmal besonders gemocht.«

Ich sehe Ben einen Moment lang an. Es ist ein merkwürdiger Zeitpunkt für ihn, so etwas zu gestehen, aber die Anspannung dieses Prozesses hat in mir auch einige unerwartete Emotionen geweckt. Und ich freue mich über diese Offenbarung, obwohl ich im Augenblick eher einen guten Anwalt als einen Freund brauche.

Ich schaue auf die Uhr und sehe, wie die Zeiger sich unerbittlich dem Ende der einstündigen Unterbrechung nähern. In nur einer Viertelstunde müssen wir in den Gerichtssaal zurückkehren und Richterin Nicole Bridges von meiner Unschuld überzeugen.

57

Bennett blättert in seinen Notizen, während Grant Tully wieder im Zeugenstand Platz nimmt. Die Richterin erinnert ihn daran, daß er noch immer unter Eid steht.

»Bereit?« sage ich zu Ben.

Er sieht mich an. Er lächelt nicht, kein Versuch einer Aufmunterung, sein Gesicht ist angespannt und düster, die Augen sind gerötet und feucht. Er läßt den Aktenordner aufgeschlagen und erhebt sich, um sich an Senator Tully zu wenden.

»Senator, heute vormittag hat Miss Johannsen Sie gefragt, ob Sie ganz sicher wissen, daß Sie das Memorandum von Dale Garrison am vierten August erhalten haben – das Memo über Mr. Trotters Kandidatur.«

»Ja.«

»Und Sie haben ausgesagt, daß Sie sich ganz genau daran erinnern, das Memo am Vierten erhalten zu haben.«

»Ja.«

»Sie erinnern sich daran aufgrund der Geburtstagskarte, die Dale Garrison Ihnen gleichzeitig geschickt hat.«

»Das ist richtig. Weil sie zu früh kam. Es war die erste Glückwunschkarte, die bei mir eintraf.«

»Und Sie erinnern sich, daß ich Ihnen die Karte übergab.«

»Ja, das taten Sie. Ich glaube, Sie und Jon haben das Päckchen von Dale geöffnet und die Karte gefunden.«

»Richtig«, sagt Ben. »Ich glaube, ich habe die Karte irrtümlich geöffnet, bevor ich erkannte, daß sie für Sie bestimmt war.«

»Ja, das stimmt wohl«, sagt der Senator. »Der größte Teil meiner Post wird geöffnet, bevor ich ihn zu sehen bekomme. Obgleich normalerweise meine Sekretärin dafür sorgt und nicht mein Anwalt. Das steht nicht in Ihrer Arbeitsplatzbeschreibung.«

Ein leises Lachen aus dem Publikum. Der Senator scheint jetzt ein wenig ruhiger und selbstsicherer zu sein. Das kann ich mir nach den Enthüllungen im Lauf des Vormittags kaum vorstellen. Ich vermute, er hat die Mittagspause am Telefon verbracht und sich mit Don Grier, seinem Pressemenschen, irgendeinen Dreh ausgedacht.

Ben lächelt nicht einmal. »Senator, erinnern Sie sich daran, daß Miss Johannsen Sie heute vormittag gefragt hat, ob Sie genau wüßten, daß Langdon Trotter diesen Erpresserbrief an Jon geschickt hat?«

»Daran erinnere ich mich, ja.«

»Und Sie haben gesagt, Sie könnten es nicht mit Sicherheit sagen.«

»Das ist richtig.«

Ben geht zu Grant hinüber und reicht ihm eine Kopie des Briefs. »Ich glaube, Sie waren es, der darauf hingewiesen hat, daß wir noch nicht einmal entscheiden können, auf wen oder was dieser Brief sich bezieht.«

»Ich denke, das ist richtig.«

Ben betrachtet die Kopie des Briefs. Ich fische ihn aus seinen Notizen und tue es ebenfalls.

Ich bin wohl der einzige, der das Geheimnis kennt, von dem niemand etwas weiß. Dafür sollten, wie ich finde, $ 250 000 ausreichen. Ein Monat dürfte als Frist lang genug sein. Ich will keine Spekulationen über Ihre Geldquelle anstellen, aber ich denke, wenn jemand eine Möglichkeit finden kann, den Wahlkampffonds anzuzapfen, ohne daß jemand es bemerkt, sind Sie es. Ich könnte mich natürlich auch direkt an den Senator wenden. Wollen Sie das? Ein Monat. Versuchen Sie nicht, in dieser Sache mit mir Kontakt aufzunehmen. Ich werde beizeiten von mir hören lassen.

»Genaugenommen«, sagt Ben, »nimmt dieser Brief Bezug auf den ›Senator‹. Dort steht nicht ›Grant Tully‹, oder?«

»Nein, das steht dort nicht.« Grant läßt den Brief sinken und sieht Bennett an.

»Wie viele Senatoren sind im Augenblick in diesem Staat im Amt?«

»Achtunddreißig.«

»Dieser Brief könnte sich also auf jeden dieser Senatoren beziehen?«

»Natürlich.«

Bennett verläßt den Tisch der Verteidigung und geht hinter

dem Rednerpult auf und ab. »Genaugenommen«, fährt er fort, »könnte dieser Brief sich sogar auf *pensionierte* Senatoren beziehen, richtig?«

»Ich nehme an, das könnte er.«

»Pensionierte Senatoren werden häufig auch später noch mit dem Titel ›Senator‹ angesprochen, nicht wahr?«

Grant Tully hält für einen kurzen Moment inne. Sein Blick wandert zu mir, dann zurück zu Ben. »Ja.«

»Es gibt zahlreiche pensionierte Senatoren, nicht wahr?«

»Ja, die gibt es.«

»Demnach könnte dieser Brief sich auch auf jeden von ihnen beziehen.«

»Ich nehme es an.«

Mein Blick wandert zu den Dokumenten auf Bens Schreibtischhälfte. Seit er die Kopie des Erpresserbriefs genommen hat, liegt ganz oben das Memo auf dem Stapel, das Cal Reedy für uns angefertigt hat. Es behandelt Lyle Cosgroves Vorstrafenregister.

Keine Jugendstrafen. Führerschein am 18.12.78 eingezogen nach Verurteilungen wegen Fahrens unter Alkoholeinfluß am 24.2.78, 29.8.78 und einem Arrest am 4.11.78. Widersprach in letztem Fall nicht der Anklage. Erklärte sich bereit, für fünf Jahre auf den Führerschein zu verzichten.

Verhaftet wegen sexueller Nötigung am 19.6.81. Erklärte sich schuldig der einfachen Körperverletzung. Saß fünfzehn Monate im Gefängnis.

Verhaftet am 15.4.88 wegen bewaffneten Raubüberfalls. Verurteilt am 28.8.88. Saß zwölf Jahre ab, vorzeitig auf Bewährung entlassen am 22.7.00.

Bennett hat einen Kreis um einen Satz im ersten Abschnitt gemalt: *Erklärte sich bereit, für fünf Jahre auf den Führerschein zu verzichten.*

Mein Kopf zuckt hoch. Ich starre Bennett Carey an.

»Ihr Vater, Senator, ist doch auch ein pensionierter Senator, nicht wahr?«

»Entschuldigen Sie, Euer Ehren.« Ich stehe hinter dem Tisch der Verteidigung auf. »Könnte ich mich kurz mit meinem Anwalt besprechen?«

»Natürlich.«

Bennett mustert mich mit einem seltsamen Blick, kommt aber schließlich zu mir.

»Was, zur Hölle, tust du?« flüstere ich. »Setz dich.«

»Ich stelle heraus, daß dieser Brief sich auch auf ...«

»Ich *weiß*, was du herausstellen willst, Ben. Jeder weiß das. Hör auf damit. Setz dich.«

»*Du* setzt dich, Jon«, erwidert er. »Vertraue deinem Anwalt.« Er entfernt sich von mir. Als er dann mitten im Gerichtssaal stehenbleibt, dreht er sich halb zu mir um. Ich lasse mich langsam auf meinen Stuhl sinken.

»Senator?« fragt Ben.

»Ja, Mr. Carey, mein Vater ist ehemaliger Senator.«

»Und er führt noch immer den Titel ›Senator‹, nicht wahr?«

»Ja, so wird er allgemein genannt.«

»Demnach« – Bennett lacht verhalten – »könnte dieser Brief sich auch auf Ihren Vater beziehen.«

Der Senator lächelt, aber sicher nicht aus persönlicher Nettigkeit. »Rein theoretisch könnte es wohl so sein.«

»Ich meine, dieser Brief könnte sich auf ein Geheimnis beziehen, daß *Sie* vor *ihm* zurückhalten.«

»Ich habe keine Geheimnisse vor meinem Vater«, entgegnet Grant.

»Natürlich, das weiß ich. Aber dieser Brief könnte auch an Sie gerichtet worden sein, nicht wahr, Senator? Mit der Drohung, ein Geheimnis zu offenbaren, von dem Sie nicht wollen, daß Ihr Vater es erfährt?«

Ich springe wieder auf. »Euer Ehren, hiermit möchte ich dieses Kreuzverhör beenden. Wir sind fertig. Ich untersage meinem Verteidiger, fortzufahren.«

Die Augenbrauen der Richterin rucken hoch. Ihr Blick springt zwischen mir und meinem Anwalt hin und her. »Mr. Carey?«

»Ich bin noch nicht fertig, Euer Ehren.«

»Vielleicht möchten Sie und Ihr Mandant sich beraten?«

»Gut.« Ben zuckt mit den Achseln und kommt zu mir. Ich ziehe ihn dicht an mich heran und flüstere ihm ins Ohr. »Was, zum Teufel, tust du?«

»Ich verteidige meinen Mandanten.«

»Das hast du schon getan, Ben. Setz dich.«

»Du wolltest, daß ich alles tue, was ich kann«, erwidert er flüsternd. »Und genau das tue ich …«

»Aber nicht so«, sage ich.

»Und warum nicht, Jon? Wovor hast du Angst?«

Ich zerre an seinem Arm. »*Setz* dich.«

Er kommt ganz nahe an mich heran, so dicht, daß er fast mein Ohr küßt. »Wenn du mir in die Augen schauen und mir sagen kannst, daß dieser Gedanke dir niemals durch den Kopf gegangen ist … wenn du mir in die Augen sehen und es bei Gott schwören kannst … dann setze ich mich.« Er geht auf Distanz zu mir und starrt mich an.

Ich bin sprachlos. Mein Herz schlägt wie wild, ein weißes Rauschen erfüllt meinen Kopf, und der Pulsschlag hallt dröhnend durch meinen Körper. Lärm, Geräusche in jedem meiner Körperteile, nur nicht aus meinem Mund. Es ist, als hätte ich den Mann, der zwei Schritte vor mir steht, noch nie gesehen. Sein Blick ist nicht mehr beschwörend, nicht mehr zwingend, viel eher voller Bitterkeit. Er schweigt, aber seine Brust hebt und senkt sich heftig. Schweiß perlt auf seiner Stirn.

»Das habe ich mir gedacht«, sagt er.

»Sind wir bereit, Sir?« fragt die Richterin.

Ben wendet sich nicht an das Gericht, sondern sagt es zu mir. »Ich glaube schon, Richterin.«

Ich setze mich, mehr als Reaktion auf meine weichen Knie denn als Zeichen der Zustimmung.

Mein Verteidiger schlendert durch den Gerichtssaal, die

Hände auf dem Rücken verschränkt. »Senator, ich glaube, wir haben bei der Überlegung unterbrochen, daß dieser Erpresserbrief eine Drohung an Sie sein könnte, Ihrem Vater, dem ›Senator‹, ein Geheimnis zu verraten. Richtig?«

»Dort haben Sie unterbrochen, Mr. Carey. Ich nehme an, Sie haben diese Möglichkeit als reine Spekulation angeführt. Denn sie trifft ganz einfach nicht zu.« Das Gesicht des Senators hat sich gerötet, aber so, wie ich es beurteile, ist er eher wütend denn besorgt. Er dreht sich zu mir um, aber ich schaue kurz weg. Dann blicke ich ihn wieder an. Wir sehen uns in die Augen, während die nächste Frage gestellt wird.

»Sie haben doch Zugang zu Ihren Wahlkampfgeldern, nicht wahr, Senator?«

»Nicht direkt, nein, den habe ich nicht.«

»Aber Sie weisen Ihre Leute an, wann und wie sie es ausgeben sollen, nicht wahr?«

»Das unterliegt natürlich meiner Entscheidung.«

»Nun, dann lassen Sie uns über Ihren Vater reden, den ›Senator‹. Soweit es Ihnen bekannt ist ... wie stand Ihr Vater zu der angenommenen Vergewaltigung und dem Mord im Jahr 1979?«

»Wie er dazu stand? Ich verstehe nicht, was Sie meinen.«

»Hat Ihr Vater geglaubt, daß Jon die Vergewaltigung und den Mord begangen hat?«

»Ich glaube nicht. Aber das müssen Sie ihn fragen.«

»Nun, soweit es Ihnen bekannt ist ... wie stand Ihr Vater zu *Ihrer* Beteiligung?«

Der Senator zuckt zurück. Er braucht einen Moment, um zu begreifen, daß er die Frage richtig verstanden hat. »*Meine* Beteiligung?«

»Das habe ich Sie gefragt.«

»Ich war nicht beteiligt. Ich bin nach Hause gefahren.«

»Und das haben Sie Ihrem Vater erzählt, nicht wahr?«

»Nun ... natürlich habe ich das.« Grant sieht mich an.

»Also ging Ihr Vater davon aus, daß Sie mit dem, was dieser jungen Frau zugestoßen ist, nichts zu tun hatten?«

»Ich hatte nichts mit dem Tod dieser Frau zu tun.«

»Und das hat Ihr Vater gedacht.«

»Einspruch!« Erica Johannsen steht auf. Das ist nicht der erste Einspruch, den sie hätte einlegen können. Sie ist selbst ein wenig aus dem Konzept geraten. »Einspruch! Aufforderung zur Spekulation.«

»Stattgegeben.«

»Senator?« fragt Ben. »Haben Sie Ihrem Vater nicht erklärt, Sie hätten mit dem Tod dieser jungen Frau nichts zu tun?«

Die Frage wurde bereits gestellt. Bennett ist nicht mehr so souverän wie sonst. Er ist völlig verwandelt. Er legt eine Lebhaftigkeit an den Tag, eine Emotionalität, die ich bei meinem Verteidiger noch nie erlebt habe.

»Natürlich habe ich meinem Vater gesagt, daß ich nichts mit dem Tod dieser Frau zu tun habe«, sagt Grant. »Das habe ich gerade schon erklärt.«

»Aber Dale Garrison« – Bennett droht mit dem Finger, während er die Stimme erhebt –, »Dale wußte etwas anderes, nicht wahr?«

»Ich habe keine Ahnung, was Sie meinen, Bennett.«

»Kehren wir ins Jahr 1979 zurück, Senator.« Ben geht auf Grant zu. »Mit wem haben Sie die Party verlassen?«

»Zusammen mit Rick.«

»Wirklich?« Bennett macht ein betont verwirrtes Gesicht. Es ist reine Show, Gerichtssaaltheater. »Rick hat Sie nach Hause gebracht?«

»Richtig.«

»Und Lyle hat Jon später in seinem Wagen nach Hause gefahren?«

»Ich kann nicht mit Sicherheit sagen, was sie getan haben.«

»Aber so lautete doch die Story, nicht wahr, Senator? Die Party-Geschichte? Jon ging mit Lyle Cosgrove, Sie und Rick verschwanden zusammen.«

Die Staatsanwältin legt Einspruch ein. Die Richterin gibt

statt. Ich ertappe mich dabei, wie ich mir heftig die Schläfen massiere und unverwandt auf die Tischplatte vor mir starre.

»Sind Sie sicher, Senator? Sind Sie sicher, daß Rick Sie nach Hause fuhr?«

»Ja, das bin ich.«

»Es ist eine Fahrt von gut einer Dreiviertelstunde, nicht wahr?« Ben macht eine Handbewegung. »Sie mußten die Interstate benutzen, richtig?«

»Das war wohl der Fall, ja.« Grants Gesicht rötet sich. Das hat er von Bennett nicht erwartet, aber er erkennt, worauf es hinausläuft.

»Sie haben *Ihren* Wagen benutzt?« sagt Ben. »Sie sind mit Ihrem Wagen zu der Party in Summit County gefahren, nicht wahr? Sie und Jon.«

Grant rutscht auf seinem Platz hin und her. »Ja.«

»Wie kam *Rick* dann nach Hause, wenn er Sie mit Ihrem Wagen nach Hause gebracht hat? Ist er per Anhalter nach Summit County zurückgekehrt?«

Grant hebt die Schultern. Seine Antwort ist leise. »Das kann ich Ihnen nicht sagen.«

»Und, Senator.« Ben durchquert den Gerichtssaal und bleibt stehen. »Was würden Sie sagen, wenn ich Ihnen mitteile, daß Lyle Cosgrove damals überhaupt keinen eigenen Wagen besessen hat?«

Mein Blick wandert unwillkürlich zu dem Memo über Lyle Cosgrove.

Erklärte sich bereit, für fünf Jahre auf den Führerschein zu verzichten.

»Einspruch«, meldet sich die Staatsanwältin. »Annahme von Fakten, die nicht zu den Beweismitteln gehören. Aufforderung zur Spekulation.«

»Stattgegeben«, erwidert die Richterin eher halbherzig.

»Haben Sie nicht gewußt, Senator, daß Lyle Cosgrove im Jahr 1978 der Führerschein abgenommen worden war? Und fünf Jahre lang unter Verschluß bleiben sollte?«

»Nein, das habe ich nicht gewußt, Mr. Carey.«

»Wie ist Jon in dieser Nacht nach Hause gekommen, Senator? Mehr noch, wie ist Jon überhaupt zu Ginas Haus gelangt?«

»Einspruch!«

»Stattgegeben«, antwortet die Richterin schnell.

Bennetts Hände sinken herab. Er fixiert seinen Zeugen, der sich jede Mühe gibt, ruhig und gelassen zu erscheinen. Er wartet auf den dramatischen Höhepunkt, auf die entscheidende Frage. Ich könnte sie in diesem Moment selbst stellen.

»In Wahrheit«, beginnt Ben, »sind Sie in dieser Nacht ebenfalls zu Ginas Haus gefahren. War das der Fall?«

»Was?« Grant fährt von seinem Stuhl hoch. Er wendet sich an die Richterin. »Euer Ehren, das ist unfair. Das entspricht nicht den Gepflo...« Er schüttelt den Kopf und läßt sich zurücksinken.

Es entspricht nicht den Gepflogenheiten, daß das Verhör so abläuft, hat er sagen wollen. Es entspricht nicht den Gepflogenheiten, daß ein ihm freundlich gesonnener Anwalt, einer seiner Angestellten, gegen ihn Position bezieht. Aber Grant wird klar, daß das keine Begründung dafür ist, die Antwort zu verweigern. Und sobald er sich auf den Fünften Zusatz beruft, steht er morgen in den Schlagzeilen. Er sitzt in der Falle. Und ich verspüre plötzlich wenig Lust, ihm zu Hilfe zu kommen.

»Nein, es entspricht in keiner Weise den Tatsachen, daß ich zu ihrem Haus gefahren bin.« Grant wirft einen Blick in meine Richtung. Ich habe keine Ahnung, mit welchem Gesichtsausdruck ich diesen Blick erwidere. Im Grunde weiß ich im Augenblick überhaupt nichts mehr.

»*Rick* hat Jon gefahren, stimmt's? Und Sie und Lyle sind ihnen gefolgt? Ist es nicht so gewesen?«

»Nein, Mr. Carey.«

Bennett nähert sich dem Zeugen. »Sie und Rick waren ebenfalls in Gina Masons Zimmer, nicht wahr?«

»Nein, Sir. Das ist absolut falsch. Das ist« – er blickt zur Richterin –, »das ist absurd.«

»Oh, Sie haben Jon anfangs allein gelassen. Einer von Ihnen wollte ihn dann holen und fand ihn weggetreten oder eingeschlafen in Ginas Zimmer vor. Richtig? Und einer von Ihnen hat ihn durchs Fenster nach draußen gezogen, nicht wahr?«

»Ich weiß nicht, was Sie da reden. Ich bin nach Hause gefahren.« Grant schlägt mit der Faust aufs Geländer.

»Als Jon dann fertig war«, fährt Ben fort und dreht sich zu den Zuhörern um, »war jemand anderer an der Reihe.« Er dreht sich wieder zu Grant um. »Wer war der nächste, Senator? Sie? Rick?«

»Ich muß mir das nicht weiter anhören. Das habe ich nicht nötig.«

»Hören Sie, Senator, falls Sie etwas zu verbergen haben …« Bennett schaut zur Richterin. »Ich denke, Euer Ehren, wir sollten Senator Tully auf sein Recht aufmerksam machen, die Aussage verweigern zu können, wenn er sich damit selbst belastet.« Dann wieder zum Senator: »Wollen Sie sich auf den Fünften Artikel berufen?«

»Ich berufe mich nicht auf mein Aussageverweigerungsrecht«, sagt Grant. »Ich habe nichts zu verbergen.«

»Also, was nun, war Rick der nächste?« fragt Ben. »Und im Lauf der Ereignisse wurde es ein wenig rauher, nicht wahr? Und Gina starb.«

Grant muß sich sammeln. Er geht seine Möglichkeiten durch und gelangt zur gleichen Schlußfolgerung wie ich – es gibt für ihn keinen Ausweg. »Davon weiß ich nichts.«

»Aber Jon« – Ben deutet in meine Richtung –, »Jon lag weggetreten im Wagen. Er hat es ja noch nicht mal aus eigener Kraft durch Ginas Fenster nach draußen geschafft.«

»Noch einmal, Herr Anwalt, ich weiß von nichts …«

»Also wurde Jon zum Sündenbock.« Bennett entfernt sich von Grant und wendet sich erneut an alle Anwesenden im Gerichtssaal. »Der Sohn eines Senators darf niemals in eine solche Affäre verwickelt werden. Daher haben Sie Lyle dazu gebracht, auszusagen, er wäre mit Jon dort gewesen.«

»Nein.«

»Sie und Rick hatten Sex mit Gina, daher mußten Sie beide herausgehalten werden. Was Lyle betrifft, gab es keinerlei Beweise, die ihn damit in Zusammenhang brachten, daher steckten Sie ihn mit Jon zusammen.«

»Nein. Nein.«

»Wie ist es gelaufen?« fragt Ben. »Haben Sie Lyle bezahlt? Hat Rick ihm kostenlos Kokain für den Rest seines Lebens versprochen?«

»Einspruch, Euer Ehren, Ein…«

»Stattgegeben.«

Bennett schweigt ein paar Sekunden lang. »Sie haben in jener Nacht den Plan geschmiedet«, sagt er. »Da sind Sie nun, Lyle und Rick und Sie, und Jon schlafend im Wagen, und ein totes Mädchen. Sie verlangen von Lyle, er soll aussagen, er wäre draußen gewesen – nur draußen, er hätte nichts getan –, und Grant Tully und sein Freund Rick wären nach Hause gefahren. Direkt nach Hause.«

»Nichts davon entspricht der Wahrheit.« Der Blick des Senators springt in meine Richtung, bleibt aber nicht an mir hängen.

»Die Polizei hat sogar nicht einmal etwas von Rick erfahren, nicht wahr?«

»Das weiß ich nicht.«

»Sie haben dafür gesorgt, daß sie nichts erfuhr, nicht wahr, Senator? Denn Rick bedeutete Kokain, und Sie durften noch nicht einmal entfernt mit Kokain in Verbindung gebracht werden. Daraufhin haben Sie sämtliche politischen Beziehungen spielen lassen. Der Leichenbeschauer erstellte einen nicht schlüssigen Befund. Der Staatsanwalt überging den Fall. Sie haben dafür gesorgt, daß Ihr bester Freund beschuldigt wurde, und dann dafür, daß er am Ende heil aus der Sache herauskam.« Bennett deutet mit dem Finger auf mich. »Sie haben ihm eingeredet, er hätte etwas Schlimmes getan. Ihr bester Freund.«

Grant schluckt krampfhaft. Die Staatsanwältin erhebt sich und legt gegen das ganze Bündel Fragen mit der Begründung Einspruch ein, daß Bennett Carey vom eigentlichen Thema abschweift. Die Richterin gibt ihm statt. Stille tritt im Gerichtssaal ein.

Nachdem Grant sich ausgiebig geräuspert hat, ergreift er als nächster das Wort. »Wollen Sie etwa behaupten, Ihr Mandant habe während des Prozesses einen Meineid geleistet? Ich meine, bei der Anhörung, die damals abgehalten wurde? Hat Jon nicht ausgesagt, im Haus der Frau gewesen zu sein, ihr einen Abschiedskuß gegeben zu haben? Daß er in Lyles Wagen einstieg und wegfuhr? Und daß ich nirgendwo zu sehen war?«

»Ich behaupte, daß mein Mandant sich im Zusammenhang mit jenem Abend an nichts anderes erinnert, als Ginas Zimmer betreten und mit ihr Sex gehabt zu haben. Ich behaupte, ihm wurde der Rest von Ihnen und den Leuten, die für Sie arbeiten, nach und nach eingetrichtert.«

»Einspruch!«

»Stattgegeben.«

Bennett nickt. »Sie haben Dale Garrison 1979 angewiesen, Lyle Cosgrove groß herauszustellen. Und Sie und Rick aus der Sache herauszuhalten und Jon reinzuwaschen.«

»Nein, Sir.«

»Und das ist das ›Geheimnis, von dem niemand etwas weiß‹, nicht wahr, Senator? Dale Garrison kannte es. Lyle hat ihm unter dem Schutz des Verschwiegenheitsgebots die Wahrheit erzählt. Dale wußte, daß Lyles Story absoluter Humbug war. Er wußte, daß Sie in Ginas Tod verwickelt waren.«

»Nein, Mr. Carey. Ganz und gar nicht.«

»Dale Garrison hat damit gedroht, Ihrem Vater – dem ›Senator‹ – die Wahrheit zu sagen, nicht wahr, Senator Tully?«

»Das ist absoluter Unsinn.« Grant schüttelt den Kopf wie ein Boxer nach mehreren Volltreffern.

»Sie haben Lyle Cosgrove die Drecksarbeit erledigen lassen, nicht wahr?«

»Ich kenne ihn nicht einmal.«

»Sie kannten sich schon lange, Senator, oder? Sie waren 1979 häufig zusammen.«

»Nach dieser Zeit habe ich Lyle nie mehr gesehen.«

»Aber Sie behielten ihn stets im Auge, nicht wahr? Sie wußten, daß er aus dem Gefängnis entlassen worden war. Sie engagierten ihn, damit er Dale Garrison tötet, den Mann, der Sie erpreßt hat.«

»Nein. Nein.« Grant blickt hilfesuchend zum Richtertisch. »Ich … Richterin, ich weiß nicht einmal, was ich darauf erwidern soll.«

»Oder vielleicht haben Sie es auch selbst getan. Vielleicht wollten Sie Jon diesen Mord in die Schuhe schieben.«

»Das ist total verrückt, Bennett.«

Bennett wartet einen Augenblick. »Dale Garrison hat diesen Erpresserbrief mit der Geburtstagskarte geschickt, die er seiner juristischen Einschätzung beigelegt hat, nicht wahr? Im selben Umschlag.«

»Ich habe den Erpresserbrief nie gesehen.«

»Aber Sie erhielten die Geburtstagskarte, oder? Ich habe sie Ihnen gegeben.«

»Ich erinnere mich, daß Dale eine Geburtstagskarte geschickt hat. Das habe ich bereits ausgesagt.«

Grant hat es ausgesagt, weil damit das Datum festgelegt wurde, an dem Dale das Memo über das As geschrieben hat. Er hat damit einen gewissen Zeitraum geliefert, in dem Dale Garrison Gelegenheit gehabt hätte, Lang Trotter zu erpressen. Bennett hatte dem Senator mit allem Nachdruck klargemacht, wie wichtig es ist, sich an das genaue Datum zu erinnern.

Grant Tully wurde in einen Hinterhalt gelockt.

»Sicher«, sagt Bennett. »Und die Geburtstagskarte war bereits geöffnet, haben Sie ausgesagt. Ich habe sie ahnungslos geöffnet, denn sie lag in dem Päckchen, in dem das Memo geschickt wurde. Dann erst erkannte ich, daß es eine Geburtstagskarte für Sie war, und gab sie Ihnen.«

Grant schüttelt den Kopf. Er muß jetzt völlig benommen sein. Damit wären wir schon zu zweit.

»Und Sie haben sich gefragt, ob ich wohl die Karte geöffnet und den Brief gelesen habe, der dazu gehörte, nicht wahr?«

»Es gab keinen Brief. Daran kann ich mich nicht erinnern.«

»Damit wurde auch ich zu einer Bedrohung«, sagt Ben. »Also haben Sie Ihren anderen Kumpel aus dem Jahr 1979 – Brian O'Shea – losgeschickt, *mich* zu töten.«

»*Was?*«

»Sie erinnern sich doch, daß in mein Haus eingebrochen wurde, nicht wahr?«

»Daran erinnere ich mich.«

»Und die Person, die dort eingebrochen hatte, hieß Brian O'Shea.«

»Ja. Das habe ich gehört ...«

»Brian O'Shea«, wiederholt Ben. »Rick. ›Rick‹ O'Shea. Sein Spitzname.«

»Ich weiß nicht, wovon Sie sprechen.«

»Sie erinnern sich nicht an Rick, Senator? Ihren Drogenhändler aus dem Jahr 1979?«

»Das ist absolut verrückt, Sir. Das ist üble Nachrede. Nichts davon trifft zu.« Seine letzte Bemerkung ist an die Medienvertreter im Zuschauerraum gerichtet.

»Sie haben gedacht, ich wüßte von dem Erpresserbrief, nicht wahr? Sie durften mich auf keinen Fall als möglichen Informanten frei herumlaufen lassen, nicht wahr, Senator?«

»Das ist ...« Grant springt auf. »Das ist völlig absurd, und das wissen Sie. Sie saugen sich das alles aus den Fingern.«

»Sie haben Leute, bei denen Sie sich darauf verlassen können, daß sie die Drecksarbeit erledigen«, sagt Ben. »Leute, die ihren Wert bereits bewiesen haben, als sie Sie 1979 gedeckt haben. Lyle Cosgrove hat Dale Garrison ermordet, O'Shea sollte mich töten. Und um alles unter Verschluß zu halten, haben Sie Ihren Chefberater, Jonathan Soliday, einen

Mann, der Ihnen stets treu gedient hat, ans Messer geliefert, damit er Sie schützt, falls irgend etwas auf Sie zurückfallen sollte.«

»Das habe ich nicht getan.« Grant sieht mich an, nicht Bennett. »Das würde ich niemals tun.«

»Sie haben Gina Mason vergewaltigt«, sagt Ben. »Sie haben sie getötet.«

»Nein.«

»Nein?« äfft Ben ihn nach. »Wollte sie etwa von drei Typen vergewaltigt und anschließend erwürgt werden?«

»Ich hatte nichts damit zu tun.«

»Das hat ihr Vater geglaubt, nicht wahr? Das hat auch Jon Soliday all die Jahre geglaubt. Und Sie mußten diesen Glauben aufrechterhalten.«

»Mein Vater hat es geglaubt, weil es die Wahrheit war.«

»Sie wissen, daß Lyle Cosgrove tot ist, nicht wahr, Senator?«

Dieser Themenwechsel bringt eine Atempause, aber nur eine kurze. »Das habe ich gehört.«

»Haben Sie auch ›gehört‹, Senator, daß die Polizei einen verschlossenen Umschlag mit einem Damenslip darin gefunden hat?«

»Ich … nein, das habe ich nicht.« Der Senator kratzt sich am Kinn.

»Was meinen Sie, wem dieser Slip gehört?«

»Ein… Einspruch!« Erica Johannsen erhebt sich langsam. Sie ist von allem ebenso überrollt worden wie jeder andere im Gerichtssaal. Sie hat eine unangemessene Frage nach der anderen zugelassen, da sie von der Lawine mitgerissen wurde.

»Ich denke, in dieser Unterwäsche läßt sich noch einiges an DNS finden, nicht wahr, Senator?«

»Das reicht jetzt, Mr. Carey«, sagt die Richterin. »Ich gebe dem Einspruch statt.«

Bennett starrt den Senator sekundenlang an. Er versucht, mit Grant Blickkontakt zu bekommen, doch der Senator sieht ihn nicht an.

420

»Ich bin mit dem Zeugen fertig«, erklärt Ben schließlich.

Bennett Carey steht im Gerichtssaal, während die Verhandlung vertagt wird. Seine Brust hebt und senkt sich. Der Senator brüllt Dementis, rast vor Wut über diese Attacke. Die Richterin unterbricht die Verhandlung.

Mein Verteidiger kehrt langsam an seinen Platz zurück. Er legt den Erpresserbrief auf den Stapel Papiere vor ihm und wendet sich an mich, während ich wortlos auf den Tisch starre.

»*Jetzt* sind wir fertig«, sagt er.

58

Katastrophenstimmung ringsum. Die Staatsanwältin gestikuliert wild herum und schickt ihre Assistenten hin und her. Nachdem Grant Tully sich gegenüber einer Gerichtsstenographin, die längst nicht mehr mitschreibt, und einer Richterin, die den Richtertisch verlassen will, ausgiebig über die »lächerlichen« Vorwürfe beklagt hat, verläßt er den Zeugenstand, ohne in meine Richtung zu sehen, und pflügt durch eine Horde sensationshungriger Reporter. Der Gerichtsdiener humpelt zu der Gruppe hinüber und versucht vergeblich, die Forderung durchzusetzen, daß im Gerichtssaal keine Interviews gegeben werden dürfen. Die Presse fährt schweres Geschütz gegen den Senator auf und sogar gegen mich. Andere Anwesende, die nicht zu den Medien gehören, unterhalten sich angeregt über das Spektakel.

In weniger als einer Viertelstunde ist alles vorbei. Wahrscheinlich nur, weil der Senator sich durch das Gedränge gekämpft hat und klar ist, daß weder Bennett noch ich einen Kommentar abgeben werden. Daher sehen die Reporter wenig Sinn darin, noch länger im Gerichtssaal herumzuhängen. Es ist wie in einem dieser alten Filme, alle Reporter rennen zu den Münzfernsprechern, um ihre Storys durchzugeben, nur benutzen sie jetzt Handys oder schicken E-Mails.

Ich sehe Bennett an. Es kommt jetzt schubweise, die Er-kenntnis, die Klarheit des Bildes, in der Rückschau so offen-sichtlich und überwältigend, daß mir der Atem stockt und ich nach Luft schnappen muß.

»Damit habe ich mich wohl niemals beschäftigen wollen«, sage ich.

»Es hatte keinen Sinn, es zur Sprache zu bringen«, sagt Ben. »Du hättest mir niemals gestattet, ihm auf die Pelle zu rücken.«

»Gute Arbeit«, stelle ich fest. »Du hast das alles aus dem entzogenen Führerschein herausgeholt.«

Bennett sammelt seine Papiere ein. »Ich habe gewußt, daß du am Tod dieses Mädchens nicht beteiligt warst«, sagt er. »Und ich habe gewußt, daß Tully zu einer solchen Tat fähig war. Du hast für diesen Kerl schon immer eine ganz beson-dere Schwäche gehabt.«

Ich nicke. »Klar, das funktioniert. Am Ende hat alles ge-paßt. Es war eine hübsche, runde Geschichte.«

Bennett schiebt die Papiere zu einem ordentlichen Stapel zusammen. »Ja, das glaube ich auch.«

Ein Reporter nähert sich uns mit hoffnungsvoller Miene, aber ich schüttle kommentarlos den Kopf, und er ver-schwindet nach draußen auf den Flur.

»Gute Arbeit«, wiederhole ich. »Wir haben den begründe-ten Zweifel geschaffen.« Ich strecke ihm eine Hand ent-gegen. »Ich wünsche dir eine gute Reise, wo immer du hin willst.«

Bennett, der gerade die Papiere in seinen Aktenkoffer le-gen will, hält inne. Er schaut zu mir hoch.

Ich lasse die Hand auf den Tisch sinken. »Ich nehme an, der Abschied heute nachmittag vor der Verhandlung gilt ab sofort.«

»Was?« Bennett Carey strafft sich. Er betrachtet mich einen Moment lang eindringlich, seine Augen sind klar und prüfend. Er wird sich plötzlich seiner Umgebung bewußt. Sosehr er sich auch bemüht, er kann den gehetzten Aus-

422

druck in seinen Augen nicht verdrängen, während er sich umschaut. Seine Finger zucken. Seine Miene spiegelt Verwirrung wider. »Jon, wir haben noch ein oder zwei Tage …«

»Geh«, sage ich.

Sein Gesichtsausdruck verhärtet sich, seine Augen fixieren mich neugierig.

»Ich werde nicht schuldig gesprochen«, sage ich. »Wir beide wissen das. Sie werden spätestens morgen die Akte aus dem Jahr 1979 finden. Und dann reimen sie sich alles zusammen.«

Bennett nickt langsam. Er macht einen verwirrten Eindruck.

»*Alles*, Ben.«

Mein Verteidiger schluckt krampfhaft. Er scheint nicht zu verstehen, was ich meine.

»So wie es aussieht«, sage ich, »hat jeder gekriegt, was er verdient hat. Garrison ist tot. Lyle und Rick sind tot. Grant Tullys Chancen sind gleich Null. Und ich … nun ja …« – ich zucke mit den Achseln –, »ich habe mir ein paarmal in die Hose gemacht.« Ich hebe eine Hand. »Auf gewisse Weise sicherlich berechtigt und verdient. Auch ich habe etwas Schlimmes getan, selbst wenn ich sie nicht getötet habe. Es wird mich immer verfolgen, Ben. Ich hatte es für eine Weile verdrängt. Ich werde es nie wieder tun. Ich werde nie mehr vergessen, was ich getan habe.«

Ben sagt nichts, sondern blickt gedankenverloren zum Richtertisch.

»Es ist für mich wichtig, daß du das weißt, Bennett.«

Bei diesen Worten dreht mein Verteidiger sich zu mir um. Seine Augen glänzen feucht, das erste Zeichen von Verwundbarkeit, das ich bei ihm sehe. Sein Mund öffnet sich, aber er sagt nichts. Er nickt lediglich. Ich erwarte nicht mehr von ihm, kann nicht mehr erwarten.

»Also verschwinde«, fordere ich ihn auf. »Verschwinde, ehe sie darauf kommen, wer Gina Masons Bruder ist.«

William Bennett Carey läßt sich meine Warnung kurz

durch den Kopf gehen, obgleich er keinen sonderlich besorgten Eindruck macht. Er greift in die Innentasche seines Jacketts und holt eine kleine Tonbandkassette hervor, die er vor mir auf den Tisch legt.

»Das ist plausibel«, sagte ich. »Du solltest dich lieber beeilen.«

Bennetts Gesichtsausdruck entspannt sich, wird milde, fast friedlich. Er erhebt sich von seinem Stuhl und streckt sich. Erneut will er etwas sagen, findet aber keine Worte. Doch ich kann in seinem Gesicht lesen. Nichts wird sie jemals zurückbringen oder den Schmerz auslöschen, aber wenigstens ist da ein Gefühl der Genugtuung. Er will mir die Hand reichen, erkennt jedoch die Unangemessenheit dieser Geste. Statt dessen sieht er mich lange an – härter und vielsagender, aber in vieler Hinsicht nicht anders, als er es vor zwanzig Jahren getan hat –, ehe er seinen Aktenkoffer vom Tisch nimmt und schweigend den Gerichtssaal verläßt.

November 2000

59

Richterin Nicole Bridges bittet die Parteien in ihr Zimmer. Ich bin da mit meinem neuen Anwalt, Paul Riley, einem der Spitzenverteidiger der Stadt. Erica Johannsen, die Staatsanwältin, ist allein.

Die Richterin hat ihre Robe abgelegt und trägt eine burgunderrote Bluse. Das Haar hat sie hochgesteckt. Sie legt die Hände gefaltet auf den Tisch. »Ich wollte erst eine informelle Besprechung«, sagt sie. »Betrachten Sie es als Angebot. Nichts Offizielles. Sie wissen ja, wie das läuft.«

»Sicher, Richterin«, sagt Paul Riley. Sein graumeliertes Haar ist wie immer sorgfältig gekämmt. Seine Krawatte kostet mehr als mein ganzer Anzug.

»Die Anklage ist einverstanden mit einer Abweisung wegen Befangenheit«, erklärt Johannsen.

Die Richterin nickt. »Dann erzählen Sie mal. Sie zuerst, Miss Johannsen.«

»Euer Ehren, Sie erinnern sich, am Ende des Prozesses von dem Mord im Jahr 1979 gehört zu haben.«

Die Richterin lacht, und als Reaktion darauf gönnen wir alle uns mindestens ein Lächeln. »Ja, ich glaube, daran kann ich mich erinnern.«

Die Staatsanwältin ringt die Hände. »Wir wissen jetzt, daß Mr. Solidays Verteidiger, William Bennett Carey, bei Gina Mason aufwuchs, der Frau, die ermordet wurde. Nachdem Mr. Careys Eltern bei einem Verkehrsunfall ums Leben kamen, als er zwei Jahre alt war, lebte Mr. Carey bei seiner Tante, Gina Masons Mutter. Gina war seine Cousine.«

»Hat er seinen Namen geändert?« fragt die Richterin.

»Nein, das hat er nicht«, erwidert Johannsen und macht

aus ihrer Überraschung kein Hehl. »Er hat nur seinen zweiten Vornamen benutzt, als er Anwalt wurde. Sein Nachname lautete immer Carey. Er wurde nie offiziell adoptiert. Als in der Mordsache ermittelt wurde, tauchte er im Polizeibericht nur als Billy Mason auf. Es war eine Annahme. Gina hat ihn immer ihren Bruder genannt. Und er hat Gina als seine Schwester bezeichnet. Beide nannten Mrs. Mason ›Mom‹. Es gab für die Polizei also keinen Grund, etwas anderes anzunehmen. Warum auch?«

»Okay. Fahren Sie fort.«

»Wir glauben, daß Mr. Carey einen Plan geschmiedet hat, es den Leuten heimzuzahlen, die an dem Verbrechen beteiligt waren. Brian O'Shea war das erste Opfer. Wir haben erfahren, daß Mr. Carey mit O'Shea Kontakt aufnahm und ihn engagierte, in ein Haus einzubrechen. Er hat nicht erklärt, wessen Haus es war, und falls doch, hat er ihn belogen. Aber es war natürlich Mr. Careys Haus.«

Der ernste Gesichtsausdruck der Richterin entspannt sich. Einen Moment lang glaube ich, daß sie gleich lächeln wird. Bennett war wirklich ein raffinierter Hund. »Mr. Carey hat jemanden engagiert, damit er in sein eigenes Haus einbricht?«

»Ja, Euer Ehren. Wir haben von einem Freund Mr. O'Sheas erfahren, daß Mr. Carey O'Shea fünftausend Dollar gezahlt hat, damit er in das Haus einbricht und etwas Wertvolles aus dem Schlafzimmer stiehlt. Er beschrieb irgendein Erbstück, eine antike Uhr. Die wollte O'Shea holen, als er das Schlafzimmer aufsuchte.«

»O'Shea hatte wohl nicht damit gerechnet«, sagt die Richterin, »daß jemand zu Hause war?«

»Genau, Euer Ehren. Mr. Carey hatte den Eindringling überrascht.«

»Und das Ganze sah völlig normal aus.« Die Richterin nickt verstehend. »Niemand verbietet jemandem, in seinem eigenen Schlafzimmer auf einen Eindringling zu schießen.«

»Sein Plan sah vor, O'Shea in seinem Schlafzimmer zu

töten«, füge ich hinzu. Die Staatsanwältin sieht mich an, aber wir haben eine informelle Besprechung, daher entschuldige ich mich nicht für meine Einmischung. »Das sieht am unverdächtigsten aus. Aber als der Mann am Leben blieb und die Treppe hinunterlief, mußte Bennett ihm nach unten folgen. Er durfte den Mann nicht lebend entkommen lassen.«

Das mußten die seltsamsten Minuten in Brian O'Sheas Leben gewesen sein. Er bricht in ein Haus ein und sieht sich dem Mann gegenüber, der ihn engagiert hat und ihn nun mit einer Pistole bedroht. Deshalb hat der Detective gefragt, ob Ben irgendwelche Rufe gehört hat. Die Nachbarn müssen etwas Derartiges ausgesagt haben. Wahrscheinlich hat O'Shea Ben angebrüllt: *Warum schießen Sie auf mich, verdammt noch mal?*

»Na schön.« Die Richterin nickt. »Aber warum hat er O'Shea nicht genauso umgebracht wie Mr. Garrison und diese andere Person – Cosgrove?«

Die Staatsanwältin sieht mich an. Ich überlasse ihr die Antwort. »Wir haben uns mit Leuten aus Mr. O'Sheas Umgebung unterhalten«, sagt sie. »O'Shea hat behauptet, für eine mächtige Person zu arbeiten, die gleichzeitig ein alter Freund von ihm sei.«

»Senator Tully«, sagt die Richterin.

»Ben wollte, daß wir das annehmen«, sage ich. »Am Ende kam Ben mit dem Verbrechen davon. Es war ein Fall von Selbstverteidigung. Wenn er nicht unbehelligt davongekommen wäre, hätte es eine Untersuchung gegeben. Und früher oder später – wahrscheinlich früher – hätte die Polizei sich mit seinen Freunden unterhalten und wäre auf Senator Tully gekommen.«

»Wir hatten eine andere Theorie«, sagt Johannsen. »Die Polizei war der Meinung, daß Brian O'Shea sich an Mr. Carey rächen wollte, weil er O'Sheas Bruder verurteilt hat, als Mr. Carey noch als Staatsanwalt tätig war. Sean O'Shea war des beabsichtigten Heroinhandels schuldig gesprochen worden. Er hatte dem widersprochen, indem er behauptete, Mr. Carey und andere hätten ihm eine Falle gestellt und Beweismittel untergeschoben. Sein letzter Revisionsantrag war abgelehnt worden, kurz bevor Brian O'Shea in Mr. Careys Haus einbrach.«

»Demnach betrachteten Sie den Einbruch als Racheakt.« Die Richterin atmet tief ein. Sie ist von allem sichtlich beeindruckt. Und sie hat gewiß schon eine ganze Menge Dinge gesehen, ziemlich entsetzliche Dinge und sicherlich auch einige höchst raffinierte, brillante Dinge. »Und zieht die Staatsanwaltschaft, vom jetzigen Wissensstand ausgehend, die Möglichkeit in Betracht, daß Mr. Carey die Beweismittel tatsächlich untergeschoben hat?«

»Wir haben die Angelegenheit untersucht«, antwortet sie. »Wir glauben nicht, daß es zu einer Fälschung von Beweismitteln gekommen ist. Die Manipulationen hätten zu umfangreich sein müssen. Es gab alle möglichen Indizien für Drogenbesitz und beabsichtigen Handel – Waagen, Pieper, Rasierklingen, Transportbehälter. Die Polizei hatte Sean O'Shea monatelang überwacht. Er war wirklich ein Händler.«

»Dann war es also nur ein Zufall?«

»Mr. Carey war sicherlich mehr als glücklich, sich Brian O'Sheas Bruder vornehmen zu können. Aber ich glaube nicht, daß er ihm eine Falle gestellt hat. Richterin, ich verstehe Ihre Sorge, aber ich habe mir die Akte persönlich angesehen. Ich habe mit allen Beteiligten gesprochen, darunter auch Mr. O'Sheas Strafverteidiger. Ich möchte über die Affäre genauso Klarheit haben wie Sie.«

Das glaube ich ihr gern. Die Lady ist ganz okay. Erica Johannsen hatte mit der schmutzigen Seite dieses Prozesses nichts zu tun. Sie hat nicht gewußt, daß sich der Erpresserbrief gegen Lang Trotter wenden könnte. Sie hatte keine Ahnung von Trotters Problem mit der Bewerbungserklärung. Nachdem Dan Morphew, der erste Staatsanwalt in diesem Fall, ausgestiegen war, mußte sie die Angelegenheit nach minimaler Vorbereitung übernehmen und erteilte Anweisungen beachten.

»Bennett hätte O'Sheas Bruder niemals eine Falle gestellt«, füge ich hinzu. »Das ist nicht sein Stil. Er hat seine Revanche nur auf die Leute beschränkt, die es seiner Meinung nach verdient hatten.«

Die Richterin schüttelt den Kopf und bittet die Staatsanwältin fortzufahren.

»Als O'Shea tot war, stand Mr. Cosgroves Anwalt als nächster auf der Liste«, sagt Erica Johannsen. »Und dabei hat er Mr. Soliday eine Falle gestellt.«

Die Richterin hebt einen Finger. »Das ist mir klar, aber wie ... wie hat er Mr. Soliday ins Büro zurückgerufen?«

»Das hat Bennett getan.« Ich hole die Tonbandkassette hervor, die Bennett mir gab, bevor er damals das Gericht verließ. »Haben Sie ein Diktaphon, Richterin?«

»Klar.«

»Dann spielen Sie die Kassette einmal ab.«

Die Richterin legt die Kassette ein.

»Wir haben auch eine Abschrift des Bandes«, sagt Johannsen. Sie reicht der Richterin ein Exemplar. »Einige Worte wurden weggelassen. Wir haben uns alle Mühe gegeben.«

Die Richterin schaltet den Recorder ein und stellt ihn auf den Schreibtisch. Sie liest mit.

»Dale Garrison.«
[4 Sekunden Rauschen]
»Können Sie für eine Minute raufkommen?
[5 Sekunden Rauschen]
»Reden wir darüber.«
[ENDE DER ABSCHRIFT]

Die Richterin sieht mich fragend an. »Das war also die Unterhaltung auf dem Handy, wegen der Sie in Mr. Garrisons Büro zurückgekehrt sind.«

»Richtig«, sage ich.

»Dieser Anruf wurde aufgenommen? Ich habe nur eine Stimme gehört.«

»Das ist Dales Stimme«, sage ich. »Auf Band mitgeschnitten. Ich weiß nicht, wie Ben an das Band gelangt ist, aber es dürfte nicht sehr schwierig gewesen sein. Wahrscheinlich wurde es aus mehreren Gesprächen zusammengeschnitten.« Ich lächle schwach. »Ich habe mit einem Tonband gesprochen, Richterin.«

»Hat Mr. Carey Sie angerufen?«

»Ja. Er hat sich in Garrisons Büro versteckt. Als ich wieder ging, begab er sich in Dales Büro und erwürgte ihn, dann rief er mich an. Er hielt den Kassettenrecorder ans Telefon. Von meinem Handy aus hörte es sich an wie eine schlechte Verbindung. Und Bennett ließ sich ein wenig Zeit. Ich war etwa zwei Straßen weit gekommen.«

Der Blick der Richterin wandert durch den Raum. Sie schließt für einen Moment die Augen.

»Es dürfte nicht sehr lange gedauert haben. Dale war krank. Er war alt. Und Sie haben Mr. Carey gesehen. Er ist kräftig gebaut. Er hat es sehr schnell gemacht. Dann verschwand er durch den Seitenausgang.«

»Das kommt mir ziemlich riskant vor«, stellt die Richterin fest. »Und nicht unbedingt plausibel.«

»Richterin, wie Bennett schon während meiner Verteidigung gesagt hat ...« Ich lächle fast mit leisem Spott. »Genau darauf kam es an. Es unlogisch erscheinen zu lassen. Meine Geschichte klingt an den Haaren herbeigezogen. Ich erscheine schuldig.«

»Das ist mir klar, Mr. Soliday. Ich habe vielmehr gemeint, es war riskant, davon auszugehen, daß Sie ihn nicht erwischen.«

Ich nicke. »Das stimmt. Aber Bennett war wohl auch auf diesen Fall vorbereitet.« Die Richterin sieht mich an. Ihr Mund öffnet sich halb, als sie begreift, was ich meine. Ich erschauere, während ich die Worte ausspreche. »Ja, er hätte mich ebenfalls getötet. Zwei tote Anwälte mit Verbindung zu Grant Tully, die einzigen, die das düstere Geheimnis aus seiner Vergangenheit kannten. Er hätte Grant Tully problemlos als Verdächtigen hinstellen können.«

»Oh«, sagt sie.

Ich fahre fort. »Das wollte Bennett gar nicht. Er wollte mich nicht töten. Er wollte mich nur in die Klemme bringen. Dann wollte er dafür sorgen, daß alle Beweise auf Grant Tully weisen. Er wollte sehen, was ich tue … ob ich mich gegen den Mann stellen würde, den ich immer meinen besten Freund genannt habe.«

»Ich verstehe.«

»In all den Jahren seit dem Tod seiner Schwester – nun ja, dem Tod seiner Cousine – hat Bennett geglaubt, ich hätte Grant Tullys Beteiligung daran verschleiert. Er hat geglaubt, ich hätte aus reiner Loyalität zu Grant gestanden, als einziger in Ginas Haus gewesen zu sein. Vielleicht, weil ich gehofft habe, daß er mich während seiner ganzen weiteren Karriere mitschleppen würde. In Wirklichkeit war ich jedoch überzeugt davon, der einzige gewesen zu sein. Ich habe mich an nichts erinnert. Und Grant hat das gewußt. Daher brachte er all diese Leute zu der Aussage, ich sei der einzige am Ort des Geschehens gewesen, und alle haben diese Version unterstützt.«

»Und irgendwann«, sagt die Richterin, »erfuhr Mr. Carey, daß Sie hinters Licht geführt worden sind.«

»Richtig«, sage ich. Der Moment in meinem Haus kehrt in mein Gedächtnis zurück, als ich meinem Verteidiger die Ereignisse des Jahres 1979 berichtete. Bennett war so aufgeregt, daß er mein Haus wie in Trance verließ. Nicht wegen einer möglichen Vergewaltigung oder eines Mordes, nicht wegen der Drogen, nicht wegen des Meineids. Er reagierte so erregt, weil ihm klar wurde, daß ich mich an nichts von dem erinnerte, was geschehen war, nachdem ich Ginas Haus verlassen hatte. Er hat es mich immer wieder schwören lassen. In diesem Moment wurde ihm klar, daß ich nur ein Sündenbock war, benutzt von Grant und allen anderen.

»Deshalb«, fahre ich fort, »und weil er mich mochte, bin ich heute noch am Leben.« Ich sehe den Gesichtsausdruck der Richterin und der Staatsanwältin. »Aber all die Jahre glaubte Bennett, ich sei auch an diesem Handel beteiligt gewesen, indem ich loyal zu Grant stand. Er brachte mich mit dem Mord an Garrison in Verbindung, baute die Beweise gegen den Senator auf und wartete ab, was ich tun würde. Er gab mir eine weitere Chance, Grant Tully hineinzuziehen.«

»Hat Mr. Carey das Handy gestohlen?«

Die Staatsanwältin nickt. »Wir gehen davon aus. Mit einer roten Perücke und in einer Jeansjacke sieht fast jeder aus wie Lyle Cosgrove.«

»Und er hat der Frau den gesamten Inhalt ihrer Handtasche zurückgeschickt«, füge ich hinzu. »Ich meine ... er wollte niemandem sonst schaden. Wahrscheinlich hat es ihm sogar unendlich leid getan, ihr Handy gestohlen zu haben. Ich möchte fast wetten, daß er noch zusätzlich Geld in ihr Portemonnaie gesteckt hat, um ihr das Telefon zu bezahlen.«

»Das ist wirklich eine ganz eigene Art und Weise, Prioritäten zu setzen«, sagt die Richterin. Genau meine Reaktion. Sie legt die Hände auf den Tisch. »Okay. Mr. Carey hat also alles unter Kontrolle. Er hat Dale Garrison ermordet und vertritt den Angeklagten. Dann hat er wohl Lyle Cosgrove umgebracht.«

»Ja«, antworten Erica Johannsen und ich gleichzeitig. »Und«, füge ich hinzu, »den Umschlag mit Ginas Unterwäsche in Lyles Apartment deponiert.«

Ich erwähne nicht, daß ich in Lyles Wohnung eingedrungen bin, wo ich den aufschlußreichen Brief Garrisons an Lyle fand, in dem er Lyle anflehte, nicht die Vergangenheit aufzuwühlen. Der Brief stammte natürlich von Bennett und war in Lyles Apartment gelegt worden, damit ich ihn fand – nachdem Ben mir sozusagen durch die Blume eine Möglichkeit aufgezeigt hatte, wie ich problemlos in Lyles Wohnung gelangen konnte. Sag ihnen einfach, du kämst vom Department of Corrections, hat er gemeint, und sie geben dir sofort die Schlüssel.

»Also brachte er Leben in die Sache«, sagt die Richterin. »Indem er neue Beweismittel verteilte.«

»Richtig«, sage ich.

»Trotzdem«, wendet die Richterin ein, »war das sehr riskant. Nachdem Lyle Cosgrove im Spiel war, hätte jeder auf den Fall von 1979 kommen können. Dann hätte man nach Zeugen aus dieser Zeit gesucht, und sie hätten ziemlich schnell herausgefunden, daß Bennett Carey der kleine Junge gewesen war. Vor allem angesichts der Tatsache, daß er sich nicht die Mühe gemacht hat, seinen Namen zu ändern.«

Wir alle nicken und schweigen einige Sekunden lang.

»Es war wirklich riskant«, stimme ich zu. »Aber Bennetts vordringliches Ziel war, die Wahrheit über 1979 ans Tageslicht zu bringen. Erst in zweiter Linie war er daran interessiert, die Beteiligten zu bestrafen. Er hat zwei Menschen und ihren Verteidiger getötet, er hat Senator Tullys Chancen auf den Gouverneursposten ruiniert, und« – ich halte einen Moment lang inne – »er ließ mich verdammt lange zappeln.« Ich sehe die Anwesenden nacheinander an. »Ich glaube, man sollte sich darüber im klaren sein, daß Bennett Carey sich wenig um die Details kümmerte. Ihm war es egal, wie die Angelegenheit ausgehen würde. Vieles hätte ganz anders ablaufen können. Vielleicht wäre er sogar selbst erwischt worden. Aber das alles war für ihn zweitrangig, solange nur die Wahrheit bekannt wird.«

»Die Einzelheiten über das Jahr 1979 hätten wir nach ein oder zwei Tagen rausgekriegt«, sagt Erica Johannsen. »Wir hatten gerade erst von Lyle Cosgroves Tod erfahren. Sie erinnern sich, daß wir eine Unterbrechung wünschten.«

Ein netter Zug. Sie hat zwar verloren, geht aber mit fliegenden Fahnen unter.

»Es hätte wahrscheinlich länger als einen Tag gedauert, Bennetts Verbindung zu den Ereignissen aufzudecken«, sage ich zu der Staatsanwältin. »Selbst wenn Sie darauf gekommen wären und Bennett aus dem Verkehr gezogen hätten, wäre es ihm egal gewesen. Er hatte so oder so erreicht, was er wollte.«

»Apropos«, sagt die Richterin. »Haben Sie eine Ahnung, wo Mr. Carey jetzt ist?«

»Nein«, antwortet die Staatsanwältin. »Er verließ an jenem Tag das Gerichtsgebäude, und niemand hat ihn seitdem gesehen. Wir fanden einen Wagen, den er gemietet hatte, an einer Raststätte kurz vor der Grenze im Norden. Wir haben keine Ahnung, ob er geflogen ist, und müssen zugeben, daß er uns abgehängt hat.«

Als Bennett mit mir im Gericht sprach, hätte ich ihn festhalten können. Ich hätte der Richterin Bescheid sagen oder einen Gerichtsdiener oder Polizeibeamten bitten können, ihn in Gewahrsam zu nehmen. Aber ich habe es nicht getan. Und als mich die Richterin am nächsten Morgen nach dem Verbleib meines Verteidigers fragte, stellte ich mich dumm. Ich sagte, ich hätte keine Ahnung. Schließlich mußte die Richterin die Verhandlung für einen Tag unterbrechen und damit drohen, gegen Bennett Carey eine Strafe wegen Mißachtung des Gerichts zu verhängen.

Ich habe bis zum nächsten Tag gewartet und dann Erica Johannsen informiert. Ich habe ihr gesagt, ich vermute, Bennett stehe in irgendeiner Verbindung mit Gina Mason und sei vermutlich auf der Flucht.

Mit anderen Worten, ich habe Bennett diesen Vorsprung verschafft.

Wir sprachen mit der Richterin, und sie erklärte sich bereit, noch einen Tag zu warten. Johannsen brauchte nur einen Tag, um die Bestätigung hinsichtlich Bennetts Identität zu beschaffen, und in Verbindung mit der Tatsache, daß Bennett geflüchtet war, gab es hinreichende Gründe für die Annahme, daß die Bezirksstaatsanwaltschaft es auf den Falschen abgesehen hatte. Der Prozeß wurde zwecks weiterer Ermittlungen unterbrochen. Die Staatsanwaltschaft brauchte gute drei Wochen, um die fehlenden Puzzleteile zusammenzusetzen. Und vor zwei Tagen rief Erica Johannsen mich an, um mir mitzuteilen, sie lasse die Anklage fallen.

»Okay.« Richterin Bridges sieht Erica Johannsen an. »Ich

schließe daraus, daß der Erpresserbrief eine Fälschung war.«

»Ja«, antwortet sie. »Wir glauben, daß Mr. Carey ihn an Mr. Soliday geschickt hat.«

»Und Bennett hat den Termin mit Dale auch von Donnerstag auf Freitagabend verschoben«, sage ich.

»Schon gut«, sagt Richterin Bridges. »Schon gut. Und Sie sind sich dessen ganz sicher?«

»Wir sind zufrieden«, sagt Johannsen. »Wir wissen, daß Mr. Carey Gina Masons Cousin war – oder Bruder, jedenfalls im Geiste. Wir glauben, daß er Zeuge der Vergewaltigung gewesen ist, die dann in einen Mord mündete.«

»Falls es eine Vergewaltigung und ein Mord war«, schaltet sich Paul Riley ein. »Die Beweise dafür sind nicht schlüssig.«

»Nicht schlüssig.« Die Staatsanwältin verdreht die Augen. Paul ist nur mein Anwalt, aber ungeachtet dessen hat er nicht ganz unrecht. Ich neige zu der Auffassung, daß in dem Zimmer zwischen Lyle, Rick, Grant und Gina etwas Schlimmes passiert ist. Aber drei von diesen vieren sind tot, und Grant wird bei seinem Dementi bleiben, ganz gleich, was geschieht, denn er steht in der Öffentlichkeit und kann gar nicht anders. Das ist die Ironie an Bens Vorgehen. Er wollte lediglich die Wahrheit ans Licht bringen, doch die einzige Wahrheit ist, daß wir sie niemals erfahren werden. Wir haben nichts anderes als die Sicht eines acht Jahre alten Jungen, der vermutlich überhaupt nicht begriff, was er sah. Selbst wenn wir Lyle oder Rick fragen würden, was sie glauben, würden sie das Ganze wahrscheinlich ganz anders sehen, als Gina es sah. Jeder von ihnen – die Jungen und Gina – waren derart berauscht und benebelt, daß vielleicht sogar ein unbeteiligter Beobachter keine klare Linie ziehen könnte. Bens Vermutung entspricht wahrscheinlich der Wahrheit, aber genau weiß ich es auch nicht.

Ich fahre mit einem Finger über meine Brust. »Als Bennett ... oder Billy ... ein Kind war, hat er, nachdem seine Schwester ... oder Cousine ...« Ich seufze. »Sie wissen, was ich meine. Als er damals noch ein Kind war, hat er sich mit einem Küchenmesser selbst Schnittwunden zugefügt. An den Armen und der Brust. Ich habe eine dieser Narben gesehen, als ich in Bens Haus war, nachdem er O'Shea erschossen hatte. Er hat mir erzählt, die Narbe sei zwanzig Jahre alt.«

»Alles in allem«, sagt die Staatsanwältin, »gehen wir von einem begründeten Zweifel aus. Wir glauben nicht, daß Mr. Soliday sich eines Verbrechens schuldig gemacht hat.«

Diese Worte sollten mehr bedeuten, als in ihnen steckt.

»In Ordnung«, sagt die Richterin. »Mr. Soliday …«

»Ich habe gelogen«, sage ich.

»Wie bitte?«

»Ich habe 1979 unter Eid gelogen. Ich habe mich an das, was ich aussagte, gar nicht erinnern können. Somit habe ich damals einen Meineid geleistet.«

»Ilm.« Die Richterin starrt mich an, dann wandert ihr Blick zur Staatsanwältin und zu meinem Anwalt. »Ich weiß nicht, was ich dazu sagen soll.« Sie schickt einen fragenden Blick zur Staatsanwältin.

»Das liegt nicht in unserem Zuständigkeitsbereich«, sagt Johannsen, »aber ich nehme an, daß dieses Vergehen verjährt sein dürfte.«

»Das ist es«, sagt Paul. Er hatte mich angehalten, mich nicht dazu zu äußern.

»Ich denke, das wird Sie Ihr ganzes Leben begleiten«, sagt die Richterin zu mir. »Ich hoffe, daß Sie diese Sache nie vergessen werden.«

Das werde ich nicht. Das zumindest kann ich versprechen. Ich stehe zusammen mit den anderen auf und bin bereit, in den Gerichtssaal zu gehen und die nötigen Angaben zu machen, ehe die Bezirksstaatsanwältin mich offiziell freispricht.

60

Trace betritt das Restaurant mit einer Tasche über der Schulter und einem Koffer in der Hand. Als sie mich in einer Nische entdeckt, begrüßt sie mich mit einem Kuß auf die Wange. Dies ist die offenste Zärtlichkeitsgeste, die sie mir bisher gezeigt hat, und diesmal kam sie spontan von ihr. Wir nehmen beide wieder Platz, kümmern uns aber nicht um die Speisekarte.

Tracy ist vor zwei Wochen wieder an ihren Arbeitsplatz zurückgekehrt, nachdem mein Prozeß geplatzt und ziemlich offensichtlich war, daß ich nichts verbrochen hatte. Wir hatten uns eilig voneinander verabschiedet, denn soweit ich erkennen konnte, wurden ihre Chefs im Osten allmählich ungeduldig. Sie hatte sich gut drei Wochen freigenommen, nachdem sie gerade erst befördert worden war. Ich bestand darauf, daß sie abreiste. Sie sagte, sie würde in zwei Wochen auf dem Weg nach Atlanta vorbeischauen, so daß wir uns ausgiebig voneinander verabschieden könnten.

»Du siehst gut aus«, sagt sie zu mir.

»Bestimmt viel besser als beim letzten Mal, als du mich gesehen hast.« Ich lächle verlegen und sehe sie an. »Weißt du, Tracy, vielen Dank.«

»Wofür?« Sie dreht das Glas Wasser vor ihr zwischen den Fingern. »Dafür, daß ich hergekommen bin?«

»Dafür, daß du geblieben bist. Du hast fast einen Monat deines Lebens hergegeben. Obgleich ich kaum Zeit hatte, mich mit dir auch nur flüchtig zu unterhalten.« Ich seufze. »Danke, daß du mir beigestanden hast.«

Ich erkenne, daß ich sie beleidigt habe. »Was hast du erwartet, Jon?«

»Genau das. Ich finde es noch immer toll.«

Sie winkt ab. Die Kellnerin nimmt unsere Getränkebestellung entgegen. Wir warten noch mit der Auswahl des Essens.

Tracy hat etwas zu sagen. In gewisser Weise ist sie jetzt eine Fremde, in anderer Weise wird sie es niemals sein. Wir unterhalten uns über Belanglosigkeiten, aber ich komme ihr nicht sehr entgegen. Sie ringt einen Moment lang mit sich. Uns beiden ist klar, daß sie irgend etwas loswerden muß.

»Ich habe mich verändert«, erklärt sie. »Du nicht.«

Das kann man unterschiedlich verstehen. Die Schuld könnte auf beiden Seiten liegen. Aber sie schiebt sie nicht mir zu. Sie sagt, ich hätte vom ersten Tag an an erster Stelle gestanden, und das hätte sie von Anfang an gewußt.

»Du bist gewachsen«, sage ich. »Das ist kein Verbrechen. Ich hätte mit dir wachsen sollen.«

Sie nimmt diese Bewertung mit Genugtuung zur Kenntnis. Aber sie ist damit nicht zufrieden.

»Ich habe dir das Gefühl vermittelt, die zweite Geige zu spielen«, fahre ich fort. »Aber so habe ich es niemals gesehen. Ich habe es auch nie gewußt. Ich glaube, du hast es mir auf unterschiedliche Art und Weise mitteilen wollen.«

Tracy sieht mir in die Augen. Wir haben die Ursache unserer Trennung niemals eingehend diskutiert. Als es vorbei war, war es derart offensichtlich, daß wir uns dieses Thema schenken konnten, es war erledigt. Das ist meine Schuld. Wie ich ihr sagte, die Anzeichen waren da. Ich wollte sie nicht sehen.

»Ich habe jemanden geheiratet, der in der Politik tätig war«, sagt sie. »Ich habe gewußt, daß du die Hälfte des Jahres über in der Provinz sein würdest. Ich habe gewußt, daß du Grant nie verlassen würdest. Und ich habe gewußt, wie gut es dir gefällt.«

Ich strecke eine Hand nach ihr aus. »Du hattest jedes Recht, mehr von mir zu verlangen. Dinge sind niemals für die Ewigkeit in Stein gemeißelt, Trace. Beziehungen entwickeln sich. Du hast lediglich das Pech gehabt, einen Neandertaler zu heiraten.« Ich lächle sie an. »In diesem Punkt hast du dich nicht geirrt.«

Ihre Augen verengen sich. Tracy kann sehr gefühlvoll sein, aber hier wird sie sich nicht gehenlassen. Sie ist eine starke Frau, und außerdem ist der Brunnen der Tränen seit unserer Scheidung längst ausgetrocknet.

»Meinst du, wir haben einen Fehler gemacht?« fragt sie.

Ich zwinge mich dazu, den Blickkontakt zu halten und Reue zu zeigen. Fehler ist das falsche Wort. Die Zeit ist darüber hinweggegangen, es ist fast ein Jahr her. Die wichtige Frage ist, was tun wir jetzt?

Aber ich kenne meine Tracy. Sie hatte schon immer eine sprachliche Begabung, und sie ist der tapferste Mensch, den ich kenne. Sie hat die Frage formuliert, um mir den größtmöglichen Raum zu lassen, hat sogar eine Tür zu dem geöffnet, von dem sie annimmt, daß ich es sagen könnte. Sie möchte die Wahrheit von mir. Sie will wissen, was ich empfinde.

Ich weiß, was sie empfindet. Ich wußte es in dem Augenblick, als wir uns entschlossen, uns zu trennen. Es war ihr Gesichtsausdruck. Ihr tut die Scheidung nicht leid. Sie will nur wissen, daß auch ich damit zurechtkomme.

Komm zurück zu mir, Tracy Soliday. Laß mich dir zeigen, wie wichtig du für mich bist. Gib mir eine Chance, alles wiedergutzumachen. Laß mich mit den Fingern durch dein Haar fahren und dich festhalten und streicheln und verwöhnen und zum Lachen bringen. Laß uns Kinder haben und gemeinsam alt werden. Laß uns Hand in Hand am Strand spazierengehen und uns abends gemeinsam in den Schlaf kuscheln.

»Ich werde dich immer lieben, Tracy.« Ich ergreife ihre Hand, und sie erwidert den Händedruck. Das ist in vieler Hinsicht einer der ehrlichsten Augenblicke unserer Beziehung und in vieler Hinsicht auch einer der verlogensten. »Führe dein Leben weiter. Nur halt mich ab und zu auf dem laufenden. Sei *glücklich*.«

Sie atmet ein. Tiefe Erleichterung. Das wollte sie von Anfang an von mir wissen, das wollte sie mich fragen, konnte es aber nicht, als sie gerade angekommen war. Sie hat die Antwort erhalten, die sie sich gewünscht hat.

»Ich liebe dich auch«, sagt sie.

»Ich weiß.« Ich deute mit einem Kopfnicken zur Tür. »Sieh zu, daß du deine Maschine kriegst.«

Sie lächelt nicht. Sie verläßt die Nische mit ihrem Gepäck. Sie sieht mich ein letztes Mal an. Und als Tracy Stearns schließlich das Restaurant verläßt, dreht sie sich nicht mehr um.

61

»Nachdem vierundsechzig Bezirke ausgezählt wurden, kann Newscenter Four eine Hochrechnung für den Sieger des Rennens um den Gouverneursposten vorlegen ...«

Dieser Wahltag war ziemlich einsam. Als leitender Anwalt der Demokraten in diesem Staat habe ich üblicherweise Telefondienst versehen und bin als Feuerwehrmann von dem Moment an tätig gewesen, in dem die Wahllokale um sechs Uhr morgens öffneten. Eine Wahlmaschine ist defekt. Ein Richter läßt unsere Wahlbeobachter nicht ins Wahllokal. Ein Polizist entfernt unsere Wahlplakate. Republikaner verteilen Werbekarten und Broschüren weniger als fünfzig Meter von einem Wahllokal entfernt. Eine Schlange von Wählern hat sich in dem ein oder anderen Bezirk gebildet, und wir brauchen eine richterliche Entscheidung, um die Wahllokale dort länger geöffnet zu halten.

Dieses Jahr nichts von alledem. Ich weiß nicht, wer diese Dinge für Grant Tully oder die unzähligen Kandidaten für das staatliche Repräsentantenhaus oder den Senat regelt. Ich weiß nur, daß ich es nicht bin.

Wie dem auch sei, dieses Jahr hat es der Wahl erheblich an Spannung gefehlt, zumindest am oberen Ende der Kandidatenliste. Es ist noch keine halb zehn, und sie verkünden bereits die Entscheidung. Ein Erdrutschsieg. Es war von Anfang an klar. Er hätte wahrscheinlich sowieso nicht gewonnen, aber die unschönen Einzelheiten einer Begegnung mit einem wehrlosen Mädchen im Jahr 1979 und die Mordanklage gegen seinen Chefberater – von den Hinweisen auf eine eigene Beteiligung an diesem Mord ganz zu schweigen – haben Staatssenator Grant Tully zum Untergang verurteilt.

Ganz gleich, wie die endgültigen Zahlen ausfallen, Grant Tully wird nicht mehr als knapp über 30 Prozent der abgegebenen Stimmen auf sich vereinen können. Der unabhängige Kandidat Oliver Jenson, der durch einen Gerichtsprozeß begünstigt wurde, der beide Spitzenkandidaten mit einem Mord in Verbindung brachte, wird fast 20 Prozent erreichen. Und Justizminister Langdon Trotter wird bei 50 Prozent landen.

Senator Grant Tully wird in die Geschichte eingehen als der Kandidat einer der großen Parteien, der das schlechteste Ergebnis bei einer Gouverneurswahl seit der Reconstruction Era eingefahren hat. Es versteht sich von selbst, daß er von seiner Partei nie wieder nominiert werden wird.

Grant verließ sich auf die demokratischen Stimmen in der City und der Provinz. Zumindest auf dem Papier hatte er die richtigen Voraussetzungen, aber wie ich es sehe, gab es Gerede. Grant war beschädigt. Der Wahlpropaganda fehlte die typische Aggressivität, wie man sie vor allem von jemandem erwartet, der den Senat des Staates kontrolliert.

Grant sollte froh sein, nicht wegen Gina Masons Vergewaltigung und Ermordung angeklagt zu werden. Aber es gibt wirklich keinen einzigen Beweis. Lyle Cosgrove und Brian O'Shea sind tot. Gina Mason ist tot. Ihr Bruder – oder Cousin – ist unauffindbar. Die Unterwäsche, die in Lyles Apartment gefunden wurde, von Bennett dort deponiert, enthielt keinerlei DNS-Spuren. Bennett hatte geblufft.

Da Grant sich nach halber Amtszeit der Gouverneurswahl gestellt hat, braucht er sich erst in zwei Jahren um eine Wiederwahl in den Senat zu bemühen. Zwei Jahre sind in der Politik ein halbes Leben. Außerdem dürfte er mit seinen Hilfstruppen im Rücken die Wiederwahl im Schlaf schaffen. Wenn er das will.

Meine Möpse, Jake und Maggie, haben mit mir zwei paradiesische Wochen zu Hause verbracht. Maggie schiebt mir gerade ihr zerdrücktes Gesicht entgegen, um mich zu wecken, damit ich sie rauslasse. Jake will von der Couch springen. »Okay«, sage ich zu ihnen, das einzige Wort, das sie hören wollten. Ich schaue auf die Uhr. Es ist kurz vor Mitternacht. Im Fernsehen werden noch immer Wahlmeldungen gesendet. Früher wäre das eine der aufregendsten Nächte meines Lebens gewesen. Jetzt kann ich mich noch nicht mal wach halten.

Als ich die Hunde rausgelassen habe und aus dem Garten ins Haus zurückkehre, klingelt es an der Haustür. Ich werfe einen Blick aus dem Küchenfenster. Ich erkenne den Wagen.

Ich öffne die Tür für Grant Tully. Seit jenem Tag im Gericht haben wir nicht mehr miteinander gesprochen. Er hat mich nicht angerufen, ich habe ihn nicht angerufen. Ich habe mich auch der Presse gegenüber nicht über ihn geäußert. Ich habe einfach die Schotten dichtgemacht.

»Hast du eine Minute Zeit für einen alten Freund?« fragt er. Er sieht besser aus, als ich erwartet hätte. Zumindest jetzt, nachdem es vorbei ist. Und zwar alles.

»Klar«, sage ich. »Wenn ich einen sehe, lasse ich es ihn wissen.« Ich öffne ihm trotzdem die Tür.

Grant tritt ein, aber wir setzen uns nicht. Wir bleiben in der Nähe der Tür stehen.

Er hebt die Schultern. »Ich habe dich hängenlassen«, sagt er. »Ja. Das tut mir leid.«

Ich hatte nicht damit gerechnet, solche Worte jemals aus Grants Mund zu hören. »Du hättest es mir sagen können.«

»Nicht damals, Jon. Der Sohn eines Senators? Es wäre völlig egal gewesen, ob ich schuldig oder unschuldig war.«

»Ich habe die schlimmsten Dinge von mir angenommen. Wäre Bennett nicht gewesen, hätte ich immer in diesem Glauben gelebt. Mein Leben lang hätte ich mich gefragt, ob ich nicht doch ein Mörder bin.«

»Ich kenne dieses Gefühl«, sagt er.

»Was soll das heißen, Grant? Sag mir die Wahrheit.«

Sein Blick gleitet ab. »Ich weiß nicht, was die Wahrheit ist.« Grant hat den Schlips gelockert, sein Hemdkragen ist offen. Er wirkt jetzt geschlagen, und das mehr als nur auf eine Weise. Er sieht mich wieder an. »Ich erinnere mich, dort gewesen zu sein. Ich erinnere mich nicht, ob …« Er hebt die Hände. »Ich weiß es nicht. Ich kann dazu nur sagen, daß es damals … es war wie eine große Party. Mein Gott, sie sah nicht so aus, als hätte sie etwas dagegen.«

Mein Blick läßt ihn erstarren. »Meinen Sie nicht, wir sollten diese letzte Bemerkung aus dem Protokoll streichen, Senator?«

»Es heißt Grant«, korrigiert er mich. »Das hat es immer geheißen. Komm wieder zu mir, Jon, in deinen Job.«

Ich gebe darauf keine Antwort.

Grant läßt sich auf die Couch sinken und überlegt einen Moment lang. »Ich schwöre, Jon … ich erinnere mich nicht daran, etwas getan zu haben wie … wie …«

»Wie sie erwürgt zu haben?«

»Mein Gott.« Er seufzt, zeigt so etwas wie Reue, geht aber sofort in Verteidigungsstellung. »Vergiß bitte die Umstände nicht. Keiner von uns war auch nur annähernd nüchtern.«

Ich sage nichts, sondern warte ab, was sonst noch von ihm kommt.

»Ich war es nicht, Jon. Ich habe sie nicht angefaßt. Ich glaube, es war Rick. Sie waren auf dem Fußboden zugange. Aber ich habe nicht zugeschaut.« Grant verliert sich in seiner Erinnerung. Plötzlich spricht er nicht mehr mit mir, sondern rekapituliert nur noch die Ereignisse. »Ja, es schien ziemlich rauh zuzugehen. Vielleicht hat sie nicht auf ihm sitzen wollen. Und dann sagte jemand plötzlich: ›Oh Scheiße!‹ Gina hat …« Grant senkt ruckartig den Kopf und schließt die Augen.

»Sie hat sich übergeben.«

Grant nickt. »Ich weiß es nicht. Vielleicht hatte Rick die Hand an ihrem Hals. Wenn ich es genau überlege … ja. Ihr wurde schlecht, sie würgte …«

»Und du bist schnellsten abgehauen.«

Grant nickt. Er steht von der Couch auf und geht auf und ab.

»Während ich hinten im Wagen lag und schlief.«

Ein Seufzer von Grant. Er wendet mir den Rücken zu. Langsam dreht er sich um und sieht mir in die Augen.

»Ich schwöre, ich habe die Frau nicht angerührt. Ich mußte nur den Schlamassel in Ordnung bringen. Ich wäre mit den Typen zusammen untergegangen, und es wäre für meinen Vater ein Riesenskandal geworden. Das kannst du dir sicher vorstellen.«

»Klar kann ich das«, antworte ich. »Deshalb hast du es mir angehängt.«

»Ich wußte, daß ich es schaffen würde, dich am Ende freizubekommen.« Nach mehreren Sekunden, in denen ich mir einen Kommentar schenke, fährt er fort, diesmal in einem fast flehenden Ton. »Ich weiß, ich habe Mist gebaut, okay? Es tut mir leid.«

Ich denke, das sollte mir reichen. Ein Staatssenator kriecht nicht so schnell zu Kreuze. Es sollte mir reichen, daß er überhaupt versucht, die Schuld auf sich zu nehmen.

Es gibt einiges zu seiner Entlastung vorzubringen. Er hat die Kaution für mich übernommen, als ich verhaftet wurde. Er hat mich weiterhin in seinem Stab beschäftigt, und das in aller Offenheit. Er hat es riskiert, Stimmen zu verlieren, indem er sich vor mich stellte. Er hat den Namen »O'Shea« genausowenig wiedererkannt wie ich. Er hatte keine Ahnung, welche Absichten Bennett verfolgte. Es war keine selbstsüchtige Geste, mir zu helfen. Er hat es aus Freundschaft zu mir getan.

Aber ich bin noch immer wütend. Ich weiß nicht, wie meine oder Grants Zukunft aussehen wird. Ich weiß nur, daß darüber nicht in diesem Moment entschieden wird.

Ich trete zur Seite und mache dem Senator den Weg zur Tür frei. Grant versteht sofort.

»Vielleicht wollte ich, daß du zu mir aufschaust«, sagt er. »Ich habe mich für dich eingesetzt. Dich gerettet. Ja, ich gebe es zu. Das hat mir gefallen. Okay?«

Ich zeige zur Tür.

»Verprügle mich von mir aus«, sagt er.

Das Ganze beschäftigt ihn sichtlich. Er brauchte meine

Absolution. Er kann sich andere Anwälte suchen. Jeder kann sich auf das Wahlrecht spezialisieren. Aber er empfindet einen echten Verlust. Er hat gerade die schlimmste politische Niederlage seines Lebens hinnehmen müssen, und er macht sich Sorgen wegen unserer Freundschaft.

»Fahr nach Hause«, sage ich. »Ich muß die Hunde reinholen.« Ich nicke ihm zu, die erste freundliche Geste für ihn.

»Reden wir später?« fragt er.

»Mal sehen«, erwidere ich und gehe in den Garten.

62

Die Dämonen kommen immer bei Nacht. Dann höre ich immer Gina schreien, auch wenn ich so etwas nie gehört habe. Dann erklingt das Echo der Angst in meiner Brust und steigert sich zu einem infernalischen Crescendo der Panik, so daß ich kurz vergesse, wo ich gerade bin.

Aber es ist still auf dem Friedhof, auf dem Gina Mason die ewige Ruhe gefunden hat. Es ist ein hübscher Ort, allerdings nicht sehr gepflegt. Es ist ein Ort, wo jemand, der kein Geld hat, seine Tochter beerdigt.

Gina Mason. 1960–1979. Ein liebenswerter Mensch.

Sie war neunzehn, als sie starb. Mehr weiß ich nicht. Sonst habe ich nichts von ihr gewußt, nichts von dem, was sie zu einem Individuum machen könnte. Ich sah nur Sex und Lust. Vielleicht auch noch etwas mehr für uns beide.

Ich bücke mich ohne besonderen Grund zum Grabstein, fahre mit den Fingern über die Worte, die ihre Familie für die Nachwelt eingravieren ließ. Meine Hand streicht durch Gras, und ein Dorn bohrt sich in einen Finger. Eine einzelne Rose liegt auf dem Grab. Frisch gepflückt.

Wahrscheinlich heute.

Das ist nicht sehr klug. Die Polizei mag annehmen, daß Bennett nach Norden gefahren ist, nachdem sie den verlassenen Mietwagen fand, aber das wird die örtlichen Cops und das FBI nicht davon abhalten, gelegentlich auf dem Friedhof nachzuschauen. Sobald sie auch nur einen winzigen Hinweis finden, daß Bennett hier gewesen ist, werden sie die gesamte Umgebung auf den Kopf stellen. Seine Tante, die ihn aufzog, ist vor vier Jahren an Leberversagen gestorben, einer der zahlreichen Punkte in Bens Leben, der nach der ganzen Sache herauskam. Ben ist für Gina der einzige Hinterbliebene. Er hätte genausogut eine Visitenkarte auf ihr Grab legen können.

Ich erschauere. Wenn man sonst schon nichts aus den Ereignissen lernen kann, sollte ich zumindest begreifen, daß man Bennett Carey nicht unterschätzen darf. Und während ich darüber nachdenke, wird es offensichtlich. Natürlich. Irgend etwas steckt in ihm, das erwischt werden will, und das schon immer. Nach seiner erfolgreichen Flucht hängt die Story in der Luft. Die letzte Erklärung fehlt. Der Öffentlichkeit, den gierigen Medien, bleiben nur Grant Tullys Dementis sowie die Einschätzung meines neuen Anwalts, daß die Beweise »nicht schlüssig« sind. Wenn Bennett jedoch in Gewahrsam genommen wird, dürfte die Presse atemlos an jedem seiner Worte hängen und seine Darstellung der Ereignisse hungrig aufsaugen. Und es gibt noch etwas. Ihn interessiert sein eigenes Schicksal nicht. Bennett erhielt mit acht Jahren sein Lebenslänglich, und diese Strafe büßt er ab, sogar jetzt noch.

Ich suche in meiner Tasche und finde einen leeren Briefumschlag und einen Schreibstift. Ich schreibe meine Nachricht für Ben und lege den Umschlag neben die Rose mit einem kleinen Stein darauf, damit der Wind ihn nicht weg weht. Zwei einfache Worte, die Gina sagen würde, wenn sie könnte. Dessen bin ich mir sicher. Aber während ich zu meinem Wagen zurückgehe, mir einen Weg durch die Dunkelheit und die trügerischen Schatten suche, wird mir klar, daß Ben niemals meinen Rat befolgen wird. Wenn ich ganz ehrlich bin, muß ich zugeben, daß ich es auch nicht getan habe. Vielleicht wird es jetzt für uns beide Zeit.

Zieh weiter.

Danksagungen

Die Zeit, die ich als Anwalt für den Sprecher des Repräsentantenhauses von Illinois gearbeitet habe, hat mir den Hintergrund und die Idee für diesen Roman geliefert. Aus diesem Hintergrund habe ich Anekdoten und Storys entwickelt, die ausschließlich meiner Phantasie entspringen. Dieser Roman ist reine Fiktion. Nichts darin ist tatsächlich geschehen.

Vielen Leuten gebührt Dank für ihre direkte oder indirekte Hilfe bei der Planung und Niederschrift dieses Romans. Mike Kasper, ein Freund und manchmal Mentor, las eine Fassung dieses Romans und lieferte wichtige Anmerkungen. Ed Nystrom, mein zukünftiger Schwiegervater, las die erste Fassung und kommentierte sie in einer Weise, die den gesamten Roman veränderte. Jim Janns Kritik verhalf dem Roman zu einer Tiefe und Perspektive, die ihm bis dahin fehlten.

Dr. Ronald K. Wright, ein international angesehener Pathologe, half mir mit schöpferischen und aufschlußreichen Informationen hinsichtlich der wissenschaftlichen Aspekte des Verbrechens, das in diesem Roman beschrieben wird.

Viele andere lasen Entwürfe und äußerten kritische Kommentare und Ermutigungen: Dan und Kristin Collins, Jim und Jill Kopecky und Jim Minton. Meine Mutter, Judy Ellis, und meine Schwester, Jennifer Taylor, spielten wieder einmal die Rolle der kritischen Leser und der liebenden Angehörigen.

Vielen Dank an meine Anwaltspartner Lisa Starcevich, David Williams, Doug Bax und Dan Collins für ihre Unterstützung und ihre Begeisterung für meinen »Nebenjob.«

Die Anwälte und Freunde im elften Stock des Hauses 111

West Washington können nicht ermessen, wie sehr sie mich und diesen Roman beeinflußt haben. Vielen Dank speziell an William Harte, einen legendären Anwalt aus Chicago, für alles, was er mir über die Anwaltstätigkeit in Chicago erzählt hat.

Noch einmal Dank an meinen Agenten Jeff Gerecke für seine Unterstützung. Dank an meinen Lektor David Highfill für seine fundierte Kritik und seine Freundschaft.

Wie immer richte ich die letzten Worte an meine zukünftige Frau Susan für das Glück, mit dem sie mein Leben erfüllt. Nichts von alledem hätte ohne sie irgendeinen Wert.

»Man muß sich die Kunden des Aufbau-Verlages als glückliche Menschen vorstellen.«

SÜDDEUTSCHE ZEITUNG

Streifzüge mit Büchern und Autoren:
Das Kundenmagazin der Aufbau Verlagsgruppe erhalten Sie kostenlos in Ihrer Buchhandlung und als Download unter www.aufbau-verlag.de.

Mörderische Spannung: Krimis bei AtV

RUSSELL ANDREWS
Anonymus
Ein Leseerlebnis, atemberaubend wie eine Achterbahnfahrt: Carl Granville bekommt die Chance seines Lebens. Aus geheimen Briefen soll er die Geschichte eines Jungen rekonstruieren, der seinen Bruder tötete. Doch der mysteriöse Auftrag gerät zu einem nicht enden wollenden Alptraum: Nicht nur, daß seine Verlegerin und eine Nachbarin getötet werden – bald verfolgt ihn die Polizei und hält ihn für einen Mörder.
»Ein temporeicher politischer Thriller in der Art von Grishams ›Akte‹.« MICHAEL DOUGLAS
Thriller. Aus dem Amerikanischen von Uwe Anton und Michael Kubiak. 450 Seiten. AtV 1900

ELIOT PATTISON
Der fremde Tibeter
Fernab in den Bergen von Tibet wird die Leiche eines Mannes gefunden. Shan, ein ehemaliger Polizist, der aus Peking nach Tibet verbannt wurde, soll rasch einen Schuldigen finden, bevor eine amerikanische Delegation das Land besucht. In den USA wurde dieses Buch mit dem begehrten »Edgar Allan Poe Award« als bester Kriminalroman des Jahres ausgezeichnet.
»Gute Bücher entführen den Leser an Orte, die er nicht so einfach erreichen kann: ein ferner Schauplatz, eine fremde Kultur, eine andere Zeit ... Pattison leistet all das zusammen.« BOOKLIST
Roman. Aus dem Amerikanischen von Thomas Haufschild. 493 Seiten. AtV 1832

CHRISTOPHER WEST
Zuviel himmlischer Frieden
Kommissar Wang ermittelt
China 1991: Mitten in einer Vorstellung der Peking-Oper wird ein kleiner Gauner ermordet. Die Spuren führen Kommissar Wang in Kreise des organisierten Verbrechens. Wang glaubt fest an den Sieg der Gerechtigkeit, doch läßt sie sich wirklich durchsetzen im heutigen China?
»›Zuviel himmlischer Frieden‹ ist für China, was ›Gorki-Park‹ für Rußland war.«
FLORIDA SUN-SUNTINEL
Roman. Aus dem Englischen von Frank Wolf. 288 Seiten. AtV 1754

BORIS AKUNIN
Russisches Poker
Fandorin ermittelt
Hat Fandorin nun doch noch seinen Meister gefunden? In Moskau geht ein Betrüger um, der die gerissensten Gaunerstücke inszeniert und vor nichts zurückschreckt, wenn sich nur ordentlich Geld scheffeln läßt. Von Fandorin und seinem Team wird höchster Einsatz verlangt bei diesem Pokerspiel.
»Akunin erzählt in bester russischer Tradition, grotesk wie Gogol, dunkel wie Dostojewski, unterhaltsam bis zuletzt.« DIE WOCHE
Roman. Aus dem Russischen von Renate und Thomas Reschke. 192 Seiten. AtV 1764

Luft anhalten und durch: Thriller bei AtV

RUSSELL ANDREWS
Icarus
Jack Keller, ein Star der New Yorker Gastronomieszene, muß mit ansehen, wie seine Frau Caroline brutal ermordet und aus dem Fenster geworfen wird. Selbst schwerverletzt und gebrochen, wird er plötzlich von den grausamen Gespenstern seiner Vergangenheit eingeholt. Der Killer scheint ihm immer eine Nasenlänge voraus und zieht seine Kreise enger – ein dramatischer Wettlauf auf Leben und Tod über den Dächern New Yorks.
Thriller. Aus dem Amerikanischen von Uwe Anton. 488 Seiten. AtV 2070

MAREK HALTER
Die Geheimnisse von Jerusalem
Tom Hopkins, Journalist bei der »New York Times«, will das Vermächtnis seines von der russischen Mafia ermordeten Freundes Aaron Adjashlivi erfüllen und macht sich auf den Weg in die Stadt Davids. Doch was wie eine kriminalistische Schatzsuche beginnt, entwickelt sich bald zu einer mörderischen Verfolgungsjagd mit hochbrisantem historischen Hintergrund.
Roman. Aus dem Französischen von Iris Roebling. 485 Seiten. AtV 2034

BRAD MELTZER
Die Bank
Die Brüder Charlie und Oliver Caruso planen den Coup ihres Lebens. Auf dem Konto eines offensichtlich verstorbenen Klienten liegen drei Millionen Dollar, die todsicher niemand vermissen wird. Leider hat die Sache einen kleinen Haken – auch der Sicherheitsmann der Bank ist schon auf die Idee gekommen, sich das Geld zu holen.
»Hier treffen Sie den neuen John Grisham!« MIAMI HEROLD
Aus dem Amerikanischen von Wolfgang Thon. 473 Seiten. AtV 1996

ELIOT PATTISON
Das Auge von Tibet
Shan, ein ehemaliger Polizist, lebt ohne Papiere in einem geheimen Kloster in Tibet. Eigentlich wartet er darauf, das Land verlassen zu können, doch dann erhält er eine rätselhafte Botschaft: Eine Lehrerin sei getötet worden und ein Lama verschwunden. Zusammen mit einem alten Mönch macht Shan sich auf, um den Mörder zu finden.
»Mit diesem Buch hat sich Eliot Pattison in die erste Krimireihe geschrieben.« COSMOPOLITAN
»Der ideale Krimi für alle, die sich gern in exotische Welten entführen lassen.« BRIGITTE
Roman. Aus dem Amerikanischen von Thomas Haufschild. 697 Seiten. AtV 1984

Mehr Informationen erhalten Sie unter www.aufbau-verlag.de oder bei Ihrem Buchhändler

Mordsfrauen: Krimis bei AtV

POLINA DASCHKOWA
Die leichten Schritte des Wahnsinns
Keine beschreibt das moderne Rußland so packend wie sie: Autorin Polina Daschkowa ist mit mehr als 16 Millionen verkauften Büchern in Rußland ein Star. Mit den »Leichten Schritten des Wahnsinns« gab sie ihr Deutschlanddebüt. »Unglaublich dicht und spannend.« BRIGITTE
Roman. Aus dem Russischen von Margret Fieseler. 454 Seiten.
AtV 1884

VIKTORIA PLATOWA
Die Frau mit dem Engelsgesicht
Sie wollten die Welt umkrempeln: der begabte Iwan, der angehende Regisseur Nimotsi und ihre Freundin »Maus«. Aber dann stürzt sich Iwan im Suff zu Tode, die beiden anderen lassen sich auf ein gefährliches Filmprojekt ein. Nimotsi wird ermordet. Maus unterzieht sich einer Gesichtsoperation, um besser abtauchen zu können. Als rothaarige Schönheit will sie den Tod ihrer Freunde rächen. Ein schonungsloser, rasanter Krimi über das neue Rußland.
Roman. Aus dem Russischen von Olga Kouvchinnikova und Ingolf Hoppmann. 404 Seiten. AtV 1875

DANIELLE THIÉRY
Der tödliche Charme des Doktor Martin
Nach Fred Vargas, Polina Daschkowa und Liza Marklund ein neuer Star unter den Krimiautorinnen. Thiérys Kommissarin Edwige Marion ist energisch und zerbrechlich, scharfsinnig und emotional, in der Liebe vom Pech verfolgt, außerdem schwanger, von Léo oder Sam, und sie steckt in einer existentiellen Krise. Da hinterläßt ein Unbekannter ein Paar roter Kinderschuhe auf ihrem Briefkasten, Indiz ihres ersten, einige Jahre zurückliegenden Falls, der nie aufgeklärt wurde.
Roman. Aus dem Französischen von Sabine Schwenk. 422 Seiten.
AtV 1878

FRED VARGAS
Bei Einbruch der Nacht
Ein Wolfsmensch, so sagen die Leute, zieht nach Einbruch der Dunkelheit mordend durch die Dörfer der provenzalischen Alpen. Der halbwüchsige Sohn eines Opfers und ein wortkarger Schäfer nehmen die aussichtslose Verfolgung auf. Ein urkomisches Roadmovie und eine zarte Liebesgeschichte um die schöne Camille und Kommissar Adamsberg aus Paris.
»Prädikat: hin und weg.« WDR
Roman. Aus dem Französischen von Tobias Scheffel. 336 Seiten.
AtV 1513

Mehr Informationen erhalten Sie unter www.aufbau-verlag.de oder bei Ihrem Buchhändler

Weibliche Spürnasen: Krimi-Spannung bei AtV

REGGIE NADELSON
Das andere Gesicht
Als Betsy am Flughafen in New York auf ein Taxi wartet, nimmt sie ein Fotograf mit und überredet sie, ihr seine Arbeiten zeigen zu dürfen. Widerstrebend läßt Betsy sich auf einen kurzen Besuch ein. Am nächsten Tag steht ein Polizist vor ihrer Tür. Der Fotograf ist ermordet worden. »Ein Thriller um Liebe, Sex und den Schein der ewigen Jugend.« BUCH AKTUELL
Roman. Aus dem Englischen von Wolfgang Thon. 327 Seiten.
AtV 2020

LISA APPIGNANESI
Kalt ist die See
Die Journalistin Isabel Morgan ist als eine sprunghafte, unberechenbare Frau bekannt. Doch als sie nicht wie angekündigt in New York auftaucht und auch sonst kein Lebenszeichen von sich gibt, beginnt ihre Freundin Leonora sich Sorgen zu machen. Kurz entschlossen reist sie nach London, um Nachforschungen anzustellen. »Lisa Appignanesis Roman ist genau so, wie ein guter Krimi sein muß: glänzend konstruiert, mit glaubwürdigen Figuren und einem romantischen Touch. Bei der Lektüre wird bestimmt jeder Liebhaberin spannender Unterhaltung warm ums Herz.« ANNABELLE
Roman. Aus dem Englischen von Thomas Haufschild. 443 Seiten.
AtV 2016

FRED VARGAS
Im Schatten des Palazzo Farnese
Drei exzentrische Pariser Studenten in Rom werden in einen Mordfall hineingezogen, bei dem es um ein sehr seltenes Mordinstrument geht: den Schierlingstrank. Wer war in der Lage, das antike Gift zu bereiten? »Es ist unmöglich, von Vargas nicht gefesselt zu sein.« DIE ZEIT
Roman. Aus dem Französischen von Tobias Scheffel. 207 Seiten.
AtV 1515

GIL PAUL
Insel der Lügen
Nicola Drew soll als Ärztin mit ihrem Verlobten nach Indonesien gehen, luxuriös untergebracht und gut bezahlt. Doch der Traum vom gemeinsamen Abenteuer platzt jäh, als Nicolas Verlobter ihr den Laufpaß gibt. Schockiert beschließt sie, ihr Glück allein im fernen Osten zu suchen. Doch in Jakarta folgt ein böses Erwachen und Nicola sieht sich als Opfer eines raffinierten Betrugs ... »Ein erotischer Thriller mit enorm viel Tempo!« EVENING EXPRESS
Roman. Aus dem Englischen von Elfi Schneidenbach. 444 Seiten.
AtV 2049

Mehr Informationen über die Autorinnen erhalten Sie unter www.aufbauverlag.de oder bei Ihrem Buchhändler

Fortsetzung folgt: Mord in Serie bei AtV

CHRISTOPHER WEST
Der Verräter vom Schlangental
Kommissar Wang ermittelt
Kommissar Wang kommt in sein Heimatdorf, wo ein Staudamm gebaut werden soll. Der Parteisekretär ist begeistert von dem Projekt, doch im Dorf hat sich eine geheime Protestgruppe gegründet. Eines Morgens findet man den Parteisekretär erschlagen in seinem neuen Haus. Hat er in der Nacht Kunstdiebe überrascht, stecken die Umweltschützer hinter der Tat oder liegen ihre Ursachen tief in der düsteren Zeit der Kulturrevolution? »Ein erstklassiger Kriminalroman« THE TIMES
Roman. Aus dem Englischen von Frank Wolf. 240 Seiten. AtV 1885

CAROLA DUNN
Miss Daisy und der Tote auf dem Luxusliner
Miss Daisy Dalrymple, seit kurzem Mrs. Fletcher, und ihr Ehemann Alec, Chief Inspector bei Scotland Yard, reisen an Bord des Luxusliners »Talavera« nach New York. Eines Abends geht ein Mann über Bord. War es Mord? Der Kapitän bittet Alec, sich der Sache anzunehmen. Aber Alec wird seekrank, und so muß Daisy für ihn einspringen. Mit Charme, Intelligenz und weiblichem Spürsinn wagt sich Carola Dunns Heldin im England der zwanziger Jahre auf Terrains vor, die bisher der Männerwelt vorbehalten waren.
Roman. Aus dem Englischen von Justine Hubert. 272 Seiten. AtV 1498

FRED VARGAS
Die schöne Diva von Saint-Jacques
Im Garten der Sängerin Sophia im Pariser Faubourg St. Jacques steht eines Morgens ein Baum, der am Tage zuvor noch nicht da stand. Niemand hat ihn gepflanzt. Zwei Tage später ist Sophia spurlos verschwunden. Ihr Nachbar Marc, ein junger Historiker, beginnt den Boden unter der kleinen Buche aufzugraben und stößt auf einen uralten Haß, der beinahe auch ihn das Leben kosten wird. »Eine vielversprechende neue Stimme des europäischen Kriminalromans.« DER TAGESSPIEGEL
Roman. Aus dem Französischen von Tobias Scheffel. 288 Seiten. AtV 1510

NINO FILASTÒ
Der Irrtum des Dottore Gambassi
Ein Avvocato Scalzi Roman
Unter den lieblichen Hügeln der Toskana entdeckt der ägyptische Etruskologe Fami ein sakrales Gewölbe, das Unbekannte für gar nicht heilige Zwecke nutzen. Doch bevor er den vermuteten Schatz heben kann, wird sein Fund ihm zum Verhängnis. »Ein atemberaubender, erstklassig geschriebener Mafiaroman.« BUCHMARKT
Aus dem Italienischen von Julia Schade. 414 Seiten. AtV 1601

Er führt uns ins geheimnisvolle Tibet: Eliot Pattison

Der fremde Tibeter
Fernab in den Bergen von Tibet wird die Leiche eines Mannes gefunden – den Kopf hat jemand fein säuberlich vom Körper getrennt. Shan, ein ehemaliger Polizist, der aus Peking nach Tibet verbannt wurde, soll rasch einen Schuldigen finden, bevor eine amerikanische Delegation das Land besucht. In den USA wurde dieses Buch mit dem begehrten »Edgar Allan Poe Award« als bester Kriminalroman des Jahres ausgezeichnet.
Roman. Aus dem Amerikanischen von Thomas Haufschild. 495 Seiten.
AtV 1832

Das Auge von Tibet
Shan, ein ehemaliger Polizist, lebt ohne Papiere in einem geheimen Kloster in Tibet. Eigentlich wartet er darauf, das Land verlassen zu können, doch dann erhält er eine rätselhafte Botschaft: Eine Lehrerin sei getötet worden und ein Lama verschwunden. Zusammen mit einem alten Mönch macht Shan sich in den Norden auf.
»Der ideale Krimi für alle, die sich gern in exotische Welten entführen lassen.« BRIGITTE
Roman. Aus dem Amerikanischen von Thomas Haufschild.
697 Seiten. AtV 1984

Das tibetische Orakel
Shan, ein ehemaliger chinesischer Polizist, muß den Mord an einem Mönch aufklären – und dafür sorgen, daß eine alte tibetische Prophezeiung sich erfüllt. Er soll einen heiligen Stein in den Norden bringen, doch plötzlich ist ihm die halbe Armee auf den Fersen.

»Ein spirituelles Abenteuer, großartig erzählt. Ultimativer Mix aus Krimi und Kultur.« COSMOPOLITAN
Roman. Aus dem Amerikanischen von Thomas Haufschild. 652 Seiten.
AtV 2136

Der verlorene Sohn von Tibet
Mit seinen Gefährten, den geheimen Mönchen von Lhadrung, feiert Shan, der Ermittler, den Geburtstag des Dalai Lama. Sie wollen diesen Tag zum Anlaß nehmen, ein verstecktes Kloster mit neuem Leben zu erfüllen. Doch ausgerechnet damit geraten sie in einen schmutzigen Krieg, den die chinesischen Besatzer gegen internationale Kunsträuber führen. Eliot Pattison hat mit Shan Tao Yun eine einzigartige Figur geschaffen, die in einem exotischen Land gegen das Verbrechen und für die Wahrheit kämpft.
Roman. Aus dem Amerikanischen von Thomas Haufschild. 522 Seiten.
Gebunden. Rütten & Loening.
ISBN 3-352-00714-4

Mehr Informationen über Eliot Pattison erhalten Sie unter www.aufbau-verlag.de oder bei Ihrem Buchhändler

»Atemberaubend gut.« Freundin
Polina Daschkowa bei AtV

Keine beschreibt das moderne Rußland so packend wie sie: Polina Daschkowa, geb. 1960, studierte am Gorki-Literaturinstitut in Moskau und arbeitete als Dolmetscherin und Übersetzerin, bevor sie zur beliebtesten russischen Krimiautorin avancierte. Für die Polizei erstellt sie psychologische Tätergutachten. Polina Daschkowa lebt mit ihrem Mann und zwei Töchtern in Moskau.

Die leichten Schritte des Wahnsinns

Bravourös meistert die Journalistin Lena die Tücken ihres Alltags in Moskau – bis ihre Freundin Olga mit einer Hiobsbotschaft auftaucht. Ihr Bruder Mitja, ein bekannter Liedermacher, soll sich im Drogenrausch erhängt haben. Aber nicht nur Olga hat Zweifel an Mitjas Tod, der – anders als seine Frau – niemals Drogen nahm. Auch Lena stößt auf allerlei Ungereimtheiten.
»Das ist große Kriminalliteratur.«
Literaturen
Roman. Aus dem Russischen von Margret Fieseler. 454 Seiten.
AtV 1884

Club Kalaschnikow

Katja Orlowa hat nicht den besten aller Ehemänner. Obschon sie eine attraktive Primaballerina ist, wird sie von ihm ständig betrogen. Als reicher Casinobesitzer verkehrt er in den höchsten, aber auch zwielichtigsten Kreisen Moskaus. Eines Abends wird er vor ihren Augen erschossen. Die Tatwaffe findet die Miliz bei der Geliebten des Toten. Doch Katja zweifelt an ihrer Schuld – erst recht, als ein zweiter Mord geschieht.
»Unglaublich dicht und spannend.«
Brigitte
Roman. Aus dem Russischen von Margret Fieseler. 445 Seiten.
AtV 1980

Lenas Flucht

Lena fürchtet um ihr noch ungeborenes Baby. Es ist zwar kerngesund, aber es gibt Leute, die es ihr nehmen wollen. Instinktiv flieht sie aus der Klinik. Die Miliz glaubt ihr nicht. Doch offenbar geht es hier um weit mehr als eine medizinische Fehldiagnose. In all ihrer Bedrängnis begegnet Lena, bekannt aus »Die leichten Schritte des Wahnsinns«, dem Mann ihres Lebens.
»Es gibt wenige Bücher, die mir beim Lesen Gänsehaut verursachen. Polina Daschkowa hat es geschafft.«
Gabriele Krone-Schmatz
Roman. Aus dem Russischen von Helmut Ettinger. 233 Seiten. AtV 2050

Mehr Informationen über die Bücher von Polina Daschkowa erhalten Sie unter www.aufbau-verlag.de oder bei Ihrem Buchhändler.

Nino Filastò:
»... molto italiano« WDR

Der Irrtum des Dottore Gambassi
Ein Avvocato Scalzi Roman
Unter den lieblichen Hügeln der Toskana entdeckt der ägyptische Etruskologe Fami ein sakrales Gewölbe, das Unbekannte für gar nicht heilige Zwecke nutzen. Doch bevor er den vermuteten Schatz heben kann, wird sein Fund ihm zum Verhängnis.
»Ein atemberaubender, erstklassig geschriebener Mafiaroman.«
BUCHMARKT
Aus dem Italienischen von Julia Schade. 414 Seiten. AtV 1601

Alptraum mit Signora
Ein Avvocato Scalzi Roman
Florenz – lichte Stadt der Kunst und Stadt düsterer Geheimnisse. Zwei brutale Morde sind an Menschen geschehen, die einem Maler Modell gesessen haben, einem Fälscher, der malt wie die großen Künstler des Quattrocento.
»Ein scharfsinnig komponierter Krimi, in dem alles lebensecht italienisch wirkt – die raffiniert gefälschten Bilder inbegriffen.«
BRIGITTE
Aus dem Italienischen von Bianca Röhle. 380 Seiten. AtV 1600

Die Nacht der schwarzen Rosen
Ein Avvocato Scalzi Roman
Im Hafenbecken von Livorno, der Geburtsstadt Modiglianis, wird die Leiche eines Kunstkritikers geborgen. Auf welch tödliches Geheimnis mag er bei seiner Recherche über die Echtheit einiger Skulpturen des Künstlers gestoßen sein? »Italien-Bilder voll authentischer ›Italianità‹: Filastò beschert uns einen überdurchschnittlichen Kriminalroman.« F.A.Z.
Aus dem Italienischen von Barbara Neeb. 352 Seiten. AtV 1602

Forza Maggiore
Ein Avvocato Scalzi Roman
Der Wirt einer heruntergekommenen Trattoria wird ermordet aufgefunden. Die Schuldigen sind schnell ausgemacht: Witwe und Tochter des Opfers. Doch Scalzi ist von der Unschuld der beiden Frauen überzeugt. Ihr angeblicher »Mord aus Leidenschaft« dient nur dazu, kriminelle Machenschaften weit größeren Ausmaßes zu vertuschen.
»Ein hervorragender Krimi, der nicht nur auf Spannung, sondern auch auf der psychologischen Wetterlage der urigen Hauptfiguren aufgebaut ist.« EX LIBRIS
Aus dem Italienischen von Esther Hansen. 352 Seiten. AtV 1604

Mehr Informationen über die Bücher von Nino Filastò erhalten Sie unter www.aufbau-verlag.de oder bei Ihrem Buchhändler

»Eine der vielversprechendsten
russischen Krimiautorinnen« BUCHREPORT

Viktoria Platowa bei AtV

Die Frau mit dem Engelsgesicht

Nach dem Studium an der Filmhochschule wollten sie die Welt umkrempeln: der begabte Iwan, der angehende Regisseur Nimotsi und ihre Freundin »Maus«. Doch dann ist nur noch »Maus« am Leben. Als rothaariger Racheengel sucht sie Vergeltung für den Tod ihrer Freunde. Schonungslos, rasant und lebensklug: Viktoria Platowa schildert Rußland von unten mit gnadenlosem Blick, bitterem Humor und gesundem Zynismus.
Kriminalroman. Aus dem Russischen von Olga Kouvchinnikova und Ingolf Hoppmann. 404 Seiten. AtV 1875

Ein Püppchen für das Ungeheuer

Wer bin ich? Von wem erwartete ich ein Kind? Habe ich tatsächlich jemanden ermordet? Eine junge Frau liegt im Krankenhaus auf der Intensivstation. Sie hatte einen Autounfall und leidet unter totalem Gedächtnisverlust. Fast jeden Tag wird sie von einem Miliz-Hauptmann verhört. Sie flieht, aber wohin im großen Moskau ohne Geld, ohne Papiere, ohne Gedächtnis?
Kriminalroman. Aus dem Russischen von Ganna-Maria Braungardt. 311 Seiten. AtV 1915

Die Diva vom Gorki-Park

Rein zufällig findet Eva einen neuen Job als Casting-Assistentin bei einem genialen Regisseur. Als man die Hauptdarstellerin seines neuen Films ermordet in ihrer Garderobe findet, will er das Verbrechen vertuschen. Viktoria Platowa, eine der großen russischen Krimiautorinnen der Gegenwart, erzählt die Abenteuer ihrer Heldin Eva, die zum Zuschauerliebling im russischen Fernsehen avanciert ist.
Kriminalroman. Aus dem Russischen von Olga Kouvchinnikova und Ingolf Hoppmann. 355 Seiten. AtV 1965

Die letzte Zeugin

Der Superkick für ganz reiche Neue Russen: Extremtourismus in der Barentssee, inklusive Robbenjagd. Gemeinsam mit einem Kameramann soll Eva zu Werbezwecken dieses tolle Reiseangebot dokumentieren. Doch was als Abenteuer beginnt, wird lebensgefährlich.
»Rasant wie ein Filmplot.«
THALIA LITERATOUREN
Kriminalroman. Aus dem Russischen von Ganna-Maria Braungardt. 374 Seiten. AtV 2015

Mehr Informationen über Viktoria Platowa erhalten Sie unter www.aufbau-verlag.de oder bei Ihrem Buchhändler

»Sensibel und sexy à la française.« JOY
Danielle Thiéry bei AtV

Der tödliche Charme des Doktor Martin
Ein Unbekannter hinterläßt auf Marions Briefkasten ein Paar Kinderschuhe, versiegeltes Indiz eines fünf Jahre zurückliegenden Falls, der nie aufgeklärt wurde. Die Kommissarin holt die Akte wieder hervor, wühlt jede Menge Schlamm auf und findet einen Täter, den sie sich wunscht, niemals überführt zu haben.
»Da will man ausnahmsweise mal mehr haben von der Polizei.« L'EXPRESS
Roman. Aus dem Französischen von Sabine Schwenk. 422 Seiten.
AtV 1878

Der letzte Klient des Maître Renoir
Mit einer mysteriösen Lieferung von 15 Kartons kommt der Fall ins Rollen. Sie enthalten die Habseligkeiten eines Freundes der Familie, der kurz zuvor ermordet wurde.
»Edwige Marion wird dafür sorgen, daß Sie eine lange, gräßliche Nacht damit zubringen, Tote zu zählen, ehe Sie beim Morgengrauen erlöst werden.« L'EXPRESS
Roman. Aus dem Französischen von Sabine Schwenk. 427 Seiten.
AtV 1982

Die fatale Lust der Mademoiselle Julie
Léo Lunis ist neu in Marions Truppe. Und er ist der Mann ihres Lebens. Doch in der Stadt geschehen seltsame Dinge: Eine Frau wird vergewaltigt, ein Mann erschossen, und alle Spuren führen zum neuen Lieutenant und Liebhaber der impulsiven Ermittlerin.
»Eine durchwachte Nacht mit der Kommissarin - das blüht Ihnen, wenn Sie den Thriller der Hauptkommissarin Danielle Thiéry lesen.« L'EXPRESS
Roman. Aus dem Französischen von Sabine Schwenk. 340 Seiten.
AtV 2052

Mehr Informationen über die Bücher von Danielle Thiéry erhalten Sie unter www.aufbau-verlag.de oder bei Ihrem Buchhändler

Geschichten von starken Frauen:
Heldinnen bei AtV

LISA APPIGNANESI
In der Stille des Winters
»»In der Stille des Winters« ist ein Thriller für alle, die sich an Henning Mankells Büchern erfreuen, weil sie Muße haben für viel Atmosphäre und nachdenkliche Momente.« NORDDEUTSCHER RUNDFUNK
Roman. Aus dem Englischen von Wolf-Dietrich Müller. 412 Seiten.
AtV 1812

LISA HUANG
Jade
Das exotische China zu Beginn des 20. Jahrhunderts: Jade führt als Tochter eines hohen kaiserlichen Beamten ein behütetes Leben. Der Tod ihres Vaters jedoch markiert das jähe Ende ihrer Kindheit. Während das Kaiserreich durch heftige Unruhen erschüttert wird, verliert ihre Familie beinahe all ihren Besitz. Jade muß heiraten, um sich in den Schutz einer neuen Familie zu begeben, doch stellt sich ihr angeblich wohlhabender Mann als opiumsüchtig und bettelarm heraus.
»Besser kann man Geschichte nicht erzählen.« NÜRNBERGER NACHRICHTEN
Roman. Aus dem Amerikanischen von Wolfgang Neuhaus unter Mitwirkung von Michael Kubiak. 576 Seiten.
AtV 1759

PHILIPPA GREGORY
Die Schwiegertochter
Elizabeth ist die perfekte Schwiegermutter. Nur leider hat ihr Sohn Patrick mit Ruth nicht die perfekte Schwiegertochter geheiratet. Was bleibt Elizabeth da weiter, als sich selbst um Patricks Wohlergehen zu kümmern, vor allem aber um das ihres kleinen Enkels Thomas. Für Ruth wird ihre mehr als gutgemeinte Fürsorge bald zum Alptraum.
»Ein Gänsehaut machendes Psychodrama.« JOURNAL FÜR DIE FRAU
Roman. Aus dem Englischen von Ulrike Seeberger. 400 Seiten. AtV 1649

GILL PAUL
Französische Verführung
Nach einem wunderschönen Wochenende in der Bretagne verschwindet Jennys Geliebter Marc spurlos. Ein New Yorker Privatdetektiv arrangiert für sie ein »zufälliges« Zusammentreffen mit ihm. Doch vor Jenny steht ein Fremder. Wer aber ist der Mann, den sie liebt? Die Geschichte einer Obsession verbindet gekonnt Kriminalistisches, Erotisches und politisch Brisantes zu einem hochspannenden Roman.
Roman. Aus dem Englischen von Elfi Schneidenbach. 412 Seiten.
AtV 1796

Mehr Informationen erhalten Sie unter www.aufbau-verlag.de oder bei Ihrem Buchhändler

Geschichten, die unter die Haut gehen. Frauen bei AtV

NINA DE GRAMONT
Von Katzen und Männern
Rätselhafte Katzen schleichen durch Nina de Gramonts vielgelobte Erzählungen. Sie enthüllen je ein Geheimnis, das zwischen einem Mann und einer Frau steht. »Sowohl Männer als auch Katzen machen immer den besten Stuhl ausfindig. Sie lassen sich hineinplumpsen und erheben sich daraus nur widerwillig. Nach der Lektüre von Nina de Gramonts Buch könnten Ihnen noch mehr Gemeinsamkeiten zwischen den beiden Spezies ins Auge fallen.«
RITA MAE BROWN
Erzählungen. Aus dem Amerikanischen von Oliver Wolfskehl. 272 Seiten. AtV 2022

BARBARA KROHN
Rosas Rückkehr
Rosa Liebmann kehrt nach fast zwanzig Jahren zurück nach Deutschland. Während sie auf den Zug in ihren Heimatort, das Ostseebad Scharbeutz, wartet, entdeckt sie ihre Mutter in den Armen eines fremden Mannes. Doch damit nicht genug: Auf ihrem ersten Spaziergang an der Ostsee findet sie ihren Vater, den stadtbekannten Herzensbrecher, erschossen in seinem Strandkorb.
»Ich habe dieses Buch nur zum Essen und Schlafen aus der Hand gelegt.« INGRID NOLL
Roman. 278 Seiten. AtV 1941

VONNE VAN DER MEER
Inselgäste
Ein Häuschen auf einer Insel im Wattenmeer. Die Saisongäste geben einander die Klinke in die Hand. Und was sie nicht alles treiben! So manches Mal wünschte sich die Putzfrau, daß die Wände reden könnten. Doch ihr Wunsch bleibt unerfüllt. Zeuge jener Träume und Geheimnisse, die die Gäste im Haus »Dünenrose« mit sich herumtragen, wird allein der Leser. »Unbedingt im Strandkorb lesen – oder im Ferienhaus.«
MARIE CLAIRE
Roman. Aus dem Niederländischen von Arne Braun. 208 Seiten. AtV 1840

BARBARA VOORS
Klaras Tagebuch
Saskia van Ammer führt ein glückliches Leben, bis ein Unfall ihre mühsam verdrängte Vergangenheit wieder wach werden läßt: Erinnerungen an einen Todesfall und an ihre Zwillingsschwester Klara, die seit zehn Jahren verschwunden ist. In den schwedischen Schären warten nicht nur Klaras Tagebücher auf sie, sondern auch Kriminalinspektor Adolfsson. »Ein spannendes Buch von einer jungen Autorin, die wirklich eine Geschichte erzählen kann.«
MARIANNE FREDRIKSSON
Roman. Aus dem Schwedischen von Gisela Kosubek. 302 Seiten. AtV 1835

A\ **t** V

Immer wieder lesen:
Lieblingsbücher bei AtV

MARC LEVY
Solange du da bist
Was tut man, wenn man in seinem Badezimmerschrank eine junge hübsche Frau findet, die behauptet, der Geist einer Koma-Patientin zu sein? Arthur hält die Geschichte für einen Scherz seines Kompagnons, er ist erst schrecklich genervt, dann erschüttert und schließlich hoffnungslos verliebt. Und als er eines Tages begreift, daß Lauren nur ihn hat, um vielleicht ins Leben zurückzukehren, faßt er einen tollkühnen Entschluß.
»Zwei Stunden Lektüre sind wie zwei Stunden Kino: Man kommt raus und fühlt sich einfach gut, beschwingt und glücklich und ein bisschen nachdenklich.« FOCUS
Roman. Aus dem Französischen von Amelie Thoma. 277 Seiten.
AtV 1836

LISA APPIGNANESI
Die andere Frau
Maria d'Este ist eine klassische Femme fatale. Die Männer umschwärmen sie, sobald sie nur einen Raum betritt – und den anderen Frauen erscheint sie unweigerlich als Rivalin. Als Maria aus New York nach Paris zurückkehrt, beschließt sie, daß die Zeit ihrer Affären vorbei ist. Doch dann begegnet sie dem Mann, bei dem sie all ihre guten Vorsätze vergißt. Zum ersten Mal lernt Maria die wahren Abgründe der Liebe kennen.
Roman. Aus dem Englischen von Wolfgang Thon. 444 Seiten.
AtV 1664

KAREL VAN LOON
Passionsfrucht
Der Vater des 13jährigen Bo erfährt zehn Jahre nach dem Tod seiner Frau, daß er nie Kinder zeugen konnte. Diese Entdeckung stellt sein gesamtes Leben in Frage. Die Suche nach dem »Täter« wird eine Reise an den Beginn seiner großen Liebe.
Roman. Aus dem Niederländischen von Arne Braun. 240 Seiten.
AtV 1850

NEIL BLACKMORE
Soho Blues
Melancholisch und geheimnisvoll wie ein Solo von John Coltrane, unverwechselbar wie die Stimme von Billie Holiday: »Soho Blues« ist die bewegende Geschichte einer leidenschaftlichen, lebenslänglichen Liebe zweier Menschen, die sich in einem Netz von Abhängigkeit und Verrat, Hoffnung und Desillusion, Liebe und Haß befinden.
»Eine herzzerreißende Lektüre, die große Gefühle weckt.«
OSNABRÜCKER ZEITUNG
Roman. Aus dem Englischen von Kathrin Razum. 286 Seiten.
AtV 1733

Mehr Informationen erhalten Sie unter www.aufbau-verlag.de oder bei Ihrem Buchhändler